MÁS QUE DOS

FRANKLIN VEAUX & EVE RICKERT

MÁS QUE DOS

Una guía para el poliamor ético

PRÓLOGO DE JANET W. HARDY
TRADUCCIÓN DE MIGUEL VAGALUME

Thorntree (🌳) Press

Thorntree Press
P.O. Box 301231
Portland, OR 97294
press@thorntreepress.com

Thorntree Press's editorial offices are located on the traditional territory of the Musqueam, Squamish and Tsleil-Waututh nations.

Cover art by Paul Mendoza
Cover design by Vanessa Rossi
Interior illustrations by Tatiana Gill

Library of Congress Control Number: 2019945761

10 9 8 7 6 5 4 3 2 1

Printed in the United States of America.

Índice

Parte IV: La realidad poliamorosa

Parte V: El ecosistema poliamoroso

Para R.

El amor es llegar a ser consciente de
que algo más allá de ti misma es real.

Iris Murdoch

JANET W. HARDY

Es una masa de aparentes contradicciones: madre y golfa, do-
minatrix y hogareña, intelectual y reina de los musicales. Es autora o coautora de diez libros revolucionarios sobre relaciones
y sexualidad, incluyendo *Ética promiscua* (con más de 75. 000
copias vendidas a la fecha y una nueva edición publicada recientemente por Ten Speed Press). Janet ha viajado por el mundo como conferencista e instructora de temas que van desde
las relaciones poliamorosas éticas hasta el nalgueo erótico y
mucho más. Ha aparecido en documentales, programas de televisión y más programas de radio de los que es capaz de contar.
Sus textos han aparecido en publicaciones tan diversas como
The Sondheim Review, Clamor y *EIDOS.* Su ensayo «Ex» fue
finalista de los concursos Event y New Letters, y su artículo
«When Love Trumps Gender: Gays and Lesbians in Opposite-
Sex Relationships» fue seleccionado como finalista de *Best Sex
Writing 2008* por Cleis Press. Con frecuencia fantasea con estar
esposada al piano de Stephen Sondheim.

Prólogo

Janet W. Hardy

Hace aproximadamente 20 años que mi coautora Dossie Easton y yo estábamos hablándole a un grupo de miembros de Mensa sobre lo que se llamaba entonces S/M. Ya habíamos escrito y publicado *The Bottoming Book* y *The Topping Book*, y habíamos impartido unos cuantos talleres y tenido unas cuantas sesiones en público, por lo que estábamos acostumbradas a escandalizar a nuestra audiencia. Nos divertíamos.

Pero después, una amiga me contó una conversación que había escuchado. «¿Te has enterado de la presentación sobre SM esta tarde?», dijo ella imitándola con una voz aguda y escandalizada. «Estaban esas dos mujeres dándola... y estaban hablando de las cosas que habían hecho *juntas*... ¡y uno de sus novios estaba *en la misma sala*!».

Ese es el nivel de desconocimiento que había del poliamor, y otras alternativas a la monogamia, en aquel entonces. Y en ese momento supimos que debíamos escribir un libro sobre poliamor. La primera edición de *The Ethical Slut* (*Ética Promiscua*, en español) se publicó en 1997, y las dos nos quedamos bastante sorprendidas por la reacción tan virulenta que obtuvo. Mucho más virulenta, para nuestra sorpresa, de la recibida por nuestros libros sobre BDSM. Cuando acudimos a los programas matinales de radio y de televisión pública local, pudimos escuchar a una mujer que dijo que «le golpearía la cabeza con una sartén» a su marido si se atreviese a proponerle algo así. Otra mujer nos dijo que éramos la causa del declive de la civilización occidental, y que nuestro libro debía ser prohibido, y que debíamos ser atadas y azotadas. (Fuimos capaces de contener nuestras risas hasta los anuncios.)

Cuando estás escribiendo en un contexto como ese, la mayor parte de tu trabajo consiste en abrir cuidadosamente la mente de quien te lee, arrojar un poco de luz sobre los prejuicios que no se ha cuestionado y hacer un hueco para nuevas formas de pensar. Incluso si hubiéramos querido sugerir algunas directrices sobre cómo hacer que las relaciones poliamorosas funcionen mejor, teníamos relativamente poca información desde la experiencia y el conocimiento a partir de dónde trabajar: Básicamente, nuestras propias vidas y las de nuestro círculo de amistades queer y kink del entorno de San Francisco, cuyas necesidades y circunstancias eran completamente diferentes de las del público medio estadounidense. Por lo que nos ceñimos, en gran parte, a principios básicos, y dejamos los detalles para otros libros ajenos.

En aquel momento no nos imaginábamos que nosotras y nuestro pequeño libro estábamos a punto de encontrarnos con un interés tan inmenso en la vida poliamorosa. *The Ethical Slut* ha vendido más que todos nuestros otros libros juntos, con una considerable diferencia. Siguió adelante, una década y media más tarde, con una edición ampliada e impecable con una gran editorial, con ejercicios e información práctica además de los principios básicos.

Pero seguimos siendo solo dos escritoras, con nuestras propias experiencias y prejuicios. Estamos orgullosas de haber contribuido a crear un mundo, el mundo poliamoroso, y eso es lo suficientemente grande y con una diversidad tan amplia como para *necesitar* opiniones, ideas y aproximaciones diferentes a las nuestras.

He viajado por todo el mundo impartiendo talleres de *The Ethical Slut*. Cuando le pregunto a quienes asisten cuál es el mayor problema que se han encontrado al poner en práctica el poliamor, normalmente nombran algo relacionado con la logística (tiempo, espacio, atención) o algo relacionado con los celos. Y ciertamente esos son asuntos escabrosos... pero, en mi opinión, son síntomas de un problema más profundo. Imagina que eres una persona monógama, teniendo el tipo de problemas que tienen las personas monógamas: celos (sí, también los sienten), aburrimiento, ausencia de relaciones sexuales, lo que sea. ¿Qué haces? Buscas terapeutas, preguntas a tus amistades, lees sobre recomendaciones para parejas, vas a la librería y eliges uno de las docenas de libros destinados a enseñar a las personas monógamas a ser mejores en la monogamia.

¿Pero qué haces si eres una persona poliamorosa? ¿Dónde buscamos las respuestas las personas poliamorosas? Si somos afortunadas, vivimos en una ciudad grande *y además* sabemos manejarnos en internet *y además* conocemos la palabra *poliamor*, para saber qué palabra buscar *y además* tenemos unas circunstancias vitales que nos permiten ir a una reunión poliamorosa. Para el resto del mundo, de todos modos, hay webs y libros. Y no hay suficientes de ninguna de las dos cosas.

Mucha gente, lamentablemente, intenta tener relaciones poliamorosas sin conocer a nadie a quien le haya funcionado y esté dispuesta a contarlo en público. Mucha gente tiene un acceso limitado, o ninguno en absoluto, al pequeño corpus de conocimiento que han ido reuniendo y compartiendo las personas poliamorosas. Por eso es el momento para que se publique *Más que dos*.

Conozco virtualmente (¡si esa es la palabra para alguien a quien conociste online pero nunca has conocido en persona!) a Franklin Veaux desde hace tiempo; no conocía a su coautora Eve. Tienen experiencia en el poliamor y son elocuentes. La web de Franklin sobre poliamor xeromag.com (ahora morethantwo.com) fue creada en 1997, el mismo año en que se publicó por primera vez *The Ethical Slut*.

Me alegra poder decir que estoy en desacuerdo con Franklin e Eve en algunos puntos (si quieres saber cuáles son, tendrás que leer nuestros dos libros). Pero, honestamente, me preocuparía que no discrepáramos. Hay tantas maneras de llevar a la práctica el poliamor como personas que lo practican, y más allá de lo básico respecto a transparencia y consenso, no existe una manera «correcta» o «incorrecta», solo hay cosas que le han funcionado a alguna gente y otras que no le han funcionado a otra. La gente monógama tiene que decidir qué consejos escucha, tiene que decidir a qué terapeuta hace caso de la gran cantidad que llena nuestras ondas y pantallas; la gente poliamorosa debe tener las mismas oportunidades de escuchar opiniones diferentes y tomar sus propias decisiones.

Cada cual tiene su estilo al escribir. Dossie y yo hemos sido descritas como las «hermanas mayores» (si tu hermana mayor es un putón hippie envejecido y pervertido); Eve y Franklin son más como la «pareja lista del vecindario». Imagínate al protagonista de *Mejorando la casa* (*Un chapuzas en casa* en España) al otro lado de la valla, relajado, sabio y divertido. Dossie y yo nos centramos principalmente en los aspectos sexuales del poliamor; Eve y Franklin tienen más interés en la vivencia cotidiana. A Dossie y a mí nos gusta darnos el lujo, solo de vez en cuando, de dejarnos volar por los mundos de la abstracción y el idealismo; a Eve y Franklin les gusta mantener los pies en el suelo.

Probablemente te encuentres más cerca de un estilo que del otro, y eso es exactamente como debe ser. Cuanta más gente abra su mente a las infinitas posibilidades del poliamor, más espacio habrá para nuevos libros (¿falta mucho para *Poliamor para dummies?*), nuevas opiniones, publicaciones especializadas, reuniones y demás.

Un día, quizá, habrá tantas fuentes y modelos para las personas poliamorosas como hay hoy día para las monógamas. Me gustaría vivir en un mundo en el que las futuras criaturas de mis hijos puedan ver *El show de Bill, Joan y Pat* de manera tan natural como yo vi *La tribu de los Brady*. Bueno, quizá mis bisnietas y bisnietos.

Y que se publiquen libros como *Más que dos* es una de las cosas que harán que eso suceda. Espero que disfrutes leyéndolo tanto como yo.

Janet W. Hardy

Todos estos agradecimientos se refieren a la edición original en inglés, publicada por Thorntree Press en 2014 [Nota de las Editoras].

Agradecimientos

El éxito en el poliamor es fruto de un esfuerzo colectivo. Por lo que, quizá, es lo más adecuado que haya hecho falta el esfuerzo de mucha gente para crear este libro. Sin su ayuda y apoyo, *More Than Two* no existiría. Escribir este libro ha sido un largo camino, y mucho ha cambiado desde el primer borrador a lo que estás leyendo ahora. Alan M. MacRobert hizo importantes correcciones, quien no solo trabajó muy duro para convertir nuestro boceto en un texto coherente, sino que cubrió lagunas, aportó ideas y nos retó a tratar temas y hablar de colectivos que habíamos pasado por alto.

Shelly DeForte contribuyó por escrito con su sabiduría y conocimientos a los capítulos 3, 7, 9 y 15, entre otros. Pepper Mint hizo importantes contribuciones al apartado dedicado a las comunidades LGBTQ en el capítulo 25, y nos dio un valioso *feedback* de uno de los primeros borradores. Sophia Kelly, Aggie Sez y dos personas anónimas también nos dieron *feedback* respecto a algunos capítulos fundamentales. Los miembros del grupo de mujeres poliamorosas de Vancouver aportaron un valioso *feedback* y debate. También queremos agradecer a Janet W. Hardy, coautora de *The Ethical Slut* y pionera poliamorosa, haber apoyado el libro contribuyendo con el prólogo.

Encontrarás muchas historias personales a lo largo de este libro, tanto las nuestras como las de otras personas. Esas historias ayudan a ilustrar las numerosas lecciones que hemos aprendido en nuestro recorrido. Los nombres que leerás, aparte de los nuestros, son seudónimos y hemos cambiado o eliminado algunos detalles que podrían identificar a alguien para mantener su anonimato. Hemos tenido cuidado de elegir historias que nos involucraban directamente, otras en las que al menos una de las personas participantes nos dio permiso para usarlas e historias que nos contaron hace más de diez años y que nos fueron reveladas en un marco de confidencialidad.

Queremos agradecer a Paul Mendoza la bella ilustración de la cubierta y a Tatiana Gill por las ilustraciones interiores. También hemos tenido la tremenda suerte de tener un equipo de producción de primer nivel: Naomi Pauls, que corrigió el manuscrito; Vanessa Rossi, que diseñó la cubierta; Mari Chijiiwa, que diseñó y maquetó el interior; Roma Ilnyckyj, que revisó el texto; y Krista Smith, que elaboró el índice y aportó investigación detallada y comprobó datos del capítulo 20. [Informaciones relativas a la edición original.] Cualquier error que contenga el libro es nuestra responsabilidad.

Recibimos generosos patrocinios para escribir y producir el libro de parte del Dr. Kenneth R. Haslam, conservador de la colección de poliamor del Kinsey Institute for Research in Sex, Gender and Reproduction, y de Alan M. MacRobert y Ola Rozenfeld. La financiación para el proyecto provino de una campaña de micromecenazgo, que llegó a tener éxito gracias al apoyo de muchas personas que aportaron apoyo material en forma de recompensas o de publicidad de nuestras ideas en sus plataformas. Esas personas incluyen a Greta Christina, Abzu Emporium, Kendra Holliday, Louisa Leontiades, Alan MacRobert, Cunning Minx, Christopher Ryan, Aggie Sez y Elisabeth Sheff. Por supuesto, no podríamos haber completado este proyecto sin las 455 personas que contribuyeron a nuestra campaña; quienes contribuyeron con cien dólares o más, y el resto figuran en morethantwo.com/supporters.

A Franklin también le gustaría dar las gracias a sus otras relaciones, nombradas en el libro como Vera, Amy, Amber y Sylvia, no solo por su apoyo al libro sino por llenar su vida de amor y cosas maravillosas. Eve está muy agradecida a su marido, Peter, y a su pareja, Paloma, por su apoyo emocional y sus ideas, y por soportar sus largas ausencias físicas y emocionales durante la escritura y corrección del libro. También nos gustaría darles las gracias a nuestras madres por ser tan maravillosas.

Aunque quizá no lo sepan, este libro no existiría sin una peculiar cadena de eventos que incluyen a la NASA, la misión Curiosity en Marte, Phil Plait, Paul Fenwick y Twitter.

El primer boceto de *More Than Two* fue escrito en una cabaña de madera en las profundidades de la naturaleza rural más remota del estado de Washington, donde Kay y Harry Hibler –y su gato– nos permitieron estar (¡y recoger champiñones!) durante seis semanas. Sentimos un agradecimiento inmenso por la oportunidad que nos dieron, y porque el libro no sería lo que es sin su generosidad y hospitalidad. Su impresionante cabaña, conocida cariñosamente como Hibber Hill, es un inspirador monumento a las colaboraciones amorosas y creativas, lo que la hace un lugar muy apropiado para haber creado este libro.

Introducción

Will está casado con Rachel. Tienen una bonita casa. Will (no es su nombre real) es un exitoso hombre de negocios que dirige una próspera empresa. Cada día, vuelve a casa con Rachel y su novio Arnold, que también comparte su casa. Will y Arnold son buenos amigos y a menudo pasan tiempo juntos. Planifican sus vacaciones y el senderismo a tres. A veces la novia de Arnold, Leila, se une al grupo.

Santiago y Winona se han comprometido. Tienen una relación con otra mujer, Helen. Santiago y Winona han sido pareja desde hace más de seis años. Empezaron su relación con Helen hace tres años y, aproximadamente un año después de eso, Helen y Winona empezaron su relación. Santiago y Winona conviven en la misma casa. Helen vive cerca.

A Eliza le gusta su independencia. No le gustan las ataduras de una relación convencional. Vive sola, y lo prefiere así. Ha estado teniendo una relación con Kyle durante cinco años y se aman locamente. Kyle es su relación a distancia; vive en otro estado con su novia Melody. Cuando Eliza visita a Kyle, conviven las tres personas. Eliza también tiene una relación con Stacie, que vive cerca de su marido, Seth. Eliza y Stacie han estado teniendo una relación desde hace cuatro años. Seth y Eliza tienen una relación de amistad, aunque no tienen una relación romántica. Conocemos a todas estas personas.

Sí, es posible vivir de esa manera. Cientos de miles de personas lo están haciendo en este momento. Se llama *poliamor*, que literalmente significa «varios amores». El punto fundamental: Se hace con el pleno conocimiento y consentimiento de todas las personas involucradas.

Las relaciones poliamorosas pueden ser felices, rebosantes de amor y risas. Pero rara vez sucede por casualidad. Requieren trabajo, confianza, comunicación y cariño. Es más fácil construir relaciones poliamorosas sanas y vibrantes, y evitar el desastre, cuando ves a otras personas hacerlo y aprendes de ellas. Es más fácil ahora que antes. En los últimos 30 años, el crecimiento mundial de la comunidad poliamorosa ha construido un corpus que ha costado esfuerzo conseguir. Gran parte se ha pagado caro, mediante las pruebas, errores, accidentes y aprendizajes que tanto le han costado a mucha, mucha gente. Ahora sabemos mucho más de lo sabíamos hace una generación sobre qué es más probable que funcione, y por qué, y cómo... y también lo que se ha demostrado consistentemente que no funciona.

Eve y Franklin suman más de 40 años de vida poliamorosa. Aparte de vivirlo diariamente, han observado literalmente miles de relaciones poliamorosas. Durante 20 años, Franklin ha gestionado la que probablemente ha sido la web con información sobre poliamor más enlazada en internet.

Franklin comenzó a vivir poliamorosamente a comienzos de los años ochenta, mucho antes de que la gente estuviese usando la palabra «poliamor». No tenía palabras para describir cómo se sentía, ni una comunidad de apoyo, ni modelos que imitar, ni nadie con quien hablar o de quien aprender. Tuvo que aprender por sí mismo, y cometer todos los errores por sí mismo. Como por ejemplo casarse con una mujer monógama y tener durante casi dos décadas una relación jerárquica basada en vetos en la que nadie fue feliz. En 1997 –el mismo año en que se publicó *The Ethical Slut*– creó la web xeromag.com (ahora morethantwo.com), llena de recursos poliamorosos para principiantes. Su objetivo era aportar toda la información que él hubiese deseado tener cuando comenzó.

La web fue creciendo y cambiando, transformándose durante años, al mismo tiempo que las relaciones de Franklin y sus ideas sobre el poliamor. Ahora es uno de los primeros resultados de Google al buscar «poliamor». Durante años, Franklin ha recibido miles de emails de personas agradeciéndole haberles ayudado o incluso salvado su relación. Su trabajo es a veces controvertido, pero la verdad es que ayuda a la gente.

Eve escuchó por primera vez hablar sobre poliamor cuando tenía 12 años, cuando en la escuela dominical le cuestionaron sus ideas sobre relaciones monógamas y le dieron a conocer los conceptos de relaciones «principal» y «secundaria». En el instituto, su entorno flirteaba con las ideas y prácticas poliamorosas pero no tenían un marco para explorarlas bajo ese nombre. Después del instituto las relaciones de Eve fueron monógamas, aunque tenía amistades que eran poliamorosas. Pasados los 30 años, ella y el-que-sería-su-marido abrieron su relación monógama. Adoptó el poliamor en 2008.

Eve y Franklin cuentan sus historias personales a lo largo del libro. No se consideran personas expertas en poliamor, consideran que no hay personas expertas en el poliamor. El poliamor es demasiado nuevo para eso. Escribieron este libro porque le dedicaron mucho tiempo a explorar este camino casi inexplorado, y en ese recorrido cometieron muchos errores que les gustaría ayudarte a evitar. Si lo que encuentras te es útil, úsalo. Si no, no hay problema. Echa una ojeada a los recursos listados al final del libro para poder encontrar lo que necesites.

Jerga poliamorosa

A medida que el poliamor ha crecido como modelo de relación, ha ido desarrollando su propio vocabulario. Las personas en relaciones poliamorosas hablan de «compersión», el sentimiento de felicidad cuando una de tus parejas está en una nueva relación, y la «energía de la nueva relación» o ENR, la cautivadora fase de luna de miel en una nueva relación. Puede que hayas oído a alguien hablar de «wibbles» o pequeños pellizcos de celos. PDP para nombrar a «la/s pareja/s de nuestra/s pareja/s», «metamor» en general o a veces usado para «metamores», que no son la relación principal de la persona con quien tenemos la relación.

Toda esta jerga puede crear cierta confusión. Después de todo, la idea de relaciones no monógamas no es nueva; la gente ha estado teniendo aventuras, intercambiando parejas y en general tonteando desde el comienzo de los tiempos. Así que ¿por qué todas estas nuevas palabras?

Una nueva terminología surge cuando la antigua terminología ya no sirve. Estos términos evolucionaron para darle a la gente poliamorosa una manera de hablar sobre las alegrías, retos y situaciones a las que se enfrentan, que pueden no tener equivalentes en la monogamia o en las formas más comunes de no monogamia que no son poliamor. Esta nueva jerga es una manera de hablar sobre qué es el poliamor (relaciones románticas a largo plazo éticas, abiertas y consensuadas) sin usar el lenguaje de los engaños, del *swinging* (o intercambio de parejas) y de otras formas tradicionales de no monogamia. Hemos intentado no sobrecargar el libro con jerga, pero si te pierdes, hay un glosario al final del libro.

Temas del libro

Según leas el libro, irás encontrando varias ideas que vuelven a aparecer una y otra vez. Hemos observado que las relaciones felices y fuertes de cualquier tipo tienen ciertas cosas en común, y aquí hablamos sobre ellas a menudo.

La primera idea es la *confianza*. Muchos problemas en cualquier relación, pero especialmente en las relaciones poliamorosas, se reducen a «¿Cuánto confío en la persona con quien tengo una relación?». Tener esa confianza es a menudo más difícil de lo que parece, porque las emociones como la inseguridad o la baja autoestima pueden afectar a la confianza que depositamos en el amor que esa persona nos tiene.

El segundo tema es la *valentía*. Sugerimos muchas formas de relacionarse que requieren enfrentarse a normas impuestas socialmente y a nuestros propios miedos, y eso requiere valentía. Mucha gente, cuando piensa en valentía, piensa en una persona del cuerpo de bomberos entrando en un edificio en llamas o en alguien enfrentándose a un leopardo, extraordinarios actos de valor a pesar del peligro. El tipo de valentía al que nos referimos es algo más personal, cotidiano: hablar de nuestros sentimientos incluso cuando tenemos miedo; darle a nuestras parejas la libertad de explorar nuevas relaciones incluso cuando tenemos miedo a que nos abandonen; cuestionar nuestras propias ideas para salir de nuestras zonas de confort incluso cuando no tenemos la seguridad de si habrá alguien ahí para recogernos.

El tercer término es *abundancia*. Por un lado, el poliamor puede parecer imposible: Buscamos personas que también desean esta manera poco convencional de vivir, lo que limita nuestras posibilidades de encontrar a alguien; alguien que tenga una orientación sexual e identidad de género compatibles, lo que lo limita más; que estén disponibles para establecer una conexión romántica, lo que lo limita todavía más; cuyo tipo de poliamor sea compatible con el nuestro; con quien tengamos química... ¿cómo vas a esperar encontrar a alguien? Pero si lo vemos desde otro punto de vista, compartimos este mundo con más de siete mil millones de personas, por lo que incluso el 10 por ciento del 10 por ciento del 10 por ciento del 10 por ciento supera las 700.000 relaciones potenciales. Sin duda, hay abundancia sin límites. La manera en que veamos nuestras relaciones potenciales, si las vemos como escasas o como abundantes, supondrá una inmensa diferencia en nuestras vidas románticas.

La cuarta idea es la *ética*. Creemos enérgicamente que hay maneras éticas y otras poco éticas de tratar a la gente, y hablamos de ellas a lo largo de este libro. Tratar a la gente con empatía, integridad y respeto, sin importar qué papel tienen en nuestras vidas, es algo que creemos que tiene una importancia fundamental en unas relaciones felices y sanas.

El último tema al que volveremos a menudo es al *empoderamiento*. Creemos que las relaciones funcionan mejor cuando todas las personas involucradas se sienten empoderadas para dar forma y dirigir sus relaciones, defender sus derechos y sentir que tienen un papel en el resultado.

El poliamor, como cualquier esfuerzo que vale la pena, es un viaje. Esperamos darte algunas indicaciones que te ayuden en el camino, pero nadie puede hacer el viaje por ti. Depende de ti dirigir tu camino hacia relaciones felices, éticas y empáticas.

Parte 1:

¿Qué es el poliamor?

1

Comienza el viaje

*La gente con más éxito
reconoce que en su vida
crea su propio amor,
crea su propio significado,
genera su propia motivación.*

Neil Degrasse Tyson

Es una historia tan antigua como el mundo: Chico conoce a chica (o quizá chico conoce a chico, chica conoce a chica), tienen citas y se enamoran. Se prometen fidelidad sexual y emocional, comienzan una familia y afianzan su relación para vivir felices el resto de su vida, fin. Pero esta historia a menudo se demuestra que es un cuento de hadas. Demasiado a menudo se convierte en tristeza, crisis, separación, divorcio, chico conoce a una nueva chica. El mismo ciclo, una y otra vez.

Una alternativa común, chico conoce a chica, se estabilizan, una de las dos personas conoce a otra nueva, las cosas se ponen complicadas, se tiran los platos a la cabeza y se rompen los corazones. O quizá has oído esta versión: Chica conoce a dos chicos, o viceversa. Se tiene que hacer una dramática elección. Alguien terminará con el corazón roto, y todo el mundo se quedará pensando cómo podría haber sido la relación si la decisión hubiera sido otra.

Proponemos que hay otra manera de escribir esta historia. Chico conoce a chica, se enamoran, la chica conoce a otro chico, se enamoran, la chica y el chico conocen a otro chico, chica conoce a chica, chica conoce a chico y conviven felices para siempre.

La palabra «poliamor» fue acuñada a comienzos de los años noventa, del griego *poli* que significa «varios» y del latín *amor*. Significa tener múltiples relaciones románticas, a menudo a largo plazo, al mismo tiempo, por mutuo acuerdo, con honestidad y transparencia. Sabemos que estás pensando: «¿Y quién lava la ropa?». Llegaremos a eso en un instante.

El poliamor *no* consiste en escaparse y buscar algo de acción a escondidas cuando tu novia está fuera de la ciudad. Tampoco es tener tres relaciones a la vez con tres personas sin que ninguna de ellas lo sepa. No es unirse a una secta y casarse con una docena de adolescentes o tener sexo recreativo mientras se mantiene una sola relación «real», o ir a una fiesta donde se intercambian parejas al azar.

Las relaciones poliamorosas tienen una increíble variedad de formas, tamaños y tipos, igual que el corazón humano. Hay relaciones «en uve», donde una persona tiene dos parejas que no tienen una relación romántica entre sí; relaciones de «triada» en la que las tres personas están mutuamente involucradas; y relaciones en «quad» de cuatro personas, que pueden estar todas románticamente relacionadas entre sí o no. Una relación puede ser de «polifidelidad», lo que significa que las personas que la integran acuerdan no buscar más relaciones. O puede estar abierta a que sus miembros comiencen nuevas relaciones. Una persona poliamorosa puede tener una o más relaciones «principales» y una o más relaciones «secundarias», o no aceptar jerarquías. Pueden tener un «matrimonio grupal», compartir sus finanzas personas, una casa y quizá criaturas como una sola familia.

Algunas personas creen que el poliamor supone miedo al compromiso. La verdad es que el compromiso en el poliamor no significa compromiso de exclusividad sexual. Significa comprometerse en una relación romántica, con todo lo que eso supone: Compromiso de estar ahí cuando te necesitan con quienes tienes una relación, ocuparte de su felicidad, construir una vida con ellas, crear relaciones felices y sanas que cubran las necesidades de todo el mundo y apoyarse mutuamente en momentos complicados de la vida. Desgraciadamente, la sociedad nos ha enseñado a ver el compromiso solo a través de la lente de la exclusividad sexual; eso resta importancia a todas las otras importantes maneras de comprometerse mutuamente. Quien no es capaz de comprometerse con una persona, ¡sin ninguna duda no será capaz de comprometerse con más de una!

Poliamor no es lo mismo que *poligamia*, que significa tener varios cónyuges (más a menudo en la forma de *poliginia* o múltiples esposas; a veces en la forma de *poliandria* o varios maridos). No se trata de tener un harén, aunque sabemos que hay a quienes les gustaría que fuéramos en esa dirección. No es lo mismo que el *swinging*, aunque algunas personas poliamorosas practican intercambio de parejas (como tratamos en el capítulo 17, sobre abrir una pareja). Y finalmente, tampoco es promiscuidad desenfrenada. Las relaciones poliamorosas son *relaciones*, con momentos buenos, momentos malos, problemas que resolver, comunicación... y sí, ropa que lavar.

Contra el cuento de hadas

La introducción a la monogamia para toda la vida se repite en los cuentos de hadas que todo el mundo hemos escuchado: Una mujer bella y encantadora trabaja muy duro y a solas, con una vida infeliz, sin amistades y acosada por todos los frentes. Soporta sufrimiento y traumas hasta que un día llega un guapo príncipe, que se lanza a por ella y se la lleva en sus brazos. Se enamoran, el coro canta y se cierra el telón.

Las historias como esta nos resuenan porque ofrecen una tranquilizadora visión de las relaciones: El amor verdadero lo conquista todo. Todo el mundo tiene un alma gemela, esperando ser encontrada. Una vez has encontrado tu alma gemela, serás feliz para siempre. Todo lo que necesitas es amor. No hace falta esforzarse para entenderte o entender tus propias necesidades, no es necesario esforzarse en mantener tu felicidad una vez que la has encontrado.

Olvídate del cuento de hadas. «Felices para siempre» es un mito porque, las personas, al contrario que los personajes de cuentos de hadas, no son estáticas. Vivimos, evolucionamos, cambiamos. Unas vidas románticas felices y sanas requieren no solo involucrarse una y otra vez de forma continuada sino prestar atención constantemente a nuestros propios cambios y a los de nuestras relaciones y sus circunstancias. Nuestras relaciones no tienen la obligación de garantizarnos que nunca cambiarán, ni le debemos esa garantía a nadie. Y de la misma manera que cambiamos, cambian las cosas que nos hacen felices.

El poliamor puede parecer amenazante porque contradice nuestra idea de cuento de hadas de que la persona perfecta evitará que cambiemos. El poliamor introduce la posibilidad de caos e incertidumbre dentro de lo que se supone que debe de ser una progresión directa hacia la felicidad. Pero una relación sana debe ser, ante todo, resiliente, capaz de responder a los cambios y complejidad de la vida. Y la felicidad en realidad tampoco es un estado. Es un proceso, una consecuencia de hacer otras cosas. El cuento de hadas nos cuenta que con la persona correcta, la felicidad simplemente ocurre. Pero la felicidad es algo que re-creamos cada día. Y se deriva más de nuestra forma de ver las cosas que de las cosas a nuestro alrededor.

El cuento de hadas oculta otras falsedades. Por ejemplo, nos promete que una persona será siempre suficiente para satisfacer todas nuestras necesidades. La idea de que el poliamor soluciona eso tiene sus propios problemas (de los que hablamos en el capítulo 4) pero aun así no es razonable esperar que una persona lo sea todo.

Si aceptamos el cuento de hadas, puede que sintamos inquietud e inseguridad cada vez que la realidad no está a la altura de nuestras expectativas. Podemos creer que, como sentimos atracción hacia una tercera persona, algo malo está sucediendo. (Johnny Depp, cuyos problemas de pareja son ya parte de la prensa sensacionalista, hizo la famosa observación: «Si quieres a dos personas al mismo tiempo, elige a la segunda. Porque si de verdad quisieras a la primera, no te habrías enamorado de la segunda.» Insertar aquí mirada sarcástica.) Por otro lado, si nuestro amor verdadero siente atracción hacia una tercera persona, puede que sintamos que hemos fracasado. Después de todo, si hacemos todo lo que se supone que tenemos que hacer, eso debería ser suficiente ¿verdad? Si nuestra pareja quiere a otra persona, eso significa que nuestro amor no es lo suficientemente bueno ¿verdad?

La idea de la Pareja Ideal, el Amor de tu Vida, es seductora. En realidad, es perfectamente posible tener más de un amor en tu vida. Conocemos muchas personas que lo son, y tenemos varios amores en nuestras vidas, incluso sin tener una relación romántica con todos ellos. Aunque todos nuestros amores tienen otros amores, sentimos mucha seguridad, porque muchas de esas personas estarán siempre ahí.

¿Por qué ser una persona poliamorosa?

La mejor manera de entender por qué una persona puede ser poliamorosa es preguntarse: «¿Qué obtiene la gente de las relaciones?». Las relaciones son un asunto delicado incluso en las mejores circunstancias, ¿por qué no dejarlas de lado para siempre? Una respuesta rápida podría ser: «Somos más felices cuando estamos en relaciones que cuando no estamos en ellas». Los seres humanos son sociales. Mejoramos cuando compartimos nuestras vidas íntimamente con otras personas. Es nuestra forma de ser. Siendo las relaciones románticas tan complicadas, liosas e impredecibles, las recompensas son fantásticas. De hecho, la mayoría sentimos el impulso de buscar personas que nos vean realmente cómo somos, que quieran compartir su vida en nuestra relación, que nos quieran.

Para mucha gente, comenzar una relación romántica hace que se apague ese impulso. El trabajo ya está hecho, ya hemos ganado la carrera; no hay necesidad de buscar nuevas relaciones. Pero para algunas personas, estar en una relación no apaga ese interruptor. Mantenemos la posibilidad de nuevas conexiones y más amor. Nos involucramos en múltiples relaciones románticas y nos encanta que otra gente lo haga también, porque al hacerlo enriquecen las vidas de todas las personas involucradas. Querer a más de una persona a la vez no es una huida del compromiso; es una aceptación entusiasta de la intimidad.

Las relaciones poliamorosas tienen beneficios prácticos. Más personas adultas en una familia da mayor libertad y seguridad económicas. Alguna gente poliamorosa reúne espacios de convivencia, ingresos y gastos, lo que aumenta la flexibilidad económica de todo el mundo. Incluso cuando la gente poliamorosa no convive o comparte gastos gana mucho con el apoyo mutuo de muchos miembros de la relación. Si tienes un mal día, hay más personas para consolarte y ayudarte. Si tienes un problema, tienes más puntos de vista. Tiene más de todo lo que obtienes de las relaciones románticas: más compañía, más consejos, más felicidad, más amor.

Ser una persona poliamorosa también puede ser fantástico para tu vida sexual. El sexo es una habilidad aprendida, y el horizonte sexual humano es inmenso. Sean cuales sean tus gustos, por muy ingeniosa que sea tu imaginación, la variedad de experiencias sexuales es tan amplia que alguien, en alguna parte, está haciendo algo que te encantaría hacer y que nunca se te había ocurrido. Cada vez que invitas a un nuevo amor a tu vida, tienes la oportunidad de aprender cosas que podrías no haber aprendido nunca de no haberlo hecho... a menudo, cosas que puedes incorporar a las relaciones que ya tienes. Nadie tiene tanta creatividad como para no tener nada que aprender de nadie.

Por otro lado, hay un dicho de la comunidad poliamorosa: «Alguna gente se convierte en poliamorosa para tener más sexo; Y alguna gente se convierte en poliamorosa para tener menos sexo». Una pareja monógama con un deseo sexual desigual tiene un problema serio. La frustración constante para un miembro de la relación y las constantes demandas no deseadas para el otro destrozan matrimonios sistemáticamente. Pero cuando la diada es parte de una red de amantes mayor, es más fácil para todo el mundo encontrar su propio ritmo y desaparece la presión.

¿Eres una persona poliamorosa?

A algunas personas nos resulta obvio saber si lo somos o no lo somos; para otra gente, no lo es. Muchas personas poliamorosas sienten que es una parte intrínseca de quienes son, como el color del pelo o su orientación sexual. Una persona que se siente inherentemente no monógama se puede identificar como poliamorosa aunque tenga una sola relación o ninguna.

Otra gente abraza el poliamor porque lo ven inherentemente más honesto que la monogamia, que a menudo requiere negar que se siente atracción hacia otras personas. Hay quienes ven el poliamor como una manera de dejar atrás las creencias sobre propiedad y control que durante mucho tiempo han ido de la mano de la monogamia.

Decidir si nos encaja ser una persona poliamorosa requiere no solo decidir si eres una persona no monógama sino también si las cosas que deseas en esta vida y tu ética personal encajan bien con tener múltiples relaciones románticas honestas. Por ejemplo, el deseo de variedad sexual sin tener una relación romántica puede indicar que el *swinging* te podría encajar mejor. El deseo de tener varias relaciones románticas pero sin honestidad ni transparencia podría significar que es recomendable cierto trabajo de crecimiento personal.

El poliamor no es para todo el mundo. El poliamor no es el siguiente paso en la evolución humana. Ni tampoco es una opción más inteligente, más espiritual, más progresista o más avanzada que la monogamia. La gente poliamorosa no se hace automáticamente menos celosa, más empática o mejor comunicándose que la gente monógama.

Creemos que las relaciones que se construyen de manera deliberada, intencionada, son más satisfactorias y llevan a la felicidad más probablemente que las relaciones cuya forma viene determinada por las expectativas sociales comunes. Es totalmente posible construir relaciones monógamas tras una elección cuidadosa y deliberada. Muchas personas son felices en relaciones monógamas. La monogamia no significa necesariamente que se limite a seguir las normas sociales. Si decides que el poliamor no es una buena idea para ti, no hay problema. No lo hagas ni dejes que nadie te presione para adoptarlo.

Es útil pensar sobre el poliamor como una consecuencia de un cierto tipo de ideas sobre las relaciones. En lugar de preguntarte «¿Soy una persona poliamorosa?» puedes preguntarte «¿Me son útiles las herramientas e ideas del poliamor?». Incluso si no deseas tener múltiples relaciones, las cosas sobre las que hablamos en este libro pueden serte de utilidad.

Malentendidos respecto al poliamor

A estas alturas, puede que alguna gente todavía esté pensando «¡Viva! ¡Orgías sin fin!», mientras que otra pensará «¡Vaya cantidad de estupideces! Esto es solo una manera encubierta de decir que tu pareja te permite que la engañes». Para quienes creen que ser poliamoroso/a significa acostarse con quien sea, cuando quieres, sin tener en consideración los sentimientos del resto, tenemos malas noticias: una relación poliamorosa no quiere decir que todo vale. Significa que hay que escuchar, hablar y autoanalizarse mucho más de lo que quizá tengas por costumbre.

Puede que termines teniendo una sola relación (si eres uno de los extremos de una relación en V o en N o en W) o incluso que no tengas ninguna (es posible ser una persona poliamorosa y no tener ninguna relación en este momento). Podría suceder que tuvieses menos relaciones en toda tu vida que alguien que ha tenido muchas relaciones monógamas en serie, como, por ejemplo, Johnny Depp. La promiscuidad puede indicar cierta falta de criterio; la gente poliamorosa puede ser muy quisquillosa.

Por supuesto que puedes, si es lo que quieres, acostarte con toda la gente que puedas... siempre que aceptes las consecuencias. Si ignoras las necesidades y sentimientos de las personas con quien te acuestas, no volverás a acostarte con ellas. Y en el mundo poliamoroso, corre la voz. Comportarse sin tener en cuenta a las personas con quien tienes una relación es una mala estrategia para las relaciones a largo plazo.

También tenemos malas noticias para quienes piensan que *poliamor* es una palabra sofisticada para engañar a tu pareja.

«Engañar» es perder la confianza al romper las reglas de la relación. Si tener amantes no rompe esa confianza, por definición, no hay engaño. La traición, no el sexo, es el elemento que caracteriza el engaño. (Una persona puede pasar del engaño al poliamor, aunque es un camino plagado de peligros; hablamos de eso en el capítulo 17).

Puede resultar tentador pensar que una relación que permite tener varias relaciones simultáneamente no tiene ninguna regla en absoluto, pero es mejor reconsiderar esa idea. Hay muchos tipos de relaciones poliamorosas; cada una tiene sus propios acuerdos. Pero todas requieren confianza, respeto y comportarse empáticamente.

A pesar de las imágenes relacionadas con el amor libre que puedan aparecer en tu cabeza, el poliamor no significa necesariamente vivir en una comuna o en una comunidad intencional. No todo el mundo convive con varias de sus relaciones y, es más, hay personas poliamorosas que no conviven. Del mismo modo que el poliamor no consiste únicamente en buscar terceras personas.

El poliamor no indica necesariamente una atracción por el sexo no convencional. Se puede ser una persona poliamorosa sin tener que montar un trapecio en el dormitorio. Mucha gente en relaciones poliamorosas tiene gustos muy sencillos. Las familias poliamorosas dedican el tiempo a revisar sus cuentas, ver Netflix, lavar la ropa, todas esas cosas cotidianas que hace una familia. Si te interesa el poliamor porque imaginas orgías y perversión sin parar, puede que te decepcione.

No nos malinterpretes; no estamos criticando las fiestas de sexo salvaje o las orgías. A alguna gente poliamorosa (Franklin, por ejemplo) le gustan mucho esas cosas. A otras (como Eve), no tanto. A muchas personas poliamorosas no les gusta el sexo en grupo, no se identifican como bisexuales o pansexuales e incluso no tienen un vibrador, y mucho menos, un trapecio.

Cuando se formó la comunidad poliamorosa por primera vez, gran parte de sus activistas más visibles pertenecían a comunidades paganas o New Age interesadas en las comunas. Hoy en día el poliamor atrae a un abanico más amplio de gente. Hemos conocido personas poliamorosas de todos los tipos: liberales y conservadoras, cristianas evangelistas, musulmanas fundamentalistas, escépticas racionalistas, familias monoparentales, estudiantes… por mencionar algunas.

Desventajas del poliamor

La gente de las comunidades poliamorosas actuales es, en su mayoría, pionera. Vamos por delante de muchas maneras; la mayoría ya habíamos hecho un acercamiento no convencional a las relaciones décadas antes de que la palabra «poliamor» existiera. Por esa razón, mucha gente somos activistas, portavoces y promovemos el poliamor. Eso significa que mucho de lo que oigas sobre el poliamor se centra en las ventajas más que en las desventajas. Pero en este libro no queremos dar esa visión parcial. El poliamor no es el Nirvana. Todo lo positivo tiene su lado negativo. Solo tú puedes decidir si las ventajas compensan las desventajas.

El poliamor es complicado. Cuando tienes más de dos personas involucradas en tu vida romántica, las cosas se complican rápidamente. Mantener varias relaciones simultáneas no es para cobardes. Pueden aparecer personalidades que no encajan y muchas cosas pueden ir mal. En una relación poliamorosa, se aportan más opiniones, se hieren los sentimientos de más gente, hay más personalidades en lucha, más egos que pueden sentirse heridos. Manejar un conflicto o problema en una relación poliamorosa requiere unas habilidades de comunicación excelentes y unas buenas herramientas para la resolución de conflictos, que es en cierto modo el objetivo de este libro.

Para alguna gente, el hecho de que las relaciones poliamorosas sean más complicadas que las tradicionales es la «prueba» de que el poliamor es un error. Este argumento tiene cierto sentido; muchas relaciones son complicadas, como las que incluyen criaturas adoptivas, o las que se dan entre dos personas de diferentes creencias religiosas o contextos culturales ¿Calificaría de «erróneas» esas relaciones cualquier persona sensata? Al final, la mejor medida para una relación no es lo complicada que resulta, sino cuánta felicidad, esperanza, alegría, apoyo y amor aporta. Por supuesto, el poliamor puede ser complicado, pero ¿dónde está el mérito en una vida sencilla?

Evolucionarás, quieras o no. Una relación poliamorosa ofrece muchas oportunidades de crecimiento personal, algunas más fáciles que otras. Si eso es parte de «lo bueno» o «lo malo» depende de lo que pienses del crecimiento personal. Oirás a alguna gente poliamorosa quejándose de «OMOPA» u «OMOPC»: «Otra maldita oportunidad para aprender» u «otra maldita oportunidad para crecer».

El poliamor no es seguro. Cuando le ofreces tu corazón a alguien, lo puede romper. La vulnerabilidad puede ser dolorosa. Muchas personas intentan protegerse a sí mismas colocando estrictos controles en la forma que pueden tomar sus relaciones, o en el grado hasta el que quieren evolucionar. Nunca hemos visto que esa manera de hacerlo tuviese éxito; simplemente reemplaza un tipo de dolor por otro. El poliamor requiere agallas. Aumenta el amor y la alegría, pero también aumenta las probabilidades de que te hieran. Esa es la manera en que funciona en las relaciones románticas.

El poliamor supone renunciar a algunas cosas. Cuando tu pareja tiene otra pareja, habrá veces en que pierdas algo, aunque solo sea tiempo y atención. Cualquier relación necesita atención para desarrollarse, no importa lo bien que te lleves con la otra pareja de tu pareja –incluso si tú y tu pareja compartís amante, habrá ocasiones en que la relación requiera de un enfoque individual. No siempre es posible planificar ese momento para que nunca te reste nada.

El poliamor cambia las cosas. Hablamos más de esto a lo largo del libro, pero especialmente en los capítulos 14 y 17. Dicho en pocas palabras, no puedes esperar abrir tu corazón a otras personas y esperar que tu vida no cambie. Habrá cambios y no siempre serás capaz de preverlos o controlarlos. Todas las relaciones están sujetas al cambio. Incluso las relaciones poliamorosas aparentemente idílicas no duran necesariamente toda la vida, ni más de lo que lo hacen los matrimonios tradicionales aparentemente perfectos.

La gente no siempre se lleva bien. Simplemente porque alguien ama a una persona con quien tienes una relación no significa necesariamente que encaje bien contigo. Es fácil decir «Solo tendré relaciones con personas a las que les gusten mis relaciones actuales» (o en casos extremos, «solo tendré relaciones con personas que tengan una relación romántica con mis parejas»), pero en el mundo real eso no siempre posible. No puedes obligar a la gente a gustarse mutuamente, y creemos que, en relaciones consensuadas, podría no ser muy ético supeditar tu amor a cómo se relaciona tu amante con otras personas. A veces, lo mejor que puedes hacer es llegar a un acuerdo para comportase educadamente entre sí. Las familias biológicas a veces tienen miembros que no se gustan mutuamente, pero aun así han de ser razonables en las cenas familiares. El poliamor no es diferente.

#ALGUNAS PREGUNTAS QUE PUEDES HACERTE

No nos parece muy útil decirte qué debes hacer. Es mucho más eficaz plantearse preguntas cuando estás valorando cómo proceder. Repetiremos esto a lo largo del libro. Para empezar, estas son algunas preguntas que te pueden ayudar a valorar si el poliamor puede ser una buena idea para ti:

- ¿En alguna ocasión he tenido sentimientos románticos hacia más de una persona a la vez?

- ¿Creo que existe solo un «amor de verdad» o una «media naranja»?

- ¿Cómo es de importante mi deseo de tener múltiples relaciones románticas?

- ¿Qué quiero en mi vida romántica? ¿Tengo una actitud abierta ante múltiples relaciones sexuales, relaciones románticas o ambas? Si quiero tener más de una relación, ¿qué nivel de cercanía e intimidad espero y puedo ofrecer?

- ¿Cómo es de importante para mí la transparencia? Si tengo más de una relación, ¿me gustaría que se conocieran mutuamente? Si tienen otras relaciones, ¿me gustaría conocerlas?

- ¿Cómo definiría el compromiso? ¿Soy capaz de comprometerme con más de una persona simultáneamente? Y si es así, ¿cómo sería ese compromiso?

- Si ya tengo una relación, mi deseo de tener más ¿tiene su origen en la insatisfacción o infelicidad con mi relación actual?

2

Las variadas formas de amar

*La naturaleza nunca se repite a sí misma y las potencialidades
de un alma humana nunca se encontrarán en otra.*

Elisabeth Cady Stanton

Imagina que eres un árbol. Tus raíces se hunden profundas en
la tierra; te alimentan y dan soporte. Son alimentadas por la
lluvia, que mantiene tu savia en movimiento. Tus hojas son
bañadas por la luz del sol, que te aporta energía. El viento te
trae el polen de otros árboles, para que puedas producir semillas y frutos. Quizá, incluso, hay un pájaro que ha construido
un nido en tus ramas, ha incubado a sus crías y se ha ido antes
de que llegase el otoño. Cada una de estas cosas –suelo, lluvia,
sol, viento– tiene un efecto diferente en ti. Ninguna es inter-
cambiable. Si falta una, podrías marchitarte y morirte, o como
mínimo, no florecer. Demasiado de alguna podría ahogarte.

Esta es una metáfora de tus relaciones. Algunas personas –las
que podrías llamar tus «relaciones-ancla» o «de referencia»,
pero quizá también tus padres, madres, hermanos, hermanas
o amistades más cercanas– nos dan una base, nos estabilizan,
nos dan apoyo. Son la tierra. El resto pueden cambiar más,

pero eso no hace que sean menos cruciales: la luz del sol que nos da energía y felicidad. La lluvia que nos refresca y purifica. Los vientos que traen nuevas ideas y alimentan tu creatividad.

¿Cómo cubres tus propias necesidades? Creciendo en una sociedad monógama, se nos ofrece solo un puñado de vías que el amor puede tomar, en concreto el amor romántico. Se espera que las relaciones sigan una trayectoria concreta, lo que llamamos «la escalera mecánica de las relaciones». Si una relación no sigue ese camino, no es «de verdad». Esta manera de ver las relaciones, todas cortadas por el mismo patrón, está tan arraigada que a menudo intentamos mantenernos en ella incluso cuando descubrimos el poliamor. A veces limitamos las formas que pueden adoptar nuestras relaciones: «Mi novio solo podrá ser mi novio porque ya tengo un marido». A veces intentamos la trayectoria tradicional con varias personas: Buscamos tener dos o tres parejas fieles con quienes convivir incluso antes de que sepamos qué quieren.

El poliamor nos permite librarnos de las estructuras predefinidas de la monogamia. Una de las cosas increíbles que ofrece el poliamor es la libertad para acordar tener relaciones que funcionan para tus parejas y para ti. Las posibilidades no siempre son obvias, incluso para personas que han vivido en relaciones poliamorosas durante años. Por ejemplo, a menudo no hay necesidad de «dejar» una relación si algo (o alguien) cambia. Si se quiere, se puede mantener la conexión y darle otra forma diferente. Podemos construir relaciones que tienen la libertad de desarrollarse cómo quieran fluir de forma natural.

Nos ayuda a darnos cuenta de que el amor mismo es maleable y cambiante. Su intensidad y naturaleza varía, y eso influye en su manera de fluir, en sus formas cambiantes. La monogamia nos dice que las relaciones exitosas, «de verdad», son todas parecidas. Las relaciones que duran mucho tiempo se consideran éxitos, independientemente del sufrimiento que haya habido, y a las que se terminan se las considera fracasos, independientemente de la felicidad de quienes han sido parte de ella. Todo lo que no sea sexualmente exclusivo, nos dicen, provocará caos, anarquía, ruptura de la familia.

La monogamia nos dice qué podemos esperar. El poliamor, no. No hay modelos rígidos, solo matices y tonos de gris. Eso es al mismo tiempo una bendición y una maldición. El poliamor considera que las relaciones son, ante todo, algo personal minuciosamente adaptado a las necesidades específicas de todas las personas involucradas. Al mismo tiempo, no nos da un camino claro que seguir, no hay atajos hacia una «buena relación». Abandonar los puntos de referencia de la monogamia puede dar miedo. Sin ellos ¿cómo sabremos qué hacer?

El ADN de las relaciones

En el momento en que nos movemos de las relaciones cortadas por el mismo patrón a las adaptadas a cada persona, tenemos que empezar a pensar sobre qué es posible y qué no. El vasto potencial de las relaciones poliamorosas nos puede confundir. Una relación puede ser de muchas maneras, pero también tiene sus propios límites. Está limitada por lo que tú quieres –pero también por lo que cada miembro de la relación quiere, y lo que sus otras relaciones quieren, y el grado intrínseco de intimidad potencial entre tus relaciones y tú. Cada relación contiene un abanico de posibilidades. Esas posibilidades son entre las que has de elegir.

Ese conjunto de posibilidades intrínsecas es el ADN de una relación. Los libros escolares se refieren al ADN como el diseño de un proyecto, pero no es correcto. Se usa un diseño para construir algo, como una casa. Esquematiza cómo será la casa: cada medida, cada detalle. Sin duda, te permite tener el control de cosas superficiales como la pintura o las cortinas, pero básicamente, sabes qué vas a obtener. Y una vez la casa está construida, cambiará poco.

Por otro lado, el ADN de cada criatura diferente se *parece* mucho entre sí. Son largas cadenas de millones o billones de elementos que se repiten, las «letras» que construyen las «palabras» que son nuestros genes. Un boceto es un mapa, pero el ADN se parece más a una receta: un conjunto de instrucciones que le dicen a las células, paso por paso, cómo hacer crecer un organismo. Mirado al microscopio, el ADN de una criatura no se parece en nada a lo que será, del mismo modo que una receta no se parece a un pastel.

Así que, imagina, que tienes una nueva semilla. Contiene el ADN de una planta completa, pero no es obvio lo que crecerá a partir de ella: ¿Será grande o pequeño? ¿Caduco o perenne?¿Silvestre y resistente o delicado y necesitado de muchos cuidados? Puedes influir mucho en cómo crece esa semilla, o si llega a brotar en absoluto, dependiendo de cómo la cuides. Pero nunca vas a obtener una sandía de una semilla de cebolla. En el mejor de los casos, obtendrás una cebolla más grande. Y algunas plantas parecen absolutamente decididas a sobrevivir: puedes plantarlas a la sombra y olvidar regarlas, y ellas no dejarán de crecer.

Las relaciones –como todo organismo vivo, pero no como los edificios– crecen, cambian y pasan por ciclos. Algunas dan fruta y otras flores, e incluso habrá ocasiones en las que parece que no están dando nada en absoluto. Pasan las estaciones del año y pueden morirse.

Por eso cuando decimos que las relaciones tienen ADN, y no un proyecto diseñado, queremos decir que las relaciones, al contrario que los edificios, están vivas. La sociedad nos da un proyecto diseñado sobre cómo deben de ser las relaciones: un hombre, una mujer, 2'4 criaturas, un jardín, reuniones de madres y padres en el colegio, valores tradicionales. Proponemos relaciones en las que no cabe diseñar un proyecto, relaciones que son tan únicas como las personas en ellas. Las relaciones no necesitan ser producidas en serie de acuerdo con instrucciones de fabricación: podemos cultivarlas para que cubran nuestras necesidades.

Esa es la razón por la que comparamos el trabajo que supone cuidar tus relaciones con el trabajo de cuidar un huerto. Tu huerto crecerá sano, o no, dependiendo del tiempo que inviertas y la habilidad que tengas para regar, quitar la maleza, abonar, seleccionar y colocar tus plantas (tu esfuerzo para cuidar de la relación), así como de la riqueza de la tierra y de la exposición al sol (tu trabajo personal). Pero las cosas en tu huerto tienen vida propia, las plantas pueden llegar a crecer o no, pueden dar fruto o no, pueden necesitar más cosas o que haya cosas que no les afecten en absoluto.

Y a veces pueden tener un resultado que no te esperas. Las relaciones buscarán su propia expresión, da igual todo lo que intentes contenerlas o controlarlas. Del mismo modo que no puedes mirar una semilla desconocida y decir qué brotará de ella, no puedes comenzar una nueva relación y saber cómo va a desarrollarse. Si insistes en plantar la nueva semilla en la sombra sí o sí, o si insistes en forzar una nueva relación para encajar en un determinado molde, y funciona... será por casualidad.

Atiende a las necesidades de lo que hayas decidido plantar en tu huerto. Asegúrate de que hay espacio suficiente para lo que quieras añadir y que tienes el tiempo y la energía suficientes para cuidarlas. Recuerda, también, que el objetivo de un huerto es, en última instancia, alimentar a quien cuida ese huerto. Si has llenado tu huerto de boniatos y quieres algunas vitaminas, está bien hacer espacio para un poco de kale y zanahorias. Si la sombra del gran roble que has cuidado durante décadas está dando tanta sombra a todo tu huerto que nada más puede brotar, podrías podar con delicadeza algunas de las ramas del árbol para permitir que pase la luz. Y si algo de lo que estás cultivando ya no te está alimentando, si está acaparando tu tiempo y recursos y los de las otras plantas en tu huerto, sin dar ningún fruto, no tiene un derecho innato a estar en tu huerto. Y si resulta que es tóxica para ti o para quienes te importan, está bien arrancarla.

Ser flexible

Un valor fundamental que fomentamos en este libro es la flexibilidad. Hay una gran variedad de tipos de relaciones poliamorosas diferentes, por lo que requieren un grado de flexibilidad mayor que la mayoría de las estructuras relacionales. La flexibilidad no se produce de manera natural; puede ser difícil abandonar lo que hemos pensado toda la vida sobre cómo «deben ser» las relaciones. Habiéndonos acostumbrado a un número limitado de modelos de relación, a veces es abrumador intentar hacerse una idea de todos los tipos de relación que *pueden* funcionar.

En el capítulo 1 mencionamos varios enfoques personales en el poliamor. Esos diferentes puntos de vista dan como resultado, como puedes imaginar, tipos muy diferentes de relación. Dado que el poliamor nos invita a construir relaciones a la medida de las necesidades de las personas involucradas, eso demanda que pensemos detenidamente sobre nuestras relaciones para construirlas en consonancia.

Las relaciones poliamorosas abarcan el espectro que va desde familias estructuradas que conviven a redes informales de personas que no cohabitan, y todos los tipos de configuraciones posibles entre una y otra. Las formas de estas relaciones reflejan las diferentes necesidades de estructura o flexibilidad de sus miembros, de cohesión o independencia, de relación y contacto o de necesidad de espacio personal.

Si estás construyendo un huerto, puedes comprar las semillas que se convertirán en las plantas que deseas. Con las relaciones poliamorosas es tentador planificar cómo quieres que sea tu vida y a continuación buscar las personas que encajan ese plan. Pero al contrario que las semillas, las personas no vienen de una tienda claramente etiquetadas. No puedes mirar a alguien y predecir el tipo de relación que surgirá de ahí; las relaciones tienen una complicada manera de ir en una dirección cuando estamos esperando que vayan en la opuesta. Por supuesto, es importante comunicar de manera clara lo que quieres en una relación, pero también es importante recordar que no estás encargando una relación por catálogo. Déjale espacio para desarrollarse, y no te asustes si crece de una manera que no esperabas.

Diferentes enfoques de las relaciones

Ocultas tras los diferentes tipos de estructuras relacionales poliamorosas hay ideas muy diferentes sobre las relaciones en general: Sobre autonomía, comunidad, complicidad, interdependencia, romance, sexo y colaboración. Las personas poliamorosas suelen hablar de estos diferentes enfoques en relación a dos ejes. Un eje que abarca desde «quien va por su cuenta» hasta «con tendencia a vivir en comunidad». El otro abarca desde «por su cuenta» hasta «entrelazarse». Parecen similares, pero no lo son.

Algunas personas poliamorosas se consideran a sí mismas independientes, que van por su cuenta. Es decir, que tienen en alta estima su autonomía personal, resaltan la importancia de la capacidad para tomar sus propias decisiones y ser capaces de actuar sin requerir el permiso de nadie. El modelo de persona poliamorosa independiente puede ser complicado de entender al principio. Es fácil cometer el error de pensar que quienes van por su cuenta no se comprometen, o no tienen en cuenta las necesidades de sus parejas (o de las parejas de sus parejas) o que no les importa la comunidad. No es cierto. En realidad, el modelo independiente coloca en cada persona, de manera individual, la responsabilidad a la hora de tomar las decisiones y afrontar sus consecuencias.

Por ejemplo, tus relaciones actuales te pueden contar cómo se sienten respecto a tu deseo de comenzar una nueva relación, y tú puedes escucharles y decidir si seguir adelante con tu plan en base a lo que han dicho; pero la elección es tuya, no suya. Tú valoras sus temores, y eres tú quien decide. El grado máximo de independencia se llama «anarquía relacional» o A.R. Es un enfoque que rechaza la necesidad de clasificar y jerarquizar las relaciones en absoluto («Joe es mi amigo; Mark es mi novio; Keyser es mi marido»), de crear normas o definir roles. En particular, la A.R. no privilegia las relaciones sexuales o románticas por encima de las otras.

En el extremo opuesto de la escala está lo que alguna gente llama «modelo poliamoroso con orientación comunitaria». Quienes adoptan este modelo se centran en la interconexión de sus relaciones y su comunidad. Podrías pensar que la diferencia entre las personas poliamorosas independientes y las que tienen una orientación comunitaria es la actuación independiente frente al consenso, pero eso es demasiado simplista. Quienes son independientes, y particularmente quienes practican la anarquía relacional, empatizan con la necesidad de negociar y del beneficio mutuo por encima de la idea de que hay una manera «normal» o «correcta» de tener relaciones. Sería más acertado decir que la diferencia es la prioridad dada a los diferentes factores que influyen en el proceso de la toma de decisiones; la gente con una orientación comunitaria tiende a priorizar el impacto de una decisión en el conjunto del grupo frente a las necesidades de los individuos de ese grupo. Eso no significa necesariamente que las personas con orientación comunitaria estén obligadas a tener el permiso de con quienes ya tienen una relación para comenzar una nueva. De todos modos, las decisiones se toman con miras a ver cómo una nueva relación podría encajar con las otras.

El otro eje, el de la independencia poliamorosa al poliamor entrelazado, se parece aparentemente pero refleja un conjunto de valores completamente diferente. Las personas que practican la independencia poliamorosa se presentan al mundo como solteras, a primera vista. Se han bajado de la «escalera mecánica de las relaciones»: la suposición de que las relaciones siguen un plan predeterminado. Te conoces, te enamoras, convives, compartes la propiedad, tienes criaturas y envejeces en pareja. Las personas poliamorosas independientes pueden no querer vivir con ninguna de sus relaciones, o si quieren hacerlo, puede que elijan no compartir sus economías domésticas o sus propiedades.

Por el contrario, otras personas prefieren tener relaciones que son más interdependientes: En la práctica, económicamente o ambas. Estas personas valoran compartir el espacio donde viven, compartir tiempo en compañía, compartir sus economías o las tareas de la casa, y similares. Pueden verse a sí mismas como parte de una unidad, como una unidad familiar que comparte responsabilidades y que abordan la vida en equipo.

Por lo que la escala desde la independencia a la comunidad se refiere, entonces, a la toma de decisiones en una relación, mientras que la escala desde la independencia a la interdependencia se refiere a la forma que tomarán las relaciones. Poca gente está en los extremos de estas escalas. Es más común encontrar gente en el centro. Por ejemplo, personas que están viviendo con su amante pero que prefieren aun así pensar que están viviendo como individuos autónomos, o personas que prestan mucha atención a cómo encajan nuevas relaciones potenciales pero que de todos modos toman sus propias decisiones.

Estructurales relacionales poliamorosas

En apariencia, la configuración poliamorosa más simple es una triada (tres personas profundamente vinculadas entre sí) o una «uve» (una persona, llamada «pivote» o «vértice», con dos relaciones románticas). Las triadas y las uves pueden convivir o no, y pueden estar abiertas a nuevas relaciones o no. En muchos casos –quizá la mayoría–, las triadas comienzan como una uve y más tarde se desarrolla una camaradería o romance entre las dos personas que tienen una relación con el pivote.

Un *quad* es una relación poliamorosa entre cuatro personas. Los *quads*, a menudo, pero no siempre, se forman al unirse dos parejas. También se pueden formar cuando una persona tiene tres relaciones, cuando los dos miembros de una pareja comienzan una relación independiente con una nueva persona sin más relaciones o incluso cuando comienzan una relación cuatro personas que no tenían una anteriormente. Las conexiones dentro de ese *quad* pueden variar de infinitas maneras. Hay *quads* en los que cada miembro tiene una relación íntima con los otros tres miembros; hay enes (N), que a menudo se forman cuando dos parejas se unen existiendo una única relación íntima entre las dos parejas; y los asteriscos, cuando una persona tiene simultáneamente tres (o más) relaciones no involucradas entre sí. Como las triadas, los *quads* pueden convivir o no, y pueden estar abiertos a nuevas relaciones románticas o no.

Un patrón interesante que hemos visto en los *quads* que se forman a partir de dos parejas es que, después de un tiempo, esas dos parejas se intercambian y el *quad* se rompe. A veces la gente en pareja sabe que tiene problemas pero, en lugar de enfrentarse a ellos directamente, intentan comenzar una nueva relación en una estructura que es «segura». Si, por ejemplo, la esposa en una pareja tiene una cita con el marido de la otra, mientras que su esposa tiene una cita con el marido de la primera pareja, creen que nadie sentirá nunca que le han dejado de lado y ninguna nueva pareja se siente amenazada por la otra (porque, presumiblemente, la otra relación también quiere conservar su situación actual). En la práctica, la nueva relación puede resaltar los problemas y necesidades no cubiertas en ambas parejas, dando lugar a un reemparejamiento y posterior ruptura.

También existen configuraciones mayores. Las redes abiertas son bastante comunes, donde cada persona puede tener varias relaciones, algunas de las cuales pueden tener más relaciones con otras personas o no. Las redes de relaciones tienden a estructuras informales y a menudo no tienen una jerarquía definida.

Los miembros de algunos grupos poliamorosos se consideran casados mutuamente entre sí. El matrimonio grupal no está legalmente reconocido en los países occidentales, pero algunas personas en relaciones poliamorosas se llaman a sí mismas «maridos» o «esposas», celebran ceremonias de compromiso, intercambian anillos o hacen otras cosas que simbolizan mutuamente la seriedad de su relación. Franklin, por ejemplo, ha intercambiado anillos con dos de sus relaciones actuales. Otras formas poliamorosas no se consideran a sí mismas una unidad familiar.

Algunos grupos tienen una jerarquía interna, en las que ciertas relaciones (a menudo la de una pareja casada) tiene prioridad sobre el resto. Esta versión de relación poliamorosa es llamada a menudo «principal/secundaria», y hablamos de ellos en el capítulo 11. Otros grupos no asumen que exista una jerarquía de poder. Eso no quiere decir, necesariamente, que cada persona es tratada de la misma manera, sino que ninguna de las relaciones tiene siempre prioridad. Cada cual puede buscar su propio nivel y no se da por hecho que las nuevas relaciones tengan que subordinarse forzosamente. Hablaremos de esto en el capítulo 13.

Cada grupo tiene diferentes expectativas respecto a los acuerdos y las normas. Algunas relaciones poliamorosas se basan en normas, con instrucciones detalladas sobre las conductas, incluida la sexual, entre los diferentes miembros de la relación. Otras no imponen normas a sus miembros. Algunas incluyen el «derecho a veto» que permite que una persona le pueda decir a otra que termine su relación con una tercera persona... aunque como comentamos en el capítulo 12, puede ser complicado implementar esos acuerdos y peligroso llevarlos a la práctica. Otras relaciones no tienen normas respecto al veto, prefiriendo la negociación y el diálogo en su lugar. Hablaremos de algunas estructuras poliamorosas comunes, con sus ventajas y errores comunes, en la Parte 3.

Enfrentándose a las creencias habituales sobre el sexo

El poliamor da por hechas pocas cosas respecto a las conexiones sexuales. En la monogamia, con quien tenemos una relación romántica y con quien tenemos relaciones sexuales es, casi por definición, la misma persona. La intimidad emocional y la física están tan entrelazadas que algunos libros de autoayuda hablan de «infidelidad emocional» y animan a las parejas casadas a prohibirse mutuamente tener demasiada cercanía con sus amistades. En consultorios en prensa y televisión nos hablan del peligro que las «aventuras emocionales» suponen para el matrimonio monógamo y preguntan: «¿Es peor la infidelidad emocional que la infidelidad sexual?». La monogamia puede dejar sorprendentemente poco espacio para las amistades cercanas, y mucho menos para los romances no sexuales. Tu amistad más cercana y tu pareja sexual se presupone que ha de ser la misma persona. Esto crea problemas cuando los miembros de la relación ya no sienten atracción sexual mutua o tienen necesidades sexuales muy diferentes. Esto también crea problemas para quienes se identifican como asexuales. Si se espera que nuestra pareja romántica sea también nuestra única pareja sexual, ¿qué sucede cuando no hay compatibilidad sexual? ¿Qué hacemos cuándo una persona no desea o no puede tener sexo con la otra persona? En casos como este, la monogamia tiene un problema. En esa situación parece absurdo decirle a la otra persona: «Te prohíbo que cubras tus necesidades sexuales con otra persona y yo no voy a cubrir tus necesidades sexuales», pero eso es exactamente lo que sucede. La persona cuyas necesidades sexuales no se cubren tiene que elegir: presionar, coaccionar, las infidelidades a escondidas o el celibato.

Incluso cuando una buena relación monógama no es sexual por mutuo acuerdo, es tratada de manera despectiva, cuando no con burla. «¿Tu esposa y tú no habéis tenido sexo desde hace dos años? Oh, lo siento mucho. Debe ser terrible ¿Qué problema tenéis?».

Una de las ventajas del poliamor es que no significa que tengas que poner todas tus expectativas sexuales en una sola persona. Eso permite cambios que serían una amenaza en muchas relaciones monógamas. Una relación afectiva abierta, emocionalmente satisfactoria y profundamente comprometida entre dos personas que son, o se han convertido, en sexualmente incompatibles, puede crecer sin necesidad de que esas dos personas estén sexualmente frustradas el resto de su vida.

De todos modos, las necesidades no son necesariamente transitivas. Lo que necesitas en una relación no te lo va a dar necesariamente otra persona. No estamos diciendo que el poliamor sea una solución sencilla para las relaciones en las que hay un deseo desigual o no existe. Para alguna gente, la sexualidad es la expresión del romance y el amor; esas personas pueden necesitar tener sexo con todas sus relaciones románticas, y si esa expresión sexual no está presente, puede dañar la relación.

Muchas personas poliamorosas, entre quienes nos incluimos, tienen relaciones románticas muy profundas en las que la sexualidad juega un papel muy limitado o ninguno en absoluto. También hemos hablado con personas que se autoidentifican como asexuales a quienes les atrae el poliamor porque les permite formar vínculos afectivos e íntimos sin el miedo a estar privando a las personas con quienes tienen una relación de la oportunidad de tener una feliz vida sexual.

LA HISTORIA DE EVE

Peter y yo habíamos sido pareja durante diez años cuando decidimos casarnos. El día de nuestra boda hacía un año y medio, aproximadamente, que no habíamos tenido sexo.

Comenzamos nuestra relación como la mayoría de las parejas, calientes todo el tiempo, experimentando y teniendo sexo como conejos. Y como muchas parejas, nuestra vida sexual fue declinando con el tiempo, aunque en nuestro caso quizá declinó más rápido de lo habitual, debido al estrés, a mi pobre imagen corporal, la medicación que estaba tomando y varias separaciones largas debidas a mis estudios de posgrado. Fue, de hecho, la necesidad de más variedad sexual –y más sexo– lo que motivó que, inicialmente, eligiéramos explorar primero el *swinging* y más tarde el poliamor.

Cuando comenzamos nuestra relación Ray y yo, mi vida sexual con Peter mejoró dramáticamente durante un tiempo, para hundirse de nuevo. Después de que él hubiese estado con Clio y Gwen durante un año, finalmente nos sentamos y tuvimos La Conversación. Me había dado cuenta de que ya no sentía interés sexual por Peter ni lo había tenido desde hacía tiempo. La culpa por no ser capaz de darle los momentos de intimidad que yo pensaba que él se merecía, y su frustración cuando yo rechazaba sus avances, fue demasiado para mí. Si queríamos seguir como pareja, yo necesitaba el reconocimiento formal y mutuo de que el componente sexual de nuestra relación se había terminado. Me había dado cuenta, le dije, de que él podría no querer seguir siendo mi pareja y que yo aceptaría su decisión.

Esa conversación nos hirió, a él y a mí. Peter necesitó tomarse un tiempo para pensar sobre mi propuesta. Al final, volvió y me dijo que todavía quería seguir siendo mi pareja. La transición no fue fácil, pero fue mucho más fácil que intentar mantener o revivir una relación sexual que ya no funcionaba, o que yo intentara seguir cargando con la culpa de no estar dando lo que pensaba que Peter se merecía. En definitiva, la conversación no inició realmente ningún cambio: hizo que lo que ya estaba sucediendo se hiciese visible y consensuado. Fue *después* de ese acuerdo cuando decidimos casarnos.

Para aceptar su nuevo acuerdo y fraguar una relación que era de cariño, de apoyo mutuo y feliz, Eve y Peter tuvieron que hacer frente a una serie de creencias tóxicas muy arraigadas sobre el sexo y las relaciones:

- Que le debes sexo a la persona con quien tienes una relación.
- El deseo sexual es algo que puede ser ofrecido o denegado.
- La falta de deseo sexual es, como mínimo, señal de que algo malo está pasando en la relación. En el peor de los casos, algo hecho con mala intención.

El deseo no tiene un botón de encendido. No importa lo mucho que te pueda importar alguien, no importa lo mucho que desees cubrir sus necesidades, si el deseo sexual no está presente, no está presente. Sí, alguna gente puede trabajar sobre ello, y muchas diadas pueden atravesar momentos de escaso deseo, pero muchas no pueden y no pasa nada. A veces no te apetece, y a veces no deseas a la persona a quien se supone que debes desear.

Nunca debes tener la obligación de tener sexo cuando no es lo que deseas. No creemos que sea algo que debas hacer para salvar una relación, para demostrar cuánto te importa alguien o para cubrir cualquier otra necesidad que tengas, sea económica, emocional o social. No desear a alguien físicamente no significa que no la ames. O que quieras herirle. O que te pasa algo malo. No es siquiera señal de que no eres compatible con esa persona. Simplemente significa que, por la razón que sea, tu cuerpo no está respondiendo. Y si no te apetece, por favor, no lo hagas.

Muchas relaciones profundamente amorosas a largo plazo terminan volviéndose platónicas. Cuando nos pusimos a buscar estadísticas, encontramos que entre el 20 y el 30 por ciento de las relaciones no tienen sexo o es muy escaso (sus miembros tienen sexo menos de diez veces al año). Cerca del 5% de los hombres casados menores de 40 años son completamente célibes; A los 50 años, se incrementa hasta un 20%, y ese porcentaje sigue creciendo con la edad.

Encontramos estadísticas sobre los «matrimonios sin sexo» en prensa y libros con títulos que dejaban claro cómo veían las relaciones: *La decisión de continuar en una relación involuntariamente célibe, Reavivar el deseo: Guía para el sexo apasionado de una mujer cansada, Terapia de pareja y el Tratamiento de la disfunción eréctil.* Es desafortunado que patologicemos algo tan normal y que asumamos que las relaciones sin sexo deben romperse. El poliamor permite la posibilidad de que mantengamos relaciones que nos importan y tener sexo cuando (y solo cuando) lo deseamos, porque lo deseamos y no porque debemos tenerlo por miedo a perder a alguien que nos importa.

Eve y Peter se han enfrentado a críticas y malentendidos sobre su acuerdo, incluso de sus amistades más cercanas. Peter es, en todos los sentidos, un ser humano absolutamente maravilloso, y Eve se ha sentido más de una vez avergonzada ante sus amistades mutuas por denegarle relaciones sexuales a Peter. A ella le han hecho sentirse una desagradecida o le han hecho pensar que algo malo le pasaba por no desearle. Incluso le han dicho que su matrimonio no es «de verdad». (Una de sus amistades, con buena intención, comentó una vez: «Es tan adorable que todavía uses la alianza de bodas».) Si fuera así, entonces millones de parejas casadas no estarían casadas «de verdad».

Lo único inusual en el caso de Eve y Peter es que acordaron mutuamente su situación y que han elegido hablar de ello abiertamente. Quieren contar su historia para que otras personas en la misma situación sepan que no les pasa nada malo, que no son un caso único y que sus relaciones siguen siendo legítimas y «reales».

Definiendo qué es una relación

¿Qué es una «relación romántica»? ¿Qué diferencia una relación romántica no sexual de una amistad cualquiera? ¿Pueden tener relaciones románticas las personas arrománticas? No te rías, esa es una pregunta que les han hecho tanto a Eve como a Franklin.

Wikipedia dice que las relaciones románticas se caracterizan por las emociones de amor, intimidad, empatía, aprecio y afinidad. Esa definición no es de mucha utilidad, porque la mayoría sentimos esas mismas emociones, aunque quizá en distinto grado, con nuestras amistades no románticas. La idea de que las relaciones se caracterizan por esas emociones es un buen punto de partida, pero al final, creemos que la definición de relación romántica depende de las personas involucradas.

LA HISTORIA DE FRANKLIN

Tuve una relación con Amber durante más de una década. Al comienzo parecía una relación convencional: convivíamos, compartíamos cama, nos sentábamos a cenar al final del día.

Unos años más tarde, ella se mudó a otra ciudad para obtener su licenciatura en Neurobiología.

En nuestra relación pasamos de convivir a relacionarnos a distancia, pero aún mantenía muchas señales convencionales propias de una relación romántica. Nos visitábamos a menudo, nos reuníamos cuando podíamos y seguimos siendo amantes.

Menos de un año después, me mudé aún más lejos. Amber y yo mantuvimos una relación a distancia, pero se volvió más y más complicada. Ella estaba trabajando en su trabajo de fin de máster sobre bioinformática y estudiando Matemáticas Puras, por lo que su atención se concentró cada vez más en su trabajo académico, y cada vez tenía menos tiempo disponible para mantener una relación romántica, mucho menos una a larga distancia. Terminé acostumbrándome a verla menos a menudo: Dos veces al mes, luego una vez al mes y al final una vez cada seis semanas.

Finalmente, Amber me contactó y me dijo que no le parecía posible que la parte sexual de nuestra relación pudiese continuar. Su trabajo académico estaba consumiendo su vida y su libido estaba sufriendo los efectos del estrés. Me comentó que temía que hablar francamente conmigo supusiera el final de la relación, pero que ella sentía la necesidad de descartar el sexo en la relación.

Yo disfrutaba realmente siendo el amante de Amber, por lo que me dolió lo que me dijo. Pero realmente me dolió menos de lo que esperaba. Siempre he admirado a Amber, y creo firmemente en el trabajo que está realizando. También creo con la misma claridad que la sexualidad debe ser consensuada y yo no quiero tener una amante que no tiene el tiempo ni el deseo entusiasta de estar conmigo.

Nuestra relación cambió sorprendentemente poco. Seguimos compartiendo la cama cuando nos íbamos a visitar, pero solo para acurrucarnos y dormir. Nos demostrábamos, y seguimos demostrando, el afecto mutuo físicamente. Nos seguimos queriendo mucho.

Cuando me mudé a Portland, la relación se convirtió en una a muy larga distancia. De todos modos, sigue siendo una relación romántica. Nos queremos, y nuestras vidas siguen mutuamente entrelazadas en muchos aspectos, en la medida que podemos. Hemos intercambiado nuestros anillos. Seguimos compartiendo intimidad. Cuando ella tuvo problemas en una de sus relaciones, me llamó para que la apoyase, y yo crucé el país para estar con ella. Compartimos nuestras esperanzas, sueños, alegrías y penas. Seguimos teniendo un compromiso absoluto con nuestra felicidad mutua. En todas las facetas importantes, Amber sigue siendo una de mis parejas. Nuestra relación no se parece a las relaciones románticas convencionales, al menos no como las de la era victoriana, pero una de las cosas increíbles del poliamor es que podemos marcar nuestro propio camino, definiendo nuestra relación para que se adapte más a nuestra vida que a las normas culturales.

La experiencia de Franklin y Amber muestra que juzgar el éxito de una relación basándose en algunos criterios arbitrarios tiene menos sentido que juzgarlo basándose en el hecho de que las personas involucradas en esa relación consideren que es un éxito.

¿Cuántas relaciones?

Es posible no tener ninguna relación y ser una persona poliamorosa. Es posible tener solo una relación y ser una persona
poliamorosa. Si tu intención es mantener todas las posibilidades abiertas para tener múltiples relaciones románticas, eres
una persona poliamorosa independientemente de tu estado actual. De hecho, si el poliamor es parte de tu identidad (para
alguna gente lo es; para otra, no) podrías estar en una relación
monógama y seguir siendo una persona poliamorosa.

¿Hay un número «correcto» de relaciones en el poliamor? No
¿Hay un número «correcto» de relaciones que *tú* debas tener?
Podría ser. Sin duda hay un máximo. Hay un dicho entre la
gente poliamorosa: «El amor es infinito; el tiempo y la atención
no lo son». Es debatible si el amor es infinito o no; en términos
prácticos, probablemente no lo es[1]. El tiempo y la atención definitivamente no lo son. Diferentes personas tienen limitaciones
diferentes respecto al tiempo y la atención que pueden ofrecer,
y diferentes relaciones requieren diferentes cantidades de cada
uno, por lo que algunas personas pueden mantener más relaciones románticas que otras antes de llegar a estar «polisatura-
das», como se suele decir.

El número de relaciones que eres capaz de mantener puede variar. Algunas situaciones, como empezar en un nuevo trabajo
o cuidar de un bebé, consumen inmensas cantidades de tiempo
y espacio emocional; es normal sentir que no quieres comen-

---

1 La ciencia cognitiva considera que existe un límite, determinado por el
tamaño de nuestros cerebros, del número de individuos con los que un ani-
mal es capaz de tener una relación social estable. Es decir, recordar quién es
cada persona y cuál es su conexión con el resto. Para los seres humanos, este
número, llamado Número de Dunbar, en honor del nombre del investigador
que propuso la idea, parece estar en torno a 150 personas [Nota de los Autores, si no se indica lo contrario todas las notas son de los autores.].

zar una nueva relación hasta que tengas más tiempo (aunque, esperemos, seguirás cuidando de las que tienes). Por otro lado, a veces hay puntos de inflexión, cambios radicales: puede que encuentres a una persona tan increíble, tan fantástica, que no te importaría reacomodar partes de tu vida para hacerle un espacio. Los cambios radicales son disruptivos, como hablaremos en el capítulo 14.

Frankenpoli

Puesto que diferentes personas tienen diferentes necesidades, y el poliamor nos permite distribuir nuestros «huevos de la necesidad» en más de una «cesta relacional», es posible mantener una relación dentro de una estructura poliamorosa que podría no sobrevivir de otra manera. Hemos hablado sobre las relaciones poliamorosas felices que pueden darse entre niveles desiguales de sexo o sin sexo en absoluto. Lo mismo puede suceder cuando un miembro de la relación es sexualmente más atrevido que el otro, y quiere explorar que lo aten, azoten u otra práctica no convencional que deja totalmente fría a la otra persona. Quizá a una persona le gustan mucho los bailes de salón pero la otra tiene dos pies izquierdos. (A dos de las relaciones de Franklin les encantan los bailes de salón pero él nunca ha sentido curiosidad por ellos.) Una persona puede tener una profunda fe religiosa que su pareja no comparte. El poliamor ofrece la oportunidad de cubrir diferentes necesidades en relaciones diferentes.

El peligro aquí es ver a las otras personas como máquinas de satisfacer necesidades. Cuando una necesidad no está siendo cubierta, esa necesidad puede parecer insaciable y puede resultar tentador buscar a una persona para que la cubra. Una de las relaciones de Franklin llama a esto «Frankenpoli», reunir y coser las piezas de una relación romántica perfecta que cubra todas las necesidades utilizando las partes de otras personas. También hemos oído llamarlo «Polipokemon», a partir de la idea de que necesitas coleccionar una serie completa de diferentes tipos de relaciones.

Cuando comenzamos a fijarnos en otras personas solo valorando qué necesidades pueden cubrir en lugar de como personas completas en sí mismas, iniciamos el camino de tratar a las personas como cosas. Una persona con la que estás solo porque consigues cubrir una necesidad cuando insertas monedas de tiempo-y-atención no es una relación romántica con quien compartirás la vida. Lo que no quiere decir que todo intento de cubrir diferentes necesidades con diferentes personas nos lleve en esa dirección. Una amiga de Franklin necesitaba determinadas prácticas sexuales no convencionales que su marido no cubría, y ella ha conseguido encontrar amantes que comparten esa necesidad con ella. Pero sus amantes son relaciones románticas por derecho propio, valoradas por razones que van más allá de ayudar a cubrir esa necesidad.

Algunas necesidades, de todos modos, no es posible buscarlas en otro lugar. Las necesidades de intimidad, de comprensión o de compañía a menudo están ligadas a las *personas* con quienes tenemos una relación; aunque esas necesidades nos las cubra Alice, puede que necesitemos que esas necesidades las cubra también Bob.

Relaciones que crecen

Puesto que no existe una plantilla estandarizada para el poliamor, es raro ver dos relaciones que parezcan iguales. Hemos observado, de todos modos, que las relaciones sólidas, exitosas, tienden a tener las mismas cosas en común. Volviendo a nuestra metáfora del huerto, no hay dos que parezcan iguales pero todos los huertos necesitan ciertas cosas para crecer: Luz solar, aire, tierra, la cantidad adecuada de agua. ¿Qué necesitan las relaciones poliamorosas para crecer y prosperar?

Algo que hemos oído a menudo es «Cuando comencé a explorar el poliamor, las cosas que creía que eran importantes eran muy diferentes de las que resultaron ser importantes». Hemos visto que las relaciones poliamorosas prosperan fácilmente cuando tienen libertad para cambiar y adaptarse. Cuando las personas en una relación son más importantes que la estructura de la relación –cuando son libres para defender sus propias necesidades, para crecer incluso de maneras inesperadas, cuando tienen una sensación de empoderamiento personal sobre sus relaciones– las relaciones mismas tienden a ser fuertes, resilientes y felices.

Como tratamos en los capítulos 4 y 8, puede resultar tentador, especialmente si has comenzado recientemente en el poliamor, intentar marcar un guión sobre cómo será la relación –decidir por adelantado qué tipo de personas situarás en cada rol. La gente hace eso para evitar enfrentarse a cuestiones como la inseguridad o el miedo a que les dejen de lado. Esta aproximación trata a las personas como piezas intercambiables en lugar de como seres humanos con sus propias necesidades y deseos. Cuando tratamos a las personas como piezas que deberán encajar en determinados roles que hemos diseñado para ellas, es probable que sientan que se les resta autonomía, lo que siembra las semillas para problemas de todo tipo.

Lo que casi invariablemente *sí* funciona es tener una actitud abierta a una amplia variedad de posibles configuraciones de las relaciones y desarrollar herramientas para una comunicación abierta, para defender tus necesidades y para actuar de manera ética y empática, independientemente de la forma que esas relaciones puedan adoptar. Como dice Eliezer Yudkowsky: «Es tu responsabilidad tener más ética que la sociedad en la que creciste».

#ALGUNAS PREGUNTAS QUE PUEDES HACERTE

Una buena herramienta para encontrar, desarrollar y mantener buenas relaciones es pensar en las relaciones que deseas desde la perspectiva de las personas que te gustaría atraer. La otra cara de la moneda es preguntarte qué les estás ofreciendo. Algunas preguntas que te podrían ayudar son:

- ¿Cuáles son mis necesidades en las relaciones? ¿Están relacionadas con personas concretas? Es decir, ¿necesito esas cosas de manera habitual o las necesito de determinadas personas en concreto?

- ¿Qué configuraciones aceptaría? ¿Estoy buscando una configuración concreta porque me da miedo que otras alternativas sean más amenazantes?

- ¿Soy flexible respecto a lo que voy buscando?

- Si mi relación cambia, ¿me parece bien? ¿Me puedo adaptar al cambio incluso cuando es inesperado o cuando es un cambio que no me gusta?

- Cuando visualizo el tipo de relación que quiero, ¿cuánto espacio deja para que las nuevas relaciones adapten la relación a sus necesidades?

- ¿Me estoy concentrando más en una fantasía idealizada que en hacer conexiones orgánicas con personas reales?

- ¿Qué sucede si conecto con alguien de una manera diferente a cómo yo quiero que sea mi relación poliamorosa? ¿Qué mensaje envía eso a alguien que no encaja perfectamente en mis fantasías?

3

Poliamor ético

*El derecho más fundamental
es el derecho a amar y a que nos amen.*

Emma Goldman

No vamos a enseñarte la manera fácil de ser una persona poliamorosa. Las herramientas que te recomendamos parecen complicadas, porque, al principio, lo son. Como siempre que hacemos algo por primera vez, poner en práctica el poliamor tiene una larga curva de aprendizaje, y requiere un montón de trabajo duro, según vas adquiriendo nuevas habilidades y cuestionas las anteriores formas de pensar. Nuestro objetivo es equiparte con las herramientas que necesitarás para crecer dentro de relaciones sólidas y amorosas.

La ética es fundamental en las relaciones poliamorosas, y creemos que vale la pena desarrollar una brújula ética para que nos oriente. Eso no debería ser una afirmación controvertida, pero lo es: mucha gente cree que la ética no existe en un sentido absoluto, que es determinada culturalmente. Aceptemos, incluso, que ese sea el caso: con el poliamor estamos construyendo una nueva cultura. ¿Qué tipo de cultura queremos construir? Esa es nuestra ética. La ética de las relaciones no convencionales es un tema tan inmenso que aquí solo podemos rozarlo. Pero todo este libro trata sobre cómo manejar las relaciones poliamorosas de manera ética, por lo que debemos explicar qué queremos decir con eso.

¿Poliamor correcto y poliamor equivocado?

Una de las cosas que le oímos decir a mucha gente poliamorosa es que «no hay una manera correcta de tener una relación poliamorosa». Eso es cierto. Hay muchas maneras de «practicar el poliamor» (vivir poliamorosamente) que te permiten tener relaciones felices, satisfactorias y significativas con pocos conflictos. Pero cuando la gente dice «No hay una manera correcta», a veces parece que quieren decir que no hay maneras equivocadas de ponerlo en práctica. No estamos de acuerdo. Hay muchas opciones que es probable que te causen dolor, estrés, drama y lágrimas. Hay maneras de practicarlo que ponen en una sola persona la mayor parte del riesgo emocional inherente a toda relación íntima. Hay maneras de practicarlo que está comprobado que causan sufrimiento.

Parece bastante apropiado decir que los planteamientos que probablemente te causarán dolor a ti y a las personas a las que quieres no son buenas estrategias. Incluso nos resulta fácil llamar «equivocadas» a esas maneras de ponerlo en práctica, aunque tenemos cuidado con la palabra «equivocada», que tiende a poner a la gente a la defensiva. Al final, todo el mundo estamos intentando hacerlo lo mejor posible. Elegir una estrategia equivocada no convierte a alguien en una mala persona; en nuestro caso hemos seguido algunos de esos caminos. Todas las personas estamos esforzándonos para cubrir los mismos derechos humanos básicos. La gente comete errores porque está intentando resolver un problema, y muchos de los planteamientos menos exitosos en el poliamor prometen una solución rápida, pero pagando el precio de serios daños ocultos.

Todo el mundo hemos hecho cosas terribles. Todo el mundo hemos herido a otras personas aunque creíamos estar haciendo lo correcto o, al menos, no estar haciendo algo malo. Probablemente estamos intentando cubrir nuestras propias necesidades (unas necesidades que, precisamente, no nos permiten ver). No somos una excepción en esto: de hecho, son nuestros muchos errores y lo que hemos aprendido de ellos lo que nos cualifica para escribir este libro.

Por lo tanto, ¿qué significa ser una persona éticamente poliamorosa, puesto que todo el mundo vamos a cometer errores, herir a otras personas, nos dominarán las emociones y nos vendremos abajo en algún momento? Significa que tienes la voluntad de fijarte en tus actos y su efecto en otras personas. Si te muestran pruebas de que estás causando un daño, o que lo que estás haciendo no os llevará a la(s) persona(s) con quien(es) tienes una relación ni a ti a conseguir lo que deseáis, buscarás maneras para cambiarlo. Al tomar decisiones, tendrás en cuenta el bienestar de *todas* las personas involucradas, no solo de algunas. Comportarse de una manera ética supone también que tienes la voluntad de tener el tipo de conversaciones que permitan un análisis honesto de la manera que has elegido para poner en práctica el poliamor, sin ponerte a la defensiva o acusar a nadie.

Porque, a fin de cuentas, todo el mundo estamos aprendiendo. Somos personas pioneras, y es probable que terminemos metiéndonos en líos si no tenemos la voluntad de valorar el camino que hemos tomado y si nos está llevando a donde queremos ir.

Poliamor basado en la evidencia

Escribimos el primer boceto de este libro en una cabaña perdida en el húmedo y frondoso bosque del Noroeste del Pacífico. En un paseo de media hora desde la puerta, vimos dos docenas de setas salvajes. Algunas fueron un delicioso plato en nuestras cenas. Otras nos hubiesen enfermado o matado. Afortunadamente, teníamos un libro que nos decía cuál es cuál y qué variedades venenosas se confunden fácilmente con las comestibles que son seguras y sabrosas. Después de identificar una de las setas en el libro, a veces hacíamos una esporada, para asegurarnos. Luego tomábamos un pequeño trozo de la seta, lo salteábamos, lo comíamos y esperábamos unas horas para asegurarnos de que no teníamos molestias estomacales o empezábamos a ver los gnomos del jardín (¡cuántos gnomos había!) subiendo por las paredes. Solo entonces cocinábamos una buena cantidad para hacernos un pastel de setas. Obviamente, puesto que estás leyendo este libro, nuestra estrategia nos funcionó.

Así que imaginemos que, como personas poliamorosas viviendo en una sociedad mononormativa, somos valientes que salen a buscar setas y que descubren exóticos y sabrosos tesoros aventurándonos en el bosque. Pero sucede algo: Somos gente novata. Poca gente lo está haciendo; no es parte de nuestra cultura. No hay una guía de campo ilustrada, no hay un contexto cultural que nos ayude a saber qué es venenoso, qué es sabroso o qué nos podría dar el mayor viaje alucinatorio de nuestra vida.

Por lo tanto, ¿qué debemos hacer? Podríamos buscar otras personas que ya viven del terreno donde estamos buscando el alimento, y preguntarles qué setas comer y cuáles evitar. Podríamos observar qué le sucede a quienes comen ciertas setas. Y si no podemos encontrar esa información –o incluso si podemos– no devoraríamos de una vez todo un lote de setas desconocidas. Probablemente probaríamos un pequeño trozo, esperaríamos un poco y probaríamos un poco más.

Y una vez que nos hemos asegurado de que podemos comer algo sin intoxicarnos, ¿organizaríamos una gran fiesta e invitaríamos a todo el mundo? Si alguien a quien hemos invitado convulsiona después de comer nuestra deliciosa comida ¿nos encogeríamos de hombros y diríamos «Bueno, a mí me funciona» y seguiríamos dándoselas de comer al resto? No.

Lo que hemos descrito es el proceso de recogida de datos. También nos gusta hacerlo así cuando exploramos nuevas maneras de relacionarnos. Podemos observar, a medida que vamos eligiendo nuevos patrones de relación, qué elecciones tienden a conducirnos al dolor y los conflictos y cuáles conducen a la armonía. Al final, gradualmente, esos patrones se convierten en la prueba de qué acciones es más probable que promuevan el bienestar de todo el mundo en una red relacional. Puede que no sean las formas «correctas» de poner en práctica el poliamor –del mismo modo que no hay comidas «correctas»– pero podríamos llamarlas maneras «buenas».

Llámalo poliamor basado en la evidencia, si quieres[1]. Eso es lo que aspiramos a darte en este libro. Todo lo que te recomendamos viene de lo que hemos observado que funciona en la ma-

---

[1] Usamos el término «evidencia» con precaución. El estudio formal de las relaciones multipareja está en su fase inicial y la evidencia científica real es escasa. En los casos en los que podamos apoyar nuestras afirmaciones con estudios sometidos a examen colegiado, lo haremos, pero será algo ocasional. Esperamos que un día los conocimientos sobre este tema hayan avanzado hasta el punto en que sea posible dar consejos realmente basados en evidencias, pero por ahora es más ajustado referirse a los casos de este libro como «poliamor basado en la anécdota»

yoría de los casos. Las cosas que te recomendamos evitar son cosas que hemos observado, una y otra vez, que provocan conflictos. No estamos criticando a las personas que están haciendo «mal» las cosas, excepto si lo hacen intencionadamente, ni tampoco estamos avalando a quienes están haciendo las cosas que funcionan como ejemplos poliamorosos perfectos a quienes sería buena idea imitar (aunque a veces, quizá, deberías). Todo lo que estamos diciendo es, si quieres elegir estrategias para llegar a donde quieres llegar, estas son las más exitosas a largo plazo que hemos visto.

El poliamor es todavía algo nuevo. No somos gente «experta», porque no la hay. A veces, planteamos preguntas que todavía no tienen solución. Al unirte a nuestro gran experimento, estarás ayudando a crear un camino que otra gente puede seguir, contribuyendo al corpus teórico sobre el poliamor que se está creando. En este libro, mostramos nuestras propias experiencias –y sobre todo, nuestros errores– abiertamente, con la esperanza de que puedas aprender de ellos y que evitemos que cometas los mismos errores. ¡Te invitamos a salir y explorar el vasto y fértil terreno de los nuevos y desconocidos errores que todavía puedes cometer! Y después, te invitamos, si quieres, a que compartas tus experiencias a través de tu propio blog o comentarios en el nuestro (en morethantwo.com), en foros sobre poliamor, de manera que todo el mundo podamos seguir aprendiendo.

Una brújula moral

Piensa en este libro como una brújula, no un mapa. No existe un camino mágico que te lleve hasta la felicidad poliamorosa. Dicho eso, como enfatizamos una y otra vez, las direcciones de la brújula que hemos visto que conducen a relaciones sólidas, vibrantes y felices son la valentía, la comunicación, la voluntad de hacerte responsable de tus propias emociones, respetar la autonomía del resto de personas, la actitud comprensiva y la empatía.

La manera «correcta» de poner en práctica el poliamor es que tú (y cualquiera en la relación) hables de tus necesidades, miedos e inseguridades; que hables de las maneras en que te pueden dar su apoyo quienes tienen una relación contigo; y que respetes tus compromisos, sin controlar ni imponer normas a otras personas para protegerte de tus propios desencadenantes emocionales. Por encima de todo, confía en que no quieres controlar a tus relaciones, porque con quien tienes una relación, si tiene la libertad de hacer lo que quiera, elegirá quererte y apoyarte. Y siempre, siempre avanza en la dirección que requiera más valentía, hacia tu mejor versión posible.

Las relaciones poliamorosas sólidas, éticas, no son el destino, son el camino. Cuidar esas relaciones es como avanzar hacia un punto en el horizonte: Con cada decisión que tomas, avanzas hacia él o te alejas de él, pero realmente nunca llegarás a él. A veces tomarás una decisión que te aleja de él, pero no hay problema, porque siempre puedes tomar otra decisión y comenzar de nuevo a moverte en la dirección en la que quieres ir.

Antes de que hablemos de cosas como cuidar las relaciones sanas y maximizar el bienestar de todas las personas involucradas, necesitamos suponer algunas cosas sobre el tipo de relaciones que quieres, como qué queremos decir cuando usamos la palabra *sana*. Sabemos que el colectivo poliamoroso es muy variado y que no podemos dirigirnos a toda la amplia variedad de contextos, elecciones, necesidades y expectativas de quienes nos leen. Aun así, creemos que si *no* damos por supuestas estas cosas, nuestros consejos serían inservibles. Damos por hecho que tú:

- buscas, como la mayoría de la gente, establecer relaciones porque valoras el amor, la conexión y una sensación de pertenencia

- quieres que tus parejas establezcan una relación, y específicamente una relación poliamorosa, por su propia voluntad

- quieres que las personas con quien tienes una relación se sientan queridas, cuidadas y seguras en su relación contigo, y tú quieres sentir que te quieren, cuidan y tener una sensación de seguridad en tu relación con ellas

- valoras la honestidad en tus relaciones, que definimos, como mínimo, como que todas las personas involucradas sean conscientes de las otras personas con las que están relacionadas[1]

- aceptas que todas las relaciones a largo plazo tendrán algún conflicto, pero que no quieres que la norma sea el conflicto, la ansiedad o el dolor, y desde luego no más frecuentes que la alegría, la conexión y la comodidad.

Aceptar y respetar estos puntos de partida llevan de manera natural a relaciones de cariño, apoyo y abiertas. Cuando hablamos de maneras «correctas» de practicar el poliamor, nos referimos a estrategias que, en nuestras experiencias, parecen conducir más a menudo a la gente hacia ese tipo de relaciones. Cuando hablamos de relaciones «sanas» estamos hablando de relaciones que avanzan hacia esos valores más a menudo de lo que se alejan de ellos.

---

1 Algunas personas poliamorosas respetan un tipo de acuerdo llamado *Pacto de silencio* (Don't ask don't tell), en el que se permiten tener otras relaciones sexuales o románticas con la condición de que su pareja no sepa nada sobre esas otras relaciones y no conozca a ninguna de esas personas.

Sobre los derechos

Hemos hablado de la idea de lo «correcto» (como opuesto a «incorrecto») pero ¿qué pasa con los derechos? Los derechos son la piedra angular de la mayoría de los sistemas éticos, incluido el nuestro. De hecho, creemos que las opciones que maximizan el bienestar no son éticas si no respetan los derechos de otra persona. Por ejemplo, una decisión que aumenta el bienestar de un grupo de personas no respetando el consentimiento de una de ellas –por ejemplo, decirle a una mujer que debe tener un bebé que no desea pero que el resto de su familia sí– es inmoral, porque la autonomía del cuerpo invalida la opción del bienestar del grupo.

Es común oír la palabra «derechos» cuando quien la usa quiere decir realmente «las cosas que yo quiero». En las relaciones un derecho a menudo significa «algo que espero» o «algo a lo que considero que tengo derecho». «Soy la esposa por lo tanto tengo derecho a hacer que tus otras relaciones se terminen si me hacen sentir incómoda». O, «ella y yo hemos tenido descendencia, por lo tanto tengo derecho a decidir con quién puede tener una relación».

Tenemos derecho a desear lo que deseamos. De todos modos, no tenemos derecho a *obtener* lo que deseamos. Para los derechos se debe subir el listón ¿Qué es un *derecho*? Mucha gente cree que existen unos «derechos naturales»: los llamados «derechos inalienables» con los que todo el mundo nacemos, como la vida, la libertad y demás. A menudo la gente cree que esos derechos se derivan de cosas como la naturaleza humana o los mandatos de una deidad. Ese es un lodazal en el que no nos vamos a meter (al menos no en este libro). En su lugar, hablaremos de los derechos más parecidos a los derechos legales:

los derechos que tiene una persona por ley o por costumbre. A menudo hay que luchar por ellos antes de que sean otorgados, como todos los «derechos» protegidos en las democracias constitucionales modernas, por ejemplo.

Al proponer unos derechos para las relaciones, no los reclamamos desde una autoridad natural ni como inalienables. Más bien, los proponemos como derechos que creemos que es esencial defender para construir relaciones basadas en los valores tratados en las páginas 77-79. Dichos derechos son la base de las relaciones éticas. Sugerimos que estos derechos deben de darse por hecho en las relaciones poliamorosas éticas; que los individuos deben aceptarlos y defenderlos por sí mismos; y que las comunidades poliamorosas deben defenderlos.

Los derechos de los que hablamos se derivan de dos axiomas, que juntos son una lente a través de la cual se debe observar toda elección dentro en una relación. Estos principios son:

1. Las personas que forman parte de una relación son más importantes que la relación misma.

2. No trates a las personas como cosas.

Son simples, pero no necesariamente fáciles. Volveremos a menudo a ellos. El primer axioma, por supuesto, no significa que las relaciones no son importantes. Y tampoco significa que nunca debas hacer sacrificios personales por el bien de una relación. Pero, aunque a menudo es necesario sacrificar tiempo, satisfacciones a corto plazo o deseos no esenciales por el bien a largo plazo de la relación, nunca es deseable que te sacrifiques *tú* por una relación. Esto lo tratamos en profundidad en los capítulos 4 y 5. Y aunque los deseos individuales a veces deben ser incorporados en el bienestar colectivo, es importante recordar que las relaciones existen para *servir a las personas que están en ellas*. Si una relación deja de servir a las personas que están en ella, no está funcionando. Puede que ni haya una razón para que siga existiendo. Por lo tanto el axioma número 1, como el axioma número 2, son *siempre* ciertos (por eso son axiomas). Aunque las personas y la relación deben servirse mutuamente, las personas son siempre más importantes. En la práctica, estos axiomas significan que las relaciones son consensuadas y que las personas no son máquinas para satisfacer necesidades. La gente no puede y no debe ser obligada a permanecer en una relación: si una relación deja de cubrir las necesidades de las personas que forman parte de ella, esa relación debe terminarse. Las personas no son materias primas; las relaciones éticas reconocen la humanidad, las necesidades y deseos de cada individuo involucrado.

Una declaración de derechos de las relaciones

En 2003, Franklin publicó una «Declaración de Derechos de las Relaciones Secundarias» en su web en expansión. Rápidamente se convirtió en la página más popular y más controvertida de toda su web. Muchas personas en ese momento se oponían a la idea de que las relaciones secundarias debieran tener derechos en absoluto. Aquí ampliamos la «Declaración de Derechos de las Relaciones Secundarias» a una «Declaración de Derechos de las Relaciones». Para desarrollar esta lista, examinamos otros documentos que definían «derechos», desde documentos de las Naciones Unidas a reglas de organizaciones contra los malos tratos. Creemos que se debe superar un listón bien alto para que algo sea considerado un derecho. Estos son los que pasaron la prueba. Tienes derecho, sin tener que sentir vergüenza o culpa

por ello, y sin que te puedan acusar de nada, a:
En todas las relaciones íntimas:

- Estar libre de coerción, violencia e intimidación.

- Elegir el nivel de implicación e intimidad que desees.

- Revocar el consentimiento para todo tipo de intimidad en cualquier momento.

- Que te digan la verdad.

- Decir no a lo que se te pida.

- Tener y expresar puntos de vista diferentes.

- Sentir todas tus emociones.

- Sentir y comunicar tus emociones y necesidades.

- Marcar límites respecto a tus necesidades de privacidad.

- Marcar unos límites claros en las obligaciones que aceptes.

- Buscar un equilibrio entre lo que aportas a la relación y lo que recibes.

- Saber que con quien tienes una relación trabajará contigo para resolver los problemas que surjan.

- Elegir si quieres tener una relación monógama o poliamorosa.

- Crecer y cambiar.

- Cometer errores.

- Terminar la relación.

En las relaciones poliamorosas:

- Decidir cuántas relaciones quieres tener.

- Elegir tus propias relaciones.

- Tener el mismo derecho con cada una de tus relaciones a decidir la forma que va a adoptar tu relación con ella.

- Elegir el nivel de tiempo e implicación que ofrecerás a cada relación.

- Entender con claridad cualquier regla que se aplique a tu relación antes de formar parte de ella.

- Discutir con tus relaciones las decisiones que te afectan.

- Tener tiempo a solas con cada una de tus relaciones.

- Disfrutar de la pasión y momentos especiales con cada una de tus relaciones.

En una red poliamorosa:

- Elegir el nivel de involucración e intimidad que deseas tener con las otras relaciones de tus relaciones.

- Que se te trate con amabilidad.

- Buscar compromiso.

- Tener relaciones con personas, no con relaciones.

- Que se respeten los planes que hayas hecho con quien tienes una relación; por ejemplo, que no se cambien en el último minuto por razones triviales.

- Que cada persona te trate como igual, no como subordinada, incluso cuando existan diferentes niveles de compromiso o responsabilidad.

Consentimiento, honestidad y autonomía

La «Declaración de Derechos de las Relaciones» incluye tres importantes ideas entrelazadas que necesitan un poco más de elaboración, porque son fundamentales para el tipo de poliamor ético que estamos defendiendo: *consentimiento, honestidad y autonomía.*

El *consentimiento* se refiere a ti: tu cuerpo, tu mente y tus decisiones. Tu consentimiento es necesario para acceder a lo que es tuyo. Las personas a tu alrededor tienen *autonomía* personal: No necesitan tu consentimiento para actuar, porque sus cuerpos, mentes y decisiones no son de tu propiedad. Pero si su conducta se cruza con tu espacio personal, necesitarán tu consentimiento.

La mayoría nos encontraremos situaciones, a lo largo de nuestra vida –quizá en el trabajo, con nuestra familia de origen o en la calle– en las que tenemos que protegernos emocionalmente y aceptar cierta pérdida de control sobre nuestras vidas, nuestras mentes o incluso nuestros cuerpos. Pero nunca debemos tener que hacer eso con nuestros seres queridos. Esto puede parecer obvio, pero no te confundas: es una idea radical.

La *honestidad* es una parte indispensable del consentimiento. Poder compartir, en la medida de tus posibilidades, quién eres realmente cuando estás en una relación es fundamental para que esa relación sea consensuada. Debes darle a quienes tienen una relación contigo la oportunidad de tomar una decisión informada para tener esa relación. Si mientes u ocultas información fundamental, privas a esa persona de la posibilidad de tener una relación consensuada contigo. Si una de tus relaciones tiene sexo con una docena de aventuras de una noche, puede que esté rompiendo alguno de vuestros acuerdos, pero no ha dejado de respetar (todavía) tu consentimiento. Si luego tiene sexo contigo –o se relaciona contigo íntimamente, incluyendo la intimidad emocional– sin contarte lo que ha hecho, no ha respetado tu consentimiento, porque te ha privado de la posibilidad de tomar una decisión informada.

Es especialmente importante comunicar cosas que pueden ser motivos para romper la relación, o que pongan en peligro la salud emocional o física de tus relaciones. Quien tiene una relación contigo tiene derecho a decidir cómo quiere participar en una relación contigo al recibir esa nueva información. Algunos ejemplos podrían ser la actividad sexual con otras personas, el consumo de drogas, la adquisición o uso de armas y la conducta o impulsos violentos. Debe contarse todo lo que sepas o sospeches que puede ser un motivo para romper la relación. No puedes obligar a alguien a tomar una decisión que quieres que tomen, y mentirles u ocultarles información, porque les niegas la posibilidad de saber que podían elegir.

Cuando la gente habla de falta de honestidad, a menudo se refieren a mentiras flagrantes. Según su definición más sencilla, una mentira es una afirmación que objetivamente no es verdad. Pero hay otros tipos de mentiras. Por ejemplo, Franklin habló con una mujer casada, que engañaba a su marido, y decía «¡No estoy mintiendo, porque no le estoy diciendo que esté siendo fiel!». En realidad, estaba mintiendo: estaba ocultando una información que, si él la supiese, habría cambiado su valoración de la relación. Cuando hablamos de honestidad en este libro, lo hacemos desde el punto de vista de que mentir por omisión sigue siendo una mentira.

A veces, cuando la gente se enfrenta al concepto de mentira por omisión, dice: «No mencionar algo no es una mentira. No le cuento a quien tiene una relación conmigo cada vez que uso el baño, ¡y eso no es mentir!». Esto nos lleva a la idea de relevancia. Una omisión es una mentira cuando es calculada para ocultar información que, si la conoce la otra parte, sería relevante para ella. No contarle cuánto tardaste en cepillarte los dientes no es una mentira por omisión. No contarle a quien tiene una relación contigo que estás teniendo sexo con quien te limpia la piscina sí lo es.

La *autonomía* está muy relacionada con el consentimiento. A mucha gente se le ha enseñado que si tenemos el poder de tomar nuestras propias decisiones –de tener autonomía personal– nos convertiremos en monstruos, por lo que debemos renunciar a parte de nuestro poder de decisión a favor de una autoridad externa (lo que se supone que de algún modo mágico nos protege de volvernos monstruos). Esta idea permea toda la sociedad, pero también parece dar forma a nuestra manera de construir las relaciones íntimas. Sin entrar a debatir si la gente es intrínsecamente buena o mala (u otra cosa), te pedimos que te fijes en tus relaciones y te preguntes si respetas su capacidad de decisión –incluso si su decisión te duele, incluso si no es lo que tú habrías elegido– porque no podemos dar nuestro consentimiento si no podemos decidir.

Empoderar a las personas para que tomen sus propias decisiones es en realidad la mejor manera de tener tus necesidades cubiertas. Las personas que se sienten desempoderadas se pueden volver peligrosas. Comunicar nuestras necesidades, y dotar a otras personas de la capacidad para poder cubrirlas, a menudo tiene mejores resultados que restringir o coartar a otras personas para cubrirlas. (Hablaremos más en el capítulo 13 sobre qué queremos decir con «empoderamiento».)

Cuando es complicado actuar de forma ética

Aceptar el poliamor te puede exponer a mucha más incertidumbre y más cambios de los que experimentan quienes tienen relaciones monógamas. Cada nueva relación es un cambio radical en potencia. (Ver capítulo 14, a partir de la página 365.) Cada nueva relación puede cambiarte la vida. Y eso es bueno, ¿verdad? Piensa en tus mejores relaciones. ¿Puedes pensar en cualquier relación realmente buena que no cambiase tu vida de una manera importante? La primera vez que tuviste una relación a largo plazo, ¿cambiaron cosas en tu vida? La primera vez que te enamoraste y esa persona también se enamoró de ti, ¿te cambió la vida? Cada persona con la que te relacionas tiene probabilidades de cambiar tu vida, sea mucho o poco. Si no fuese así, bueno ¿para qué hacerlo? Lo mismo le sucede a tus relaciones y a las nuevas personas con las que se relacionan. Y cuando cambia su vida, también cambia la tuya.

El cambio le da miedo a mucha gente, y prepararse para las relaciones poliamorosas en muchos sentidos consiste en valorar y mejorar nuestra capacidad de manejar los cambios. Incluso solo *pensar* sobre ello, respirar profundamente y decir: «Sí, sé que mi vida está a punto de cambiar», ya es un gran paso para prepararte a vivir poliamorosamente.

En algunos casos, para alguna gente, las circunstancias pueden hacer el cambio más duro de lo normal. Por ejemplo, si ya has sufrido algún otro cambio importante –un trabajo nuevo, o una mudanza, o haberte casado o divorciado, o un nuevo bebé–, los cambios adicionales te pueden provocar mucho más estrés de lo que lo harían normalmente. En esas situaciones es común que la gente mire al poliamor y a la manera en que podría cambiar sus vidas, e intentan limitar la cantidad de cambios que pueden suceder. En nuestra experiencia, esta táctica no funciona demasiado bien y alberga la posibilidad de provocar consecuencias negativas, como veremos en los capítulos 10 y 11.

Un caso muy común son las relaciones que tienen bebés. Un ejemplo que conocemos personalmente es el de una pareja con dos bebés muy pequeños, uno de muy pocos meses. La madre sufría un intenso estrés, como sucede a menudo en situaciones similares, y era emocionalmente voluble. Por esa razón, la pareja tenía un montón de límites para controlar las relaciones que tenía cada cual. Esas restricciones estaban causando mucho sufrimiento a la novia del padre, que estaba profundamente enamorada de él, pero se encontró con que la relación con él no podía desarrollarse, al mismo tiempo que se veía obligada a prestar servicios a la pareja, como ser su niñera, si quería seguir en contacto con él.

En situaciones así es fácil recurrir a ideas como «poner a las criaturas primero». Claramente, padres y madres necesitan ser capaces de vivir sus vidas de una manera que les permita cuidar de las necesidades de sus criaturas y darles un hogar amoroso y estable (hablaremos sobre esto más adelante). Pero demasiado a menudo, esa necesidad se usa como un escudo multifuncional para impedir cualquier análisis sobre cómo la conducta de la pareja está afectando a otras relaciones. Todo lo que parezca una crítica puede ser calificado como un ataque al derecho de la pareja a cuidar de sus criaturas.

No te equivoques, las criaturas cambian cosas. No eligieron venir a este mundo, ni eligieron a las personas que cuidan de ellas o toman decisiones por ellas. Solo poco a poco y con sufrimiento, durante muchos años, las criaturas son criadas para llegar a tener independencia y capacidad personal: la habilidad para planificar, para aprender y tomar decisiones racionales, para desarrollar su propia opinión y su responsabilidad personal, para dar o negar su consentimiento.

Cuando llegan criaturas a un hogar, por primera vez hay personas auténticamente inmaduras en la casa, haciendo demandas infantiles y egoístas que tienen legitimidad moral real y que hay que gestionar. Puedes elegir cómo te enfrentas a estas cuestiones, pero no puedes ignorarlas. Las criaturas añaden una nueva dinámica categóricamente diferente a la situación, y, especialmente cuando son muy jóvenes, restan tiempo y atención de manera considerable a los asuntos de adultos. Pero aun así eso no significa que puedas usar sus necesidades como chantaje emocional o como excusa para las conductas poco éticas de las personas adultas con las que se relacionan.

Tener ética significa tenerla con todo el mundo, relaciones y criaturas. Las criaturas no son un comodín en cuestiones éticas: es posible ser un padre o madre responsable y tener ética en tus relaciones. Hablaremos de los enfoques éticos del poliamor cuando hay criaturas, con historias reales de crianzas poliamorosas, en los capítulos 13, 15, 17 y 24.

Recuerda que no siempre será un buen momento en tu vida para añadir nuevas relaciones. Si tienes hijos/as y no puedes soportar la idea de tu pareja teniendo otras parejas sin, digamos, instaurar una jerarquía, podrías esperar hasta que tus criaturas sean algo mayores antes de comenzar una nueva relación. Si tú (o con quien tienes una relación) estáis luchando con la ansiedad, inseguridad, depresión u otros problemas que te dejan (o le dejan) llorando bajo las sábanas cuando estás con otra persona, podrías ir a terapia y aprender algunas estrategias de resolución de conflictos, o evitar totalmente el poliamor, en lugar de incluir a una nueva persona en tu vida para rodearla, metafóricamente, de vallas con alambre de espino para que no se acerque demasiado. Si estás manejando un engaño reciente, podría ser mejor que trabajases con tus relaciones actuales cómo aumentar la confianza mutua antes de poner a prueba esa confianza con una nueva persona.

Si una determinada decisión en la relación, como aplicar el derecho a veto a una de las relaciones (ver capítulo 12) es inmoral, no te excuses diciendo «pero es que debo hacerlo porque...». Intenta reenfocar la situación. En lugar de buscar relaciones que te permitan tratarlas de manera poco ética, poner en compromiso su autonomía o mantenerlas a distancia, pregúntate si en tu situación debes buscar nuevas relaciones. Dicho de otra manera: no es ético herir a una persona para proteger a otra. Es mejor autoexaminarte, fijarte en tus relaciones y preguntarte qué necesitas hacer, individual y colectivamente, para poder tener relaciones en las que trates bien a todo el mundo.

Tomando decisiones éticas

Tomar decisiones éticas no siempre es fácil. Esa es la clave, porque la medida de los valores de una persona está en lo que hace cuando las cosas se complican. Creemos que cada decisión que afecta a otras personas debe ser examinada desde una perspectiva ética. Las relaciones éticas son algo que *hacemos*, no algo que *tenemos*. Tener una ética personal significa fijarse en las consecuencias de nuestras elecciones en otras personas. Para tomar decisiones éticas y tratar a otras personas con una actitud empática, necesitas tener unos sólidos principios personales. Construir esos sólidos cimientos es algo que trataremos en el siguiente capítulo, que inicia la Parte 2: Caja de herramientas poliamorosas.

#ALGUNAS PREGUNTAS QUE PUEDES HACERTE

Estas son algunas de las preguntas que nos podemos hacer al tomar decisiones que afectan a otras personas y que nos pueden ayudar a guiarnos hacia unas relaciones éticas:

- ¿He desvelado toda la información relevante a todas las personas afectadas por mi decisión?

- ¿Han podido aportar su punto de vista todas las personas a las que afecta? ¿Me han dado su consentimiento sobre los aspectos en los que mi decisión invade sus límites personales?

- ¿Mi decisión impone obligaciones o expectativas a otras personas sin su aportación ni consentimiento?

- ¿Estoy buscando cubrir mis necesidades a costa del bienestar de otras personas?

- ¿Estoy imponiendo unas consecuencias a las que a otras personas les costará negarse?

- ¿Estoy ofreciendo a las otras personas la misma consideración que espero por su parte?

Parte 2:

Caja de herramientas poliamorosas

4

Autocuidados

Para ser una buena persona,
tienes que querer ser siempre
mejor de lo que eres ahora.

P. Z. Myers

El poliamor es fascinante. Pero según vayas leyendo este libro, podrías empezar a preguntarte por qué querría nadie seguir ese camino. Te estamos pidiendo mucho. Te decimos lo que puede ir mal e ilustramos nuestras enseñanzas con ejemplos de los líos y conflictos que hemos tenido en nuestras propias relaciones. Viendo eso, podrías tener la tentación de abandonar diciendo: «¡El poliamor me parece algo muy complicado!».

Pero el poliamor *es* fascinante. Abriéndonos a múltiples conexiones románticas, hemos construido unas vidas increíbles, llenas de amor y felicidad. Cada persona a quien hemos invitado a nuestras vidas las ha hecho mejores. A pesar de todos los malos momentos, no dudaríamos ni una fracción de segundo sobre si volveríamos o no a una vida monógama. La gente que nos quiere y cuida enriquece nuestras vidas. Cada relación que hemos tenido, todas las relaciones que hemos construido, nos han hecho más fuertes, hemos aprendido de ellas, nos han apoyado, nos han hecho mejores personas.

No dejamos de oír que el poliamor es un trabajo duro. No estamos de acuerdo. Al menos no por las razones que la gente dice.

Pero ¿desarrollar las *habilidades* necesarias para tener éxito en las relaciones poliamorosas? Eso es otra historia. Aprender a comprender y expresar tus necesidades, aprender a hacerte responsable de tus emociones... eso es un trabajo duro. Una vez has desarrollado esas habilidades, las relaciones poliamorosas no son tan duras. Las habilidades de las que estamos hablando no son todas exclusivas de las relaciones poliamorosas: son beneficiosas para cualquier tipo de relación. Pero el poliamor será muy, muy difícil sin ellas. Estas habilidades tienen que ser *aprendidas*. Y, por desgracia, no se enseñan a menudo.

Piensa en ello como labrar la tierra antes de plantar en un huerto, para que las plantas crezcan más fácilmente. Estás aprendiendo una manera de abordar las relaciones que te ayude a manejarlas con tranquilidad. ¿De qué habilidades estamos hablando? Comunicación. Manejo de los celos. Honestidad, una actitud compasiva, comprensiva. Las habilidades para las relaciones son un *fenómeno emergente*; son fruto de desarrollar nuevas maneras de entender las relaciones y reflexionar sobre ti. Una vez entiendes las relaciones de otra manera, poner en práctica esas habilidades en tus relaciones se vuelve algo natural. Cuando has aprendido a manejar bien la comunicación, la empatía y la autoconciencia, si la honestidad y el manejo de los celos se han convertido en parte de tu manera de entender la vida, se vuelve fácil manejar múltiples relaciones románticas.

Esas actitudes y aptitudes se manifestarán también por sí mismas más allá de tus relaciones. Por ejemplo, los celos son el espantajo que la gente menciona más a menudo. Se combaten más eficazmente al desarrollar una autoestima fuerte y al enfrentarse a los demonios personales de la inseguridad. Valora, en tu caso particular, qué deseas y necesitas realmente en una relación, y aprende sobre las herramientas de comunicación útiles para pedirlo. Llega a una idea clara de qué es aceptable para ti y qué no. Todas esas habilidades también te hacen más fuerte en otros aspectos. Son habilidades para *la vida en general*, y te ayudarán cuando estés buscando un nuevo trabajo o comprando un coche.

Lo mismo se aplica a cuestiones como la comunicación y la honestidad en las relaciones. Habitúate a la franqueza y la honestidad con las personas que te rodean y es probable que descubras que no necesitas esforzarte para comunicarte con tus amantes, sino que se convierte en algo automático. Desarrolla la costumbre de comportarte con honradez, y toda tu vida se volverá más sencilla y tranquila. Desarrollar estas cualidades personales cuesta trabajo, sin duda, pero no es trabajar en la *relación*: es trabajar en ti. Te benefician más allá de la relación. ¡De hecho, ese esfuerzo es beneficioso hacerlo incluso si no tienes ninguna relación!

Hablamos de varios conceptos importantes en este capítulo y el siguiente. Temas como la honradez, la valentía, la valía personal, la empatía. No te asustes. No son un *estado* al que tienes que llegar, y no hay un listón que debas superar antes para ser una persona lo «suficientemente buena» para ser poliamorosa. Estos principios están pensados como pautas, como estrellas polares que nos orienten. No existen unas características innatas que debas tener sino prácticas que debes cultivar, habilidades que has de aprender.

Obviamente, dos capítulos de este libro apenas pueden arañar la superficie del trabajo personal que supone aprender a poner en práctica un poliamor ético. Lo que exponemos aquí no es un manual de instrucciones, sino un conjunto de principios que creemos que son cruciales para construir relaciones abiertas éticas y sólidas. Estos principios solo son un punto de partida; necesitarás recursos adicionales. Los libros que consideramos imprescindibles para cualquiera que todavía deba trabajar en ser más consciente, marcar sus límites y crear relaciones íntimas sanas son los de Harriet Lerner y Brené Brown incluidos en el apartado de recursos de las páginas 469-472, en concreto *The Dance of Intimacy* y *The Gifts of Imperfection*.

Y si, en tu caso, de lo que hablamos aquí va ligado a cuestiones de salud mental, como ansiedad grave, depresión o baja autoestima, valora siempre la posibilidad de recurrir a ayuda profesional para trabajar en esos asuntos. Te hacemos esta recomendación como personas que han pasado tiempo en terapia y han visto el poder de transformación de una buena ayuda psicológica. Algunos problemas no pueden resolverse con libros de autoayuda. Cuando te enfrentes a uno de esos problemas, te animamos a buscar la ayuda que necesites, no te avergüences ni te tortures por hacerlo. Consulta las páginas 646-649 para buscar información de profesionales de la salud mental que sepan sobre no monogamia.

Nosce te ipsum

«Conócete a ti mismo/a». No puedes conseguir lo que quieres si no sabes lo que quieres. No puedes construir una relación satisfactoria sin conocerte primero, sin conocer tus necesidades. La voluntad de cuestionarte las cosas, de ponerte retos, de explorar sin miedo tus facetas más ocultas son las mejores herramientas para llegar a ese autoconocimiento. Una cita a menudo atribuida a Francis Bacon dice: «Tu yo auténtico solo se puede conocer mediante la experimentación sistemática y solo se le puede controlar si se le conoce». Conocer tu propia mente y aclarar tus propias ideas es tu responsabilidad; si no lo haces, el mundo lo hará por ti y terminarás en el tipo de relación que otra gente piensa que debes tener, no en la que tú deseas.

La preparación para poner en práctica el poliamor comienza responsabilizándose del trabajo que debes de hacer. No es fácil. Somos muy hábiles ocultándonos quiénes somos en realidad. Algunas personas somos realmente buenas haciendo que todo parezca ser un problema ajeno. Otras lo somos convirtiendo los problemas ajenos en propios. Nadie se conoce nunca del todo. Pero es algo que comienza con el simple acto de mirar a tu interior, de preguntarte: «¿Esto es un problema mío? ¿Cuál es el problema?». La autoconciencia comienza haciéndonos conscientes, punto.

Uno de nuestros lectores decía recientemente: «Puedes llegar cargando con una mochila, pero eres responsable de saber qué llevas en ella». Otra manera de decirlo es: «No responsabilices a otras personas de tus propios problemas». Por lo tanto, ¿qué debes saber? Primero, cuáles son tus necesidades. A la mayoría nunca nos han enseñado cómo averiguar qué necesitamos, mucho menos saber comunicarlo eficazmente. Habitualmente somos hábiles sabiendo cuáles son nuestras emociones, pero solemos actuar en función de la *emoción* en lugar de la necesidad real. Por ejemplo, tendemos a pensar que cuando sentimos enfado es porque alguien nos hizo algo malo, por lo que reaccionamos contra esa persona, les decimos lo mucho que nos han herido, y quizá demandemos que dejen de hacerlo. A veces la rabia se debe realmente a lo que creemos que se debe.

Pero, a menudo, en las relaciones íntimas, el enfado tiene otras causas. Se debe a una necesidad que no está siendo reconocida o expresada, o incluso, ni siquiera es conocida.

Conectar con esas necesidades puede ser realmente complicado. Por lo que esforzarse en entender las necesidades que provocan tus emociones más profundas es un ejercicio muy útil. Luego habrá que conocer tus necesidades en lo relativo a las relaciones. ¿Necesitas que tus relaciones sean poliamorosas? ¿Necesitas que sean monógamas? ¿Necesitas que al menos exista la posibilidad de que en algún momento llegues a convivir con una de tus relaciones o te opones absolutamente a la idea de convivir? ¿Es el sexo una parte indispensable de una relación íntima contigo? ¿Admitirías relaciones íntimas no sexuales? ¿Admitirías formar parte de relaciones jerárquicas, donde eres una relación secundaria o dependes de un derecho a veto? ¿O necesitas tener más voz en el camino que toma tu relación?

Te puede ayudar replantearte algunas de las que llamas «necesidades» como cosas que te alimentan, cosas que te hacen feliz. De todos modos, hay un peligro en concentrarse en las necesidades, que trataremos ampliamente más adelante. Es el riesgo de tratar a las personas como máquinas de satisfacer necesidades. Por ejemplo, no es raro ver a algunas personas dar detalladas descripciones de cómo serán y qué querrán sus futuras relaciones: qué rol deben desempeñar. Eso es un peligro.

Una manera de pensar sobre el tipo de relaciones que quieres (y buscarlas) sin cosificar a nadie es pensar en qué puedes ofrecer (o no). Algunos ejemplos podrían ser: puedo ofrecer relaciones a largo plazo. Puedo ofrecer relaciones íntimas que no incluyen sexo. Me interesa mantener una familia. Me interesa cuidar de una familia. No voy a mudarme de mi casa a la casa de ninguna de mis relaciones. Solo tengo dos noches disponibles para mis relaciones. Y otros similares.

Este ejercicio puede ser útil para marcar límites y ayudar a aclarar el tipo de relaciones que estás buscando y que puedes mantener. También juega un importante papel en la elección de con quienes tienes una relación, algo de lo que hablaremos más adelante. No va a ser muy satisfactorio, por ejemplo, que termines en una triada cerrada si lo que realmente quieres es una red abierta con la posibilidad de tener relaciones con otras personas. Si estás buscando relaciones a largo plazo, puede que decidas optar por una amistad a largo plazo, en lugar de tener una relación romántica, con personas que están buscando otros tipos de relaciones.

La diferencia entre ideales y realidad

Muchas de las personas poliamorosas que conocemos, lo que nos incluye, tienden a ser idealistas. Tenemos unos objetivos muy elevados para nuestras relaciones y la manera en que queremos comportarnos en ellas. Pero convertirse en el tipo de persona que pone en práctica esos ideales es un proceso interminable. No solo es importante esforzarse. Entender dónde estás tú *en este momento* es igual de importante. Eso incluye entender si en este momento serás capaz de compartir tus relaciones o que compartan la tuya. El problema de ser idealistas sobre el poliamor es que nos arriesgamos a ponernos en situaciones para las que todavía no nos hemos preparado. Si lo hacemos, nos arriesgamos a hacer daño a otras personas.

Aunque ser conscientes de quiénes somos es importante, también lo es mirar nuestro interior con una actitud comprensiva. No hacemos ese autoexamen para culparnos por todos nuestros defectos. Lo hacemos para saber en qué medida nuestra conducta está en consonancia con nuestros valores, para saber qué efecto estamos teniendo en otras personas, saber cómo nos podemos estar autosaboteando, tanto en lo personal como en nuestras relaciones. Sé consciente de dónde estás, pero también comprende que está bien estar donde estás ahora, al menos de momento.

En el libro *Daring Greatly*, la investigadora experta en la vergüenza Brené Brown introduce la idea de «tener cuidado con las diferencias». Se refiere a las diferencias en valores: la diferencia entre quiénes somos ahora y quiénes queremos ser. Tener en cuenta esas diferencias es parte del camino hacia el horizonte del que hablamos en el capítulo anterior. Siempre tendremos imperfecciones, ocasiones en que no estaremos a la altura de nuestra propia imagen idealizada. Tener en cuenta esa diferencia es ser consciente de dónde estamos ahora y de que nos estamos esforzando para movernos en la dirección que queremos avanzar. Esto es parte de vivir de manera honesta.

LA HISTORIA DE EVE

Cuando mi marido Peter y yo abrimos nuestra pareja monógama, nuestra relación fue complicada los primeros meses de mi relación con Ray. Peter se esforzó mucho durante esos meses para llegar a un punto donde pudiéramos asumir la conexión entre Ray y yo –que avanzó rápidamente– y darle un espacio para que pudiera crecer.

Cuando, seis meses más tarde, Peter comenzó lo que se acabaría convirtiendo en una relación a distancia durante cuatro años con Clio, yo quería mostrar la misma amabilidad que él había mostrado conmigo, todo a la vez. «Él ha hecho todo el trabajo», pensaba yo; quería demostrarle que yo era capaz de hacer lo mismo. Pero descuidé darme a mí misma el tiempo y espacio que él se había tomado. Quería comenzar desde el mismo punto que a él le había costado alcanzar seis meses.

Me equivoqué al no marcar límites y me equivoqué al no cuidar de mí misma. Durante la primera visita de Clio para quedarse a dormir en nuestra casa, íbamos caminando por la calle hacia una fiesta a la que estábamos invitados Clio, Peter y yo. No estaba preparada para el momento en que él la rodeó con su brazo por la cintura y sentí cómo me ahogaba y me tragaba la tierra. No estaba preparada cuando, en una habitación llenísima de gente, me vi separada de Peter y Clio y vi desde el otro lado de la habitación cómo se sentaban y flirteaban entre sí, y sentí claustrofobia. Y tampoco estaba preparada para pasar despierta toda la noche mientras él pasaba la noche con ella en otra habitación, ni lo estaba para mi colapso emocional al día siguiente.

Hay algunas cosas básicas que Peter y Clio me podrían haber dado que me habrían facilitado la situación y sentirme segura en ella –hablamos de esto en el capítulo 9– pero no sabía cómo pedirlas. Activamente evitaba pedirlas, porque quería ser la amable y fuerte poliamorosa que nunca siente celos ni inseguridad. Me estaba fijando en dónde quería estar en lugar de dónde estaba, en lo que quería ofrecer en lugar de lo que era capaz de ofrecer en ese momento.

Como muestra la historia de Eve, todo el mundo puede equivocarse. Nuestras vidas están llenas de problemas y errores. El esfuerzo por ser una persona perfecta nos aleja mutuamente y daña nuestra autoestima.

La razón por la que debes comprender dónde estás en este mismo momento es que puedas comprender tus limitaciones. Tus relaciones estarán mejor si puedes averiguar qué cosas son tus detonantes emocionales. No para dar instrucciones a todo el mundo de que tenga cuidado con ellos sino para ser tú consciente, cuando se desencadenen, de qué está pasando. Sabiendo dónde estás ahora te ayudará a recordar que no te sucede nada malo cuando tienes celos, cuando te trague la tierra la primera vez que veas cómo caminan de la mano tu marido con su novia.

No puedes controlar cómo van a desarrollarse las otras relaciones de tus parejas, pero puedes controlar en qué medida permites que interfieran y afecten a tu vida. Tienes derecho a marcar límites en tu propio espacio y tiempo. La primera vez que salís tu marido, su novia y tú, no tiene por qué ser una aparición pública en una fiesta multitudinaria. No tiene por qué parecerte bien oírles teniendo sexo, sea ahora o cuando sea. Cuida de ti para poder cuidar de quienes te rodean.

Cuando cometas errores, piensa en términos de «soy una persona que valora la honradez» en lugar de «soy una persona mental y emocionalmente estable y bien organizada». Piensa en la comprensión y la libertad de elección como valores por los que estás luchando, no como atributos que tú tienes en este momento. De esa manera, te será más fácil adaptar tus acciones a tus valores cuando las cosas vayan mal. Por ejemplo, si piensas en ti como una persona que valora la libertad de elección, puedes responder en consecuencia cuando alguien te diga que parece que intentas controlar a alguien. Tener en cuenta las diferencias también significa ser capaz de ver estas cosas.

Muy poca gente llegamos a la edad adulta sin rompernos un poco por el camino. No podemos vernos mutuamente nuestras heridas, nadie puede saber realmente cómo son las luchas por las que han pasado otras personas vividas desde dentro. Pero una cosa es segura: todo el mundo las tenemos. El poliamor puede tocarnos donde nos hemos roto de maneras que pocas cosas lo harán. Puede que en las relaciones monógamas seamos capaces de construir murallas en torno a esos miedos, inseguridades y desencadenantes profundamente enraizados, murallas que a menudo serán arrasadas por el poliamor. Y debido a que tantas personas están involucradas, muchas personas pueden sufrir. *Todo el mundo* tenemos cosas en las que aún debemos de trabajar. Cuenta con ello.

Valía personal

El poliamor pondrá a prueba tu resiliencia emocional. En lugar de construir murallas en torno a las emociones dolorosas como el miedo y los celos, deberás encontrar la manera de superarlos. Puede que experimentes más pérdidas: más relaciones significan más posibilidades de desengaños. Y puedes encontrarte con críticas: las más comunes son que te consideren un putón, que trivialicen tus relaciones, que te critiquen porque estás tratando mal a tus relaciones o porque estás descuidando a tus criaturas. Hablamos más sobre esto en el capítulo 25, pero lo que es importante aquí es desarrollar un sentido de la autoestima que te proteja de *interiorizar* esos corrosivos mensajes.

A veces oirás a personas poliamorosas decir cosas como: «No le des poder a otras personas para herirte». Pero eso ignora el sano impulso de buscar *feedback* en el mundo de nuestras percepciones. Incluso la persona más sana, cuando es rechazada persistentemente, se sentirá herida. El rechazo puede erosionar tu salud mental o tu habilidad para entablar intimidad.

La única manera de mantener unos límites mentales sanos, de compensar el rechazo social y de valorar cuándo desvincularse es tener el autoconocimiento y la autoestima para dedicarse al autocuidado y la autoempatía. En otras palabras, dedicarse a conductas que te ayudarán a desarrollar una fuerte autoestima. Y sí, el sentimiento de valía personal también es algo que se practica.

LA HISTORIA DE EVE

La primera vez en mi vida adulta en la que recuerdo sentir que valía algo fue cuando tenía 36 años. Estaba con mi grupo de mujeres poliamorosas. Estábamos hablando de autoestima y cómo se conecta con nuestro sentimiento de pertenencia, el que tenemos cuando nos permitimos ser vulnerables y se nos acepta tal cual somos. Pero ser capaz de permitir esa vulnerabilidad requiere –ahí está lo complicado– tener sentido de la autoestima. Para conectar con otras personas, tenemos que confiar y creer que merecemos esa conexión.

Interiormente cada día me sentía más y más desconsolada. *No sé cómo sentir mi propia valía.* Finalmente pregunté: «¿Cómo comenzamos a creer en nuestra propia valía?». Las personas de mi grupo dijeron: «Bueno, quizá *imagina* cómo te sentirías teniendo autoestima y concéntrate en eso. Con el tiempo comenzarás a sentirlo como algo auténtico». Inspiré profundamente y admití algo que me daba mucho miedo y me hacía sentir muy vulnerable: «No sé qué se siente cuando tienes una alta autoestima». Me sorprendió lo mucho que me dolió decir esas palabras, admitir que el concepto de «autoestima» estaba mucho más alejado de mis experiencias personales de lo que nunca había podido imaginar.

Desgraciadamente, porque no sé cómo aprendí a imaginar mi propia valía, encuentro complicado dar consejos a otras personas. Sé que trabajé en ello. Leí, escribí en mi blog, me arriesgué con amistades compartiendo más cosas con ellas. Empecé a escribir un diario personal sobre las cosas por las que me sentía agradecida. Había completado recientemente un período de varios meses de intensa terapia, y el trabajo que había hecho ahí parecía empezar a arraigar. Pero la verdad es que no sé cuál fue el clic. Un día, simplemente, sentí que tenía autoestima.

Puesto que valorarme *no* surge en mí de manera natural, si no me esfuerzo en recordármelo, la sensación se desvanece y termino volviendo al agujero del miedo e inseguridad. Cuando me sucede, recuerdo que debo practicar y trabajo para volver a hacer el camino de vuelta.

La buena noticia es que una vez sabes cómo te sientes con autoestima, solo una, sabes que eres capaz de experimentarla, incluso cuando no la estás experimentando en este momento. El sentimiento de valía personal es fundamental para contrarrestar el *modelo de escasez* del amor y la vida. Si no creemos en nuestra propia valía, nos desempoderamos, incapaces de defender nuestras necesidades. No veremos ni aceptaremos el amor que realmente tenemos a nuestro alrededor en nuestras vidas. Se vuelve más complicado tratar bien a nuestras relaciones, porque no somos capaces de ver lo que aportamos a su vida. Y si no comprendemos nuestro valor para ellas, es más probable que alimentemos nuestros celos y miedo a la pérdida. Date cuenta de que las instituciones construidas sobre el modelo de escasez –demasiados puestos de trabajo, demasiadas familias– siempre inculcan la idea de poca valía.

Valía no es lo mismo que reconocimiento. El sentido de valía personal surge del interior, no de otra persona. Puede ser tentador buscar una mirada externa para obtener reconocimiento. Mirar a la persona con quien tienes una relación y pensar: «Me quiere, por lo tanto tengo cierto valor». Eso crea miedo en lugar de reducirlo, porque cuando nos basamos en cosas externas para sentir dignidad, tememos todavía más llegar a perderla. Al final, no podemos esperar hasta que veamos evidencias de nuestra valía para darnos permiso a creerlo. Comenzamos con ese acto de fe y creyendo que tenemos valía personal.

Nuestro sentido de valía personal –lo que en psicología se llamaría «autodiferenciación»– tiene un impacto inmenso en las relaciones. Si cometemos errores que hieren a otras personas, podemos decir «hice algo mal» en lugar de «soy una mala persona». Y si algo es nuestra culpa, eso también significa que tenemos el poder para cambiar el resultado.

La baja autoestima intentará protegerse a sí misma, a veces de maneras soterradas. Nos puede decir que si tenemos una autoestima alta, no conseguiríamos la atención y el tiempo de nuestras relaciones, porque no estamos en crisis. Una crisis emocional puede convertirse en una manera de conseguir que nuestras relaciones nos den lo que necesitamos. La solución a este problema es complicada pero una manera de empezar es mirar a la gente que tiene una autoestima alta y ver si sus necesidades se están cubriendo.

Si estás luchando por tener esa sensación de valía, encontrarás recursos al final de este libro. Si estás teniendo que luchar mucho, la ayuda profesional podría ser de gran ayuda, no solo en tus relaciones sino en todas las facetas de tu vida.

Eficacia personal

Imaginemos que tú, como intrépida persona buscadora de setas, te pierdes en el bosque. ¿Cómo vas a saber qué plantas podrás comer? ¿Sabes cómo encontrar agua? ¿Sabes cómo construir un refugio y conservar el calor corporal? Si no es así, ¿qué confianza tienes en tu habilidad para resolver esos temas? ¿Sufrirás un ataque de pánico? ¿Pensarás: «Oh dios mío, voy a morir, no sé cómo sobrevivir en el bosque!» o inspirarás profundamente y dirás: «Bueno, nunca he hecho esto pero aquí estamos y mejor que me ponga a trabajar en ello de una vez. Veamos, está oscureciendo. Supongo que la primera cosa es buscar algún refugio y averiguar si hay algo que pueda comer»?

Hay un tipo de calma que aparece cuando creemos que somos capaces de manejar una situación, incluso una a la que no nos hemos enfrentado antes, y esa calma incrementa nuestra competencia. Ese efecto es llamado *eficacia personal*. Probar cosas nuevas –como escribir un libro, o explorar el poliamor– supone aprender nuevas habilidades y la investigación demuestra que la clave para aprender nuevas habilidades es simplemente creer que puedes aprenderlas. La eficacia personal en las relaciones poliamorosas es la sensación de que eres capaz de superar la primera cita de tu esposa. Que encontrarás una manera de manejar tus celos, incluso si todavía no sabes cómo. Eso si tienes que dormir a solas alguna noche, incluso si hace ya muchos años desde la última vez y no recuerdas cuál es la sensación, conseguirás superarlo y estar bien.

Todo esto parece tener un cierto tono de psicología-positiva-NewAge-que-solo-depende-de-tu-voluntad, pero el estudio de la eficacia personal nació hace cuatro décadas, y hay evidencias sólidas que lo avalan. El hecho de que alguien crea que puede o no puede hacer algo tiene importantes efectos en que pueda hacerlo. Esto ha probado ser cierto desde para aprender nuevas habilidades hasta para dejar de fumar.

Para desarrollar esta capacidad calmante, las investigaciones han identificado estrategias para mejorar la eficacia personal. Estas son dos sencillas:

Pequeños éxitos. Sal de tu zona de confort. Busca algo en lo que puedas tener éxito, algo que te parezca duro, pero no tan duro como para hacer que te escondas debajo de las mantas para llorar. Estar en casa mientras tu esposa está en una cita. Hablar con la persona con quien tienes una relación sobre tu inseguridad o tus celos. Cada pequeño paso se sumará al anterior, dándote una sensación cada vez mayor de capacidad para enfrentarte a tu siguiente reto. Los nuevos retos no se volverán más sencillos necesariamente. Pero la clave está en desarrollar tu creencia en que *Soy capaz de hacer esto.* La otra cara de la moneda es cómo manejas el «fracaso», si resulta que no eras (todavía) tan fuerte como habías deseado. La gente con una alta eficacia personal tiende a ser resiliente al enfrentarse a los fracasos; saben que, a menudo, es necesario fracasar muchas veces antes de tener éxito.

Modelos de conducta. Un factor importante que contribuye a la idea de que una persona sea capaz de hacer algo es si ven a otras personas hacerlo. No podemos destacar suficientemente lo útil que es tener ejemplos de conducta poliamorosa, y mejor si son personas de tu red social con quien puedas hablar y recibir *feedback*. Busca tu grupo local de debate y apoyo o pon uno en marcha. Como personas poliamorosas, estamos rodeadas de una cultura que nos dice: «No puedes hacer eso», «Eso es imposible» o incluso «Eso está moralmente equivocado». Puede ser duro seguir creyendo en tu valía y tus capacidades frente a la censura social, especialmente cuando las cosas se complican. Por eso es crítico crear un sistema de apoyo para quienes se acercan al poliamor y encontrar a personas a quienes consideres buenos ejemplos. Hablamos más de este tema en el capítulo 25, en torno al apoyo social y de la comunidad. Mejorar tu eficacia personal en otras áreas de tu vida también aumenta las probabilidades de éxito de tus relaciones poliamorosas. Reduce el poder de dos monstruos: el «fracaso» y no tener ninguna relación. Para la mayoría, por ejemplo, nuestra primera ruptura romántica es la que más miedo da, porque es la primera vez que probamos el «fracaso» romántico. ¿Volveremos a encontrar el amor? ¿Qué hacer si la persona con quien acabamos de romper nuestra relación era nuestra Pareja Perfecta? Creer que podemos no tener ninguna relación y mejorar, que podemos sobrevivir al final de algo y reconstruir son partes importantes de la eficacia personal.

Un tipo peculiar de compromiso

Un aspecto esencial de las relaciones poliamorosas, en nuestra experiencia, es el compromiso de ser personas poliamorosas. A veces aprender las habilidades necesarias para serlo es duro. Tenemos que practicar y salir del paso en situaciones dolorosas cuando nos ocurren. En cierto momento, el poliamor puede parecer, simplemente, demasiado duro.

LA HISTORIA DE EVE

A pesar toda nuestra preparación, Peter y yo no sabíamos muy bien qué esperar cuando Ray y yo nos hicimos amantes. A mí me inundó totalmente la energía de la nueva relación, y Peter, con quien había terminado en una discreta rutina tras ocho años de relación, tenía que enfrentarse a la intensidad de todo ello. Un día, cuando hacía un mes que Ray y yo éramos amantes, Peter me pidió que me sentara y me dijo: «Te estás enamorando de Ray». Tenía razón. Sorprendentemente, quizá, nunca habíamos hablado de la posibilidad de enamorarse. Y allí estábamos, sin la preparación para ello.

Mi creciente relación con Ray nos forzó a Peter y a mí a enfrentarnos a un problema estructural de nuestra relación enterrado desde hacía tiempo, uno que habíamos conseguido esconder bajo la alfombra durante años. Un día, el día antes de irme a ver a Ray, Peter me dijo que no estaba seguro de querer seguir teniendo una relación conmigo. Entré en pánico. Dije que quería cancelar mi viaje para estar en casa y solucionar los problemas con Peter, pero Peter dijo que no, que él quería que yo me fuese. Y quería que yo estuviese con Ray hasta que él hubiese decidido que estaba preparado para que yo volviese.

Al día siguiente conduje hasta la casa de Ray, y aquella tarde hicimos el amor y luego me quedé tumbada en sus brazos llorando, destrozada con emociones contradictorias: miedo y tristeza ante la idea de perder a Peter, alegría por la nueva conexión con Ray. Y, de repente, acepté la situación. Me imaginé a mí misma sin Peter, era capaz de imaginar mi vida sin él y me di cuenta que sin él ni Ray, incluso sola, estaría bien. Tendría que superar un duelo, pero mi vida seguiría adelante, y yo me recuperaría. Aquel día escribí en mi diario, «Tras unos días sintiéndome en caída libre, es como si de repente mirara tras de mí y me diese cuenta… Oh, tengo alas».

Un par de días más tarde, Peter llamó y me dijo que podía volver a casa. La base de nuestra relación había cambiado drásticamente, y siguió así durante un par de años, hasta que encontramos una nueva forma de relacionarnos. Pero enfrentarme cara a cara a la posibilidad real de poder perder a Peter me vacunó contra algunos de los miedos que acompañan los mayores cambios y las mayores incertidumbres en la vida. Habiendo visto frente a mí el peor panorama posible, dejé de verlo tan aterrador.

Eve ha llamado a ese tipo de situaciones «la oscura noche del alma». Al menos que seas alguien realmente excepcional, lo experimentarás en algún momento, normalmente al comienzo. Quizá los miembros de tus relaciones lo estén pasando mal. Quizá te has cansado de luchar con tus demonios internos. Y es ahí cuando es realmente importante decidir si tienes un compromiso, con todo tu corazón y toda tu alma, con ser una persona poliamorosa. Si no te comprometes, si aún no te has preparado para esa «oscura noche del alma» y retrocedes cuando llega a causa del miedo, entonces tú y los miembros de tus relaciones van a sufrir mucho.

Por lo tanto, prepárate. Porque si te adentras en ella y sigues caminando, la atravesarás. Se terminará. Recuerda que no lo recorres a solas: miles de personas antes que tú han atravesado este camino; no exactamente el tuyo, obviamente, pero uno igual de oscuro y aterrador. *Se acabará.* Y se está mejor del otro lado. Atravesar esa noche oscura le quita su poder sobre ti, y eso es lo que hace falta para que tú (y tus relaciones, y las relaciones de tus relaciones) llegues a una base sólida que te llevará a la felicidad, al lugar donde puedas tomar decisiones lúcidas concentrándote en el bienestar de todas las personas involucradas.

Cuanto más tiempo se evita confrontar esa oscura noche del alma, más poder tiene sobre ti y tus relaciones. Algunas personas construyen sus vidas enteras de formas muy elaboradas para evitar enfrentarse al miedo. Mucha gente usa los corazones de sus amantes o metamores como sacrificios a las bestias desconocidas que creen que viven en esa oscuridad que no se atreven a explorar.

Te animamos a que, si vas a explorar el poliamor, no te limites a meter la punta del pie. Por un lado, porque eso no te va a dar la fuerza y herramientas para conseguirlo. Por otro, porque estarás tratando a las personas como cosas.

No todo el mundo hace el mismo camino cuando decide asumir ese compromiso de vivir poliamorosamente y tratar a sus relaciones de forma ética, incluso cuando significa enfrentarse a esos miedos aterradores. Cada persona traza un camino diferente para atravesar esa noche oscura. Pero ese camino comienza con un compromiso: saber que lo vas a hacer y que eres capaz de hacerlo.

Valentía

La mayoría, cuando pensamos en la valentía, pensamos en actos heroicos, en enfrentarse a un tanque en la Plaza de Tiananmén. Pero la valentía diaria, cotidiana, es la valentía que hace falta para confesar que te has enamorado. El valor necesario para decir: «Sí, voy a abrir mi corazón a esa persona, aunque no sé cuál será el resultado». La valentía de amar a alguien con quien tienes una relación y que ama a otra persona sin tener las medidas de seguridad que promete la monogamia. La valentía de dormir a solas. El valor para comenzar una relación con alguien que ya tiene otra relación, confiando en que esa persona te hará el espacio que vas a necesitar.

Este tipo de valentía moral es fruto de la voluntad de ser vulnerable, y de aceptar que estarás bien aunque no sepas qué va a suceder. ¿Y sabes qué? El valor es necesario porque a veces lo que estamos intentando no funciona. El tanque nos atropella. Nuestra vulnerabilidad es rechazada, o peor, ridiculizada.

Eso es lo que sucede con el valor. No puedes prometer un final feliz. No podemos decir: «Simplemente sé valiente y vulnerable, y así obtendrás amor y dominarás las relaciones poliamorosas para siempre». No sería algo valiente si existiese alguna garantía.

Puede apetecerte decir: «Bueno, no soy tan valiente». Pero no estamos hablando de algo que tú eres o no eres. Todo el mundo nos encontramos en unas situaciones muy diferentes en las que actuamos a veces con valentía y otras en las que no. De hecho, es algo con lo que tenemos que luchar todo el tiempo junto a nuestras relaciones. Como el resto de cosas, el valor no es un destino. La valentía es un verbo, maldita gramática: No es algo que tú *tienes*, es algo que tú haces. Lo pones en práctica un poco cada día. Y si te caes, si tu valor te falla, siempre tendrás otra oportunidad. Siempre. El valor va aumentando poco a poco.

Necesitarás la valentía porque las relaciones poliamorosas pueden dar miedo. Amar a otras personas sin seguir un guión da miedo. Permitir que la gente a quien amas tome sus propias decisiones sin controlarla da miedo. El tipo de valentía de la que estamos hablando supone tener la voluntad de renunciar a las garantías y aun así amar y confiar en las personas con quienes tienes una relación.

Por lo tanto, ¿cómo aprendes a tener valor, a desarrollar esa habilidad? Imagina que quieres aprender a nadar. Te inscribes en un curso de natación, te compras un bañador y gafas, y el día que comienza tu curso, vas a la piscina, con nervios y entusiasmo. Imagina si, para tu sorpresa, quien te entrena te sube en un bote. ¿Quizá vas a aprender a nadar lanzándote desde el bote? Pero en su lugar, se pasa todo el día enseñándote los fundamentos de la navegación: cómo atar nudos, cómo cambiar de rumbo con el viento en contra, cómo manejar las velas.

Quien te está entrenando te dice con toda solemnidad: «Cuando domines el arte de navegar, sabrás cómo nadar».

Sabrías que eso es ridículo. Pero a menudo, así es exactamente cómo aprendemos habilidades como la confianza o el valor. Intentamos aprender habilidades que nos ayudarían a enfrentarnos a nuestros miedos haciendo cosas que no tienen ninguna relación con el valor, cosas como evitar los detonantes de nuestros miedos, o creando estructuras que nos protegen de las cosas que nos dan miedo, esperando hasta que nos sintamos más valientes. Si tenemos miedo de que una de nuestras relaciones nos abandone, establecemos unas reglas diciéndole que no lo haga. Si tenemos miedo de que nos reemplacen por otra persona más atractiva, nos tienta crear prohibiciones que restrinjan determinados tipos de relaciones sexuales.

No vamos a aprender sobre el valor, o la confianza, evitando las cosas que desencadenan nuestros miedos igual que no aprenderemos a nadar manejando las velas de un bote. De hecho, el tiempo y esfuerzo que dedicamos a eso es el tiempo y esfuerzo que no estamos dedicando a aprender a nadar.

Como sabes, aprendes a nadar metiéndote en el agua. Quizá empieces con unas patadas al agua donde la piscina tiene menos profundidad, pero al menos tienes que mojarte. Aprendes a ser valiente inspirando profundamente, calmándote y eligiendo el camino complicado, el que da miedo frente a la salida fácil. Como dijo la teóloga Mary Daly, «aprendemos a ser valientes siendo valientes». El camino que requiere más valor también es el que parece más duro: nos obliga a atravesar los lugares donde residen nuestros miedos. Pero del mismo modo que no podemos aplazar aprender a nadar hasta el día en que, mágicamente, sabemos cómo nadar en estilo mariposa, no podremos aplazar aprender a ser valientes hasta el día en que, mágicamente, nos volvemos valientes. Esto es un trabajo que tenemos que hacer, crear las condiciones propicias en nuestras relaciones que nos permitan comportarnos con honestidad y empatía.

#ALGUNAS PREGUNTAS QUE PUEDES HACERTE

Para ser más consciente e identificar tus propias fortalezas, debilidades y miedos (especialmente los relacionados con las relaciones) estas son algunas preguntas que puedes hacerte:

- ¿Por qué tengo relaciones románticas? ¿Qué me aportan?

- ¿Qué elementos considero esenciales, indispensables en una relación?

- ¿Hay tipos específicos de relación que sé que estoy buscando?¿Hay algunos tipos de relación que no quiero tener?

- ¿Qué le puedo ofrecer a las personas con quienes tengo una relación?

- ¿Qué me hace sentir que me cuidan, quieren y protegen?

- ¿Qué cosas me dan miedo de las relaciones? ¿Por qué?

- ¿Cómo me puedo proteger para que no me hieran? ¿Esas estrategias me ayudan en mi búsqueda de conexión o la dificultan?

5

El cuidado de nuestras relaciones

*Toda persona que intenta generar amor
con alguien no disponible emocionalmente, sufre.*

bell hooks

Cuando comienzas el camino del poliamor, tus relaciones pueden crecer en todas direcciones. Sacudirse el molde de la monogamia significa que eres libre para construir tu vida a tu medida, en consonancia con una actitud comprensiva hacia quienes te rodean. No podemos decirte cómo será tu vida. De todos modos, te podemos decir algo, sobre todo si empezáis siendo dos que abren una relación preexistente: va a cambiar.

Muy probablemente, cambiará de maneras que no te esperas. Si tu relación actual tiene puntos débiles, el poliamor tiene sus maneras de encontrarlos. Intentar amortiguar esos cambios poniendo reglas no va a dar buen resultado, por las razones que comentamos en el capítulo 10. Las cosas que crees que podrían ser importantes podrían no serlo y cosas sobre las que no has pensado en absoluto podrían suponer un reto para ti. Hemos hablado con innumerables relaciones que han llegado al poliamor y lo que hemos oído una y otra vez es: «Cuando hablamos sobre esto, las cosas que nos parecían más importantes, no lo fueron y sobre las que no habíamos pensado, lo fueron».

La primera parte de sentar las bases para el poliamor te incumben a ti: cosas como la seguridad, la autoconfianza y la flexibilidad. La segunda parte supone preparar unas condiciones favorables para que crezca tu relación actual, si tienes una. Las herramientas para hacer estas dos cosas tan diferentes son muy similares. Quienes ahora no tienen una relación o son polisolteras no deben saltar necesariamente este capítulo, porque la experiencia de relaciones anteriores y las creencias que tenemos todavía pueden sorprendernos de maneras inesperadas y desagradables.

La cuestión de la seguridad

¿Por qué buscamos tener relaciones románticas? Para la mayoría, las relaciones son una manera de sentir que nos aman y nos valoran, así como para compartir parte de nuestra vida con quienes nos apoyan y cuidan. Cuando encontramos una relación, o dos, queremos sentir seguridad en ellas: sentir que podemos relajarnos en la seguridad del amor que nos dan nuestras relaciones.

En las relaciones poliamorosas, la necesidad de seguridad tiende a manifestarse de dos maneras. Primero, podemos tener la tentación de buscar seguridad controlando a las personas con quienes tenemos una relación. Nos puede parecer tentadora la idea de que, si conseguimos que nuestras relaciones hagan lo que queremos, sentiremos más seguridad, bien limitando el acceso de las personas con quienes tienes una relación a terceras personas para generar nuestra sensación de seguridad contra la idea de que nos reemplacen, o bien restringiendo la libertad de acción de nuestras relaciones con otras personas.

En cambio, si tenemos empatía, querremos que las personas con quienes tenemos una relación se sientan seguras. Por lo que podría tentarnos aceptar sus restricciones, con la esperanza de que haremos que nuestras relaciones se sientan más seguras. La seguridad es un asunto complicado. Por un lado, nuestras decisiones afectan mucho a la seguridad de nuestras relaciones. Por otro, la auténtica seguridad tiene que construirse desde nuestro interior. La seguridad que depende de las acciones de otra persona es frágil, y se pierde fácilmente.

Hay cuatro principios sobre la seguridad personal que parecen ser verdad:

- Es imposible «hacer» que otra persona se sienta segura. Podemos facilitar una actitud comprensiva y de apoyo dando confianza, escuchando, comportándonos de manera considerada, pero estas acciones no pueden *convertir* a otra persona en segura. Se requiere trabajo personal de esa otra persona para que tenga la sensación de seguridad y confianza.

- Es casi imposible construir una relación sólida de cualquier tipo en medio de la inseguridad. Esto parece ser especialmente cierto en el poliamor.

- La inseguridad crea sus propias pruebas y refuerza sus propias premisas. No hay nadie con el tiempo y esfuerzo suficientes para hacer que una persona insegura vea la luz y se dé cuenta de que su inseguridad es infundada. Deberá enfrentarse voluntaria y deliberadamente a esa inseguridad, comprenderla y entonces decidir superarla.

- Enfrentarse de forma voluntaria y deliberada a la inseguridad, comprenderla y decidir superarla es un trabajo aterrador, incómodo. Mirar de frente nuestros demonios interiores es tan incómodo que puede hacer que parezca más fácil gatear sobre cristales rotos rociados con alcohol y veneno de serpiente. Es poco común que una persona esté dispuesta a hacerlo sin que le empujen a ello. Y este principio tiene una conclusión final.

Intentar evitar molestar a una de nuestras relaciones cediendo ante su inseguridad, o evitando lo que pueda provocarla, puede, precisamente, propiciarla, reforzando en lugar de aliviar el problema. Precisamente las cosas que haces para intentar que sienta más seguridad pueden empeorar esa inseguridad.

Otro punto que hemos aprendido: por muy contradictorio que parezca, a veces una sensación duradera de seguridad se deriva más de saber que teniendo una relación con quien puede irse, decide quedarse, que de intentar obligarle a que se quede.

La puesta en práctica de la seguridad

La inseguridad es tóxica. No puedes confiar en alguien que siempre temes perder. No puedes convertirte en miembro de una relación que crees que no te «mereces». Nunca podrás alcanzar la felicidad si no crees que eres suficiente para ella. Cuando sentimos inseguridad, nos puede impedir ver el amor que nuestras relaciones nos ofrecen, lo que nos puede hacer sentir aislamiento, lo que nos provocará más inseguridad, lo que nos impide todavía más ver el amor que nos están ofreciendo.

LA HISTORIA DE EVE

Siempre he sido profundamente insegura. No hace mucho, tuve una epifanía: es como imaginarse que cada persona arroja un círculo de luz a su alrededor. Esa luz es su cariño. La gente te deja acercarte a su luz, dependiendo de cuánto les gustas. En todas mis relaciones –personales y profesionales,

118

románticas o de amistad– siempre me he sentido fuera de ese círculo de luz, siempre dudando de si dar un paso adelante, siempre pidiendo permiso para entrar. Y siempre sintiéndome un poco avergonzada de pedirlo, sin saber nunca si sería bienvenida.

Incluso con mis amistades más cercanas, nunca me he visto incluida en ese círculo, por lo que nunca pude sentirme simplemente tranquila y segura de que esa relación *existía* y que seguiría existiendo. Por decirlo de otra manera, siempre sentí que yo solo era la que lo pedía, nunca la que lo ofrecía, como si el tiempo que pasaba con las personas que me importaban fuera algo que les quitaba, no algo que me daban. Esta percepción causó que se terminaran al menos dos de mis relaciones, porque me hizo alejarme, para dejar de invertir en ellas: sentía que dedicarme a las relaciones con las personas que me importaban era una carga para ellas.

Tenía un amigo cercano en la universidad que, durante un año, pasó la mayoría del tiempo conmigo. Un fin de semana pasamos tres días haciendo senderismo en las Olympic Mountains. Recuerdo sentarme a su lado junto a la hoguera, sintiéndome insegura (por supuesto), preocupada de que quizá le estuviese sacando de quicio. Esa idea cruzaba mi mente, *Espero que mi amigo no me odie.* De repente me di cuenta de lo absurdo de esa idea: *Si te odiase ¿por qué iba a pasarse tres días en las montañas contigo?*

Hizo falta, oh, una década y media más para que entenderlo de esa manera se volviese algo normal para mí. Cuando tuve la epifanía de los círculos de luz, me di cuenta de que, en la mayoría de mis relaciones, había estado dentro del círculo todo el tiempo. Todo lo que me hacía falta para estar dentro era darme cuenta de que ya lo estaba. Me encontré con que, simplemente imaginando ese círculo, y que me incluía, cambiaban mis interacciones con las personas más cercanas a mí. Esa visualización ahora ya se ha convertido en algo habitual.

Franklin ha hablado con mucha gente que dice cosas como «soy una persona insegura», como si la inseguridad fuese algo con lo que naces. En realidad, es algo que puedes controlar. Esa «inseguridad» es algo que puedes, si quieres, decidir dejar de sentir. Creemos firmemente en la capacidad reafirmativa de poder decidir, y creemos que la gente a menudo se siente insegura porque toma decisiones, decenas de veces al día, que confirman y refuerzan su propia inseguridad.

Cambiar la idea que tienes de ti es doloroso e incómodo. Por esa razón mucha gente elige, sin que necesariamente sea consciente de haber hecho esa elección, mantener ideas destructivas sobre sí misma en lugar de enfrentarse a la incomodidad y miedo que provoca cambiar esas ideas.

La autoimagen, como tocar el piano, es algo en lo que mejoras practicando. Si tú practicas tu inseguridad (si aceptas pensamientos e ideas que destrozan el concepto que tienes de ti, si te pasas la noche en la cama pensando sobre las razones que hacen que no valgas nada o no seas suficiente), terminas volviéndote muy hábil en sentir inseguridad. Por otro lado, si practicas sentir seguridad (si rechazas pensamientos e ideas que destrozan el concepto que tienes de ti y aceptas ideas que lo refuerzan, si te pasas la noche en la cama pensando en las razones que te hacen especial y que le aportan algo a las personas en tu vida) entonces terminas volviéndote muy hábil para sentir una mayor autoestima y seguridad personal.

En la web de Franklin, la «Guía para convertirse en una persona segura» es uno de los textos más populares que ha escrito nunca. Este es el ejercicio en tres pasos que él ha encontrado increíblemente valioso para reforzar la seguridad personal:

Paso 1: Sé consciente de que puedes elegir. No pudiste elegir las experiencias del pasado, por supuesto (la gente que se reía de ti en el colegio, o tu ex que te dijo que no estabas a la altura) pero en este mismo momento puedes elegir si seguir creyéndoles o si cambias las ideas que tienes sobre ti. Lo más duro de cambiar tu propia imagen es darte cuenta de que puedes elegir. El resto es más fácil.

Paso 2. Actúa como una persona con seguridad en sí misma, incluso si no lo eres. «Aparenta ser algo hasta que llegues a serlo» es una estupenda estrategia personal. No puedes controlar tus sentimientos, pero puedes controlar tus actos. Controlas tu cuerpo: puedes elegir actuar con confianza aunque no te sientas así. Cuando te enfrentes a algo que te da miedo o te amenaza, piensa en qué decisión tomarías si sintieras esa seguridad interior… y decide hacer eso. Incluso si te aterroriza. Nadie se va a enterar. ¿Sientes inseguridad cuando ves cómo la persona con quien tienes una relación besa a otra de sus relaciones delante de ti? Inspira profundamente, piensa «siento inseguridad cuando veo esto, pero aun así quiero hacerlo» y permite que suceda. Actuar con seguridad va a dar la sensación de algo falso y forzado al principio, pero se volverá algo normal gradualmente.

Paso 3: Practica. Mejoras en algo cuando lo practicas. Una persona insegura se vuelve muy hábil para sentirse insegura porque practica todo el tiempo. Estás practicando para sentir inseguridad cuando recuerdas aquellos antiguos insultos en el colegio y te dices que son verdad. Practicas tu inseguridad cuando repasas las razones por las que no mereces estar con la persona con quien tienes una relación.

La gente segura practica a ser segura. Deja de pensar sobre esos viejos insultos: cuando te vengan a la mente, repítete: «No, son mentira, y decido no seguir creyéndolos». Cuando te encuentres pensando en todas las cosas malas que tienes, detente y piensa: «No, están equivocadas. Aquí está la lista de cosas buenas y atractivas que tengo». (A pesar de lo trillado que suena, escribir una lista de las cosas que te gustan de ti y llevarla en el bolsillo, ayuda.) Cuando te encuentres pensando sobre por qué la persona con quien tienes una relación no te desea o no debería hacerlo, detente y piensa: «No, eso no es cierto».

Practicar tu seguridad personal significa centrarte constantemente en tu mejor versión. Cada creencia sobre ti que decidas mantener, en cada momento, es un paso que te acerca o te aleja de la persona que quieres ser. Como dice la empresaria canadiense Lynn Robinson, «Nuestras propias creencias sobre cómo somos son todas inventadas. Así que es buena idea inventarse algunas creencias positivas».

Miedo a la pérdida

Amamos a nuestras relaciones. En el mejor de los casos, estamos con nuestras relaciones porque nos hacen felices. Y darnos permiso para esa alegría interior nos hace vulnerables, porque la vida es impredecible. La felicidad viene acompañada del miedo a perder lo que nos hace felices. Para la mayoría, el tipo de vulnerabilidad que produce permitirnos sentir felicidad sincera y profunda da un poco de miedo. A alguna gente nos resulta aterradora, y nos protegemos de ese miedo no permitiéndonos nunca abrirnos del todo o insensibilizándonos a costa de imaginarnos las peores situaciones posibles. En otros casos, nos protegemos intentando controlar a las personas que tenemos a nuestro alrededor, para mantener a raya la posibilidad de perderlas.

Nuestra preocupación puede agravarse debido a la idea popular que dice que si no te destroza la idea de perder una de tus relaciones, significa que no la amas realmente. En realidad, el compromiso y el miedo a la pérdida solo tienen una relación indirecta. A menudo el miedo a la pérdida va más estrechamente ligado al miedo a la soledad que al compromiso con una de nuestras relaciones; en las relaciones monógamas, perder una relación significa quedarse a solas. Y paradójicamente, si deseas algo demasiado, el miedo a perderlo puede superar la alegría de tenerlo. Cuando sucede eso, nos aferramos a las cosas no porque nos hacen felices, sino porque la idea de perderlas nos hace sufrir. Tanto tenerlas como no tenerlas se convierten en fuentes de sufrimiento.

Todo esto es un poco irónico, porque la verdad es que lo perderemos todo. Cada una de nuestras relaciones, amistades, miembros de nuestra familia, todo lo que nos hace felices un día desaparecerá de nuestra vida, sea debido a la impredictibilidad y cambio propios de la vida, o por la inevitabilidad de la muerte. Por lo que tenemos dos opciones posibles: acoger y amar lo que tenemos y sentir felicidad todo lo profunda y plenamente que podamos aunque al final lo perdamos todo, o blindarnos, ser infelices… y que al final lo perdamos todo. Vivir en el miedo no evitará que perdamos lo que amamos, solo impedirá que lo disfrutemos.

¿Cuál es el antídoto de ese miedo? La gratitud. Da la bienvenida a las personas que se preocupan por ti y a las experiencias que compartís. Disfruta de ellas, demuestra gratitud por poder estar con ellas. Eve ha encontrado increíblemente útil escribir un diario dando gracias por todo lo que tiene y experimenta. Convertir la gratitud en una práctica activa nos sirve como un recordatorio constante de lo que tienes en tu vida. Sé consciente de que tienes la suerte de tener personas en tu vida con el poder de romperte el corazón porque eso significa que amas y te aman.

La inevitabilidad del cambio

Sabemos que quienes nos leen se aproximan al poliamor desde muchos enfoques diferentes. Hay quienes nunca han tenido una relación monógama. Quienes explorarán el poliamor después de décadas de monogamia. Quienes se aventurarán dentro del poliamor sin tener ninguna relación mientras que otras abrirán su relación, monógama hasta entonces.

La experiencia de Eve es de ese último tipo. Como muchas parejas que se aventuran en el poliamor, al principio Peter y ella intentaron hacer los mínimos cambios posibles, especialmente en su relación. Y como otras muchas parejas, se orientaron hacia reglas y estructuras que conservaran todo como siempre había sido para mantener cierta sensación de seguridad y estabilidad. Acordaron que su matrimonio era la relación principal, y establecieron unas normas: «Nunca pasaremos más tiempo con otras relaciones que el que compartamos tú y yo», y «Nadie tiene permiso para intentar ponerse entre tú y yo». De hecho, el primer perfil online de Eve decía (siente escalofríos cuando lo recuerda): «Intenta meterte entre mi relación principal y yo, y estarás fuera de mi vida más rápidamente de lo que tardas en decir "poliamor"».

Es fácil entender por qué Eve y Peter querían normas como esas. La seguridad, cierta predictibilidad básica son necesidades humanas básicas. Al mismo tiempo, la autonomía, la independencia y la autosuficiencia también son valores fundamentales para muchas personas, como en nuestro caso. Hemos visto cómo concentrarse únicamente en esos últimos valores puede llevar a no tratar bien a tus relaciones. Es importante construir relaciones de manera que las personas que forman parte de ellas se sientan seguras, puedan tener cierta sensación de pertenencia y puedan tener algunas expectativas básicas con las que poder contar. Pero también es esencial que las personas tengan agencia sobre su relación, que las relaciones se construyan sobre una base de capacidad de elección y libre albedrío. No son objetivos mutuamente excluyentes.

De todos modos, hay una verdad incómoda en todo esto. Si decides hacerlo, si decides abrir tu corazón y tu vida a amar a más de una persona y dejar que tus relaciones amen también a otras, tu vida va a cambiar. Tú vas a cambiar. Si comenzaste este camino teniendo una relación, esa relación va a cambiar. Cada nueva persona a quien permites que entre en tu corazón alterará tu vida; a veces con pequeños cambios, a veces con grandes cambios.

Los cambios radicales son ley de vida. Y eso es bueno. Después de todo, casi todo lo demás que haces en tu vida amenaza con alterar tu relación. Empezar en un nuevo empleo. Perder tu empleo. (En terapia de pareja se dice que es más probable que la inseguridad económica destroce un matrimonio que cualquier otro factor, incluida la infidelidad.) Tener un bebé. Mudarse a otra ciudad. Enfermar o sufrir un accidente. Tener problemas con tu familia de origen. Comenzar un nuevo hobby. Sufrir una muerte en la familia. ¡Maldita sea! ¡Cada vez que sales de tu casa o te subes a un coche, te estás arriesgando a sufrir un accidente grave o morir, y eso alteraría tu relación realmente rápido!

No sentimos miedo a los cambios cuando nos ofrecen un nuevo empleo o decidimos tener un bebé. Aceptamos que esas elecciones van a cambiar nuestras vidas. El poliamor ético es similar: aceptas que los cambios en tu vida romántica afectarán a tu relación, decides actuar con integridad y honestidad para cuidar a tus relaciones lo mejor que puedas y confías en que tus relaciones harán lo mismo por ti.

Muchos de los problemas que nos encontramos en el poliamor, especialmente cuando estamos en una relación que previamente era monógama, se derivan de los intentos de explorar nuevas relaciones sin que nada cambie. A veces esos cambios suponen enfrentarnos a nuestros miedos más profundos: abandono, miedo a la pérdida, miedo a que nos reemplacen, miedo a dejar de ser especial. Los cambios en las relaciones dan miedo. A veces surgen como algo incómodo.

LA HISTORIA DE MELISSA

A Melissa, una amiga de Franklin, le encanta el sushi. Intentó durante meses que su marido, Niko, probara el sushi, sin ningún éxito. Él dijo muy claramente que no estaba interesado en un pescado crudo sujeto al arroz con algo que parecía cinta adhesiva.

Mucho tiempo después de que ella hubiese abandonado la idea de llevarlo a un restaurante de sushi, él comenzó una relación con una nueva chica, Naveen, a quien también le encantaba el sushi. Un día Naveen sugirió que salieran a cenar sushi y en esta ocasión él dijo «¡Vale!». Como era de prever, a él también le encantó.

En lugar de pensar, «¡Eh, esto es fantástico, al fin podré compartir con él mi amor por el sushi!», a Melissa no le hizo ninguna gracia. Le dolió, según nos contó, pedirle algo a su pareja, recibir una negativa y verlo después hacer eso con otra persona.

La historia de Melissa ilustra una de las creencias ocultas que a menudo tenemos sobre las relaciones: podemos sentir que tenemos el derecho a ser la única persona con quien una de nuestras parejas prueba cosas nuevas por primera vez, y que tenemos derecho a que nos duela si elige probarlas con otra persona. Cuando alguien que no tiene ninguna relación comienza una con alguien que tiene pareja, esta expectativa oculta puede llenarlo todo de minas antipersona. Algo tan inocuo como una invitación a salir a cenar sushi puede desencadenar una explosión inesperada.

Adoptar el poliamor supone no solo revisar la expectativa de que nuestra relación no cambiará nunca, sino también examinar nuestras expectativas sobre cómo y cuándo cambian. La gente no siempre cambia de maneras o en el momento en que queremos que cambien. Las nuevas relaciones aportan nuevas experiencias y esas experiencias cambiarán nuestras relaciones. Las buenas relaciones siempre nos cambian. ¡Es una de las mejores cosas que tienen!

Algo recurrente en la monogamia es la creencia de que podemos prevenir la infidelidad limitando el acceso de la persona con quien tenemos una relación a miembros del sexo opuesto. Las tentaciones provocan las infidelidades, o eso se dice, y por lo tanto, limitamos las tentaciones. En las relaciones poliamorosas, esa creencia se puede manifestar de maneras más sutiles, como intentar limitar la profundidad de la conexión o el tiempo que una de nuestras relaciones pasa con sus otras relaciones. Como comentamos en el capítulo 11, es común que las personas que están en una relación busquen usar el poder que tienen para reducir, limitar o regular las otras relaciones de una de nuestras parejas, con la esperanza de que eso convierta en menos disruptivas o amenazantes esas otras relaciones. La gente utiliza todo tipo de estructuras para conseguirlo: jerarquías forzosas, limitaciones de la intimidad emocional o sexual que se le permite experimentar con alguien más a las personas con quien se tiene una relación, reglas por las que una persona con quien tienes una relación solo tendrá sexo con una tercera persona si ambos miembros quieren (a menudo con la creencia de que eso prevendrá los celos) y similares.

Por supuesto, no todo el mundo se siente así. Si te parece extraña la idea de controlar las otras relaciones románticas de tus parejas para proteger tu relación, probablemente no te encontrarás los problemas que describimos en este capítulo. Una habilidad importante para crear relaciones poliamorosas felices es aprender a ver las otras relaciones, en concreto las relaciones de nuestras relaciones, como personas que mejoran nuestra vida más que un peligro que hay que controlar.

Si este enfoque no te surge de manera natural, de todos modos, puedes aprender a tenerlo. Eso requiere invertir en comunicación, superar miedos y rechazar algunas de las cosas enfermizas que nos han enseñado sobre el amor. Significa aceptar que tus relaciones y tú creceréis y cambiaréis, y el secreto para mantener las relaciones frente al cambio es ser resiliente y flexible. También significa cultivar un fuerte sentimiento de seguridad, aceptando que todo el mundo cometemos errores, construyendo relaciones lo suficientemente fuertes para superar esos errores y reconciliándose con la idea del cambio.

Estar a solas

Los seres humanos somos animales sociales. Funcionamos mejor cuando nos rodean personas a las que les importamos. El miedo de estar a solas es algo humano. Pero si nos domina ese miedo, si tenemos tanto miedo a la soledad que creemos que perder una de nuestras relaciones nos destrozaría, es casi imposible tener una relación sana. No pasa nada si no nos gusta estar a solas, pero cuando creemos que no seríamos capaces de estar a solas, las cosas pierden el rumbo.

Cuando ese miedo nos domina, no podemos marcar fácilmente nuestros límites o tomar decisiones meditadas. Y si no tenemos la sensación de que hemos dado nuestro consentimiento plenamente en una relación sino que estamos en ella para evitar la soledad, es fácil que sintamos que la relación es algo que nos hacen en lugar de algo que enriquece nuestra vida. Y partiendo de ahí, es muy fácil sentir resentimiento hacia nuestras relaciones, especialmente cuando hacen cualquier cosa que nos recuerde nuestro miedo a la soledad.

Ese miedo y resentimiento puede convertirse en un círculo vicioso. Cuando tenemos miedo a la soledad, nos enfadamos y sentimos resentimiento mucho más fácilmente. ¿Cómo rompemos ese círculo? Construyendo relaciones que se orientan hacia algo en lugar de tratar de evitar algo. Las relaciones nos hacen más felices cuando tendemos a la intimidad con las personas que sacan a relucir nuestra mejor parte, no cuando las buscamos para evitar la soledad.

En el poliamor resulta especialmente vital reconciliarse con el miedo a la soledad. Primero, porque es probable que estés a solas de vez en cuando, y segundo, porque hay más de una relación en juego. Uno de los ingredientes fundamentales de una relación poliamorosa exitosa es la habilidad para tratar a todas las personas involucradas (no solo nuestras relaciones sino también sus propias relaciones) con comprensión y empatía. Es casi imposible empatizar cuando todo lo que sentimos es miedo a la pérdida.

Escasez vs. abundancia

Cuando se trata de relaciones románticas, la gente suele caer en dos patrones: o sigue el modelo de la escasez o el modelo de la abundancia.

En el modelo de la escasez, las oportunidades para el amor parecen escasas. Hay pocas relaciones potenciales y es difícil encontrarlas. Como la mayoría de la gente que conoces espera tener una relación monógama, encontrar relaciones poliamorosas es especialmente difícil. Cada requisito adicional que pones reduce las posibilidades todavía más. Como la posibilidad de tener una relación es tan escasa, es mejor que aproveches cada oportunidad que se presente y te aferres a ella con todas tus fuerzas. Al fin y al cabo, ¿quién sabe cuándo tendrás otra oportunidad?

El modelo de la abundancia propone que las oportunidades para tener relaciones están a todo nuestro alrededor. Sin duda, solo un pequeño porcentaje de la población cumple nuestros requisitos, pero en un mundo de siete mil millones de personas, las oportunidades son abundantes. Incluso si excluimos a todas las personas no interesadas en el poliamor, y todas las personas con el sexo y orientación «que no queremos», y todas las personas que no tienen cualquier otra característica que estemos buscando, eso todavía nos deja decenas de miles de relaciones potenciales, lo que sin duda es suficiente para mantener ocupada a la persona más ambiciosa.

Lo curioso de ambos modelos es que los dos tienen razón: el modelo que elijamos tiende a ser una profecía autocumplida. Si tenemos un modelo de escasez para las relaciones, puede que nos aferremos a las veces en que nos han rechazado, lo que puede bajar nuestra autoestima, lo que reduce nuestra autoconfianza... y eso hace más complicado que encontremos con quien tener una relación, porque la autoconfianza es atractiva. Puede que empecemos a buscar desesperadamente tener una relación, lo que reduce nuestro atractivo aún más. Y así terminamos teniendo menos éxito, lo que refuerza la idea de que las relaciones son escasas.

Cuando aplicamos un modelo de la abundancia a las relaciones, es más fácil que simplemente hagamos cosas que nos hacen felices, sin preocuparnos de buscar a alguien con quien tener una relación. Eso tiende a darnos más atractivo, porque las personas felices, seguras de sí mismas, son más deseables. Si nos dedicamos a hacer lo que nos hace felices, conocemos a otras personas que están haciendo lo mismo. ¡Genial! La facilidad con la que encontramos relaciones potenciales, incluso cuando no estamos buscándolas, refuerza la idea de que abundan las oportunidades para el amor, lo que nos facilita dedicarnos a lo que nos hace felices, sin preocuparnos demasiado por encontrar relaciones... y el ciclo se repite. Creemos que nuestras percepciones cambian con la realidad, pero la verdad es que la realidad que nos encontramos a menudo se deriva de nuestra propia percepción[1].

Esas ideas también van a influir en nuestra disposición a permanecer en relaciones que no nos funcionan, tanto directa como indirectamente. Si creemos que las relaciones son escasas y difíciles de encontrar, puede que no abandonemos una relación incluso cuando nos está haciendo daño. Del mismo modo, si creemos que las relaciones son difíciles de encontrar, eso puede aumentar nuestro miedo a la soledad, lo que puede provocar que permanezcamos en relaciones que no nos están haciendo bien.

De todos modos, hay una pega. A veces, las cosas que buscamos, o la manera en que las buscamos, crean una escasez artificial. Esto podría deberse a que hacemos algo que desanima a otras personas, o porque estamos buscando algo poco realista. Si estás buscando a modelos canadienses que hayan ganado el premio Nobel y tengan un patrimonio de 20 millones de dólares, puede que encuentres relaciones potenciales muy de vez en cuando. Del mismo modo, si a la gente le das la impresión de que has creado un espacio en el que deben encajar y en el que no podrán crecer, puede que tampoco abunden las oportunidades para iniciar nuevas relaciones.

Frente al malestar

La flexibilidad fomenta la resiliencia. Ayuda a crear relaciones que son capaces de adaptarse a los vientos del cambio sin rom-

---

1 La ciencia cognitiva habla del sesgo de confirmación: la tendencia a percibir las cosas que confirman nuestras ideas, y a descartar, despreciar o no percibir las que no.

perse. De todos modos eso tiene un coste. Ser flexible significa tener la disposición a adaptarse al malestar, porque el cambio a menudo es molesto. Aceptar el cambio, abrazar la idea de que puede haber muchas maneras diferentes de cubrir nuestras necesidades, desprenderse del deseo de escondernos de nuestros miedos controlando las estructuras de nuestras relaciones... en algún momento, con casi total seguridad, eso nos hará tener que enfrentarnos a emociones incómodas.

En algunos ambientes hay un dicho, a menudo aplicado a las relaciones: «No hagas nada con lo que no te sientas a gusto». Cuando se refiere al acceso a tu cuerpo, a tu espacio o tu mente, es un buen consejo. Siempre podemos elegir qué permitimos y qué no. De todos modos, a menudo significa en realidad «No permitas que la persona con quien tienes una relación haga algo con lo que no estás a gusto» o «No explores situaciones desconocidas si sientes que no estás a gusto». En esos casos, creemos que «No hagas nada con lo que no te sientas a gusto» es un consejo pésimo. La vida es algo más que evitar cualquier malestar. A veces el malestar es una parte inevitable del aprendizaje y el crecimiento personal. ¿Recuerdas la primera vez que intentaste ir en bicicleta, o nadar, o tocar un instrumento musical? ¿Recuerdas lo embarazoso e incómodo que era? Tener una vida increíble supone salir de tu zona de confort. Y a veces ese malestar nos muestra maneras en las que podemos mejorar.

Nos gustaría proponer la idea radical de que el malestar no supone, por sí mismo, una razón para no hacer algo, ni para prohibir a alguien hacer algo. La vida es algo más que ir desde la cuna a la tumba por el camino del menor malestar posible. Es más, si no se tiene cuidado, negarse a enfrentarse a la incomodidad puede llevarnos a una conducta poco ética. Cuando evitar la incomodidad supone controlar a otras personas, las desempoderamos.

El statu quo de casi todas las relaciones normalmente da menos miedo que el cambio, no importa lo beneficioso que pueda ser ese cambio. Cuando aparecen nuevas personas en nuestras vidas, traen consigo nuevos retos y nuevos placeres. Cuando nuestras relaciones crecen, cambian. Nos puede resultar tentador intentar mantener el statu quo todo lo posible limitando lo que puede hacer la gente que nos rodea: «Puedes entrar en mi vida, pero solo hasta aquí. Puedes crecer, pero solo hasta este punto».

En nuestra experiencia, construir muros alrededor de la libertad de cada cual es más dañino a largo plazo que confiar en el deseo de la persona con quien tenemos una relación de hacer lo que más nos conviene y confiar en que seremos capaces de adaptarnos, de ser felices y de sentir que nos quieren incluso cuando las cosas cambian. La incomodidad y el cambio nos van a atrapar, antes o después, da igual cuánto intentemos escondernos. Enfrentarse a esas cosas en nuestra propia situación, con la creencia de que podemos ser felices incluso al enfrentarnos al cambio: todo ello contribuye a construir una seguridad y estabilidad que perduren.

Vivir con integridad

A lo largo de este libro, planteamos la confianza como una alternativa al control en las relaciones poliamorosas. Algo fundamental para *generar* confianza es vivir de forma honesta. Generas confianza cuando cumples tus promesas, cuando «predicas con el ejemplo». La confianza se pierde cuando rompes acuerdos, cuando rompes los límites y actúas de formas que no coinciden con los valores que proclamas. Vivir con integridad puede ser lo que te sostenga cuando nada más lo haga. Cuando tienes que tomar decisiones complicadas, y los efectos de esas decisiones en las personas que te rodean son imposibles de predecir, ¿qué te sirve de guía? Cuando te equivocas, o cuando cometes errores, ¿eres capaz de mirar atrás y decir «Respeté los valores que son más importantes para mí»?

En las relaciones poliamorosas, puede haber momentos en los que no hay ninguna opción buena, en los que tanto tus relaciones como tú saldréis perdiendo. Quizá la cuestión es dónde vais a pasar las Navidades. Quizá es dónde irán las criaturas después de terminada la relación. Quizá es qué hacer cuando dos personas con quien tienes una relación a quienes adoras, no se soportan mutuamente. Podemos hablar de negociación, de compromiso, de encontrar soluciones en las que todo el mundo salga ganando, pero a veces no existe un punto intermedio. Cuantas más personas sumas a la ecuación, más probable es que aparezcan conflictos y, a veces, no tienen una solución sencilla.

Hemos hablado de la necesidad de un marco ético que maximice el bienestar de todas las personas involucradas. Pero a veces te atascas en minimizar los daños en lugar de maximizar los beneficios, y da igual las justificaciones que te des, siempre te vas a sentir fatal tomando decisiones que sabes que van a herir a otras personas. A veces, sinceramente, no puedes predecirlo. A veces debes enfrentarte a elecciones que te hacen sentirte pésimamente a corto plazo y cuyos efectos a largo plazo no se pueden prever. Así que, cuando sucede eso –cuando no puedes hacer nada sin que te haga daño a ti o a otra persona– ¿cómo tomas decisiones?

Cuando nos hemos encontrado en esa situación es cuando hemos intentando volver a concentrarnos en la integridad personal. ¿Qué significa actuar con integridad? Para alguna gente la integridad sería, esencialmente, lo mismo que la honestidad. Otra gente lo ve como la consistencia en los actos o la coherencia entre conducta y creencias. Pero la raíz de la palabra integridad significa «totalidad». Concentrarse en la integridad significa, en nuestro caso, examinar en profundidad el momento presente: qué estoy haciendo en este momento concreto, ¿está en consonancia con mi yo más auténtico? Si me imagino mirando atrás dentro de diez años, ¿me gustaría la persona que vería?

Empatía

Antes de que hablemos de empatía, vale la pena repetir los dos axiomas en los que se basa la ética de este libro:

- Las personas que forman parte de una relación son más importantes que la relación.
- No trates a las personas como cosas.

Seguir un código ético que se basa en no tratar a las personas como si fueran cosas significa tratar a las personas como personas. Y eso significa practicar la empatía.

La palabra *empatía* se usa constantemente hoy día. Pero, ¿qué significa? Es fácil lanzarla como una reprimenda simplista o incluso en tono acusatorio, como al decir «yo tengo empatía y tú no». Si tu entorno social tiene algún contacto con círculos New Age, probablemente conoces a alguien a quien le gustan los campeonatos de «tengo más empatía que tú». De hecho, muchas de las ideas de este libro pueden usarse de esa manera.

Por favor, no lo hagas.

La empatía no es –insistimos– algo que tú *eres*, ni algo que *sientes*, sino algo que *pones en práctica*. La empatía es ponernos en el lugar de la otra persona. Podemos escuchar lo que una persona está sintiendo, presenciar su dolor al mismo tiempo que la amamos tal como es. A veces debes hacer eso mismo contigo.

La empatía no es buena educación, ni siquiera algo similar a la bondad. ¡No es hacer buenas acciones por una persona mientras la juzgamos en voz baja! La empatía supone involucrarse por completo, y requiere vulnerabilizarse, que es la parte que lo hace más complicado. Tenemos que darnos el permiso para estar presentes como iguales junto a otra persona, reconociendo y aceptando su lado oscuro. Y eso nos obliga a aceptar, también, la oscuridad que hay en nuestro propio interior.

No tener límites no es lo mismo que tener empatía, ni tampoco lo es permitir que alguien nos arrolle o pasar por alto su mal comportamiento o el maltrato a otras personas. La empatía auténtica requiere unos límites sólidos, porque si permitimos que una persona se aproveche de nuestra situación, se hace muy duro ser auténticamente vulnerable con ella. La empatía requiere la voluntad de hacer a alguien responsable de lo que *hace*, al mismo tiempo que la aceptamos tal como *es*.

¿Cómo practicamos la empatía? La piedra angular de la empatía es simple, pero emocionalmente difícil de alcanzar. Significa, antes de nada, asumir la buena intención del prójimo. En otras palabras, buscando la interpretación más comprensiva de las motivaciones más profundas que puede tener alguien.

Hasta el día en que todo el mundo tengamos rubíes mágicos en la frente con los que leernos mutuamente nuestras mentes, siempre será peligroso presuponer las motivaciones de otra persona. Por eso necesitamos la empatía. Cuando alguien ha hecho algo que no nos gusta, o que nos hace daño, o no ha hecho lo que queríamos que hiciera, lo más fácil es presuponer que lo hace con las peores intenciones: «No le importa lo que necesito», «ignora mis sentimientos».

La empatía significa haber comprendido que las otras personas tienen sus propias necesidades, que pueden ser diferentes de las nuestras, y hacerles extensible la misma comprensión, la misma voluntad de valorar sus propias luchas, que querríamos que nos dieran. La ponemos en práctica cada vez que sentimos ese arrebato de enfado cuando alguien hace algo que no nos gusta, pero luego nos analizamos e intentamos ver, desde su punto de vista, la razón por la que se comportaron de esa manera. La ponemos en práctica cada vez que somos amables con otras personas en lugar de enfadarnos con ellas. Y la ponemos en práctica cuando nos tratamos personalmente con esa misma amabilidad: cada vez que aceptamos que tenemos defectos e imperfecciones pero que a pesar de ello somos buenas personas. La ponemos en práctica cada vez que reconocemos mutuamente nuestras fragilidades y errores.

Como personas poliamorosas, nos enfrentamos a la necesidad especialmente urgente de cultivar la empatía hacia las personas con quienes tenemos relaciones y demás miembros de nuestra comunidad. Pero quizá lo más importante es sentir esa empatía también hacia nuestro interior. Estamos aprendiendo una nueva manera de hacer las cosas. Estamos desarrollando nuevas habilidades que nadie nos ha enseñado antes y enfrentándonos a retos a los que mucha gente no se enfrenta nunca. Estamos intentando aprender cómo tratar bien no solo a una sola persona con quien tenemos una relación, sino a toda una red cuyo bienestar depende de lo que hagamos. Y eso es duro.

Es fácil autoinculparse por no ser una persona poliamorosa perfecta, especialmente cuando la comunidad poliamorosa muestra su mejor cara públicamente para ganar aceptación mayoritaria en la sociedad. Si sientes celos o inseguridad, o te resulta complicado manejar tus enfados, o no eres capaz de saber cómo comunicar claramente tus necesidades... es normal. No hace falta que seas una persona poliamorosa perfeccionista. No eres la primera persona que ha sentido esas cosas, ni mucho menos. Todo el mundo hemos pasado por ahí. Intenta tratarte de la misma manera que tratarías a alguien que te importa y que está teniendo el mismo problema que tú: con empatía y aceptación.

Revisa tus expectativas

El diccionario define *expectativas* como «una creencia centrada en el futuro; la creencia de que algo sucederá o debería suceder en el futuro». Eso no permite entrever la trampa que nos pueden tender nuestras expectativas: nos causan decepción cuando no se cumplen, y el miedo a esa decepción nos puede hacer ocultar nuestras expectativas; a veces incluso ante nuestros propios ojos.

Las expectativas se diferencian de emociones similares como la esperanza, las fantasías, los anhelos o los deseos. Si las tienes, puede que sientas decepción o incluso dolor si no llegan a cumplirse, pero creemos que eso no significa que sea malo tenerlas. Con las *expectativas*, en cambio, te puedes hacer un lío. La diferencia es que una expectativa implica cierta responsabilidad de la otra persona (o al menos de una entidad, como Dios, o el Destino o «el universo»). Quizá incluso implica cierta sensación de que se tiene derecho a algo. Por lo que, si no se cumple, además de la decepción, también puedes enfadarte o culpar a alguien.

Todo el mundo tenemos expectativas. La mayoría de las veces, nuestras expectativas son razonables y normales. Tenemos la expectativa de que cuando giramos el grifo, saldrá agua. A un nivel más básico, tenemos la expectativa de que las leyes que rigen nuestras interacciones con el mundo son estables e inmutables. Tenemos la expectativa de que el agua sea húmeda, que el fuego sea caliente, que la gravedad haga que las cosas caigan. Nuestras expectativas son, en parte, la base de nuestra percepción del mundo. Nos aportan una sensación de estabilidad y predictibilidad; si no tuviéramos ninguna expectativa, la vida se volvería prácticamente imposible.

Las cosas se hacen más complicadas cuando hablamos de las expectativas respecto a otras personas. Las personas son autónomas, con sus propias motivaciones y prioridades. Podemos tener expectativas respecto a otra gente: esperamos que nuestras amistades no incendien nuestra casa o roben nuestro gato cuando nos visitan; pero nuestras expectativas siempre van a verse complicadas por el hecho de que de que no podemos saber lo que está pasando dentro de la cabeza de otra persona. A veces, la gente incendia casas o roba gatos.

Hablemos de expectativas «razonables» y «no razonables». La diferencia es subjetiva, y hay un montón de zonas grises donde ambas se solapan. Algunas expectativas son claramente razonables. Esperamos que nuestras amistades no nos agredan físicamente si no ha habido una provocación. Tenemos la expectativa de que las personas con quienes tenemos una relación romántica no retiren todo nuestro dinero del banco y se escapen a Cancún con otra persona. Otras expectativas son claramente no razonables. No tenemos la expectativa de que nuestra nueva relación, que ha aparecido vestida elegantemente, se entusiasme si le decimos «Tienes que ir a limpiar la arena del gato».

Entre ambos extremos están las aguas donde los arrecifes acechan, preparados para hacer naufragar a quienes se confían. Nuestras expectativas pueden encallarse en cualquier momento de la relación.

No tenemos el derecho, en general, a esperar cosas de la gente sin su consentimiento. No podemos enfadarnos con alguien porque no ha hecho algo que no ha aceptado hacer en ningún momento. La habilidad de manejar las expectativas significa algo más que intentar navegar entre las expectativas razonables y las no razonables. Significa reconocer que un deseo por mi parte no supone una obligación por la tuya. Y no podemos enfadarnos de manera razonable con alguien que no ha cumplido nuestras expectativas si antes no hemos hablado sobre nuestras expectativas.

#ALGUNAS PREGUNTAS QUE PUEDES HACERTE

Cuando estés pensando sobre qué quieres en tus relaciones y cómo te gustaría que se estructurasen, aquí tienes algunas preguntas que podrían ser útiles para que te las hagas (y discutirlas con quien o quienes tienes una relación, si estás en una):

- ¿Por qué tengo relaciones con otras personas?

- ¿Qué necesito de mis relaciones, en términos de tiempo, disponibilidad emocional, compromiso, comunicación e intimidad?

- ¿Qué significa «compromiso» para mí y por qué?

- Cuando pienso sobre el futuro, ¿cómo es? ¿Hay espacio para el cambio y el crecimiento?

- ¿Cuánto valoro mi autonomía personal, transparencia, cohabitar, tener y criar criaturas, compartir economía, comunidad, tradiciones, las opiniones de mis amistades y familiares, cumplir las normas sociales?

- ¿Qué valores son los más importantes para mí en mí y en el resto?

- ¿Se alinean las decisiones que tomo con esos valores?

- ¿En quiénes me reflejo? ¿En quién confío para que me diga en qué me estoy equivocando? ¿Cómo respondo a las críticas hechas por personas cercanas a mí?

- ¿Cómo valoro mis decisiones cuando los efectos de mis acciones son imposibles de predecir?

- ¿Qué espero de otras personas, y por qué?

6

Problemas de comunicación

Las palabras no tienen un único significado
sino un enjambre de ellos,
como abejas alrededor de un panal.

Maureen O'Brien

Si has oído hablar sobre poliamor, es probable que hayas oído algo como «La primera regla del poliamor es comunicación, comunicación, comunicación». Pero, ¿qué significa eso exactamente? La comunicación es más complicada de lo que parece. Va mucho más allá de decir lo que estás pensando, e incluso decir lo que estás pensando puede ser sorprendentemente duro. Además, está la parte de escuchar. Hay miles de maneras en las que la comunicación puede fallar y solo unas pocas para que tenga buenos resultados. La buena comunicación es un proceso y es esencial generar confianza, demostrar respeto y entender las necesidades de quienes tienes a tu alrededor.

Cuando hablamos de comunicación en el poliamor, en realidad estamos hablando de un *tipo* muy concreto de comunicación: decir la verdad sobre quiénes somos, nuestras necesidades y nuestros límites con honestidad y precisión, y escuchar gustosamente cuando nuestras relaciones nos hablan sobre quiénes son, sus necesidades y sus límites. En realidad, este tipo de comunicación no es una cuestión de palabras. Es cuestión de vulnerabilidad, autoconocimiento, integridad, empatía, compasión y un montón de cosas más.

La comunicación es un tema tan complicado que lo hemos dividido en dos capítulos. Este capítulo trata sobre las maneras en que la comunicación puede estrellarse, incluyendo la falta de precisión, la falta de honestidad, la pasividad y la coerción. El siguiente capítulo habla de algunas estrategias para ayudarte a hacerlo bien.

Lenguaje impreciso

En los ambientes poliamorosos, la gente se queja a menudo de que las conversaciones sobre poliamor siempre parecen terminar en semántica. Eso en realidad es algo bueno. La comunidad poliamorosa tiende a concentrarse en la comunicación y la comunicación se basa en que las palabras tengan un significado compartido. Llegar a esa comprensión mutua es de lo que trata la semántica.

Por un lado, el lenguaje es una herramienta increíblemente flexible y resiliente. Si lees una frase que contiene *flutzpahs*, incluso si nunca has oído hablar de *flutzpahs*, a menudo puedes inferir su significado por el contexto. Por otro lado, la forma más simple de que la comunicación no funcione es cuando una persona usa una palabra común de una manera que es malinterpretada por la otra persona. Por ejemplo, una vez Franklin tuvo una conversación con Celeste que fue más o menos así:

CELESTE: ¿Podrías hacerme un favor, me pasas el *trapeador*?

FRANKLIN: ¿Qué es un *trapeador*?

CELESTE: Lo que pasas para limpiar, ya sabes, una fregona.

FRANKLIN: ¡Ah, vale! Aquí la tienes.

CELESTE: ¡Nunca me ayudas con las tareas de la casa! ¡Esperas que yo haga todo! ¡Te pido que hagas una sola cosa y no la haces!

FRANKLIN: ¡Un momento! ¡Me pediste que te pasara el *trapeador* y te pasé la fregona! Eso era lo que querías, ¿no?

CELESTE: No, te pedí que la pasaras tú en lugar de hacerlo yo. «Me pasas el *trapeador*» quería decir «Pasa el *trapeador* por el suelo en lugar de hacerlo yo».

Palabras muy pequeñas pueden esconder grandes malentendidos ¿Qué es el sexo? ¿Qué es una relación? ¿Qué quieres decir con palabras como «permiso», «consentimiento» o «compromiso»? En una mesa de debate sobre poliamor en un congreso donde participó Franklin surgió un desacuerdo sobre el significado de esa última palabra:

MIEMBRO DEL PÚBLICO: Es obvio que la gente con múltiples relaciones románticas no puede comprometerse, porque *compromiso* quiere decir que te dedicas a una sola persona. No puedes confiar en alguien que no puede comprometerse, porque no tiene un compromiso contigo.

FRANKLIN: ¿Y qué sucede si alguien tienen compromiso con más de una persona?

MIEMBRO DEL PÚBLICO: Eso es imposible, es una contradicción lógica. *Compromiso* significa «dedicación a una sola persona». No puedes dedicarte a dos personas igual que no puedes cortar un círculo en tres mitades. Una persona con más de una relación no se compromete y, por lo tanto, no se puede confiar en ella.

Lo que es obvio para una persona puede que no sea obvio para otra. Como tratamos en el capítulo 19, respecto al sexo, incluso definir la palabra «sexo» puede provocar un lío muy serio.

Palabras escurridizas

En nuestro caso, cuando hablamos de relaciones, intentamos evitar ciertas palabras. Algunas palabras están cargadas con expectativas y carga emocional, lo que las hace propensas a ser mal utilizadas. Esas palabras fácilmente se convierten en herramientas para manipular, porque parecen aparentemente razonables pero tienen un significado complicado de determinar.

Respeto. A mucha gente le gusta decir cosas como «Las nuevas relaciones deben respetar mis relaciones existentes». Y suena razonable. Después de todo, ¿quién entraría en una relación diciendo «No voy a respetar a ninguna de las personas involucradas»? Pero ¿qué significa «respetar» una relación? ¿Significa ceder siempre ante las personas que están en esa relación? ¿Significa hacer siempre lo que digan? El respeto es recíproco; ¿qué respeto están dispuestas a ofrecer a una nueva relación las personas que ya están en una relación preexistente?

En lugar de usar palabras tan vagas como *respeto*, será mejor si explicas en detalle cuáles son tus expectativas. Si crees, por ejemplo, que las relaciones anteriores tienen prioridad en términos de tiempo y planificación, dilo. Usar palabras vagas como *respeto* es una manera fácil de acusar a otras personas de romper acuerdos cada vez que hacen algo que no te gusta, sin tener que llegar, en realidad, a ningún acuerdo explícito.

Tener prioridad. Otra frase que suena bien pero es vaga y que hemos oído a menudo es «Mis compromisos previos tienen prioridad». Nadie entra en una relación haciendo borrón y cuenta nueva. Todo el mundo tiene compromisos previos que requieren nuestro cuidado, quizá criaturas, familiares con alguna enfermedad, un trabajo muy exigente o una colaboración empresarial. Esto es aplicable tanto a las relaciones monógamas como a las poliamorosas.

Por lo que, si decimos: «Los compromisos previos tienen prioridad», ¿significa simplemente que tenemos compromisos previos con los que queremos cumplir? Eso es razonable en cualquier tipo de relación. ¿O es una manera de decir «Cuidaré de tus necesidades solo si no incomodan a las otras personas en mi vida», como, en realidad, parece pasar demasiado a menudo? ¿Significa que una persona con quien ya se tenía una relación siempre puede usurpar el tiempo que había sido asignado a un nuevo miembro de la relación?

Es mejor explicar con detalle cuáles son tus compromisos previos, y qué necesitas para cumplirlos, en lugar de simplemente decir que «tienen prioridad».

Justo y equitativo. Estas palabras evocan imágenes de relaciones en las que a todo el mundo se le reparte una porción de pastel del mismo tamaño, incluso aunque algunos miembros tengan más hambre que otros y aunque algunos sean alérgicos al pastel. La igualdad de oportunidades es muy diferente de la igualdad de circunstancias; si cada persona quiere cosas diferentes, es lógico que sus circunstancias sean diferentes. Lo más justo no es necesariamente una división igualitaria de los recursos, sino una división que cubra en el mayor grado posible las necesidades de todo el mundo.

Derechos. En el capítulo 3 hablamos del nivel que algo debe alcanzar para considerarlo un «derecho». Pocas cosas llegan a ese nivel, por lo que «derecho» es una palabra que debe usarse con mucho cuidado.

Algunas cosas que *no* tienes derecho a esperar en una relación: que nunca te cuestionen, que siempre estés a gusto, que otras personas siempre eviten todo lo que desencadena tus emociones y lo que te molesta. Las cosas a las que no tienes derecho incluyen tratar a la gente como desechable, obtener promesas de que alguien no te abandonará jamás y controlar las otras relaciones ajenas. Todas estas cosas requieren negociación. Las relaciones son siempre voluntarias; tienes el derecho a terminar una relación que no cubre tus necesidades (y quien tiene una relación contigo también), pero no tienes derecho a demandar a la persona con quien tienes esa relación que haga lo que tú quieres.

Éxito. Cuando piensas en relaciones exitosas o que salen bien, ¿qué te viene a la mente? ¿Relaciones que duran una determinada cantidad de tiempo? ¿Relaciones en las que no hay desacuerdos? Puede ser tentador llamar exitosa a una relación porque dura mucho en el tiempo pero, ¿qué sucede si los miembros de esas relaciones tratan mal a sus otras relaciones?

«Éxito» debe ser aplicable a todas las personas involucradas. Si una relación poliamorosa se mantiene unida durante mucho tiempo, pero trata mal a sus otras relaciones o hace daño a un montón de gente durante ese tiempo, no consideraríamos necesariamente que su relación ha tenido «éxito». Cuando usas la palabra *éxito*, ¿estás pensando en una relación en particular o en todas ellas?

Razonable. La palabra *razonable* (y su gemelo maléfico, *poco razonable*) se usa con mucha facilidad. ¿Es razonable querer decirle a tu amante en qué posturas puede tener sexo? ¿Es razonable que una de tus relaciones bese a otra persona delante de ti? El problema es que lo que se considera «razonable» es mayormente cultural y subjetivo. ¡Para empezar, la mayoría de la gente diría que no es razonable tener varias relaciones!

El poliamor es todavía lo suficientemente nuevo para no haber establecido unas normas culturales fijas de qué es razonable y qué no. Por lo que, en lugar de hablar sobre qué es «razonable», habla de cómo te hacen sentir detalles concretos de algo. ¿Cómo reaccionas cuando la persona con quien tienes una relación besa a otra persona delante de ti? ¿Por qué? ¿Cómo puedes negociar con la persona con quien tienes una relación otras maneras de hacer las cosas? Habla de lo que necesitas y cómo te pueden ayudar las personas con quien tienes una relación, y negocia una solución que funcione para todo el mundo.

Sano. Esta es una palabra especialmente peligrosa. Algunas relaciones son auténticamente sanas y otras son dañinas. Pero, demasiado a menudo, esta palabra se usa para simplemente juzgar las conductas que no nos gustan. Una relación que transgrede tu consentimiento es realmente dañina. Una relación en la que se te amenaza con violencia es dañina. Una relación de codependencia es dañina. Pero que la persona con quien tienes una relación haga algo que no te gusta no es necesariamente algo dañino. A veces las relaciones sanas también son incómodas por momentos. En lugar de usar la palabra *sana*, recomendamos hablar directamente sobre las conductas que te incomodan y por qué lo hacen. Si, sinceramente, crees que la conducta de tu pareja es dañina, puede que sea el momento de buscar ayuda profesional (con tu pareja si es posible, o por tu cuenta, si tu pareja no quiere participar; mira en la página 94).

Falta de honestidad

La honestidad es uno de los factores determinantes que diferencia las relaciones poliamorosas del engaño. También es, como era de esperar, uno de los elementos definitorios de la buena comunicación. De todos modos, puede ser más complicado de lo que parece. Aunque probablemente todo el mundo estemos de acuerdo en que la honestidad es importante en una relación, es sorprendente cuán a menudo seguimos eligiendo la falta de honestidad. Personas con buenas intenciones que generalmente actúan de buena fe pueden terminar tomando esa decisión por muchas razones.

La razón más común es la vulnerabilidad emocional: miedo al rechazo, miedo al ridículo, miedo a equivocarse, a que les digan que no, a que les encuentren menos deseables que otros miembros de la relación. Y aunque aseguremos que queremos honestidad, puede que, de forma sutil, disuadamos a nuestras relaciones de que sean honestas porque sentimos que no seríamos capaces de escuchar verdades que nos podrían resultar dolorosas.

Las personas que optan por la falta de honestidad con sus relaciones, especialmente cuando no lo hacen mintiendo sino ocultando cosas o no diciendo lo que piensan, a menudo buscan controlar la información como una manera de controlar la conducta de sus relaciones. Otra razón por la que la gente es deshonesta es porque temen «molestar» u «ofender» a las personas con quienes tienen una relación. Especialmente en relación al sexo. Si no disfrutas con lo que hace una de tus relaciones puede que no se lo digas para que no se sienta mal. Esto tiende a ser contraproducente en las relaciones a largo plazo, porque alguien que no sabe que la persona con quien tiene una relación está insatisfecha no podrá mejorar nunca, y una relación insatisfactoria siempre estará en tensión.

El problema es que una de las reglas más básicas de la vida es que no puedes conseguir lo que quieres si no lo pides.

Franklin gestiona una web con recursos educativos sobre BDSM (actividades relacionadas con dominación, sumisión o sadomasoquismo). Hace muchos años, una persona visitó su web y le escribió para contarle que siempre había querido a explorar el BDSM pero que nunca lo había hecho. Había estado casado durante diez años pero nunca se lo había contado a su esposa porque tenía miedo de su reacción. Le preguntó a Franklin: «¿Qué crees que debería hacer yo?».

Naturalmente, Franklin le dijo: «Habla con ella. Dile "Esto es algo que me interesa. ¿Qué piensas al respecto?"». Una semana después Franklin recibió la respuesta. Ese hombre finalmente reunió el valor necesario para hablar con su mujer sobre explorar el BDSM. Él descubrió que años antes de conocerse, ella había estado involucrada en el BDSM y que lo había disfrutado mucho pero que nunca se lo había contado a él... ¡porque tenía miedo de la reacción que él pudiera tener!

Esta falta de comunicación sucede cuando nos guían nuestros miedos en lugar de nuestras esperanzas. Si pasamos demasiado tiempo pensando sobre lo que puede ir mal, nos olvidamos de lo que puede ir bien. La vida es mejor cuando te guían tus esperanzas, no tus miedos.

Quizá la justificación más común para la falta de honestidad en una relación es la idea de que la verdad hará más daño que una mentira. La persona que miente a una de sus relaciones puede pensar: «Si digo la verdad, le va a hacer daño, pero si no se lo digo, no tendrá que experimentar ese dolor». Este razonamiento dice más de la persona que razona así que sobre la persona a quien está «protegiendo», porque el consentimiento no es válido si no es informado. Ocultando la verdad, le negamos a nuestras relaciones la oportunidad de dar su consentimiento para continuar en nuestra relación. Controlar la información para mantener a una de nuestras relaciones (o para conseguir que haga lo que queremos) es una de las maneras de tratar a las personas como cosas.

Y recuerda, la honestidad comienza por ti. Una persona que es deshonesta consigo misma no puede ser honesta con nadie más. La gente es deshonesta consigo misma por muchas razones, incluyendo ideas sobre cómo «deberían» ser. Si piensan que desear tener varias relaciones es algo inmoral, pueden convencerse a sí mismas de que no lo desean, incluso cuando lo están deseando. Del mismo modo, si alguien quiere tener solo una relación, puede convencerse a sí misma porque cree que el poliamor es más «avanzado». La gente también puede mentirse a sí misma por razones más sutiles. Una mujer cuyo marido se siente amenazado por la idea de que ella tenga otro amante masculino puede decirse a sí misma «Bueno, no importa, en realidad no quiero estar con otro hombre», incluso si, en algún rincón de su mente, sí querría.

Comunicación pasiva

La comunicación pasiva se refiere a la comunicación mediante subtexto, evitando las frases directas y buscando significados ocultos. Las personas que son comunicadoras pasivas pueden usar técnicas como decir frases vagas e indirectas en lugar de decir sus necesidades, preferencias o límites. Pedir directamente lo que quieres te hace vulnerable y la comunicación pasiva a menudo se origina en ese deseo de evitar la vulnerabilidad. La comunicación pasiva también ofrece la posibilidad de negar de forma creíble; si comunicamos indirectamente nuestro deseo de algo, y luego no lo conseguimos, es fácil decir que en realidad no lo queríamos. Exponer nuestras necesidades significa defenderlas y arriesgarse a que otras personas puedan no querer cubrirlas.

Una manera en que sucede esto es cuando codificamos los deseos como preguntas: «¿Te gustaría salir a cenar comida tailandesa?». (O peor, «¿No crees que hace mucho tiempo que no salimos a cenar?».) Para alguien que utiliza la comunicación pasiva, una frase así puede ser la manera codificada de decir: «Esta noche me gustaría salir a cenar comida tailandesa». El problema es que quien utiliza la comunicación directa puede atender solo a lo que ha escuchado y dar una respuesta directa: «No, la verdad es que no me apetece salir esta noche». Esto puede hacer que quien usa la comunicación pasiva sienta que le ignoran; puede terminar pensando «¡Nunca presta atención a mis necesidades!», cuando, para quien usa la directa, no se especificó ninguna petición; se le preguntó sobre cómo se sentía. Quien usa la comunicación directa puede terminar pensando «Nunca dice lo que quiere. ¡Espera que yo adivine lo que piensa! Si quería salir a cenar, me lo podía haber dicho».

Cuando hablamos de una cena, la comunicación indirecta puede no ser tan importante. Cuando hablamos de cosas más complicadas, como los límites emocionales o las expectativas en las relaciones, la comunicación indirecta puede llevar a tener crisis a causa de los malentendidos.

LA HISTORIA DE EVE

Mi relación con Kira solo duró unos meses, pero el daño que causó fue duradero. Cuando se terminó, me sentí profundamente ignorada, no escuchada y como una desconocida para alguien con quien había imaginado, hasta hacía poco, que tenía una profunda intimidad. No me sentía como una persona, sino como una actriz que había sido elegida para un papel. Aunque todo –el flirteo, la relación, la ruptura– estaba previsto previamente en las expectativas y creencias de Kira. Y sentí que tenía poca influencia sobre esa trayectoria porque Kira y yo no nos podíamos comunicar.

Kira había crecido en una familia que se comunicaba pasivamente, y se pasó su adolescencia en una cultura en la que la comunicación pasiva era la norma. Lo irónico era que ella valoraba, y a menudo hablaba, de comunicación asertiva. Pero esos hábitos estaban demasiado arraigados en ella para reconocerlos, no digamos para desaprenderlos. Aprendí pronto sobre las consecuencias desconcertantes, frustrantes y a menudo exasperantes de haberse enamorado de alguien para quien cada frase tenía un doble sentido.

Para Kira, lo importante no era lo que yo había dicho, sino lo que ella había *imaginado* que yo había dicho, y eso parecía tener su origen en ideas profundamente enraizadas en su mente. Kira se imaginaba que yo quería cosas que nunca había pedido, me las daba como si se le hubiesen ocurrido a ella y luego me culpaba cuando se sentía mal al dármelas. Sus ideas sobre lo que yo quería tenían su origen en lecturas crípticas de cosas que yo había dicho o hecho, y no me valía de nada negar que las hubiese querido o pedido. Para ella, yo las había *pedido*. Pasivamente. No tenía permiso para negar los significados ocultos que Kira se había imaginado pero que yo nunca había deseado.

Kira me reenviaba mensajes que había recibido de otras personas, o me pedía que viese en internet conversaciones en las que ella estaba participando, esperando que yo me sintiera profundamente ofendida o escandalizada con lo que leía. Cuando yo no era capaz de encontrar las frases ofensivas, ella me explicaba con lujo de detalles el significado oculto de la conversación, qué estaba sucediendo «realmente» detrás de las palabras que estaban utilizando. Ella era capaz de crear una historia muy detallada a partir de unas pocas palabras.

Nuestra relación se terminó con ella contándome una historia así. Escuché angustiada, sin podérmelo creer, cómo me contaba lo que yo había querido, lo que yo esperaba. Todo ello leído en mis palabras o acciones, y nada de todo ello era cierto. Lo más duro fue no poder contraargumentar nada: la comunicación pasiva era algo tan natural para Kira que no le resultaba factible creer que mis palabras querían decir exactamente lo que dije que significaban, que no todo tiene un significado oculto. Para Kira, lo que ella imaginaba que estaba tras mis palabras era más importante que mis palabras. Y eso terminó con las posibilidades de comunicación entre nosotras.

La comunicación pasiva es la norma en muchas familias, y sin duda en muchas culturas. De vez en cuando aparece en los medios un artículo de psicologismo de pacotilla que compara la comunicación pasiva con la directa y que dice que ninguna de las dos es inherentemente «mejor» y que todo lo que necesitas hacer es saber qué estilo está utilizando alguien y adaptarte a él.

En las relaciones poliamorosas, de todos modos, la comunicación pasiva te puede amargar mucho la vida, y la de tus relaciones, y la de las relaciones de tus relaciones. Es cierto que en algunas culturas (en Medio Oriente, donde Kira fue criada, por ejemplo) se usa una comunicación pasiva muy sutil, con muchos matices y no hay problema con ello en su propio contexto cultural. De todos modos, en las culturas donde la comunicación pasiva es la norma, el paratexto (las pistas verbales y no verbales que te dicen el significado oculto) es compartido y comprendido. Escribimos este libro pensando en un contexto occidental, donde es muy probable que a ti, a tus relaciones y a sus propias relaciones se les habrá criado en ambientes familiares y culturales diferentes, y por lo tanto con creencias diferentes sobre los significados implícitos contenidos en determinadas pistas sutiles. Buscar significados ocultos en esa situación lleva con alta probabilidad a que te equivoques mucho.

Cuando la comunicación pasiva incluye amenazas o demandas implícitas, puede convertirse en manipulación. Eso puede suceder de muchas maneras: ocultando nuestros motivos reales, codificándolos como mensajes que suenan bien pero con indirectas, por ejemplo «No queremos que ahora suceda nada desagradable, ¿verdad?». O esperando a que la persona con quien tenemos una relación malinterprete nuestro lenguaje codificado y entonces reaccionar con algo como: «¡Nunca me escuchas!».

LA HISTORIA DE EVE

No recuerdo las circunstancias exactas en las que compartí mi calendario de Google con Kira, ni por qué lo hice. Recuerdo haberle pedido a ella el suyo, pero ella lo recuerda de otra manera. Recuerdo que me dijo que ella nunca había compartido un calendario antes, y yo quería explicarle cómo funcionaba. Para mí compartir calendarios no es algo tan importante. En ese momento, muchas de mis amistades y personas con las que trabajaba tenían acceso tanto a mi calendario personal como al de trabajo. Si quería mantener alguna información privada, creaba un «evento privado».

No habíamos hablado de límites respecto al calendario o expectativas concretas sobre qué significaba compartirlo. Como se puso de manifiesto, ella tenía expectativas muy diferentes de las mías. Pero no lo supe hasta que fue demasiado tarde.

Como Kira estaba acostumbrada a la comunicación pasiva, entendió que el que yo compartiera mi calendario con ella suponía la expectativa implícita de que ella compartiera el suyo, aunque yo no había pensado en eso. Y me sorprendió mucho cuando lo hizo. Tras compartir su calendario conmigo, ella se sentía inaceptablemente expuesta, aunque yo ya sabía dónde estaba ella en todo momento. De hecho, solo consulté su calendario una vez durante nuestra relación.

En el fondo, el calendario era, para Kira, el símbolo de la «escalera mecánica de las relaciones». Sus miedos respecto a verse obligada por las expectativas o el compromiso se vincularon a él. La parte mala fue que nunca hablamos sobre ese tema. Solo me lo contó al final de nuestra relación, cuando toda posibilidad de una comunicación auténtica ya se había terminado.

Un problema muy común con la comunicación pasiva es que las personas acostumbradas a ella tienden a creer que toda comunicación es pasiva. No son capaces de alternar entre comunicación pasiva y directa. No importa lo directa que sea tu comunicación, quien usa la comunicación pasiva no tiene duda de que bajo tus palabras hay un mensaje oculto, una petición no declarada o una crítica velada. A menudo quien suele utilizar la comunicación pasiva planteará interpretaciones que parecen directamente estrambóticas, incluso paranoicas. Pero eso tiene su origen en sus expectativas culturales respecto a qué proporción del significado es ocultado por otras personas.

La manera más efectiva que hemos encontrado para construir buena comunicación con alguien que se comunica de manera pasiva es con paciencia, empatía y comunicación directa. Responde solo a las palabras, sin intentar adivinar o descifrar el significado oculto. Si la persona que emplea comunicación pasiva se frustra por tu incapacidad para ver el significado real –y se frustrará–, insiste en que la comunicación directa es la única manera que conoces de asegurarte de que el mensaje sea entendido.

Emplea una comunicación clara y directa. Si la persona con quien tienes una relación malinterpreta algo que has dicho, o extrae un significado que tú no le querías dar, ten paciencia y recurre a la sinceridad. Comunica el significado que buscabas de forma clara. Di claramente que, de verdad, quieres entender lo que dice. Asegúrale que tus palabras no tienen una intención oculta. Responde a las frases vagas con preguntas claras y directas. Pide explicaciones cuando diga algo ambiguo. Y, sobre todo, no desfallezcas ni esperes cambios repentinos. Se tarda mucho tiempo en aprender a comunicarse de manera pasiva y se tarda lo mismo en desaprenderlo.

Las historias que nos contamos

Los seres humanos son animales que cuentan historias. Nos contamos mentalmente historias, decenas de veces al día, sin ni siquiera darnos cuenta. Usamos esas historias para darle sentido al mundo y entender las acciones de las personas a nuestro alrededor. Muchas de esas historias hablan de los motivos de otras personas. Sabemos que las acciones del prójimo no son aleatorias. Construimos modelos en nuestra mente que nos ayudan a entender a otras personas. Y debido a que no venimos de la fábrica con rubíes en nuestra frente para leernos la mente, esos modelos tienen errores. Se construyen observando, suponiendo, proyectando y empatizando.

Por desgracia, es natural que reaccionemos como si nuestros modelos fueran perfectos. No nos decimos normalmente «Tengo una certeza en torno al 65 % de que él está intentando reemplazarme en la relación con mi amante, pero hay una probabilidad de error considerable». En su lugar, decimos «¡Ese cabrón está intentando quitarme de en medio!». Los motivos que atribuimos a otras personas están influenciados por nuestros propios miedos e inseguridades; si nos preocupa que nos suplanten, tenderemos a encontrar señales en todas partes.

Peor aún, tenemos predisposición a ver todas las motivaciones ajenas con menos benevolencia que las nuestras. Los estudios han mostrado que tendemos a explicar nuestra propia conducta en función de la situación en la que estamos, mientras que creemos que la conducta ajena depende directamente de su personalidad. Si lo aplicamos al tráfico, cuando nos preguntan por qué no dejamos pasar a alguien, es probable que digamos «estaba mirando para el otro lado y no le vi», pero cuando preguntamos por qué alguien no nos dejó pasar, es más probable que digamos «se comporta de manera temeraria porque no le importa nadie más en la carretera». (La sociología se refiere comúnmente a esto como el «error fundamental de atribución».)

En las relaciones poliamorosas, como puedes imaginar, esta conducta puede volverse realmente dañina. Cuando nos contamos interiormente historias sobre otras personas, tendemos a darle credibilidad a esas historias, en lugar de a lo que otras personas digan sobre el tema. «Por supuesto, me dice que no está intentando separarme de mi pareja; ¡eso es precisamente lo que quiere que yo me crea!».

Proponemos una estrategia radical para lo que dicen otras personas: Si no existen evidencias concretas de lo contrario, créelas.

Comunicación triangular

Si tuviéramos que proponer unos axiomas de la buena comunicación (como intentamos hacer en el capítulo siguiente), uno de ellos sería que, idealmente, la comunicación sobre cualquier tema debería incluir a las personas involucradas a quienes afecta directamente. Eso parece sencillo, pero es sorprendentemente complicado de poner en práctica. Comienza a edades tempranas. La mayoría de las personas que hemos crecido con hermanas y hermanos podemos recordar al menos una ocasión en la que dijimos: «¡Mamá, Dani me está empujando!» o «Mira, papá, no se quiere quedar en su lado de sofá!». Y así se ha plantado la semilla para uno de los problemas más resistentes a los que nos enfrentaremos jamás.

La comunicación triangular se da cuando una persona tiene un problema, conflicto o cuestión con otra persona, pero en lugar de tratarlo directamente con esa persona, se dirige a una tercera persona. Sucede cuando una criatura tiene un problema con la conducta de su hermano y le pide a su padre o madre que lo resuelva. Sucede en internet cuando una persona tiene un problema con alguien y busca reconocimiento por parte de las masas anónimas en las redes sociales. Sucede cuando alguien tiene un problema con la manera en que su colega de trabajo desempeña su labor pero, en lugar de decirle nada, se dirige al resto de colegas para hablar del tema. Y es algo que sucede todo el tiempo en las relaciones poliamorosas.

La comunicación triangular también puede darse cuando una persona quiere controlar el flujo de información entre las personas con quienes se relaciona. A la mayoría no nos gustan los conflictos y controlar el flujo de información puede parecer una manera de evitar o reducir los conflictos. A veces puede ser un medio para minimizar tensiones o desacuerdos; si las personas con quienes tienes una relación no se llevan bien, te puede resultar tentador interpretar las palabras de una persona para transmitírselas a la otra, de manera que el mensaje sea lo más favorable posible. También puede suceder cuando desconfías de lo que tus relaciones puedan decirse mutuamente.

En la práctica, la comunicación triangular lleva a difuminar la responsabilidad. Es fácil decirle a una de las personas con quien tienes una relación «No puedo hacer eso que me pides porque a Suzie podría no gustarle», en lugar de «Voy a decidir no hacer lo que me has pedido, porque creo que a Suzie podría no gustarle». (Se podría decir que el veto es un ejemplo extremo de esa difusión de la responsabilidad. Para leer más sobre esto, ver capítulo 12.)

LA HISTORIA DE EVE

Ray y su esposa Danielle tenían una relación jerárquica. Desde el principio, su esposa insistió en que yo debía recordar que ella era la principal. Esa fue mi primera relación poliamorosa, yo estaba enamoradísima de Ray, y Peter y yo asumimos que usaríamos también la jerarquía, ya que en eso momento parecía lo más razonable. Fui ingenuamente inconsciente de lo que eso supondría, especialmente años más tarde.

Danielle practicaba lo que una de mis amistades llama «veto caso por caso». Ray y yo teníamos una relación a distancia, pero si yo iba a visitarle, se esperaba que alternáramos noches entre ella y yo, a veces con una proporción de dos noches ella y una noche yo (en el caso de un fin de semana largo, por ejemplo). Si él y yo teníamos un plan en pareja y ella le necesitaba para algo, incluso si era porque ella tenía un mal día, él tenía que cancelar nuestros planes para poder ir y estar con ella, incluso cuando no fuéramos a vernos de nuevo en dos semanas.

Intenté negociar directamente con Danielle, lo que dio todavía peores resultados. Por ejemplo, yo iba a estar en la ciudad el fin de semana y ella propuso que comiera con él y ella en el único momento en que podría ver a Ray. Con los meses, mi frustración fue creciendo. Yo culpaba a Danielle por ser egoísta, desconsiderada, exigente, dependiente. En aquella época estaba asistiendo a consulta con una terapeuta especialista en poliamor y estaba trabajando con ella algunas de estas frustraciones. Me preguntó por qué yo estaba culpando a Danielle de las decisiones de Ray. No supe qué responder.

Me di cuenta de que, independientemente de las razones, era Ray quien cancelaba nuestras citas. Ray no me estaba dando el tiempo o la atención que yo quería. Era Ray con quién necesitaba hablar sobre lo que yo necesitaba en la relación y era Ray quien podría contestar si lo podía dar o no. Para mí, eso fue una epifanía, una que dio un giro a mi relación con Ray. Simplemente, hasta ese momento no se me había ocurrido ver a Ray como el copiloto de nuestra relación.

El descubrimiento de Eve fue doloroso. Es mucho más fácil culpar a una tercera persona, apareciendo tu amante y tú como víctimas indefensas, en lugar de enfrentarse al hecho de que una de las personas con quien tienes una relación está eligiendo no invertir en vuestra relación. Puede ser duro dirigir tu enfado y frustración a la persona que te está haciendo daño realmente cuando esa persona es con quien te has vinculado íntimamente. ¿Y para la persona que tiene esas dos relaciones simultáneas? Es mucho más complicado hacer el difícil trabajo de negociar soluciones entre necesidades enfrentadas y decidir cómo compartir tu tiempo y recursos que dar un paso atrás y pretender que esas soluciones son algo en lo que deben trabajar entre ellas las personas que tienen una relación contigo.

Los metamores no son bebés, y tú no eres un pastel de cumpleaños que se pueda dividir. Negociar el reparto de recursos en las relaciones no es como decidir quién se queda con la parte más grande del pastel y quien con la más pequeña. La comunicación a tres es útil para generar confianza y tener una compresión clara de necesidades y capacidades, pero al final es la persona en el medio quien tiene la última palabra sobre sus propias elecciones y recursos. Si alguien no está recibiendo de esa persona lo que necesita, es algo deberá acordar con ella, *con quien tiene una relación*. Y es la persona en medio quien deberá asumir esa responsabilidad.

La solución para la comunicación triangular es sencilla en teoría (simplemente, no lo hagas) pero difícil en la práctica, porque es más fácil hablar sobre las cosas que nos preocupan con cualquier otra persona que con la persona cuya conducta nos preocupa. Y porque cuando sentimos que algo nos perjudica, es natural buscar con quien aliarnos. En términos prácticos, no puedes hacer que otras personas se comuniquen de manera directa entre sí. Todo lo que puedes hacer es limitar tu propia participación en la comunicación triangular. Simplemente, da un paso atrás y diles que necesitan hablar entre sí. Y tú debes tratar cualquier tema que te preocupe con la persona involucrada.

Intenta no dejarte arrastrar en el papel de la persona salvadora cuando alguien se dirija a ti para quejarse de algo terrible que tal persona le ha hecho. Evita juzgar a las otras personas que son parte de tu red de relaciones, y anima a ambas partes a hablar entre sí en lugar de a través de ti, evitando que te conviertan en alguien con un papel de mediación.

Si descubres que no eres capaz de dejar de comunicarte de manera triangular, puede ser útil que leas el libro de Harriet Lerner, *Dance of Intimacy*, incluido en la lista de recursos. Para ver lo espectacularmente mal que puede ir la comunicación triangular, te recomendamos leer *Otelo*, de Shakespeare.

Cuando no queremos comunicarnos

Todo de lo que hemos hablado hasta ahora asume que las personas involucradas están intentando comunicarse mutuamente. Todo el mundo entiende intelectualmente el valor de la comunicación, pero convertir eso en realidad puede ser difícil, porque a menudo no queremos comunicarnos realmente.

Comunicarse da miedo. Nos da miedo la comunicación sincera porque tememos la vulnerabilidad que conlleva. La comunicación sincera significa exponernos a que nos rechacen, nos juzguen o nos metamos en problemas. Puede significar que en realidad te habías equivocado respecto a lo que tu amante piensa y siente. Supone la posibilidad de oír un no a tus deseos más profundos y puede significar que tus necesidades y deseos se empleen en tu contra si estás en una relación dañina. No es posible la comunicación –al menos, no una comunicación relevante– sin vulnerabilidad.

La comunicación puede ser complicada cuando lleva a la vergüenza. Si te han educado en la creencia de que hay ciertas cosas (como el sexo) de las que no se habla, la vergüenza puede interferir en la comunicación... y puede que termines pensando: «¿Por qué mi sexo es tan insatisfactorio?» y que temas recibir una respuesta.

Otra barrera para la comunicación es la creencia de que las personas en una relación «deben» ser de una determinada manera, por lo que no hace falta hablar de ello. «Si me quiere de verdad, por supuesto sabrá hacer tal-y-tal cosa. ¿Por qué no iba a querer hacerlo? ¡Todo el mundo sabe que eso es parte de una relación! Eso debe de querer decir que en realidad no me quiere». Pero otra de esas barreras emocionales es el error común de pensar en lo que se cree que quiere la gente y permitir que esas ideas tengan más relevancia que los detalles concretos de las personas concretas que están en la relación. Un ejemplo podría ser «Todo el mundo sabe que a los hombres les gusta que se la chupen. Así que no necesito preguntarle a él qué opina del sexo oral, porque a los hombres les encanta. Si me dice que no quiere que yo se lo haga, debe de significar que lo estoy haciendo mal, que no sé hacerlo».

Si una relación incluye algún elemento de dominación y sumisión consensuada, alguien puede no comunicarse porque cree que la persona dominada simplemente debe aceptar lo que desee la persona que la domina. O puede creer que las personas dominadas no tienen voz ni voto en sus relaciones, porque les gusta hacer lo que les mandan y porque nunca, en ninguna caso, dicen lo que necesitan. Alguna gente lleva esto tan al extremo que cree que los miembros sumisos en una relación de dominación y sumisión no deben tener necesidades propias.

Casi siempre, la comunicación tiende a ser más difícil cuando más falta hace. Como dice la coach de relaciones Marcia Baczynski, «Si te da miedo decirlo, eso quiere decir que necesitas decirlo». Cuando te sientes más en carne viva, más vulnerable, con más miedo a abrirte, es cuando más necesitamos abrirnos. No podemos esperar que el resto respete nuestros límites si no hablamos de ellos, o peor aún, si aparentamos que no existen. Es en cierto modo una paradoja que, para evitar que transgredan nuestros límites, sea esencial una comunicación sincera que nos expone y hace vulnerables. No podemos esperar que respeten nuestros límites si aparentamos que no existen.

Algunas veces nos preguntan si hablarlo todo no le quita parte del misterio a las relaciones. Nos sorprende la pregunta. Todo el mundo, cada cual, somos individuos complicados, dinámicos, en constante cambio, y las dinámicas en las relaciones están llenas de misterios por sí mismas. ¡No hace falta crear más! De manera natural hay suficiente misterio entre dos personas como para llenar varias vidas, incluso en el caso de que ambas estén prestándose muchísima atención y estén siendo todo lo honestas y transparentes que pueden.

Las relaciones basadas en la honestidad y la transparencia, en las que la gente se presta atención mutuamente y se esfuerza para verse y comprenderse mutuamente, son más sutiles y profundamente complejas que las relaciones que evitan ese tipo de honestidad y conocimiento. Cuanto más conoces a una persona, más cosas ves que hay por descubrir. Y todo el mundo somos blancos móviles: cambiamos todos los días. Siempre habrá nuevas cosas que descubrir, no importa lo mucho que nos comuniquemos.

Comunicación coactiva

La coacción no siempre implica violencia física o amenazas explícitas. En realidad es bastante fácil que las relaciones se vuelvan coactivas cuando hay muchas cosas en juego. Y cuando nuestro vínculo o compromiso con otra persona es profundo, son muchas las que están en juego. La coacción sucede cuando haces tan importantes las consecuencias de decir no, que eliminas la posibilidad de elegir.

Una forma sutil de coacción aparece cada vez que crees que con quien tienes una relación te debe algo. Por ejemplo, si piensas que te debe relaciones sexuales y tú lo dices solamente «expresando tus emociones» sobre lo que te deben es bastante probable que sea coactivo. Si te dice que no, y tú te preparas para discutir, probablemente te estás comportando de manera coactiva.

Si la persona con quien tienes una relación marca un límite o dice no a una petición, probablemente tiene una buena razón para ello. Esa razón incluso podría no tener que ver contigo. Es importante que respetes un no, incluso cuando no lo comprendas. Aprecia lo bien que sabe cuidarse y se conoce, da las gracias por la intimidad que te ha mostrado y muestra claramente tu respeto por su autonomía y capacidad para tomar sus decisiones, incluso cuando no comprendas qué está sucediendo o por qué.

Estamos hablando de los límites que la persona con quien tienes una relación marca respecto a ella misma que, como contamos en los capítulos 9 y 10, son muy diferentes de las normas que te implican a ti. Siempre es conveniente negociar las cosas que otra persona te aplica a ti, aunque a veces requiere una atención especial reconocer la diferencia.

También es posible que una persona con quien tienes una relación sea manipuladora cuando te pone límites, usando esos límites como una manera de coaccionarte. El distanciamiento y el silencio, técnicas clásicas de chantaje emocional, en un principio pueden ser difíciles de distinguir de formas similares de marcar unos límites sanos. Una persona puede haberse distanciado de ti solo como castigo. Pero eso no cambia lo que debes hacer. La solución nunca es forzar a nadie a hacer algo que no quiere. Dale las gracias y respeta su decisión. Si no eres capaz de respetar su decisión, es momento de revisar tus propios límites.

Si te hace daño un límite que te ha impuesto la persona con quien tienes una relación, puede ser especialmente útil saber cómo poner en práctica la *escucha activa*. La escucha activa supone hacer preguntas auténticas, abiertas, no presuponer las respuestas, escuchar la respuesta en silencio y repetir de vuelta lo que has oído, de manera que quede claro que lo has entendido correctamente, como comentamos en el capítulo siguiente. Es especialmente crítico, en esos momentos, no convertir tus preguntas en acusaciones o presuposición de intenciones. «¿Por qué querrías herirme de esa manera?» es una frase manipuladora, coactiva, no un intento de mantener una comunicación auténtica.

Incluso sin un poder desproporcionado, la gente se manipula mutuamente en las relaciones de maneras muy sutiles. La gente puede buscar llegar a un acuerdo echando la culpa a otras personas, apelando a un sentido de la justicia o implicando que la otra persona está negociando con mala fe. Frases como «¿Por qué tienes que tener sexo con otra persona cuando ya sabes lo mucho que me duele?» son una táctica común para culpar del propio estado emocional a otra persona.

Apelar a las normas sociales es otra manera de coaccionar para llegar a un «acuerdo». Tiende a ser más común en relaciones entre una persona monógama y una no monógama o en las parejas que están abriendo su relación más que en las que son poliamorosas desde el comienzo. Eso incluye frases como «¿Por qué no puedes aceptar tener relaciones normales como todo el mundo?». (La antigua pareja de Eve, Ray, dijo una vez que no podía acompañar a Eve y Peter de vacaciones porque no iba a ser capaz de explicar a su familia y círculo social por qué se estaba yendo de viaje sin su esposa.)

Otra manera más de manipular para llegar a un acuerdo es aprovecharse del miedo al abandono. Frases como «¿Qué ibas a hacer sin mí?» o «No sé siquiera por qué me quedo y permito que me hagas esto» pueden ser intentos de utilizar el chantaje emocional para forzar un acuerdo.

Ahora que hemos cubierto las formas en que la comunicación puede ir mal en las relaciones poliamorosas, ¿qué estrategias podemos usar para que vaya *bien*? Ese es el tema para nuestro próximo capítulo.

#ALGUNAS PREGUNTAS QUE PUEDES HACERTE

La comunicación en las relaciones, y en particular en las relaciones poliamorosas, puede ser un campo minado. Mientras intentas negociar en este territorio potencialmente peligroso, estas son algunas preguntas que pueden guiarte:

- ¿Utilizo las palabras de la misma manera que lo hacen mis relaciones? ¿Me encuentro a menudo en discusiones sobre el significado de las palabras?

- Si tengo problemas con la conducta de alguien, ¿discuto el problema con esa persona?

- Si una persona con quien tengo una relación tiene un problema con la conducta de alguien, ¿la animo a que lo hable con esa persona?

- ¿Me comunico de manera pasiva o directa?

- ¿Busco significados ocultos en las palabras de otras personas? ¿Escondo el auténtico significado de lo quiero decir?

- ¿Me comunico de manera auténtica, de maneras que me hacen vulnerable?

- ¿De qué manera escucho activamente a las personas con quienes tengo una relación?

7

Estrategias de comunicación

La atención es la forma de generosidad más escasa y pura.

Simone Weil

La mejor medida de la salud de una relación es la calidad de su comunicación. Cada cuestión de la que no podemos o no queremos hablar, abiertamente y sin miedo ni vergüenza, es una grieta en los cimientos de la relación.

Por eso, las estrategias para una buena comunicación son una de las herramientas más importantes en las relaciones. El poliamor nos reta a comunicarnos hasta un nivel que no nos exigen otros modelos de relación. En las parejas monógamas, por ejemplo, si nos atrae una tercera persona, normalmente se espera que aparentemos que no nos atrae. En las relaciones poliamorosas, la única manera de construir relaciones múltiples sostenibles es comunicar qué estamos sintiendo, aún a riesgo de que le incomode a nuestras relaciones. El poliamor no nos permite el lujo de evitar los temas complicados, incómodos.

Una caja de herramientas comunicativas

Antes de que veamos algunas estrategias útiles para comunicarse, hay algo que tenemos que decir: casi con toda seguridad, te comunicas bastante mal. ¿Cómo podemos decir eso si no te conocemos? Porque el 99% de la población –nos incluimos en ese 99%– se comunica bastante mal. La mayoría tenemos una gran capacidad para malinterpretarnos mutuamente, para leer mal nuestros mutuos tonos e intenciones y para comunicar nuestro punto de vista. Pero normalmente no nos damos cuenta. Normalmente creemos que nos hemos comunicado bien, y que es la otra persona quien tiene un problema. Quienes se comunican de manera pasiva y pasivo-agresiva tienden a creer que se comunican de manera directa. Y a todo el mundo, como seres humanos que somos, se nos da muy bien contarnos historias mentalmente: Sin darnos cuenta, nos inventamos historias para explicar cosas que no comprendemos.

Aprender habilidades de comunicación es algo que no podemos tratar de manera completa en este libro. Solo vamos a tratar los problemas de comunicación más aplicables directamente al poliamor. Te recomendamos, de todos modos, que te comprometas a mejorar de forma continuada tus habilidades de comunicación, si realmente buscas tener buenas relaciones poliamorosas, mucho después de que hayas terminado este libro.

Ciertas técnicas de comunicación deben estar en la caja de herramientas de todo el mundo para cualquier tipo de relación. Existen muchos libros que hablan de cada una de las que trataremos, por lo que solo las abordaremos brevemente. Al final de este libro encontrarás muchos recursos para desarrollar esas habilidades. Tres de las herramientas básicas son: *la escucha activa, la comunicación directa y la comunicación no violenta.*

Escucha activa. Cuando la gente piensa sobre la comunicación, a menudo se concentra en conseguir transmitir lo que dice. Pero la comunicación se rompe tan a menudo –si no más a menudo– al escuchar que al hablar. La escucha activa es una buena técnica no solo para una comunicación efectiva, sino para conectar con quien tienes una relación: asegurarte de que se *siente* escuchada. La escucha activa se enseña en cursos de resolución de conflictos y terapia de pareja.

Aunque sea complicado llevarla a la práctica, la mecánica de la escucha activa es muy simple. Te concentras en escuchar lo que la otra persona está diciendo, en lugar de usar ese tiempo para pensar lo siguiente que *tú* quieres decir. Luego, le repites a la otra persona lo que acaba de decirte, con tus propias palabras, de manera que sepa que la has entendido. Luego intercambiáis roles. Dado que la necesidad de que nos escuchen y comprendan está en la base de muchos conflictos interpersonales, la escucha activa ayuda mucho a desactivar situaciones intensas, incluso cuando la solución todavía no está clara.

Comunicación directa. Esta técnica supone dos cosas: comunicar de manera directa lo que quieres decir –sin subtexto, sin significados ocultos, sin usar un lenguaje codificado ni teniendo unas expectativas implícitas– y asumir que lo que oyes ha sido dicho de forma directa, sin buscar significados o mensajes ocultos.

La buena comunicación no es una búsqueda del tesoro ni un acertijo. Hablar de manera directa significa decir claramente lo que piensas y pidiendo de manera clara lo que necesitas. Eso requiere identificar qué quieres, para luego pedirlo de forma clara y sencilla, sin indirectas ni hablar dando rodeos. Asumes que la persona con quien tienes una relación va a escuchar tus palabras tal cual, sin buscar una intención oculta. Expresas lo que quieres decir en las palabras que usas, no mediante vías alternativas como tu postura, tono o lenguaje corporal. Es tener la voluntad de hablar claramente incluso cuando puede ser incómodo.

En la historia de la fregona del capítulo anterior, la comunicación comenzó mal porque Franklin y Celeste estaban usando las palabras de forma diferente, pero eso no es todo lo que sucedió. Cuando falló la primera capa de comunicación, eso creó una situación en la que Celeste especuló sobre las intenciones de Franklin (que él no quería colaborar con el trabajo doméstico). Eso la enfadó y la comunicación falló completamente.

La escucha directa comienza con la premisa de que si la persona con quien tienes una relación quiere algo, te lo pedirá. Debes resistirte al impulso de deducir su opinión, deseo o necesidad cuando no ha sido dicha explícitamente. Asumes que, si no plantea un problema, no hay ningún problema, y no está simplemente siendo educada. Y al revés, si plantea un problema a resolver, no lo está haciendo para ser confrontacional o maleducada, sino para discutirlo. No buscas intenciones ocultas, en concreto, críticas veladas especialmente cuando se habla de temas delicados o conflictivos.

Puesto que la comunicación directa es una habilidad esencial en las relaciones poliamorosas, volveremos a hablar de ello con mayor profundidad más adelante en este capítulo.

Comunicación no violenta. A veces llamada CNV, la comunicación no violenta supone separar la observación de la evaluación y el juicio, y separar las emociones y necesidades frente a las estrategias y acciones. Quien habla deja a un lado sus suposiciones respecto a las motivaciones de la otra persona y examina sus propias respuestas emocionales. Es un duro trabajo cognitivo. Es sorprendentemente duro hacerlo bien pero, cuando se hace correctamente, es una herramienta increíblemente poderosa para conectar y resolver conflictos. La CNV se enseña como un proceso de cuatro etapas: observación, emoción, necesidad y demanda.

La *observación* debe hacerse sin juzgar ni suponer, expresando solo lo que vería una cámara. Por ejemplo, podrías decir:

«Cuando te vi entrar en la habitación y sentarte en el lado opuesto de la mesa...», y no «Cuando entraste en la habitación y no te sentaste a mi lado...».

La *emoción* debe centrarse en lo que sentiste, por ejemplo «Sentía soledad» o «Sentía miedo», y no en lo que crees que la otra persona sentía o buscaba, como «Sentí que me estabas rechazando».

La *necesidad* también debe centrarse en ti, no en la otra persona. Podrías decir «Necesito sentir que me apoyas cuando estoy con un grupo de gente que no conozco», no «Necesito que te sientes a mi lado».

La *petición o demanda* es normalmente una petición de comunicación: «¿Podemos hablar sobre cómo puedes ayudarme a sentir tu apoyo cuando vamos en pareja a eventos?».

Desgraciadamente, a menudo se hace un mal uso de la comunicación no violenta. Paradójicamente, puede convertirse en un arma si la intención es cambiar a la otra persona en lugar de conectar con ella. Si quieres explorar la comunicación no violenta, te recomendamos insistentemente que te tomes tu tiempo para aprender bien cómo usarla. Comienza leyendo el libro de Marshall Rosenberg *Comunicación no violenta*[1] y valora la posibilidad de participar en un taller (de los muchos disponibles en muchas ciudades).

El mundo a través de nuestros propios ojos

La comunicación va más allá de las palabras. Incluso cuando todo el mundo esté de acuerdo en el significado de las pala-

---

1   Gran Aldea Editores, 2006.

bras, las cosas se pueden complicar cuando tenemos diferentes marcos conceptuales, diferentes ideas sobre la manera en que funciona el mundo. Después de todo, vemos el mundo a través de la lente de nuestras propias experiencias e ideologías. Cuando nos comunicamos, filtramos lo que nos dice la otra persona a través de esos marcos. Si alguien sostiene una idea que nos parece extraña, o una manera de ver el mundo que no entendemos o habla desde experiencias muy diferentes a las nuestras, la comunicación puede fallar. Esto le sucedió a Franklin en un taller sobre poliamor:

> FRANKLIN: Los celos son un estado emocional interno. Una persona que dice «Siento celos» está hablando de una sensación interna. No puedes deducir, necesariamente, la situación de nadie a partir solo de esa frase.

> MIEMBRO DEL PÚBLICO: ¡Qué tontería! Los celos no son siempre consecuencia de las sensaciones. Una persona podría sentir celos a causa de lo que alguien ha hecho. Lo que estás haciendo es intentar eludir la responsabilidad de tus propias acciones, nada más.

> FRANKLIN: La idea de que los celos son una emoción interna no dice nada sobre las causas de esos celos.

> MIEMBRO DEL PÚBLICO: ¡Sí que lo hace! Tú simplemente estás repitiendo la típica frase de que los celos solo están en la cabeza de alguien y que lo que esa persona necesita es superarlo de una vez.

No podemos evitar ver el mundo a través de nuestra propia lente, y no siempre es obvio saber en qué difieren nuestras propias percepciones de las de otras personas. Buena parte de ser capaz de comunicarse con alguien que tiene una visión del mundo diferente a la nuestra, o que ha tenido experiencias diferentes, es escuchar y hacer preguntas que lo hagan más claro. Es tentador imponer nuestra propia manera de entender a otras personas («¡Estás diciendo que los celos están solo en mi cabeza!») y, si no prestamos atención, podemos terminar haciendo eso sin ni siquiera darnos cuenta. La comunicación efectiva a menudo da mejores resultados cuando se hacen preguntas en lugar de decirle a otras personas lo que están diciendo (o, dios mío, decirles qué están pensando o sintiendo). En la práctica: «Me suena como si me estuvieras diciendo que debo superar mis celos por mi cuenta, ¿es eso lo que estás diciendo?».

Técnicas de comunicación directa

Hay una manera de superar las distorsiones causadas por nuestras propias lentes: la comunicación directa. Esa habilidad no surge de manera natural en la mayoría de la gente, pero es una que todo el mundo puede aprender y una que toda persona poliamorosa debe aprender si quiere comunicarse de manera eficaz con sus redes románticas.

Hay abundantes y excelentes recursos para aprender sobre la comunicación directa. Muchas universidades y estudios de posgrado ofrecen talleres sobre comunicación directa (a veces llamados «aprendizaje de asertividad»). Los libros de Harriet Lerner citados en el apartado dedicado a recursos ofrecen buenas estrategias para la comunicación directa pero empática. Te recomendamos que profundices más en este tema si es algo nuevo para ti, pero aquí trataremos brevemente la comunicación directa y por qué es tan importante en las relaciones poliamorosas.

La manera más eficaz de empezar a comunicarse de manera directa es usar frases afirmativas en lugar de preguntas indirectas. Por ejemplo, decir «Me gustaría salir esta noche» en lugar de «¿Te gustaría salir esta noche?». Las frases que comienzan con «quiero», «siento» y «necesito» son todas señales de una comunicación directa. No necesitan un descodificador para interpretarlas correctamente.

El lenguaje sencillo es otra señal de comunicación directa. Di frases en activo en lugar de en reflexivo («He roto un jarrón» en lugar de «El jarrón se ha roto»). Usa frases sencillas en lugar de complejas («Necesito que limpies eso» en lugar de «Ocuparse del problema relativo a la limpieza de eso se suponía que era tu responsabilidad»).

Utiliza ejemplos específicos, concretos, para ilustrar lo que estás diciendo. En lugar de decir «No prestas atención a mis necesidades», enumera ejemplos de las ocasiones en las que sentiste que tus necesidades no estaban siendo cubiertas. Responsabilízate de tus deseos, pensamientos y emociones. Si te piden que hagas algo que preferirías no hacer, no des excusas para no hacerlo. En su lugar, asúmelo: «No quiero hacer eso». Intenta no colocar la responsabilidad de tus sentimientos en la persona con quien tienes una relación. En lugar de decir «Me enfadas tanto», di «Me he enfadado». Dale espacio para que hable también de sus emociones.

Evita las hipérboles («Siempre dejas tus calcetines en la mesa», «Nunca cierras la puerta del garaje») y deducir las emociones ajenas («Solo estás haciendo eso para librarte de mí», «claramente, no me respetas»).

La comunicación directa y la escucha activa son complementarias. La escucha activa significa *prestar atención* a lo que está diciendo la persona con quien tienes una relación, en lugar de estar pensando en las maneras de refutar lo que está diciendo o de interrumpirle. La comunicación directa es *decir claramente* a qué cosas quieres que se les preste atención.

Hay otro elemento de la comunicación directa: la habilidad para decir «sí» y, especialmente, «no» sin reservas. Lo hemos mencionado antes, pero vale la pena repetirlo: la capacidad para decir «no» es vital para el consentimiento. Sin la posibilidad de decir «no», una relación se vuelve coactiva.

Pero ser capaz de decir «no» tiene otra ventaja. Cuando tienes la costumbre de usar la comunicación pasiva, o eres incapaz de marcar límites, o cuando sientes que no tienes la capacidad para decir «no» a algo, es muy complicado para las personas con quien te relacionas tener confianza en tus síes. Si dices que «sí» a todo, tu asentimiento puede ser sincero o no, y la persona con quien tienes una relación termina intentando interpretar las señales para adivinar si lo dices sinceramente o no. Si no quieres hacer algo, puedes sentir resentimiento si lo haces, incluso cuando dices «sí». Por el contrario, cuando eres capaz de decir que «no» y lo sabe, también sabe que tu «sí» es sincero.

Pide lo que necesitas

Pedir lo que necesitas es duro. Y es complicado aprender a pedir cosas de maneras que sean peticiones auténticas, en lugar de demandas, y que se reciban como tales. Pero ser capaz de pedir lo que necesitas, y de hecho saber pedirlo, es fundamental en las relaciones poliamorosas; o en cualquier tipo de relación.

Para empezar, está el hecho obvio (y a menudo olvidado) de que si pides lo que necesitas, es más probable que te lo den.

Y luego está el hecho de que las personas que están teniendo sus necesidades cubiertas tenderán a ser más felices y por lo tanto mejores relaciones (y menos dependientes). A veces pensamos que somos demasiado dependientes cuando pedimos cosas... pero cuando nuestras necesidades no están siendo cubiertas, tienden a sentirse como infinitas, y por lo tanto, también a las personas que nos rodean.

El simple hecho de formular una petición y decidir a quién pedírsela, y cómo, te fuerza a aclararte respecto a qué necesitas exactamente (qué hay en el fondo de las emociones que estás experimentando), de quién, y por qué. Pero quizá es más importante saber que pedir habitualmente lo que necesitas significa que la gente puede confiar en tu respuesta cuando te preguntan. No tienen que adivinar, leer entre líneas o preocuparse por ti. Pueden simplemente disfrutar de estar contigo, de conocerte más y confiar en que sabrán si necesitas algo, porque se lo dirás. Cuando pides lo que necesitas, les haces un regalo a las personas que quieres.

A poca gente nos han enseñado a pedir lo que necesitamos. A menudo nos educan para no pedir cosas, porque nos dicen que ocuparnos de nuestras propias necesidades es egoísta. A veces las minimizamos para adaptarnos a lo que creemos que nos pueden dar. Si en realidad queremos tres galletas, podemos pensar «Bueno, tres son muchas, y alguien más puede querer alguna...»; «Creo que mejor pediré solo una». Luego, cuando alguien viene y pide tres, terminamos pensando: «¡Espera un momento! ¿Cómo puede ser que le den tantas galletas y a mí no?».

Pedir lo que necesitamos, en lugar de lo que pensamos que nos pueden dar, es cuidar de nuestras relaciones, porque comunica auténticamente qué queremos; mientras seamos capaces de recibir un «no». Pedir lo que queremos no es lo mismo que «presionar» a alguien, siempre que la otra persona pueda negarse y lo aceptemos. Hay algunas técnicas que te pueden ayudar a pedir lo que necesitas:

- Pide las cosas como «Necesito esto y esto» en lugar de «Necesito más de lo que reciben el resto de miembros de la relación». Cuando comunicas tus necesidades tal como son, y no en relación a lo que crees que otras personas quieren o reciben, tus relaciones encontrarán más fácil cubrirlas.

- Permite la posibilidad de que la persona con quien tienes una relación elija cómo quiere cubrir tus necesidades. «Necesito sentir que me apoyas» es una pregunta adecuadamente abierta; puedes dar ejemplos de ocasiones en las que has sentido que te apoyaban o cosas que te ayudan a sentirte de esa manera, y a partir de ahí, deja que esa persona con quien tienes una relación elija cómo hacerlo. Decir «Necesito que hagas conmigo cosas que no harás nunca con nadie más» limita las posibilidades de respuesta de tus relaciones.

- Recuerda que una necesidad no es lo mismo que una emoción. «Necesito saber que dedicarás un tiempo a ayudarme a sentir que me valoras cuando yo sienta que algo es una amenaza» (comunicación directa de una necesidad) no es lo mismo que «Necesito sentir que no existe ninguna amenaza, por lo que necesito que nunca tengas una relación con nadie que me haga sentir de esa manera» (comunicación coercitiva).

- Acepta si la respuesta a tu petición es «no». La diferencia entre pedir y demandar es qué sucede cuando la respuesta es «no». Si no aceptas oír un «no», entonces estás demandando, no pidiendo.

- Indica a tus relaciones cuándo tus necesidades han sido cubiertas, de la misma manera que se lo dices cuando no lo están. Cuando tus relaciones saben que están haciendo las cosas bien, eso refuerza lo correcto. Es todavía mejor cuando les puedes dar algunos ejemplos de cómo están cubriendo tus necesidades. Esto es una parte importante de practicar la gratitud, que tratamos en el capítulo 4.

- Si te han educado para no pedir que tus necesidades sean cubiertas, ¿qué herramientas puedes utilizar para aprender a pedirlo?

- Practica la comunicación directa. Cuando pidas algo, ¡asegúrate de que realmente lo estás pidiendo! No es lo mismo decir «Quiero irme ahora a la cama», «¿Quieres irte ahora a la cama?», «¿Te gustaría venirte a la cama ahora?» y «Me gustaría que me prestaras atención ahora». Especifica. Comunicarse de manera directa puede resultar incómodo al principio, y puede que no lo hagas bien. No hay problema. Estas son habilidades, y toda habilidad requiere práctica.

- Habla de lo que quieres realmente, no lo que crees que debes querer o de lo que crees que es posible que te den.

- Revisa tus suposiciones. Si crees que has escuchado una crítica velada que no se ha hecho de manera directa, pregunta si esa era la intención. Si no lo era, puede que estés empleando la comunicación pasiva. Esto es especialmente cierto cuando alguien dice «No quiero eso» o «No necesito eso». Una persona acostumbrada a la comunicación pasiva puede interpretarlo como «y, por lo tanto, tú tampoco debes quererlo ni necesitarlo», cuando en realidad esa persona solo estaba hablando de sí misma.

- Presupón buenas intenciones. Las personas con quienes tienes una relación están contigo porque te quieren y quieren estar contigo. Incluso cuando surgen los problemas, cuando las necesidades no son cubiertas o cuando la comunicación se complica, eso sigue siendo cierto. Si comienzas a creer que se están comportando así con mala intención, la comunicación nunca se va a recuperar.

- Cuando una de tus relaciones ha hecho el esfuerzo de pedir claramente lo que necesita, tómatelo en serio. Incluso peticiones muy pequeñas pueden resultar difíciles de hacer y pueden ser señal de emociones muy intensas. Si no puedes cubrir esa necesidad, al menos admite que existe, contestando «no», y preferiblemente, explicando por qué. Si no puedes hacer lo que la persona con quien tienes una relación te está pidiendo, pregunta por la necesidad que está detrás de esa petición; ¿existe otra manera de cubrirla? «No, no puedo estar contigo el próximo martes, pero ¿hay otro momento en el que te pueda servir de apoyo?» es mejor que simplemente decir «no».

Hablad sobre las razones

A pesar del miedo que puede dar pedir que se cubran tus necesidades, puede dar todavía más miedo hablar de por qué queremos o necesitamos las cosas que deseamos o necesitamos. Hablar de esas razones nos deja al descubierto; nos abre a que nuestras razones, o incluso nuestros motivos, se vean cuestionados. También requiere que miremos en nuestro interior y pensemos por qué queremos lo que queremos.

Eso puede ser complicado. «Simplemente porque no quiero eso» no es buena comunicación. Si pedimos algo, especialmente algo que supone límites para la conducta de otras personas –y especialmente si afecta a más personas que a ti y con quien tienes la relación– debemos hablar del «por qué» además del «qué». Eso defiende de manera efectiva nuestras necesidades y abre la puerta a un diálogo genuino sobre cómo cubrirlas.

A veces las cosas que disparan nuestras emociones están ocultas tras la frase «Simplemente, porque no quiero eso». Por ejemplo, alguna gente, normalmente hombres heterosexuales, se aproximan al poliamor con la idea de que está bien que sus parejas tengan otras amantes femeninas, pero se sienten amenazados si los amantes de sus parejas son hombres. Sin duda es más fácil decir «Simplemente, no quiero que mi pareja tenga sexo con otros hombres» que admitir los sentimientos de vulnerabilidad en torno al sexo, quizá porque tienes miedo de que si otro hombre hace lo que tú haces, podrías ser reemplazado. Es necesario hablar de esos desencadenantes[1] de tus emociones si queremos entender por qué nos sentimos como nos sentimos, y entender nuestras emociones es la única manera de crecer.

El objetivo de hablar sobre las cosas que nos desencadenan reacciones no es hacer que con quienes tenemos una relación las eviten sino que las comprendan mejor. Cuando podemos encontrar la lógica de nuestras reacciones emocionales, podemos responsabilizarnos de ellas más fácilmente, en lugar de hacer a nuestras relaciones responsables de ellas (o peor todavía, a las relaciones de nuestras relaciones). Si, por ejemplo, para ti es una amenaza que tu amante tenga sexo con otro hombre, te puede ayudar a sentir más seguridad en tu relación que hables de por qué lo sientes como una amenaza y hacerte cargo de esas emociones. Hablar sobre cómo te sientes le da a la persona con quien tienes una relación la oportunidad de explicar qué valores ve en ti y por qué otro hombre no tiene por qué ser una amenaza para ti.

---

1 Con desencadenantes nos referimos a sentimientos, acciones, visiones o eventos que pueden provocar una emoción que puede no estar relacionada con la situación actual o puede ser mucho más potente de lo que las circunstancias parecen justificar. Un desencadenante suele estar relacionado con una experiencia temprana y puede estar conectado a un evento traumático.

«Simplemente, no quiero eso» tiende a terminar las conversaciones más que a continuarlas. Te animamos a continuar la conversación sobre qué quieres y, sobre todo, por qué.

Cómo ver la luz en la oscuridad

Practicar el poliamor no confiere inmunidad frente a las emociones negativas. Las personas poliamorosas experimentan celos, inseguridad, dudas y un amplio abanico de emociones humanas. Si esperáramos a ser inmunes a las emociones incómodas para empezar a recorrer este camino, no avanzaremos nunca. Lo que hace falta es simplemente entender que no tenemos que dejar que las emociones tomen el control. Sentimos lo que sentimos; el secreto es entender que seguimos teniendo poder incluso cuando nos enfrentamos a nuestras emociones. Todavía podemos elegir actuar por valentía, con empatía y gracia, incluso cuando estamos sintiendo terror, incertidumbre e inseguridad.

La idea de que podemos controlar nuestras acciones independientemente de cuáles sean nuestras emociones le parece radical a mucha gente. El primer paso para hacerlo realidad es simplemente darse cuenta de que es posible. Una vez que se ha subido ese escalón –y es algo complicado de hacer, dados todos los mensajes que recibimos socialmente diciendo que no tenemos otro remedio cuando nos enfrentamos a nuestras emociones– , todo lo que queda es practicar.

Algunas directrices para ayudarte a evitar que permitas que tus emociones tomen el control:

- Comprende que tus emociones a menudo te mienten. Las emociones no son hechos. Es posible que sientas una amenaza cuando no existe, por ejemplo, o que te sientas en la indefensión absoluta aunque no lo estés.

- Evita tomar decisiones, especialmente las irrevocables, las que te cambian la vida, cuando estás bajo los efectos de fuertes emociones.

- Intenta no legitimar, reprimir, aferrarte o negar tus emociones. Simplemente siéntelas, comprende qué están intentando decirte... y déjalas pasar. Las emociones son como el tiempo atmosférico, van y vienen. No te digas que «no deberías» sentirlas, pero no insistas tampoco en pensar una y otra vez sobre las cosas que las mantienen vivas. Admítelas y deja que se vayan.

- Aprende sobre cómo procesas mejor las emociones y date el derecho a hacer eso. Algunas personas procesan sus emociones hablando sobre ellas inmediatamente, otras necesitan retirarse un rato. Ambas estrategias funcionan, según para qué personas. Si necesitas decir «No quiero irme a la cama con este enfado, me gustaría hablar ahora sobre este tema», dilo. Si necesitas decir «Mira, no puedo hablar de ese tema en este momento. Volvamos a tratar el tema por la mañana», hazlo.

- De vez en cuando respira hondo y recuerda que tu amante es tu cómplice, no tu oponente. Entre oponentes, se lucha. Entre cómplices, se trabaja en equipo por un objetivo común.

- Recuerda: esto también pasará. Nuestras emociones tienden a teñir nuestras percepciones del pasado y el futuro. Cuando nos sentimos felices, recordamos momentos del pasado en los que hemos sido felices y vemos más fácilmente la felicidad futura. Cuando nos enfadamos o sentimos miedo, recreamos nuestro pasado y futuro de acuerdo con ello. Pero las emociones son pasajeras. Lo que sentimos hoy no será lo que sintamos mañana.

Deja que te guíe tu curiosidad

Muchos conflictos surgen porque nos hemos formado un juicio sin saber en detalle cuáles son las ideas o emociones detrás de la conducta de una persona. Si las dos (o más) partes en un conflicto trabajan desde sus propias creencias sin comprobar si son ciertas, nadie siente que se le esté comprendiendo, todo el mundo se siente más herido y enfadado, y así, el conflicto se intensifica.

Según profesionales de la resolución de conflictos, debemos tener muy en cuenta el valor de la curiosidad, acompañada de escucha activa. Muchos conflictos pueden evitarse o reducir su intensidad si las partes involucradas están dispuestas a dejar a un lado sus prejuicios –y las intensas emociones asociadas a ellas– y a hacer una pregunta. Y después, a sentir auténtica curiosidad por la respuesta.

Pero no cualquier pregunta. La pregunta debe ser genuina y abierta, una petición seria de más información sobre las emociones, intenciones o motivaciones de la otra persona. No debe ser una elección entre alternativas predefinidas, o una acusación seguida por una demanda de una respuesta. Debe estar, en la medida de lo posible, libre de lo que tú crees que será la respuesta. Eso significa sentir curiosidad por saber qué es en realidad.

Ten en cuenta las siguientes preguntas, a partir de la misma situación:

«Cuando fuimos a aquella cena, no te sentaste a mi lado. Obviamente te da vergüenza que te vean conmigo. ¿Por qué siquiera te relacionas conmigo si no quieres que la gente sepa que tenemos una relación?»

«¿Podrías decirme por qué elegiste en concreto aquella silla en la fiesta?»

Ambas terminan con un signo de interrogación, pero son dos tipos de preguntas muy diferentes. Una es una acusación apenas velada y expresa dolor; la otra es una petición genuina de información. La respuesta podría ser cualquier cosa desde «Quería hablar con Bill sobre su proyecto» a «La verdad, me preocupa que si mi jefe me ve contigo, crea que estoy engañando a mi mujer». Una vez que quien hace la pregunta entiende cuáles eran las razones de la otra persona, podrá responder a la situación partiendo de información veraz, no solo desde sus propias historias. Y será más capaz de expresar a la persona con quien tiene una relación sus propias emociones sobre la situación sin decir cosas que no ha dicho o haciendo que se ponga a la defensiva, porque la otra persona sabrá que comprende su punto de vista.

No ponernos a la defensiva, dejar de lado creencias y prejuicios para concentrarnos en la curiosidad requiere que cambiemos nuestro punto de vista. Y eso a veces supone reconocer que el mundo puede no ser exactamente como creemos que es; podemos habernos equivocado al valorar a otras personas. Puede ser difícil frenar nuestras respuestas emocionales durante el tiempo suficiente para expresar curiosidad e intentar entender las emociones de la mismísima persona que creemos responsable de nuestro dolor. Pero puede apaciguar muchos conflictos antes de que comiencen.

No dejes que se apilen los platos sucios

La buena comunicación no es solo reactiva, es proactiva. Eso significa preguntar regularmente para saber cómo van las cosas, y no solo a las personas con quien tienes una relación sino también preguntándote cómo te sientes. Habla de las cosas que te preocupan cuando aún son pequeñas. Expresa qué quieres pronto y a menudo. No te calles las cosas, esperando que desaparezcan. No esperes hasta que alguien mencione un problema específico para hablar; desarrolla el hábito de permitir que con quienes tienes una relación sepan dónde te encuentras emocionalmente, de manera regular.

El objetivo de preguntar de forma habitual es simplemente mantener las vías de comunicación abiertas, de manera que los problemas se pueden detectar cuando no son más que pequeñas olas en lugar de tsunamis. Noël Lynne Figart, autora del blog *The Polyamorous Misanthrope*, llama a esto «no dejar que se apilen platos sucios». Cuando todo el mundo se acostumbra a lavar los platos después de usarlos en lugar de dejar que se amontonen, nadie tiene que enfrentarse a la desagradable labor de lavar un fregadero lleno de platos sucios durante días.

Expresarse de una forma sana

Hablar de nuestras necesidades y emociones es más complicado cuando nos da miedo que se crea que queremos controlar la relación: es decir, dictar lo que otra persona debe hacer. Si deseamos evitar que parezca que queremos controlar la relación, puede que no digamos nada en absoluto, lo que puede permitir que los problemas crezcan hasta que sentimos que no tenemos otra opción que estallar «¡Quiero que dejes de hacer eso inmediatamente!».

Si sueles emplear la comunicación pasiva, expresar tus sentimientos puede dar la misma impresión que controlar la relación. Una de las relaciones de Franklin creció en una casa en la que toda frase como «Siento esto-y-esto» contenía un mensaje implícito de «y es tu responsabilidad hacer algo para solucionarlo». Si no quieres que te vean como una persona manipuladora y controladora (y no quieres, ¿verdad?), expresarte puede parecerte peligroso, porque podría ser percibido de esa manera.

La diferencia entre expresar y controlar está en tus expectativas. ¿Qué esperas que haga la persona con quien tienes una relación? ¿Tu objetivo es expresar tus emociones o cambiar su conducta? Igual que la diferencia entre pedir y demandar está en si puedes aceptarlo un «no», la diferencia entre expresar una emoción y controlar la relación es si está bien que la persona con quien tienes una relación siga comportándose igual. ¿Estás demandando o estás informando y negociando?

Aunque pueda parecer obvio, la manera más sencilla de dejar claras tus intenciones es hablar sobre ellas. Podrías decir, por ejemplo, «No estoy diciendo que no vayas a tu cita el sábado, pero quería que supieras que me provoca cierta ansiedad». A partir de ahí, puedes hablar de la ansiedad, y posiblemente, sugerirle maneras en que puede apoyarte (por ejemplo, «Me gustaría conectar contigo después de que llegues a casa» o «Me gustaría reservar un tiempo contigo el viernes antes de que te vayas»). La comunicación directa disipa las suposiciones pasivas sobre la comunicación pasiva.

Si estás negociando, hazlo sencillo también. Por ejemplo, podrías decir «Me inquieta tu cita del sábado. Vamos a llevar al perro a la clínica veterinaria esa mañana, y podría necesitar tu ayuda para cuidarlo el sábado por la tarde. ¿Te sería posible cambiar tu cita al viernes?». De todos modos, no olvides que a veces la respuesta puede ser «no», y eso no significa necesariamente que a la persona con quien tienes una relación no le importes tú o tus sentimientos. Puede tener sus propios problemas para planificarlo.

Haciendo segura la comunicación

Hay otro prerrequisito más para que la comunicación sea exitosa. La otra persona tiene que sentir que es seguro comunicarse contigo. Todo el mundo queremos que nuestras relaciones nos hablen con total sinceridad. Al mismo tiempo, a nadie le gusta oír malas noticias. Desde los antiguos imperios a las modernas salas de juntas, quienes portaban malas nuevas han pagado el precio por entregar mensajes que no le gustaban a los oídos de quienes las recibían. Incluso en conversaciones cotidianas, hay muchas maneras en las que podemos hacer peligroso para otras personas que nos digan lo que no queremos oír.

LA HISTORIA DE ADRIA

Adria, una amiga de Franklin, había estado saliendo con su novio durante dos años y quería casarse. Un día, su novio se acercó y le dijo que tenía una pregunta que hacerle. Adria estaba entusiasmada, porque estaba segura que él iba a proponerle matrimonio. «¡Puedes preguntarme lo que quieras!», dijo ella. Se le partió el corazón cuando él no se lo propuso. En su lugar, él le preguntó si podían probar nuevas prácticas sexuales, como ataduras y azotes. Adria se sintió herida porque él no le había propuesto matrimonio, y también enfadada y herida porque le había propuesto esas cosas nuevas. Ella pensaba que él estaba insatisfecho con ella. Pensaba que él estaba diciendo que ella era una amante aburrida, porque él no disfrutaba con el sexo «normal» con ella. Le gritó y le llamó pervertido, y le dijo que le estaba diciendo que era mala en la cama. Él rompió con ella poco tiempo después.

La historia de Adria contiene un par de enseñanzas. La primera es que, si le dices a la persona con quien tienes una relación, «me puedes preguntar lo que quieras», *es mejor que sea cierto*. Si no eres capaz de ofrecer la seguridad necesaria para que sea honesta, no lo hará. Porque sentirá que no puede hacerlo.

No siempre le gritamos a quienes nos dicen cosas que no queremos oír, pero a menudo olvidamos todas las maneras en que podemos hacer muy complicado a otras personas que sean honestas cuando nos quieren comunicar algo. Cuando amamos a alguien, es duro incluso en las mejores circunstancias decirle algo que le haga infeliz. Requiere mucha vulnerabilidad y coraje hacerlo. Nos exponemos emocionalmente, porque las emociones de las personas con quienes tenemos una relación afectan a las nuestras. Cuando esa vulnerabilidad se encuentra con alguien poniéndose a la defensiva, o que se enfada, con conductas pasivo-agresivas, silencio, enfado o resentimiento, la honestidad se vuelve prácticamente imposible.

Si queremos que nuestras relaciones sean honestas cuando nos dicen algo, tenemos que darles la seguridad para que puedan serlo. Debemos aceptar lo que oímos sin enfado, recriminaciones o culpabilización, incluso cuando nos sorprende o cuando oímos algo que no queríamos oír. Debemos tener la predisposición para respirar hondo, cambiar de enfoque y decir «Gracias por compartir eso conmigo».

Manejando los errores

Las cosas van a ir mal. Tus relaciones y tú vais a cometer errores. Habrá gente que se sentirá herida. Parafraseando a Voltaire, somos fruto de la *fragilidad y tenemos tendencia al error.* Lo que suceda después depende de lo capaces que seamos de perdonarnos mutuamente por nuestros errores, manejar las consecuencias con elegancia y dignidad, y aprender de nuestros errores.

Los errores se cometen porque alguien está intentando resolver un problema o cubrir una necesidad. Es fácil, viendo las consecuencias emocionales, ver el error como fruto del egoísmo u otro error moral. Pero recuperarse de un error depende de ser capaz de ver a las personas con quienes tenemos relaciones como seres humanos haciendo todo lo que pueden para resolver un problema en lugar de verlas como monstruos o caricaturas de quienes son. La empatía, como la comunicación, es una de esas cosas que son más valiosas cuando son más complicadas.

Ese tipo de empatía también se necesita cuando eres tú quien comete un error. A veces es más fácil tratar a otras personas con delicadeza o empatía que hacerlo con nuestros propios errores; reconocemos la posibilidad de errar ajena antes que la propia. Cometerás errores. Es el precio que pagamos por ser seres humanos. Cuando lo hagas, míralo como una oportunidad para aprender, y recuerda que la empatía comienza por ti.

#ALGUNAS PREGUNTAS QUE PUEDES HACERTE

Las estrategias para comunicarte mejor incluyen, para empezar, la escucha activa, la comunicación directa y la comunicación no violenta. Mientras practicas esas habilidades diariamente con tus relaciones, estas son algunas preguntas para mantenerte en el buen camino:

- ¿Pido directamente lo que quiero y necesito?

- ¿Qué puedo hacer para comunicarme de una manera más directa?

- Si percibo un significado oculto en una frase o una pregunta ¿pido una aclaración antes de actuar basándome en suposiciones?

- ¿Percibo una crítica en sus frases, incluso cuando no son directamente críticas?

- ¿Qué hago para saber si mis relaciones se sienten bien?

- ¿Escucho atentamente a las personas con quienes tengo una relación?

- ¿Qué hago para asegurarme de que es seguro para mis relaciones comunicarse conmigo, y para que sepan que lo es?

- ¿Mi comunicación muestra que me responsabilizo de mis acciones y emociones?

8

Domando al monstruo de los ojos verdes

Lo peor de los celos es lo profundo que nos hunden.

Erica Jong

Así que por fin estás en una relación poliamorosa. Tienes una relación con alguien que tiene otras relaciones. Ahí estás, avanzando, y ¡bum! Ves algo, o escuchas algo o piensas en algo y ahora te encuentras en medio de ello: los celos. Simplemente sucede, a veces cuando menos te lo esperas. Cuando sucede, podemos sentirnos como si quisiéramos prender fuego al mundo entero antes de retirarnos a una cueva gritando «¡No volveré a tener una relación con nadie nunca más!» (o quizá es solo nuestro caso).

Le damos semejantes poderes mágicos a los celos que el simple temor de sentirlos puede dar forma a nuestras relaciones. Nunca hemos oído a nadie decir «¿Poliamor? No me gustaría practicarlo. ¿Y qué sucede si me enfado?» o «¿Qué sucede si siento tristeza?». Pero mucha gente dice «¿Poliamor? ¿Y qué sucede si siento celos?». El hecho es que en algún momento los vas a sentir. Poca gente es inmune a los celos. La buena noticia es que los celos son como cualquier otra emoción. A veces te sientes triste, a veces te enfadas, pero no dejas que esas cosas te definan. No dirigen tu vida. Los celos tampoco tienen por qué.

¿Qué son los celos?

Los celos son lo que sentimos cuando traemos la lluvia de mañana al día soleado de hoy. Es el sentimiento de que estamos a punto de perder algo que nos importa, incluyendo quizá nuestra autoestima, frente a otra persona. Es el miedo a que no valgamos lo suficiente, a que la gente que nos rodea no nos quiera, a que todo esté a punto de convertirse en cenizas. Llega como un ladrón por la noche, para robar nuestra felicidad. Los celos son algo complicado. Se sientan a nuestra espalda susurrándonos que somos la víctima, no el verdugo; que quienes nos rodean nos están tratando mal y que debemos actuar para protegernos. Y quizá, en su forma más destructora, nos dice que no hablemos abiertamente sobre cómo nos sentimos. Crecen mejor en el secreto y el silencio. En su forma más tóxica, hace que nos enfademos con otras personas y nos avergoncemos de cómo somos al mismo tiempo.

Los celos tienen muchas caras porque, al revés que la sorpresa, el miedo o el enfado, están construidos con muchas emociones. Inseguridad, miedo a la pérdida, territorialidad, ineptitud, baja autoestima, miedo al abandono... todas esas emociones pueden acumularse unas sobre otras para construir lo que sentimos como celos.

¿Son los celos parte intrínseca de la naturaleza humana? Alguna gente dice que sí, otra que no. En nuestro caso, decimos que da igual. Sentimos lo que sentimos, pero hay diferencia entre los sentimientos de celos y las *acciones* derivadas de los celos. Independientemente del origen de nuestros sentimientos de celos, nuestras acciones están bajo nuestro control.

Los sentimientos de celos tienen su origen en un sentimiento de pérdida, o miedo a esa pérdida. Las conductas derivadas de los celos son normalmente intentos de recuperar el control sobre las cosas a las que tenemos miedo. Por ejemplo, si sientes celos cuando la persona con quien tienes una relación tiene sexo con una nueva persona en la postura del Mono con Flor de Loto y Motosierra, puedes sentir que estás perdiendo algo muy especial: «¡Esa era nuestra postura! ¿Qué pasa si esta nueva persona maneja la motosierra mejor que yo? ¿Para qué me necesita, ahora que ha encontrado a otra persona con quien hacerlo?».

La *conducta* celosa podría ser decir «No quiero que tengas sexo en esa postura con nadie más que conmigo», lo que es un intento de manejar el miedo recuperando el control. «¡Si ella deja de hacerlo, no volveré a sentir que me reemplazan!». Al menos hasta que aparezca de nuevo algo amenazante.

Este tipo de conductas no provocan seguridad. Más bien, la seguridad se deriva de saber que la persona con quien tienes una relación te quiere, confía en ti y te valora. Controlar su conducta no te está diciendo cuánto te quiere, confía y valora. Hace lo contrario: las restricciones minan la intimidad al decirle que no confías en *ella*; crees que su cariño no es auténtico.

La emoción camaleón

A veces los celos pueden ser una emoción relativamente simple, fácil de detectar y reconocer. Esto es especialmente cierto cuando sucede como respuesta a desencadenantes claros, como ver cómo se besa con su otra relación. La primera vez que Eve vio a Peter caminar de la mano de Clio, el inquietante sentimiento de que se la tragaba la tierra fue una señal inequívoca de celos.

Era imposible interpretarlo de otra manera, y el estímulo causante estaba claro. Eso hizo relativamente sencillo confrontar ese sentimiento, por aterrador que fuera.

Pero una de las cosas que pueden convertir los celos en semejante reto es que cambian de forma: los celos se enmascaran con otras emociones. Antes de luchar contra ellos, necesitas verlos. Algunas de las emociones que pueden estar en el origen de los celos son el miedo, la soledad, la pérdida, la tristeza, el enfado, la traición, la envidia y la humillación. Si estás sintiendo alguna de ellas en relación a alguna de las personas con quien tienes una relación o con tus metamores y no hay una razón obvia para ello, o si la emoción es mucho más intensa de lo que la situación parecería justificar, pregúntate si no podrían ser celos.

Por otro lado, esas mismas emociones pueden aparecer como respuesta a una situación externa realmente dolorosa. En esos casos puede ser demasiado fácil culpar a los celos y esquivar los problemas reales. Es razonable que te preguntes «¿Estoy sintiendo estas emociones solamente porque siento celos?». Presta atención a quienes a menudo minimizan tus emociones como «solo son celos». ¿Sientes que te están escuchando? ¿Se te están ofreciendo observaciones sobre ti por parte de alguien que te conoce y te cuida? ¿O se te está menospreciando y dejando de lado?

Los celos pueden ser una señal importante de que tenemos cierto trabajo de introspección por hacer. Manejar los celos significa tener el autoconocimiento suficiente para distinguirlos de otras emociones enmascaradas (y viceversa) así como de otros problemas externos que se puedan estar dando. Distinguirlos de emociones parecidas significa conocerte mejor (ver Capítulo 4).

Desencadenantes de los celos

A veces los celos se desencadenan por una conducta pública que a menudo asociamos con «ser pareja»: caminar de la mano, enviar flores al trabajo, conocer a la familia de origen... Peter sintió celos cuando Eve comenzó a usar la gargantilla que Ray le regaló, y Eve sintió celos cuando Clio publicó una foto en Facebook con una gargantilla que Peter había hecho para ella. Como tratamos en el capítulo 18, sobre relaciones monógamas/poliamorosas (entre una persona monógama y una poliamorosa), Celeste sintió celos cuando Bella, una de las relaciones de Franklin, quiso que le hicieran fotos con él, como Mila cuando su metamor Nina publicó fotos de familia en Facebook que incluían a Morgan, su pareja.

Esos desencadenantes aparecen normalmente cuando tememos perder el estatus social que supone ser parte de una pareja. En las relaciones poliamorosas, esa pérdida es probablemente inevitable: por propia definición, las relaciones poliamorosas incluyen a más de una pareja. Esos desencadenantes pueden evitarse a menudo usando las estrategias de las que hablamos en el capítulo dedicado a las relaciones monógamas/poliamorosas, como incluir a todo el mundo en un retrato familiar. También ayuda para mostrar que no eres una víctima o alguien prescindible, sino un miembro de pleno derecho de la relación poliamorosa. Por ejemplo, si estás sintiendo celos porque la nueva relación de tu pareja va a conocer a la familia de tu pareja, organizar ese encuentro para que tú también puedas estar le mostrará a su familia que eso no está sucediendo sin tu conocimiento.

Como hemos comentado, un desencadenante muy común de los celos es ver a la persona con quien tienes una relación demostrando cariño físicamente o flirteando con otra persona. Esto puede despertar miedos a que te reemplacen o activar la idea de «¿Por qué no le soy suficiente?». También puede llevar a comparaciones destructivas con la otra pareja de tu pareja: «¿Tiene más atractivo que yo? ¿Más belleza? ¿Más inteligencia? ¿Es mejor que yo?».

Las evidencias físicas de intimidad entre la persona con quien tienes una relación y otra de sus relaciones, como la funda de un condón en la basura o unas zapatillas extra a los pies de la cama, puede desencadenar sentimientos de celos. También puede suceder al verla haciendo algo por primera vez con una nueva relación: El «efecto sushi» que mencionamos en el capítulo 5. A veces todo lo que hace falta para manejar esos desencadenantes es reconocer que lo son y decir «Estoy sintiendo celos porque estoy aprendiendo a ser consciente de que no soy tu única pareja. Por favor, ten paciencia conmigo mientras trabajo en ello». A veces manejar estos desencadenantes es más complicado, veremos más estrategias dentro de poco.

Escuchando a nuestros celos

La gente a menudo piensa en los celos como algo malo. Sin duda puede provocar que la gente haga cosas terribles, pero por sí mismos, los celos son moralmente neutros. Como todas las emociones, es la manera en que la parte más primitiva, reptiliana de nuestros cerebros –la parte que no usa el lenguaje–, intenta comunicarnos algo.

El problema es que en cuanto a comunicarse, los celos tienen poca capacidad para expresarse. Pueden ser señal de un problema serio en la relación. O podría ser simplemente nuestro niño interior de tres años, sin palabras, dando patadas y diciendo «¡No me están dando todo lo que quiero!». También podría ser síntoma de alguna debilidad en nuestro interior, como alguna inseguridad propia que estamos intentando proteger. Tenemos que descifrar el mensaje si queremos saber qué hacer con ello.

Puede ser tentador aproximarse a los celos culpando lo que los ha causado. «¡Es muy fácil! ¡Deja de caminar de la mano con tu otra relación!». También podemos confundirlos con otras cosas, como la territorialidad o posesión o cualquier otra cosa. (Y a veces ese es el caso; ahora mismo lo vemos.)

LA HISTORIA DE FRANKLIN

Ruby era inteligente, guapa, fuerte, extrovertida, testaruda –justo el tipo de persona que me resulta irresistible– y una de mis primeras relaciones durante mi relación con Celeste.

Había terminado la universidad, y hasta ese momento nunca había experimentado celos. Había tenido una relación con personas que tenían otras relaciones y nunca había sentido ni la más mínima mala sensación sobre ese tema. Ingenuamente (y de manera arrogante en cierto modo) creía que era inmune a los celos, que eran algo que otra gente experimentaba pero yo no.

Estaba totalmente enamorado de Ruby. Nuestra relación era un incendio emocional. Desgraciadamente, el acuerdo que yo tenía con Celeste no permitía una relación cercana, con un vínculo muy fuerte; exactamente el tipo de relación que a Ruby y a mí nos atraía emocionalmente. No pudimos superar las restricciones: sin poder dormir fuera de casa, sin demostraciones de afecto en público, con un estricto techo hasta el que se permitiría que se desarrollara la relación, en un determinado momento, entendimos que a nuestra relación nunca se le permitiría convertirse en lo que necesitábamos que fuera.

Al poco tiempo, Ruby comenzó otra relación con uno de mis mejores amigos, Newton. Él era una elección magnífica como relación para ella: inteligente, relajado, buena persona. Su relación con Ruby no tenía un techo ni restricciones. Instintivamente supe que Newton podía ofrecerle a Ruby más de lo que yo podía, y me aterrorizaba que él me reemplazara en el corazón de Ruby.

Los celos aparecieron tan rápido y me golpearon con tanta fuerza que ni pude reconocer lo que eran. Todo lo que sabía era que cada vez que los veía en pareja, sentía miedo y enfado. Asumí que, si me sentía así, debía de ser porque ella estaba haciendo algo mal, aunque era complicado saber el qué exactamente. Recuerdo irme a dormir reviviendo mentalmente todas mis interacciones con ella, buscando qué era eso que ella hacía que me estaba haciendo tanto daño.

Como yo partía de la premisa de que ella estaba haciendo algo mal −¿qué otra cosa podía hacer que me sintiera tan mal?− arremetí contra ella, acusándola de todo tipo de cosas, la mayoría de las cuales solo existían en mi cabeza. Las cosas más pequeñas, más triviales que dijo o hizo y que no me gustaban, las magnifiqué a proporciones épicas. Al poco tiempo, como era de esperar, ya había destruido mi relación con Ruby, y no mucho después de eso, también mi amistad con ella y Newton. Tardé un año en reunir las piezas y darme cuenta de lo que había pasado.

Cuando me di cuenta de que estaba celoso, y que había permitido que mis celos envenenaran nuestra relación, ya era demasiado tarde. Había hecho tanto daño que ni Ruby ni Newton volvieron a hablarme. Había perdido a la persona con quien tenía una relación y a dos de mis amistades.

Franklin destruyó su relación con Ruby porque fue incapaz de concebir que podía sentir celos, y por lo tanto, fue incapaz de prestarles atención. Es este caso, los celos le estaban diciendo: «Estás agobiado con reglas y limitaciones específicamente pensadas para evitar que puedas tener el tipo de relación que necesitáis. Newton puede ofrecerle a ella una relación sin límites. Si ella quiere ese tipo de relación, tú podrías ser reemplazado».

¿Corría peligro Franklin, realmente, de ser reemplazado? No. Ruby le quería mucho. ¿Cómo podría haber cambiado el resultado haber escuchado a los celos? Primero, Franklin podría haber visto lo destructivos que eran los acuerdos que tenía con Celeste, y eso podría haber ahorrado a otras muchas personas –y a Franklin y a Celeste– una buena cantidad de dolor. Más concretamente, él podría haber hablado con Ruby y decirle «Siento celos. Soy consciente de que nuestra relación tiene limitaciones y Newton no tiene esas limitaciones ¿Aun así valoras nuestra relación, incluso siento tan limitada? ¿Qué te aporto y qué valoras de mí? ¿Cómo podemos asegurarnos de que construimos una base que signifique que querrás seguir estando conmigo?». Y, probablemente, el resultado habría sido muy diferente.

Es muy fácil colocar la responsabilidad de nuestras propias emociones en otra gente. «Me estás haciendo sentir esto tan horrible. ¡Deja de hacerlo!». Olvidamos que nuestras emociones podrían ser el resultado de nuestras propias inseguridades más que de las acciones de nuestras relaciones. Cuando transferimos la responsabilidad de nuestras emociones a otras personas, cedemos el control de nuestras propias vidas.

Enfrentándose a los celos

No pasa nada si se sienten celos. Esto podría sonar extraño en un libro sobre poliamor. Pero hemos pasado por ello. Casi todo el mundo que conozcas ha pasado por ellos. Ser inmune a los celos no es un prerrequisito para el poliamor, y sentir celos no te hace peor persona poliamorosa. Así que respira hondo. Como todas las emociones, los celos no son un reflejo de quién eres. No te vas a morir por sentirlos, aunque a veces parezca que sí. No significan necesariamente que algo está mal en ti o en la relación.

Incluso cuando estás sintiendo celos, sigues teniendo el control. Los celos son como ese baboso sentado detrás del rey susurrándole al oído «El embajador le ha insultado gravemente, Excelencia! ¡Ataque sus tierras inmediatamente! ¡Arrase sus poblados!». Pero recuerda, sigues siendo el rey. No tienes por qué prenderle fuego al mundo entero e irte a vivir a una cueva, por muy satisfactorio que suene eso.

LA HISTORIA DE FRANKLIN

En la época en que tenía una relación con Ruby, tenía una amiga que tenía una iguana como mascota, un inmenso lagarto verde de más de un metro de largo. Normalmente era dócil y amigable. Pero se repetía el mismo ritual cada vez que la sacaba de la jaula. Ella abría la jaula y metía la mano para sacarla, y la iguana azotaba su mano con su cola en forma de látigo. Mi amiga retiraba la mano, y luego volvía a meterla en la jaula. Esa segunda vez, la iguana se subía tranquilamente por su brazo hasta llegar a su hombro.

Un día, mientras la veía realizar ese ritual, ella dijo «Ojalá me diera un coletazo que me quitara el miedo para siempre».

Después de mi relación con Ruby me sentía desconsolado. Pasé largas noches pensando sobre lo que había pasado y preguntándome qué había ido tan terriblemente mal en nuestra relación, habiendo sido semejante fuente de alegría para ella y para mí.

De repente me di cuenta de una verdad innegable: nuestra relación se había destruido porque yo la había destruido. No la destruyó su nueva relación con Newton. No la destruyó nada que ella hubiera hecho. *La había destruido yo* porque había sentido algo que creía que no podía sentir y por lo tanto no pude manejarlo cuando lo sentí. Ella tenía toda la razón para terminar su relación conmigo. En la ceguera causada por mi propio dolor, había sido incapaz de ver el dolor que le estaba causando a ella.

Lo que sentí durante y después de mi relación con Ruby fue lo peor que he sentido nunca en mi vida, y no quería volver a sentirlo otra vez. Y, gradualmente, me di cuenta de algo más: *no tenía por qué*. El secreto para no volver a sentirse así de nuevo estaba frente a mí. Lo había estado todo el tiempo.

Primero, después de que ella me dejara, aprendí algo valioso: podía perder a alguien y, aunque solo quisiera acurrucarme y morir, aquello no me mataría. Sabía cuál era la sensación cuando me golpeaba el lagarto, ya no tenía por qué tenerle miedo. Sobreviviría. Incluso podría, al final, ser feliz de nuevo.

Segundo, me di cuenta de que ella tenía derecho a dejarme. Todo el mundo tiene derecho a dejarme. Si eligen o no dejarme es algo sobre lo que tengo parte del control, por la manera en que les trato. Ruby se fue porque hice cosas que la hirieron, y eso la alejó de mí. Pero yo podría haber elegido hacer cosas diferentes. No era la mano del destino o la influencia de las lejanas estrellas; fueron las decisiones que tomé. Si hubiese tomado decisiones diferentes, si hubiese tomado decisiones que atrajeran a mis relaciones hacia mí en lugar de alejarlas, podría haber tenido un mejor resultado.

Me llevó mucho tiempo comprender las consecuencias de esa idea. Pero cuando lo hice, me sentí empoderado. Las rupturas no eran algo que simplemente me sucedían; sucedían fruto de las decisiones que la persona con quien tenía una relación y yo hacíamos. Podía volver a sentir dolor, pero ahora sabía que había algo al otro lado del proceso. Y ya no hacía falta que tuviese miedo nunca más: tendría la posibilidad de intervenir en lo que me sucediese.

Como demuestra la dolorosa ruptura de Franklin y la posterior epifanía, nos podemos enfrentar a los celos, manejarlos y desterrarlos a los oscuros lugares donde se esconden, desde donde no podrán dañar tu calma. No te desanimes. Puede costar trabajo llegar ahí, y parte de ese trabajo puede ser difícil.

Los celos son una emoción, no una identidad. Puedes sentir celos pero eso no te convierte en una persona celosa. Es una diferencia importante. Si dices «soy una persona celosa», puede resultarte complicado pensar en dejar que los celos desaparezcan; da la sensación de olvidar algo que te hace quién eres. Por otro lado, si dices «soy una persona que a veces siente celos», te deja espacio para otras emociones. «Soy una persona que a veces siente celos y a veces siente alegría, a veces tristeza, euforia, miedo, enfado o confusión». Esa frase te refuerza la idea de que tú no eres solamente tus celos.

Recuerda, esto también pasará. Cuando nos hundimos hasta las cejas en una emoción, podemos encontrar extraordinariamente difícil recordar que las emociones son pasajeras. Cuando estamos tristes, nos puede costar recordar cómo es estar feliz, y cuando sentimos celos, podemos encontrar difícil recordar cómo es no sentirse de esa manera. Pero nos podemos sentir de otras maneras, incluso cuando no somos capaces de sentirnos emocionalmente así en ese momento.

LA HISTORIA DE MILA

Cuando Mila se enamoró de Morgan, un hombre poliamoroso, no sabía realmente lo que le esperaba, pero sabía que le iba a costar trabajo. Morgan ya tenía una relación con Nina cuando comenzó la relación con Mila, y él comenzó otra nueva relación poco después.

Los primeros meses fueron duros para Mila. No sabía dónde terminarían las relaciones de Morgan con ella o con sus otras relaciones. El compromiso de Morgan con ella era sólido, pero no veía un futuro claro. Ella nunca había sido insegura o celosa antes, y le costó aceptar que se estaba sintiendo de esa manera.

Ella no sabía cuándo iban a volver a asaltarle los celos o qué los desencadenaría. A veces eran las demostraciones públicas de afecto de Morgan y Nina, a veces era cuando asistían a un evento como pareja. Pero los sentimientos a menudo la abrumaban. De todos modos, ella estaba decidida a hacer funcionar una relación poliamorosa: No solo por sus sentimientos hacia Morgan y su apoyo permanente a Mila, sino por su propia desilusión con la monogamia después de que su ex le hubiese engañado, y su creencia de que trabajar en ello les llevaría a tener una relación más sana a largo plazo. Así que se mantuvo a la espera. Y Morgan una y otra vez creó un espacio para que Mila procesara sus sentimientos y trabajase en sí misma. Él le confirmó a ella que no pasaba nada por sentir lo que ella sentía y no intentó cambiar sus sentimientos en lugar de hacerlo ella.

A veces los desencadenantes de los celos llegan por sorpresa, lo cual es la razón por la que intentar evitar que tus relaciones hagan determinadas cosas que provocan tus celos no funciona. Los desencadenantes y la causa original pueden ser muy diferentes, por lo que un alivio duradero de los celos supone indagar bajo los desencadenantes hasta llegar a la raíz. Una de las estrategias para manejar los celos puede ser esta:

Paso 1: Acepta esos sentimientos. No puedes manejar los celos esperando a que se vayan o sintiendo vergüenza. Nuestras emociones son las que son y decirte «¡No debería estar sintiendo esto!» no va a funcionar.

Cuando miras a tu alrededor en la comunidad poliamorosa, puede ser fácil creerte que todo el mundo ha conseguido dominar sus celos, y que tú no eres una buena persona poliamorosa porque todavía los sientes. Eso no es cierto en absoluto. Muy poca gente dice que nunca los haya sentido y, sinceramente, sospechamos que eso solo quiere decir que no los han sentido todavía. Acepta que no tiene nada de malo sentirte así.

Paso 2. Separa los desencadenantes de las causas. El siguiente paso es más complicado. Supone desmontar los celos para encontrar esos puntos en los que sientes miedo e inseguridad.

El manejo duradero a largo plazo de los celos solo es posible fortaleciendo los puntos en los que tu autoestima es más débil.

Examina lo que desencadena tus celos, los pensamientos concretos, conductas, visiones o eventos que ponen en marcha esa emoción. Es fácil creer que esos desencadenantes «provocan» la emoción, pero la verdad es un poco más complicada. Podemos sentir esa ráfaga intensa de celos cuando vemos a la persona con quien tenemos una relación besar a otra persona, pero eso no significa que ese beso por sí mismo sea la causa original. Sería más acertado decir que ese beso es el interruptor que enciende una complicada cadena de emociones que nos hace tropezarnos con una bestia interior: el miedo a que nos reemplacen, quizá, o una sensación de territorialidad. El beso puede ser el desencadenante pero la causa es otra cosa, cierta inseguridad interior, sacada de su letargo.

Esa reacción en cadena es la razón por la que las restricciones de determinadas acciones o conductas raramente sirven para aliviar los celos. La bestia sigue ahí, esperando otro pellizco, otro empujón para despertarse. En algún momento, si queremos librarnos de los celos, tendremos que enfrentarnos a ese monstruo directamente. Eso significa buscar profundamente en nuestro interior para desvelar y enfrentarse a nuestro interior, a las dudas de nuestro sentido de la autoestima, a los pequeños miedos que intentan convencernos de que nos abandonarán.

Paso 3. Comprender nuestras emociones. Las emociones necesitan ser examinadas para comprenderlas, y el primer paso para examinarlas es aceptarlas tal como son. Pero eso no significa necesariamente que tengamos que creerlas. A menudo nos dicen que debemos confiar en nuestra intuición o fiarnos de nuestras tripas. Pero tus emociones a menudo van a mentirte. Por ejemplo, si tienes miedo a las serpientes, podrías sentir pánico al ver una inofensiva serpiente del maíz cruzarse en tu camino. El miedo es real, pero lo que te está diciendo –«Esta serpiente supone una amenaza para mí»– no es cierto.

El punto de partida es aprender cual es la raíz de tus miedos, sin asumir que lo que dicen es siempre cierto. Casi siempre, los celos están enraizados en algún tipo de miedo: al abandono, a que nos reemplacen, a perder la atención que nos presta alguien a quien amamos, a la soledad. En realidad, la cuestión de los celos no es la persona de quien tienes celos. Eres tú: la sensación de que podrías perder algo muy valioso. ¿Qué te está diciendo? ¿Qué desenlace temes que ocurra?

Ir a la raíz de los celos lleva su tiempo. Cuando sientes celos, a menudo quieres reaccionar de inmediato, normalmente de maneras destructivas. En su lugar, tómate un tiempo para pensar sobre qué está pasando realmente, qué están intentando decirte tus celos.

Paso 4: Habla sobre ello. Manejar los celos depende de disipar los miedos directamente, hablando sobre ellos y sabiendo lo que piensan de ti las personas con quienes tienes una relación. Lo primero que se ha de hacer cuando surgen los celos es hablar sobre ellos, directamente. Y con «hablar sobre ellos» no queremos decir lo que Franklin hizo en su relación con Ruby cuando le dijo «Eres una persona horrible. ¿Cómo has podido hacerme sentir así de mal?». Nos referimos a reconocer y admitir el miedo, y a pedir apoyo para manejarlo. «Cuando tienes una cita con él y haces eso con la lengua, siento celos. Eso no quiere decir que no lo hagas, pero sin duda agradecería un poco de cariño y apoyo».

Este tipo de comunicación no siempre es fácil, especialmente cuando los celos llegan acompañados de una inmensa mochila de vergüenza e inseguridad. Hablar sobre ellos, de todos modos, puede ser muy útil para arrancarle los colmillos. Una de las mejores maneras de comenzar a abordar tus miedos en las relaciones poliamorosas es preguntarle a las personas con quienes tienes una relación qué valoran más de ti… y confiar en que lo que te dicen es cierto. Y si lo que dicen no cala en tu interior, pregunta de nuevo. Y escucha. Y sigue haciéndolo hasta que esas cosas, que te convierten en una persona magnífica a ojos de tus relaciones, comiencen a calar.

Paso 5: Practica la sensación de seguridad. Algo especialmente traicionero de la inseguridad es que tiende a encontrar –o inventar– «evidencias» que la soporten. Se acerca sigilosamente a tu oído para susurrarte que no te valoran, que no te quieren y que la persona con quien tienes una relación en realidad no quiere estar contigo, aunque todo eso no sea cierto. Esas cosas parecen reales. Siempre existe la posibilidad de que sean reales, pero independientemente de que sean reales o no, puede ser muy difícil saber si, en realidad, corres peligro de que te abandonen.

De nuevo, somos mejores en algo cuanto más lo practicamos. Cuando practicamos para autoconvencernos de que nuestras relaciones no nos quieren, no nos valoran y en realidad no quieren tener una relación con nosotros, mejoramos a la hora de creer eso. Cuando practicamos convenciéndonos de que somos importantes para las personas con quien tenemos una relación, mejoramos mucho en creer eso.

Y a menudo una relación se convierte en lo que creemos que es. Si crees que la persona con quien tienes una relación no te quiere y valora, puede que actúes de manera destructiva. Puedes volverte una persona retraída, taciturna o a la defensiva, lo que provocará que tu relación se resienta. Si crees que te quieren y valoran, comenzarás a actuar con seguridad, confianza y franqueza, y es genial estar junto a personas así. Tus relaciones crecerán.

Los celos pueden parecer incurables, pero recuerda, son solo una emoción. Como cualquier otra emoción, no tiene por qué ser la realidad en la que vivas.

Cuando sientes que te dejan de lado

«¿Cómo te enfrentas al sentimiento de soledad y de que te han dejado de lado cuando la persona con quien tienes una relación está en una cita con una tercera persona?». Esa es una de las preguntas que Franklin recibe en su correo muy a menudo. La respuesta es, quizá, nada intuitiva: no es necesario llegar a tener el sentimiento de soledad y de que nos han dejado de lado. Esto es más obvio cuando no estamos hablando de poliamor. Por ejemplo, ¿qué le diríamos a alguien que nos dice «Tengo sensación de soledad y abandono durante las ocho horas que mi pareja está en el trabajo?». Pensaríamos que es un poco raro.

Nuestras normas sociales nos dicen que está bien que nuestras relaciones nos abandonen durante grandes períodos de tiempo: para ir al trabajo, a hacer recados, durante el servicio militar, para todo tipo de cosas. De todos modos, tendemos a asumir que si se deja atrás una de las relaciones por otra relación romántica, la respuesta natural es sentir aislamiento y soledad.

Por supuesto, no solo las relaciones románticas desencadenan esos sentimientos. Mucha gente se siente dejada de lado cuando su pareja se va al bar con sus amistades o se apunta a un equipo de roller derby. Es como si hubiese dos clases de actividades: en las que no esperamos sentir que nos han dejado de lado, como el trabajo o la universidad, y en las que lo sentimos, como una cita o una noche de roller derby. Es como si esperáramos sentir que nos han dejado de lado cuando la persona con quien tenemos una relación participa en actividades sociales, pero no si está dedicándose a tareas más mundanas. Es decir, que en realidad, el sentimiento no surge porque esté haciendo algo por su cuenta. Solo ciertos tipos de actividades, que normalmente están relacionadas con la vida social, nos hacen sentir de esa manera.

Quizá esto sucede porque estar en una relación romántica supone un estatus social. Quizá es porque no nos importa perdernos las actividades mundanas pero no queremos perdernos las que se disfrutan. La solución podría ser tener tus propios hobbies y círculos sociales, de manera que no dependas de la persona con quien tienes una relación para cubrir todas tus necesidades sociales. O quizá esos sentimientos tienen su origen en una sensación de exclusión: si una de nuestras parejas mantiene una relación con sus amistades para ir a pescar, sentimos rechazo. La solución a esto podría ser trabajar en nuestra propia autoestima, como comentamos en el capítulo 4.

Otro miedo estrechamente relacionado con el miedo a que nos dejen de lado es el miedo a estar siendo un «segundo plato». Quizá la persona con quien tienes una relación está empezando una nueva, y quizá no te está dejando de lado, pero tampoco eres ya el principal foco de atención. Esto, también, no es un problema exclusivo del poliamor. Puedes convertirte en «segundo plato» frente a una criatura, un nuevo trabajo, un nuevo hobby... por dios, Franklin conoció a alguien para quien su pareja era un «segundo plato» frente a una mascota. (Era un gato precioso, es cierto, pero aun así...)

De nuevo, el asunto central es ¿cuánto confías en tus relaciones? Si la persona con quien tienes una relación quiere que seas una prioridad, lo serás. Si no quiere que lo seas, no lo serás. El tipo de relación en el que estés no importa. Cada relación tiene sus propios altibajos. A veces se nos reemplaza, al menos durante un rato, en el foco de atención de quien tenemos una relación. Cuando Amber, una de las relaciones de Franklin, comenzó a trabajar en su tesis, Franklin perdió parte de su atención. Cuando llega una nueva criatura, no nos sorprende que ese bebé se convierta en el centro de todo. Cuando suceden esas cosas, confiamos en que llegará el momento en que volveremos a ser una prioridad de nuevo. Comprendemos que suceden algunas cosas que requieren más atención y que eso es parte de la vida. Hay un equilibrio; solo necesitamos tener fe en nuestra propia valía, en el amor que nos tiene la persona con quien tenemos una relación y en nuestra capacidad para pedir las cosas que necesitamos para reafirmarnos en que el péndulo volverá y que se restablecerá el equilibrio.

Llevando la cuenta

Llevar la cuenta te llevará a la locura. No lo hagas. Si comienzas a contar las noches que tenéis una cita, el dinero que os habéis gastado, las relaciones sexuales que habéis tenido, las horas al teléfono o cualquier otra cosa de valor, y a compararlo con lo que recibes a cambio, créenos que nada bueno va salir de eso. Puedes sentir cierto refuerzo si sales ganando, pero todo lo que vas a conseguir llevando la cuenta es que tú, tus relaciones y las relaciones de tus relaciones perdáis la cabeza y os enfadéis sin que se cubran las necesidades que estás intentando que se cubran.

LA HISTORIA DE AUDREY

Tras años luchando con la preocupación de Jasmine por «tener tiempo de menos» con Joseph, Audrey y Joseph comenzaron a usar una hoja de cálculo. Durante dos años, la usaron para contabilizar el tiempo que pasaban en pareja: qué momentos reservados se habían cancelado, cuánto tiempo imprevisto habían añadido. Contabilizaba horas usadas y perdidas, y si Joseph había pasado tiempo con Audrey y Jasmine individualmente o en grupo como tiempo en familia.

El tiempo al teléfono se contabilizaba aparte. La intención era asegurarse de que la relación con Jasmine no estaba creciendo más allá de su zona de confort.

Pero toda esa contabilidad no ayudó a nadie. Jasmine prefería contabilizar solo el tiempo que Joseph y Audrey añadían *al tiempo que ya se habían reservado previamente* –un almuerzo, ir a tomar un café o un día de vacaciones de vez en cuando– en consonancia con su miedo a que la relación de Joseph con Audrey estaba ocupando demasiado espacio. Parte de la intención de Joseph y Audrey al usar una hoja de cálculo era mostrar las pérdidas: las citas que se habían anulado. Esto buscaba ayudar a demostrar que, a pesar de los miedos de Jasmine de que estaban «creciendo», cuando hacías las cuentas sumando y restando, en realidad seguía siendo algo «pequeño».

De todos modos, la hoja de cálculo no calmó los miedos de Jasmine. Joseph y Audrey ya no llevan la contabilidad, pero Jasmine sigue apuntando el tiempo.

Si alguien está llevando la cuenta, generalmente, es porque tiene miedo de algo. El problema con llevar un registro para calmar el miedo es que no afecta a la raíz de ese miedo. Incluso con un registro que se mantenga «empatado» es poco probable que disminuya el miedo, como muestra la historia de Audrey.

La información, por sí misma, casi nunca cambia las emociones. Si sentir seguridad en tu relación depende de ver cierto equilibrio en un registro, siempre estarás comparando tu relación con otras, en lugar de concentrarte en qué es importante para ti en tu relación: Lo que valora *de ti* la persona con quien tienes una relación.

Para resumir, llevar la cuenta crea una relación en la que la gente no comunica sus necesidades: regatean con lo que quieren, usando a otras personas como cosas con las que negociar . Y eso es una de las maneras de tratar a las personas como cosas.

Las personas no son reemplazables

Detrás de la idea de construir relaciones de la manera que elegimos hacerlo en lugar de la forma por defecto, hay una poderosa herramienta para combatir los celos. Demasiado a menudo, nuestras relaciones se crean por sistema. Encontramos la «mejor» persona posible (sea lo que sea lo que quiera decir «mejor») y nos mantenemos con esa persona dentro de la «categoría dedicada a las relaciones». A veces, mientras hacemos eso, miramos de reojo por si encontramos alguien mejor.

Esta aproximación a las relaciones se basa en la creencia tácita de que las personas son intercambiables. Si tienes una relación con Zoe, y Bridget es más atractiva y tiene más dinero, puedes reemplazar a Zoe por Bridget y así subes posiciones. Esta aproximación lleva a la inseguridad; si Zoe averigua que puede ser reemplazada por Bridget, Zoe no se sentirá nunca segura.

La idea de que las personas son reemplazables es profundamente errónea. Cuando valoramos las cosas que convierten a nuestras relaciones en quienes son, una persona nunca puede ser reemplazada por otra.

Aquí es donde nos compensa ese acto de fe para creer en nuestra propia valía. Cuando sentimos que tenemos derecho a que nos quieran por ser quienes somos, no por lo que hacemos o el aspecto que tenemos, sino por quienes somos, somos más capaces de reconocer que somos personas únicas e irremplazables; y nuestras relaciones también. Cuando creemos en nuestra propia valía, nos es más fácil ver la valía también en nuestras relaciones.

Mucha gente en la comunidad poliamorosa dice que las comparaciones son tóxicas en las relaciones poliamorosas. «No compares una de tus parejas con otra», dicen. «Si lo haces, harás crecer la inseguridad». Nos gustaría sugerir, quizá de manera paradójica, que no es así necesariamente. Algunas comparaciones son dañinas. «Raj es mejor en la cama que Franco», por ejemplo, o quizá «Bridget es más atractiva que Zoe». Pero hay otro tipo de comparación, y es ver las diferencias de manera que te ayude a ser consciente de qué hace única a cada persona. Ese tipo de comparación, que se centra más en valorar las cosas que hacen a cada persona quién es más que clasificar a la gente, es maravillosa, porque nos recuerda que las personas no son reemplazables. Recordar que la gente no es reemplazable puede ser una buena manera de calmar el miedo a que nos reemplacen.

Diferenciando la realidad de la falsedad

Confiar siempre en la persona con quien tienes una relación no es fácil. Y el diablo está en los detalles. De vez en cuando te puedes encontrar en una relación que, en realidad, es poco sana, o con alguien que está, realmente, a punto de abandonarte. Para empezar, es complicado distinguir eso de nuestras propias inseguridades y determinar qué es cierto y qué no, si no tienes una sólida autoestima.

No hay reglas infalibles para distinguir una situación en la que tu inseguridad te está susurrando mentiras al oído de una situación en la que los celos son la señal auténtica de una realidad dolorosa. Pero hay señales externas que podemos buscar.

Una señal es la falta de empatía o comprensión. Una persona con quien tienes una relación que le quita importancia a tus miedos, o que no tiene la voluntad de hablar contigo sobre tus celos, quizá te está diciendo que está pensando dejarte por una alternativa mejor. Si tus relaciones quieren apoyarte, te escucharán cuando hables de tus miedos, incluso cuando sean irracionales. ¿Qué te dice cuando le dices «Cariño, tengo este miedo»? ¿Te escucha con empatía? ¿Empatiza con tus emociones, incluso cuando considera que no se basan en hechos? Si ha hecho algo que te ha herido, ¿lamenta realmente haberlo hecho? ¿Tiene la voluntad de responsabilizarse de ello y cambiar?

Otra señal es la actitud de legitimación. Esto puede ser complicado de reclamar, porque nuestras relaciones son personas independientes, con sus propias necesidades y emociones, y en realidad tienen el derecho a tomar sus propias decisiones. ¿Pero están dispuestas a trabajar contigo, escuchar tus quejas y tomar decisiones que te apoyen a largo plazo aunque no obtengas todo lo que quieres a corto plazo? Como tratamos en el capítulo 14, puede no ser razonable poner límites a tus relaciones para evitar enfrentarte a tus inseguridades, pero a veces es razonable pedir a tus relaciones que te ayuden, o en casos extremos, aceptar limitaciones temporales y parciales para darte el espacio que necesitas.

¿Qué dicen tus relaciones cuando pides que te den confianza? Si pides detalles concretos que te recuerden cuánto te quieren y te valoran, ¿te los dan? ¿Y qué te dice la relación misma? Si hemos tenido una relación con una persona durante tres meses y parece inquieta y distraída, puede ser una razón para preocuparse. Pero si hemos estado con ella durante años y todavía nos levantamos cada mañana pensando que ese es el día en que va a irse para siempre de nuestra vida, quizá lo que estamos sintiendo tiene más que ver con nuestras inseguridades que con un deseo real de irse de esa persona.

#ALGUNAS PREGUNTAS QUE PUEDES HACERTE

Cuando hayas contestado a las siguientes preguntas, puedes empezar a preguntarte por qué te sientes de la manera que te sientes. Por ejemplo, digamos que contestas que sí a la pregunta «¿Me preocupa que si aparece alguien "mejor", la persona con quien tengo una relación se dé cuenta de que no valgo tanto y quiera reemplazarme?». Eso podría significar que tu autoestima no está lo suficientemente alta para reconocer que quiere estar contigo porque te valora y te quiere; parte de ti puede estar pensando «¡Bueno, no valgo tanto como cree, así que mejor le mantengo lejos de otras personas! Si no, me va a abandonar inmediatamente». El antídoto para esos sentimientos es aumentar tu autoestima y comprender qué es lo que valora en ti.

O digamos que contestas sí a la pregunta «¿Dejaré de ser especial si no soy la única pareja sexual de la persona con quien tengo una relación?». El remedio para esto es comprender que el valor en una relación se deriva de quién eres, no de lo que haces, por lo que, si la persona con quien tienes una relación tiene la misma experiencia con otra persona que la que ha tenido contigo, la sensación de esa experiencia será diferente, porque nadie más es como tú.

- ¿Me preocupa que si aparece alguien «mejor», mi relación se dará cuenta de que no valgo tanto la pena y querrá reemplazarme?

- ¿Tengo dudas sobre el valor que ve en mí? ¿No tengo claro por qué quiere estar conmigo?

- ¿La idea de que la persona con quien tengo una relación tenga más amantes significa que, sea lo que sea que ve en mí, deja de ser válido o que querrá elegir a otra persona en mi lugar?

• ¿Siento que la mayoría de la gente es más atractiva, más guapa, merece más la pena, es más divertida, más inteligente o simplemente mejor que yo, y que no voy a poder competir?

• ¿Creo que si no siento celos, en realidad, no quiero a las personas con quienes tengo una relación?

• ¿Creo que, si mi pareja se enamora de otra persona, me dejará por esa persona?

• ¿Creo que si tiene sexo con alguien «mejor en la cama» que yo, no querrá volver a tener sexo conmigo o que no volverá a necesitarme?

• ¿Es el sexo lo que mantiene nuestra relación unida? ¿Si tiene sexo con otra persona, creo que la relación desaparecerá?

• ¿Creo que otras personas están dispuestas a prácticas sexuales que a mí no me interesan y que por lo tanto preferirá tener sexo con ellas?

• ¿Tengo miedo de que, si tiene sexo con otra persona, comenzará a compararnos cada vez que tengamos sexo?

• ¿Tengo miedo de que cualquier persona que tenga sexo con quien tengo una relación, intentará persuadirla para que me abandone?

Parte 3:

Estructuras poliamorosas

9

Límites

*Atreverse a marcar límites personales
es tener el valor de quererenos,
incluso a riesgo de decepcionar a otras personas.*

Brené Brown

Cuando creamos relaciones, invitamos a otras personas a entrar en nuestros corazones. Les permitimos acceso íntimo a nuestras mentes, nuestros cuerpos, nuestras emociones. Esa intimidad es una de las cosas más maravillosas y profundamente transformadoras que hay en la vida. Cambia quiénes somos. Nos dice que, en la inmensidad del universo, no tenemos por qué estar a solas. Pero eso tiene un precio. Cuando permitimos que entren en nuestro corazón, y cuando nos permiten entrar en el suyo, nos volvemos deliciosamente vulnerables mutuamente. Las personas que elegimos para permitirles entrar tienen el poder de provocarnos una felicidad increíble y de herirnos profundamente. Si vamos a respetar los regalos de intimidad que se nos ofrecen, tenemos la obligación ética de tratarnos mutuamente con cuidado.

En la práctica, eso puede ser muy duro. Incluso cuando solo le permitimos a una persona que nos afecte de manera tan profunda, hay que mantener un equilibrio entre permitir a la persona con quien tenemos una relación ser cómo es y crear unas estructuras en las que nos sintamos a salvo. Cuando tiene acceso a tu corazón más de una persona, ese equilibrio se hace mucho más complicado. Y aterrador.

Aquí, en la Parte 3, sugerimos las estructuras que podemos usar para proporcionarnos seguridad al mismo tiempo que respetamos la humanidad y autonomía de las personas a quienes amamos. Tal como la Parte 2, que comenzaba con un capítulo sobre autocuidados, empieza la Parte 3, porque una estructura poliamorosa segura comienza por ti y tus límites. Primero, expliquemos qué queremos decir con esa palabra, *límites*. Mucha gente usa los términos *reglas, acuerdos* y *límites* indiferentemente. Pero esos términos tienen significados sutilmente diferentes, y tener claras esas diferencias puede ayudar a cortar algunos nudos gordianos de las relaciones.

Cualquier discusión sobre esas tres palabras debe comenzar con los límites, porque los límites tratan sobre ti. Comprender los límites es fundamental para entender los tipos de reglas y acuerdos que podrían multiplicar nuestra felicidad, empoderamiento y sensación de bienestar. (Más sobre este tema en el capítulo siguiente.) No tener unos límites claros puede resultarte muy dañino. Unos límites claros son vitales para construir relaciones sanas. Los límites también son fundamentales para el consentimiento, y las relaciones solo son sanas cuando son consensuadas.

Definiendo límites

Los *límites* tratan de ti: de lo que solamente tú tienes y a lo que el resto puede acceder solo con tu permiso. Como los límites son algo personal, a menudo no nos damos cuenta de que están ahí hasta que se superan. Pero podríamos dividir los límites personales en dos grandes categorías: físicos (tu cuerpo, tu sexualidad) y mentales (tu intimidad, tus emociones, tu afecto).

La mayoría de la gente, a no ser que haya sufrido abusos sexuales, tiene una idea clara sobre cuáles son sus límites físicos. Comienzan donde sentimos que otra persona nos afecta físicamente. Para la mayoría de la gente esto comienza un poco más allá de nuestros límites corporales, lo que llamamos «espacio personal». Cuando marcamos unos límites físicos, estamos ejercitando nuestro derecho a decidir si queremos que se nos acerquen mucho o que nos toquen, cómo y cuándo. Incluso en espacios públicos, cuando no podemos controlar quién entra en nuestro espacio personal, podemos elegir: tenemos el derecho a no estar ahí.

En las relaciones románticas, a menudo negociamos sobre el espacio físico compartido, especialmente cuando convivimos con amantes. Si «tocarnos» en nuestro caso va más allá de nuestra piel, podemos necesitar negociar tener un espacio que podamos controlar. Para alguna gente eso puede ser tener una habitación propia. Para otras, puede ser algo tan simple como pedir un rato tranquilo en el sofá. Si no tienes la capacidad de poder negociar espacio propio cuando lo necesitas, la coerción se ha instalado en tu relación.

Siempre puedes marcar límites respecto a tu espacio personal y tu cuerpo. Si alguien te dice alguna vez que no está bien marcar un límite físico ¡cuidado!, ahí hay un problema, especialmente si es alguien con quien tendrás sexo o que tiene autorización para tocarte.

Tu mente es tu experiencia mental y emocional del mundo, tus recuerdos, tu realidad y tus valores. Cuando interactúas con el mundo, permites que la gente acceda a ese espacio mental. Encontrar los límites de tu mente es más complicado que encontrar los límites corporales. Somos seres sociales, e incluso las interacciones más superficiales incumben a nuestros límites mentales y emocionales. Los límites de la mente son a la vez los que más controlamos y los que son más fáciles de superar por otras personas.

Cuando nos involucramos en relaciones íntimas, abrimos nuestros límites mentales. Permitimos a unas pocas personas que nos afecten profundamente. Eso es bello e increíble, una de las cosas por las que vale la pena vivir. Pero tu mente siempre es tuya, y solo tuya. A las personas con quienes tienes una relación, a tu familia, a tu jefe y a la mujer del supermercado solo les das tu mente en préstamo y, si esa intimidad te está haciendo daño, tienes el derecho a recuperarla. Siempre.

Eso significa que todo el mundo tenemos el derecho fundamental e inalienable de no estar emocionalmente disponibles para quienes no hemos elegido estarlo. Cada cual tenemos el derecho absoluto a elegir con quién tenemos intimidad o con quién no, por la razón que sea o por ninguna razón.

Marcar límites mentales es diferente que marcar límites físicos. Cuando marcas un límite físico, estás ejerciendo un control claro sobre lo que haces con tu cuerpo. «No me toques ahí», por ejemplo, «No te acerques a mí». «Vete de mi casa». Con los límites mentales debemos tener cuidado para no hacer responsables de nuestro estado mental a otras personas. Cuando le decimos a otra persona «No digas o hagas cosas que me molesten», no estamos marcando límites; estamos intentando controlar a personas a quienes ya les hemos permitido ir demasiado lejos superando nuestros límites. Si hacemos a otras personas responsables de nuestras emociones, introducimos la coerción en nuestra relación, y la coerción erosiona el consentimiento.

Cuando hablamos de marcar límites, no estamos hablando de restringir la conducta de otras personas sino solo las conductas que supongan acceder *a ti*. Por supuesto, que decidas dar acceso puede de hecho depender de cómo se están comportando. Algunos ejemplos de límites son:

- No me voy a involucrar con ninguna persona que no sea abierta y honesta con sus otras relaciones respecto a estar teniendo una relación conmigo.

- No tendré sexo sin protección con quienes tengan una conducta sexual que no coincide con mi idea de riesgo aceptable para mi salud sexual.

- No tendré una relación con alguien que no tenga un compromiso respecto al poliamor.

- No voy a permanecer en una relación en la que una persona con quien tengo una relación me amenaza o usa la violencia.

- Elegiré el nivel de intimidad que quiero con las otras relaciones de mis relaciones, con su consentimiento.

La diferencia entre «límites personales» y «reglas que imponemos a alguien» puede parecer solo semántica, pero es profunda. Las *reglas* tienden a derivarse de la idea de que es aceptable, o incluso deseable, controlar la conducta de otra persona o que alguien controle la tuya. Los *límites* se derivan de la idea de que la única persona a quien puedes controlar es a ti.

Sacrificándote

Una manera de dañar una relación es creer que tu propia valía se deriva de con quien tienes una relación o de estar en una relación. Si constantemente estás buscando la confirmación de tu valía por parte de tu pareja, esa persona se convierte en la fuente de tu valor, en lugar de tu igual. Este tipo de codependencia es agotadora para tu pareja y destructiva para ti.

Esto es especialmente probable que suceda si tienes problemas marcando límites. Los límites borrosos pueden llevar a la pérdida de identidad y a la incapacidad para saber dónde terminas tú (y tu responsabilidad para marcar tus propios límites) y dónde comienza la persona con quien tienes una relación. Perder tu identidad abre la puerta a que te puedan manipular o perder tu integridad ética. Y debes de tener una honestidad absoluta contigo si quieres serlo con tus seres queridos. Cuando sientes que «necesitas» una relación, puede que termines teniendo miedo de hacerte oír y hacer valer otras necesidades que puedas tener. Es complicado marcar límites en una relación sin la que sientes que no podrías vivir, porque marcar límites significa admitir que hay cosas que podrían hacer que tu relación se terminase.

LA HISTORIA DE EVE
Probablemente, yo tendría 11 o 12 años cuando comencé a pensar que mi valía iba unida a tener una relación. Cuando era adolescente, mi heroína favorita era Éponine de *Los Miserables*. Su muerte al interponerse para recibir una bala que iba dirigida al hombre que amaba era una de las cosas más románticas que me podía imaginar. Me encantaba (y todavía me encanta) la historia corta de Oscar Wilde «El ruiseñor y la rosa», en la que un ruiseñor da su vida para ayudar a que un

muchacho corteje a su objeto de deseo, que termina rechazándolo de todos modos.

Cuando comencé a aceptar, hace diez años, más o menos, que las relaciones en realidad deben de ser satisfactorias para *mí*, que poner mis propias necesidades (incluso mi propia personalidad) a los pies de mi pareja en realidad no era algo noble ni deseable, esa idea supuso un cambio radical. Casi terminó con mi matrimonio, en dos ocasiones. Y todavía me cuesta.

Por eso necesitaba este poema del amor de Franklin Maxine Green, que descubrí por coincidencia en internet solo unos meses antes de que yo conociese y comenzase mi relación con Franklin:

> *Doy, y tú das, y nos marcamos límites donde paramos.*
> *Marco un límite aquí, ¿lo ves?*
> *Es el punto justo antes de que me duela dar,*
> *porque sé que, si me quieres,*
> *si me quieres como te quiero a ti,*
> *aquí es donde me suplicarías que parara.*

Ese poema, y otras cosas que me sucedieron en torno a esa época, me ayudaron a darme cuenta de que querer a alguien –o darse a alguien– *no* tiene que doler. Y, si lo hace, algo va mal. Pero marcar ese límite puede ser tan, tan duro. Y en esas ocasiones en que debo hacerlo, a menudo las consecuencias resuenan con la misma frecuencia que mi propia culpa y juicio hasta que hacen temblar los cimientos de mis certezas. Para mí, el autosacrificio es un condicionamiento muy, muy interiorizado.

Una forma de autosacrificio está inserta en muchas de las versiones de los cuentos de hadas. Hay muchos mitos tóxicos respecto al amor, pero quizá el peor es «el amor todo lo puede». Ese mito nos hace daño de todas las maneras posibles, como los incalculables millones de horas y lágrimas desperdiciadas por personas que intentan curar, reformar o, si no, cambiar a alguien con quien tienen una relación. Especialmente perniciosa es la idea de que debemos «dar hasta que no podamos más»; de hecho, para alguna gente, la medida de nuestra valía es nuestra capacidad para dar, hasta la última gota de nuestro ser. Eso es un error. El amor no debe doler, y no debemos ni hace falta que nos sacrifiquemos por tener buenas relaciones.

Límites vs. Reglas

Para una persona acostumbrada a ser una comunicadora pasiva (ver capítulo 6), la diferencia entre un límite y una regla puede no estar clara. Desde la comunicación pasiva se pueden imponer restricciones a una de sus relaciones planteando la restricción como un límite, usando el «yo voy a...» del lenguaje de los límites cuando en realidad está usando el «tú vas a...» del lenguaje de las restricciones. La diferencia está en qué sucede si la otra persona no se comporta como queremos.

Por ejemplo, piensa en un límite razonable: «Eres libre de hacer lo que quieras con tu cuerpo con otra gente. Yo soy libre para decidir mi propio nivel de protección de mi salud sexual. Si tienes prácticas que superan mis límites aceptables de riesgo, me reservo el derecho a usar barreras de látex contigo o quizá a no tener sexo contigo de ninguna manera». Si esto es un límite y la otra persona tiene unas prácticas sexuales que superan tus niveles de riesgo, tú valorarás la situación y tomarás las decisiones adecuadas. Podrías decir, por ejemplo, «ya que tú no estás usando protección en tu otra relación, yo usaré protección contigo» y lo harás.

Si, por el contrario, en realidad esto es una *regla* planteada en *términos* de límites, puede que sientas que la otra persona ha hecho algo que no debería haber hecho, o que tú *tienes el derecho* a obligarle a que siempre use condones con otras personas. Si hay recriminaciones, enfado o castigos como respuesta a las decisiones que ha tomado la persona con quien tienes una relación, entonces habías establecido una *regla*, independientemente del vocabulario que uses.

Los auténticos límites reconocen que otras personas toman sus propias decisiones y que no tenemos el derecho (o la capacidad) para controlar esas decisiones. En su lugar, tenemos el derecho y la capacidad para decidir independientemente hasta qué nivel de intimidad queremos involucrarnos.

Compromiso sano

No existen dos personas que tengan las mismas necesidades. Cuando unimos nuestras vidas a otras personas, especialmente en las relaciones románticas, habrá ocasiones en que no podremos obtener todo lo que queremos. La habilidad para negociar con buena fe y buscar el compromiso cuando nuestras propias necesidades y las ajenas entran en conflicto es una habilidad crucial en las relaciones. Para saber cuándo podemos comprometernos y cuándo no, primero debemos conocer nuestros propios límites, que definirán a qué podemos comprometernos.

LA HISTORIA DE EVE
En «La diferencia entre ideales y realidad» (páginas 97-101) conté la historia del primer fin de semana de Peter con Clio en nuestra casa. Hasta entonces, nunca había dedicado tiempo a valorar qué limites podría necesitar. Me sentía tan agradecida por la libertad que tenía con Ray, que quería ser capaz

de devolverle todo inmediatamente. Desgraciadamente, los límites no son transitivos: El trabajo que Peter había hecho para estar cómodo conmigo y Ray, no se traducía en encontrarme igual de cómoda con Peter y Clio.

Estuve despierta la mayor parte de la noche de la primera cita que tuvieron. Pasé el día siguiente en un seminario, pero apenas me pude concentrar. Me fui sintiendo más y más ansiosa, y cada vez más enfadada según fue avanzando el día, pero sabía que Peter y Clio no habían hecho nada malo. Estaba enfadada porque no había cuidado de *mí misma*.

Corrí a mi casa después del seminario y apenas crucé la puerta le pedí a Peter hablar con él a solas. Le conté cómo me había sentido. Tenía cinco peticiones específicas para Clio y él:

- Quería que, inmediatamente después, limpiaran todo rastro de haber tenido sexo, incluyendo las toallas dejadas en el suelo, antes de que yo me despertara y lo viera.

- Quería que Peter usara un albornoz u otra prenda para ir de mi habitación a la que usara para estar con Clio.

- Quería que Peter y Clio se ducharan después de tener sexo y antes de acostarse conmigo (llegamos a ese acuerdo después de la primera noche en que intentamos dormir en la misma cama).

- Si Peter y Clio dormían conmigo en nuestra cama, quería que usaran pijama u otra ropa.

- Quería que Peter volviera a mi cama antes de que se quedara dormido.

Rápidamente dejamos de lado la última, según me fui sintiendo más a gusto y según la relación de Peter y Clio fue haciéndose más profunda. Con el tiempo, también suavicé muchas de las otras peticiones. (Ahora una funda vacía de un condón en el suelo solo provoca una sonrisa socarrona, como mucho.) De todos modos, estas peticiones fueron cruciales en los comienzos de la relación de Peter y Clio, cuando mis emociones intentaban estar a la altura de mi mente racional.

Los mejores acuerdos son los que permiten a todo el mundo cubrir sus necesidades de una forma ética, comprensiva. Por ejemplo, digamos que quieres tener una cita pero la persona con quien tienes una relación quiere que pases más tiempo con vuestras criaturas. Un acuerdo podría ser programar la cita para más tarde, después de que hayas tenido tiempo de colaborar con las tareas escolares de las criaturas y se hayan ido a la cama. Ambos objetivos se cumplen.

Por otro lado, un acuerdo como comprometerse a no tener ninguna otra relación hasta que las criaturas se independicen podría quebrantar algún límite. Si el poliamor es esencial para tu felicidad y parte de tu identidad, ese compromiso requiere dejar de lado parte de quién eres. Con un acuerdo semejante, es razonable preguntarse si «pasar tiempo con las criaturas» se está usando como «quiero una relación monógama, por lo que uso los problemas con las criaturas como una excusa».

Cuando se nos pide un compromiso de manera que requiere que perdamos nuestra capacidad de actuar o de defender nuestras necesidades, ese tipo de acuerdos también amenazan con transgredir nuestros límites. Muchas facetas de nuestra vida se pueden negociar, pero comprometer nuestra autonomía para decidir o nuestra integridad corporal (por ejemplo, acordando tener sexo con una persona con quien podemos no querer tenerlo, o aceptando límites sobre lo que se nos permite hacer con nuestros cuerpos) significa renunciar a tener poder sobre nuestros propios límites.

Límites y personas solteras/polisolteras

Las personas que valoran mucho su autonomía y se acercan al poliamor como «polisolteras» o «autónomas» se enfrentan a circunstancias especiales respecto a los límites. Las relaciones que no siguen la tradicional «escalera mecánica de las relaciones» (citas, mudarse para vivir en pareja, casarse, tener criaturas) son percibidas a menudo como menos importantes, menos serias o menos válidas que las relaciones tradicionales. Por lo que, como era de esperar, esas relaciones a veces no son tratadas como algo serio, incluso en la comunidad poliamorosa. Muchas personas poliamorosas todavía mantienen las expectativas sociales convencionales respecto a cómo «deben» de ser las relaciones.

Por esa razón, las personas que se mueven autónomamente deben marcar sus límites y defender sus necesidades desde el principio. «Es probable que nunca viva contigo, pero aun así considero importante esta relación y quiero sentirme libre para expresar qué necesito y que tengas en cuenta mis necesidades» representa un límite razonable. Como persona soltera o polisoltera, también debes ser clara sobre el valor que la relación tiene para ti y qué compromiso tienes con ella, o si no, podría ser trivializada en la mente de potenciales relaciones que no comprenden tu forma de entender el compromiso.

Una queja habitual de las personas polisolteras es que mucha gente asume que solo están buscando sexo sin compromiso. Como la sociedad une tan estrechamente sexo, relaciones y conectar, ese es un error fácil de cometer. Pero no querer convivir con alguien no significa necesariamente solo querer sexo sin compromiso. Negociar los límites en torno al sexo, en particular las expectativas asociadas a él, es algo importante que ayudará a las personas polisolteras a moverse en la enrevesada maraña de suposiciones que pueden surgir.

Como las personas polisolteras hacen mucho énfasis en la autonomía personal, cosas como el derecho a veto, las jerarquías y las reglas que restringen cómo se permite que crezca una relación son especialmente problemáticas. Irónicamente, la gente que emplea jerarquías prescriptivas y que busca parejas «secundarias» a menudo se siente atraída por personas polisolteras, creyendo erróneamente que, si las polisolteras no quieren las formas de las relaciones convencionales, eso significa que no quieren involucrarse seriamente en sus relaciones. Esa equivocada idea a menudo es dañina.

El modelo «autónomo» también puede tener un lado oscuro. Del mismo modo que la gente que intenta prescribir una determinada estructura de relación puede usar la negociación de límites para controlar a otras personas, quienes prefieren el modelo autónomo pueden usar los límites respecto a su toma de decisiones personales como una manera de evitar responsabilizarse de las consecuencias de lo que hacen. Las decisiones que tomamos son nuestra responsabilidad, pero también lo son las consecuencias. Si enfatizas la autonomía personal hasta el punto de no escuchar las necesidades de tus relaciones, tú no estás marcando límites, solo estás siendo mala persona.

Marcando nuevos límites

Al principio de las relaciones, cuando todo va bien, tendemos a pasar por alto los errores y lo que nos molesta. Nuestras hormonas nos están diciendo que nos fusionemos con nuestras parejas: comparte todo con ellas, ámalas toda la vida. Ahí es cuando es más importante marcar límites para poner unos buenos cimientos duraderos; y cuando es menos probable que los pongamos.

Ahí también es donde puede nacer la codependencia: los patrones que se establezcan ahora pueden afianzarse con los años, nuestras personalidades pueden polarizarse en dinámicas de cuidadora/cuidada (en las que una persona «cuida» de la otra, eliminando su autonomía) u otros patrones poco sanos, y los límites en torno a nuestro sentido de quiénes somos pueden volverse borrosos. Si nos atascamos en una dinámica disfuncional y queremos reclamar nuestra autonomía y restablecer un equilibrio sano en la relación, necesitamos aprender a marcar nuevos límites en relaciones ya existentes.

Incluso en relaciones perfectamente sanas, las personas pueden cambiar. Lo que estaba bien el año pasado puede no estarlo hoy. Cuando las relaciones son buenas, nos hacen mejores, nuestras vidas se hacen más plenas y es fácil olvidarnos de nuestros límites, porque no hay ninguna razón para imponerlos. Pero cuando la comunicación empeora, cuando la confianza se pone en cuestión, cuando nos sentimos fuera de control o muy infelices, y *entonces* intentamos marcar un límite, la experiencia puede ser aterradora.

Marcar un límite nuevo es un cambio, y los cambios rara vez son cómodos. A la persona con quien tienes una relación, el cambio le puede parecer no consensuado. La clave con los límites es que siempre los marcas alrededor de esas cosas que son *tuyas*: tu cuerpo, tu mente, tus emociones, tu tiempo, la intimidad contigo. Tú siempre tienes derecho a regular el acceso a lo que es tuyo. Pero una vez que los límites de quién eres se han vuelto borrosos y se han mezclado con los de la otra persona, marcar límites y definir quién eres puede dar la impresión de estar quitándole algo que había llegado a considerar suyo.

El libro de Harriet Lerner, *Dance of Intimacy*, es una herramienta excelente para quien necesite ayuda para marcar límites en las relaciones. Lerner describe las respuestas de «revertir el cambio» que son comunes cuando se marca un nuevo límite. Cuando establecemos una nueva manera de hacer las cosas, nuestras relaciones buscan la manera de restablecer el antiguo patrón al que se habían acomodado. Los contraataques pueden tomar muchas formas, desde la negación absoluta a las críticas y amenazas con terminar la relación. El truco con los contraataques es no intentar frenarlos, sino permitir que sucedan mientras nos mantenemos firmes en el cambio que hemos hecho.

Y si es *la persona con quien tienes una relación* quien establece un nuevo límite, recuerda que tiene derecho a hacerlo, incluso si significa que está retirando su consentimiento para cosas que había aceptado en el pasado. El cambio puede doler pero la solución no es transgredir esos límites o intentar convencerla de que no haga ese cambio. Nadie debe recibir nunca un castigo por marcar sus límites personales, o por negar o revocar su consentimiento.

Hacer retroceder, amablemente

La gente rara vez supera nuestros límites de forma intencionada, a menos que estemos en una situación de abuso intencionado. De todos modos, la gente a veces los supera por accidente. Debido a eso, los límites necesitan cierta flexibilidad. No pueden ser tan frágiles como para que el más leve roce amenace con terminar la relación. Debe haber cierto margen que considere el hecho de que todo el mundo es fruto de la falibilidad y el error. Necesitamos ser capaces de aceptar cierta dosis de presión, y reafirmar nuestros límites haciéndoles retroceder amablemente. Debemos ser capaces de decir «Eh, preferiría que no hicieras eso», en lugar de «¡Eres un monstruo, cómo te has atrevido!».

Esto es algo que requiere un equilibrio complicado, porque quienes tienen conductas depredadoras y de abuso son hábiles tanteando los límites. Una de las conductas depredadoras es ignorar levemente un «no», para ver cómo respondemos, para buscar otras debilidades y elegir personas que no darán un «no» firme. (Gavin de Becker habla de los «tests» que los depredadores hacen a sus objetivos potenciales en el libro *El valor del miedo*). Protegernos de quienes tienen la intención real de hacernos daño significa tener la voluntad de reafirmar nuestros límites –o de terminar la relación– si nos encontramos con repetidas violaciones de nuestros límites, incluso si permitimos cierta flexibilidad para los casos no intencionados (como los que Eve experimentó al comienzo de la relación de Peter con Clio, descritas anteriormente).

Repentinos cambios de rumbo

Durante años, Franklin ha recibido miles de emails a través de su web sobre poliamor. Algunos de esos emails te parten el corazón: podían comenzar describiendo el tipo de dificultades más comunes que se dan en cualquier relación poliamorosa pero, de repente, se desvían hacia dinámicas extremadamente tóxicas, disfuncionales.

Franklin ha comenzado a llamarlos emails de «giro repentino». Comienzan de manera normal, pero repentinamente, cambian de rumbo y se desvían hacia la ciénaga. En uno de esos emails, una mujer escribía contando que ella y su prometido habían tenido siempre una relación monógama, sin mencionar para nada el poliamor. Pero, después de la boda, su marido le dijo que sentía que la monogamia era dañina, que no era natural (como contaba ella, «él me dijo que la monogamia es una idea aún más pervertida que la homosexualidad» y que «las relaciones monógamas provocaban que se atrofiara la sexualidad») y que él demandaba ser libre para tener otras amantes.

En otro contaba cómo en una pareja que se había abierto al poliamor, el marido le dijo a su esposa: «Si hacemos esto, solo quiero que tengas sexo con mujeres. No quiero que tengas sexo con otros hombres». Como mencionamos antes, es común que los hombres se sientan amenazados por otros hombres y busquen prohibirle a sus parejas tener sexo con otros hombres. En este caso, de todos modos, la mujer se identificaba como heterosexual. Su pareja le demandaba que se hiciera bisexual.

Un problema habitual que Franklin se ha encontrado son muchos emails de personas en una relación poliamorosa –normalmente la pareja de alguien que ha empezado a tener citas con una nueva persona– que se sienten inseguras. La inseguridad se puede dar en cualquier relación, por supuesto. En estos casos, de todos modos, la persona insegura intenta manejar la inseguridad demandando leer cada email y mensaje de texto con su nueva relación, oír todo lo que hablan (a veces incluso escuchando sus llamadas telefónicas) y se enfada muchísimo ante la sugerencia de que podrían querer tener algo de privacidad.

Casi todos esos emails terminan con «¿Eso es normal? Si soy una persona poliamorosa, ¿quiere decir eso que debo aceptarlo?». No, no lo es. Y no, no debes. El poliamor es un fenómeno cultural relativamente nuevo. Nuestra sociedad tiene mucha experiencia con la monogamia, por lo que las señales de coacción o abuso en una relación monógama son bien conocidas. En el poliamor, estamos abriendo un nuevo camino. Pocas personas tienen experiencia significativa en el poliamor, por lo que las señales que advierten del peligro pueden no ser tan claras.

Hay muchas señales de una dinámica relacional dañina, pero la más inconfundible es el miedo. *¿Por qué siento tanto miedo en esta relación, si no existe un peligro físico inminente?* Si te encuentras haciéndote esta pregunta, repasa tus límites. ¿Sabes cuáles son? ¿Cuánto poder le has dado a otras personas para que afecten a tu bienestar, a tu autoestima, incluso a tu deseo de vivir? Recuerda, cuando le das a alguien el poder de afectarte y meterse en tu mente, solo estás prestando lo que te pertenece. Si sientes miedo, has dado demasiado. Cuando miras atrás, ¿ves cuáles fueron tus decisiones? ¿Es una opción viable dejar la relación? ¿Es una opción viable cambiar la relación? ¿Es posible establecer nuevos límites? ¿Qué puede suceder si dices «no»?

Es inquietante cuando una relación se ha permeado con el miedo, pero a menudo esa es la trayectoria de las relaciones en las que no hay consentimiento. Comienza cuando empiezas a adaptarte a tus miedos en lugar de abrir los brazos a tus sueños. Vemos muchas relaciones que se rompen por tristeza, enfado, dolor y sentimientos de traición. Pero el miedo es peor.

Si, por otro lado, la persona con quien tienes una relación ha comenzado a expresar cuáles son sus nuevos límites contigo, la ética y la decencia demandan una respuesta comprensiva. Recuerda que la gente expresa sus límites para autoprotegerse, y todo el mundo tenemos derecho a hacerlo. Acceder al cuerpo y mente de otra persona es un privilegio, no un derecho. Nadie debe recibir nunca un castigo por expresar sus límites o revocar su consentimiento.

Límites y salud psicológica

Un espacio en el que los límites de cualquier relación romántica pueden volverse especialmente complicados de manejar es en asuntos relativos a la salud mental. Todo el mundo tenemos derecho a marcar todos los límites que queramos, y eso incluye límites respecto a relaciones con asuntos relacionados con su salud mental. No siempre queremos admitirlo, pero así es. Una persona que fue criada por una persona alcohólica, puede ser sensible al manejo de temas relacionados con la drogodependencia, por ejemplo, y podría marcar el límite de que no tendrá relaciones con personas que beban alcohol o consuman drogas.

Esa es una decisión que cualquiera tiene derecho a tomar. Podemos negarnos a entrar en una relación por la razón que sea. Eso se extiende a la salud mental. Tenemos el derecho a decidir si queremos tener –o continuar– una relación con alguien que sufre depresión, ansiedad o cualquier otro problema psicológico. Aunque el estigma en torno a los asuntos relacionados con la salud mental debe ser confrontado, y siendo esencial la empatía y la comprensión con quienes se enfrentan a dichos problemas, no es obligatorio que sigamos manteniendo una relación íntima con alguien que sufre una problema de salud mental que pueda comprometer nuestro bienestar. Esa es una decisión que debe tomar cada cual.

Cuando tenemos esos límites, es nuestra responsabilidad manifestarlos, preferiblemente antes de que el corazón de otra persona esté en juego. No podemos esperar, con este o cualquier otro tipo de límite, a que la gente adivine nuestros límites.

Y si se habla de un límite que sabemos que se aplica en nuestro caso, es también nuestra responsabilidad decirlo, incluso cuando es complicado. A menudo los problemas de salud mental están rodeados de murallas de vergüenza y culpa; no es fácil hablar de ellos. Pero de nuevo, la gente no nos puede dar su consentimiento para comenzar una relación si ese consentimiento no es informado. Si una relación potencial ha expresado un límite sobre este tema y no te parece seguro compartir con ella tu historia sobre problemas de salud mental o drogodependencia, no pasa nada, pero sigue siendo éticamente necesario decirle a esa persona «creo que no somos compatibles».

De todos modos, no podemos garantizar que alguien con quien tenemos una relación nunca tendrá un problema de salud mental en el futuro. Si te sucede, es razonable pedirle ayuda y apoyo a la persona con quien tienes una relación. Pero recuerda que con quien tienes una relación no es tu terapeuta. Esperar que lo sea es probable que coloque una pesada carga en esa persona y en la relación, y probablemente no te ayude a superar problemas serios. Hablar con profesionales de la salud mental te ayudará mucho más.

Tener, y ser capaz de reafirmar, unos buenos límites personales es un prerrequisito fundamental para el siguiente paso: crear relaciones poliamorosas satisfactorias, negociar acuerdos y reglas. Solo entendiendo de manera clara dónde están tus propios límites podrás esperar llegar a acuerdos en tus relaciones que cubran tus necesidades al mismo tiempo que respetan las necesidades de todas las personas involucradas.

#ALGUNAS PREGUNTAS QUE PUEDES HACERTE

Si tienes dudas sobre si un problema es simplemente algo normal o si, en cambio, indica la violación de un límite, hazte estas preguntas. Un sí a cualquiera de ellas es señal de problemas:

- ¿Me está pidiendo la persona con quien tengo una relación que ceda el control de mi autonomía, mi cuerpo o mis emociones?

- ¿Me están pidiendo que consienta algo de una manera que no me permite retirar mi consentimiento más adelante?

- ¿Me da miedo decir que podría querer dejar esta relación?

- ¿Me da miedo decir «no» o no estar de acuerdo con una de mis relaciones?

- ¿Está alguien amenazando mi bienestar, seguridad o medios de subsistencia?

- Las decisiones sobre mis acciones o el acceso a mi cuerpo ¿se están tomando sin mi participación o consentimiento?

- ¿Se me está pidiendo participar, o ser cómplice, en algo que considero deshonesto o poco ético?

- ¿La persona con quien tengo una relación hace que yo tenga una peor imagen de mí?

- ¿Se me está pidiendo que deje de relacionarme con mis amistades o mi familia?

- ¿Siento que no puedo esperar tener privacidad en mis otras relaciones?

- ¿Siento que me considera inferior a ella o a sus otras relaciones?

- ¿Se me pide que «respete» a la persona con quien tengo una relación o a sus otras relaciones pero siento que ese respeto no es recíproco?

- ¿Me da miedo expresar mis límites? ¿Tengo la sensación de que no serán respetados?

- ¿Se me trata como un complemento, o una extensión de las otras relaciones de con quien tengo una relación, más que como una persona en todo su derecho?

10

Reglas y acuerdos

*Una relación íntima es en la que ningún miembro de la misma
se tiene que callar, sacrificar, o traicionar a sí mismo,
y en la que cada cual expresa fortaleza y vulnerabilidad,
debilidad y capacidad de forma equitativa.*

Harriet Lerner

Una de las preguntas que a menudo hacen las personas nuevas en el poliamor es «¿Qué tipo de normas debemos tener?». Esto es especialmente cierto cuando se están abriendo a partir de una relación previa. El asunto de las reglas es complicado, cargado de emociones. A muchas personas les parece muy importante el tema de las reglas en las relaciones poliamorosas. Reglas que funcionan, reglas que no funcionan, alternativas a las reglas, diferencias entre reglas y acuerdos: son asuntos que vemos detalladamente en los siguientes capítulos.

Para la mayoría de la gente, la monogamia viene con una serie de expectativas y reglas por defecto. Algunas no están especialmente claras –por ejemplo, algunas parejas monógamas consideran que flirtear sería romper el acuerdo, mientras que otras no– pero en general, conocemos las expectativas de la monogamia. Es tentador, por lo tanto, preguntarnos «Vale ¿y cuáles usamos para el poliamor?».

Esta aproximación funciona para alguna gente, pero tiene ciertos peligros pensar en las relaciones en términos de reglas. Por ejemplo, a menudo oímos a la gente decir «Cualquier regla es válida si ambas partes están de acuerdo». Esa frase demuestra lo obstinadamente que se adhieren las creencias sobre la monogamia y las relaciones de pareja, incluso en las comunidades en las que se practica ostensiblemente la no monogamia. Ese enfoque asume que solo hay dos personas, que esas dos personas negociarán entre ellas (pero con nadie más), que sus necesidades son lo más importante, que tendrán el control de la situación y que pueden tomar decisiones respecto a cualquier persona que se involucre con cualquiera de las dos sobre la mejor manera de construir relaciones.

Os animamos a desarrollar una aproximación a las relaciones que le dé voz a todas las personas involucradas.

Muchas personas que comienzan a tener relaciones poliamorosas también quieren saber «¿Cómo puedo evitar que cambien las cosas? ¿Y qué garantías tengo de que las cosas no van a ir mal?». Las reglas son habitualmente un intento de dar respuesta a esas preguntas. Las respuestas que damos son: «No puedes, y no tienes ninguna. Y no pasa nada».

Antes de ponernos con ello, es útil aclarar la diferencia entre una *regla o norma* y un *acuerdo*. Reglas, acuerdos y límites, son, básicamente, mecanismos para cambiar la conducta. La diferencia es cómo lo hace cada una de esas cosas, qué expectativas conllevan, cómo se crean y a quién se aplican.

Los acuerdos incumben a todas las personas involucradas

En nuestro caso, usamos la palabra *acuerdos* para referirnos a códigos de conducta negociados y puestos en práctica entre varias personas relacionadas entre sí. Un acuerdo es un pacto negociado por *todas* las partes afectadas. Algo negociado entre un grupo de gente –una pareja, por ejemplo– y luego planteado como una propuesta de lo-tomas-o-lo-dejas a otras personas no es un acuerdo como lo definimos aquí: a eso lo llamamos *regla* o *norma*. Si Edouard dice «No quiero que pases toda la noche con otra persona», y María dice «De acuerdo», eso no es un acuerdo, porque afecta a la otra relación de María, Josef, a quien no se le consultó. Si su voz está ausente en las negociaciones, Edouard y María han establecido una norma.

Los acuerdos también permiten ser renegociados por cualquiera de las personas afectadas. Un acuerdo que no permite renegociar es más parecido a una norma. Un acuerdo que es vinculante para personas que no lo negociaron, *es* una regla. Estos son algunos ejemplos de acuerdo:

- Si alguien quiere pasar la noche con otra persona, se lo dirá al resto previamente, de manera que podamos discutirlo.

- Si alguien quiere tener sexo sin protección con alguien, hablaremos todo el grupo sobre nuestra historia sexual, sobre riesgos y sobre pruebas médicas antes de tomar una decisión.

- Hablaremos inmediatamente de cualquier situación que nos parezca amenazante, en lugar de esperar a que pase.

- Nadie comenzará nuevas relaciones mientras tengamos problemas en nuestras propias relaciones.

- Negociaremos nuestros límites respecto al sexo seguro con cada una de nuestras nuevas relaciones.

- Pondremos la información sobre nuestra salud sexual a disposición de las nuevas relaciones que lo pidan.

Incluso cuando las negociaciones incluyen a todas las partes, se debe tener cuidado para hacer las negociaciones equitativas para todo el mundo. Las relaciones de poder casi nunca están distribuidas de manera equitativa. Cuando una nueva persona comienza una relación con una o más personas que ya tienen una relación, quien acaba de llegar probablemente tenga menos poder que el resto. Es probable que se lleve la peor parte de sus desacuerdos o cualquier enfado entre ellas. En una negociación ética, cualquier persona con un poder desproporcionado debe negociar con consideración, en lugar de usar ese poder para presionar a otras personas para que «lleguen a un consenso».

Las reglas imponen restricciones sin negociación

Tal como usamos el término en este libro, las *reglas* o *normas* son limitaciones vinculantes impuestas sobre la conducta de alguien que no se pueden negociar. Incluso cuando una regla es aceptada, es un mandato que solo puede ser obedecido o romperse. Es algo asumido que romper las reglas tiene consecuencias, como la pérdida de la relación.

Los acuerdos a veces se convierten en reglas. El elemento definitorio de una regla es la restricción impuesta a alguien sin su participación ni negociación. Un ejemplo trivial de regla es que Eve y Peter no permiten que la gente use zapatos en su casa. Todo el mundo que visite su casa debe cumplirla. La consecuencia de romper esa norma es que probablemente no te vuelvan a invitar. Algunos ejemplos de normas poliamorosas que hemos visto usar a otras personas o que intentaron aplicar son:

- Nunca pasaremos la noche en la casa de otras relaciones; siempre volveremos a casa a dormir.

- Siempre usaremos protección cuando tengamos sexo con otra persona.

- Nunca nos referiremos a otra de nuestras relaciones con los apelativos cariñosos que usamos en nuestra relación.

- Podemos tener sexo con otras personas, pero no querremos a otras personas tanto o más de lo que nos queremos en nuestra relación.

- No iremos con ninguna otra de nuestras relaciones a nuestro restaurante favorito.

- Si uno quiere que el otro deje su relación con una tercera persona, lo haremos (Esto se llama «veto» y lo tratamos en el capítulo 12).

- No tendremos sexo con otras personas en determinadas posturas o si el otro no está presente.

- Solo tendremos relaciones con personas dispuestas a tener una relación a tres contigo y conmigo (o el número de personas que seamos).

- Solo tendremos relaciones con personas dispuestas a ser exclusivas contigo y conmigo (o con todo el grupo).

Estas normas pueden resultar muy parecidas a los acuerdos enumerados en la sección anterior. Tanto estas normas como esos acuerdos se formulan con la primera persona del plural. La diferencia está en que todas las reglas enumeradas aquí afectan materialmente a una tercera persona que no tiene un papel en la negociación de las mismas, y esa persona debe aceptarlas o dejar la(s) relación(es).

La ausencia de autonomía personal es la prueba definitiva para saber si algo es una norma o un acuerdo. ¿Están todas las personas afectadas empoderadas para que se escuchen sus objeciones? ¿El resto tomarán esas objeciones en serio o se rechazarán las objeciones de algunas de esas personas? ¿Qué sucede si alguien quiere una estructura que no funciona para otra persona? ¿Son posibles la negociación y el acuerdo mutuo o la única alternativa es abandonar la relación? Los acuerdos empoderan a las personas involucradas, mientras que las normas imponen los desequilibrios de poder.

En la práctica, no siempre es posible hacer que otra persona se sienta empoderada. Es más, hemos visto que en muchas ocasiones es la persona que se siente desempoderada la que insiste en usar reglas, y más adelante ve sus intentos de negociar o modificar esas reglas como una evidencia más de su desempoderamiento. Las emociones no siempre son congruentes con la realidad.

Nunca hemos conocido a nadie que invente las reglas lanzando un dado o sacando palabras de un sombrero. Una regla se crea para resolver un problema o cubrir una necesidad. De todos modos, crear normas se puede complicar enseguida, porque es muy fácil confundir *necesidades* con *emociones*. Una persona que dice «No quiero volver a pasar la noche con ninguna otra de mis relaciones» puede pensar que la regla cubre una necesidad, como «Necesito despertarme a tu lado por la mañana». Pero si examinamos esa necesidad, puede ser en realidad «Siento soledad cuando me despierto sin ti a mi lado». La regla está pensada para evitar que se desencadene una emoción negativa, en este caso el sentimiento de soledad. El asunto real –«Siento soledad cuando me despierto a solas»– no está siendo atendido.

Ocuparse de la necesidad («¿Cómo podemos hacer para asegurarnos de que yo comprenda cuánto me valoras?»), en lugar de la acción, abre la puerta a encontrar maneras de resolver el problema sin imponer reglas.

Cómo los acuerdos se transforman en reglas

Cuando alguien explica por qué necesita una *regla,* te está diciendo algo sobre sus miedos. Por eso no es una sorpresa que los acuerdos se conviertan en reglas cuando se basan en miedos. A menudo sucede así: las personas en una relación –a menudo una pareja– se sientan a negociar un conjunto de acuerdos para una relación. En este punto, no hay nuevos miembros de la relación, por lo que las personas negociando los acuerdos rara vez tienen en cuenta el efecto que esos acuerdos tendrán en otras personas. Entonces aparece una nueva persona. Los miembros de la relación le presentan el acuerdo a la nueva persona con la esperanza de que lo acepte. Esa nueva persona se ha involucrado poco en la relación por el momento –y puede que tenga poca experiencia en poliamor y desconozca otros modelos– así que acepta.

Después de un tiempo, una o más de las personas que originalmente crearon el acuerdo sienten algún tipo de inseguridad o amenaza. La nueva persona es acusada de romper el acuerdo, a veces de forma sutil, con una versión más creativa. Los anteriores miembros de la relación o bien rompen la relación con la nueva persona basándose en su infracción o usan la infracción para justificar la imposición de mayores restricciones. «Bueno, ella lo había aceptado ¿verdad? ¿Qué le da derecho a quejarse ahora?».

Cuando las cosas van mal –cuando un acuerdo está perjudicando a alguien o no está teniendo el efecto buscado y necesita ser renegociado–, decir «¡Pero si tú lo aceptaste!» es seguir hurgando en la herida (y nunca ayuda a resolver el problema). Al comienzo de una relación, aún no nos hemos involucrado emocionalmente en ella y no sabemos cómo va a evolucionar. Por eso es fácil aceptar reglas o acuerdos que, más adelante, cuando nos hemos hecho más vulnerables y nos hemos involucrado más emocionalmente, se pueden volver muy dolorosos.

LA HISTORIA DE FRANKLIN

Yo tenía un acuerdo con mi esposa, Celeste, por el que no conviviríamos con ninguna otra de nuestras relaciones. Este acuerdo se le presentó a todas mis nuevas relaciones, incluyendo a Bella y Amber. Ambas lo aceptaron, ¿por qué iban a negarse? Al comienzo de una relación con alguien, llegar a convivir a menudo parece algo vago y lejano.

Así que ellas lo aceptaron fácilmente. Todavía no se habían involucrado emocionalmente, no existía aún el deseo de una vida compartida. La prohibición de convivir no se convirtió en algo doloroso hasta mucho más tarde; en el caso de Bella, años más tarde. Una vez que habíamos construido una relación amorosa y profunda, apareció ese deseo de una vida compartida. Y el acuerdo que yo tenía con Celeste no permitía eso. El hecho de que Bella y Amber hubiesen aceptado esa restricción desde el primer momento no cambiaba el hecho de que ellas no podían expresar sus necesidades cuando la naturaleza de la relación cambió. A Bella nunca se le permitió renegociar ese acuerdo, y nuestra relación sufrió por ello. Al final se terminó. Después de intentar durante diez años mantenerse dentro de las limitaciones de mis acuerdos con Celeste, Bella encontró que era demasiado doloroso seguir conmigo.

La verdad, que nunca reconocimos directamente, es que mi acuerdo con Celeste tenía menos que ver con compartir el mismo techo que con evitar ciertos tipos de relación. Mi relación con Bella fue dolorosa y limitada porque la auténtica intención de los acuerdos, nunca manifestada, la razón por la que esos acuerdos eran importantes para Celeste, era que ella no quería que yo tuviese una relación con una intensidad e importancia similar a la que tenía con ella como para que yo *quisiera* vivir con otra de mis relaciones. Los acuerdos consiguieron, de manera encubierta, lo que una frase directa no podría hacer abiertamente: crearon un entorno tan inflexible, tan hostil a la intimidad que las relaciones cercanas, íntimas, sufrieron por ello.

Las reglas que se espera que sean aceptadas por nuevas relaciones, en las que tienen poco o nada que decir, raramente dan espacio a las nuevas relaciones para que se desarrollen. A veces esas reglas están diseñadas de forma deliberada para mantener las nuevas relaciones alejadas del agua y la luz natural, forzándolas a permanecer atrofiadas o directamente a marchitarse.

Nunca es posible sentir seguridad absoluta en una relación cuyas estructuras se han construido sobre el miedo. Incluso si cumples todas las normas, o te es fácil respetarlas, en algún momento serás plenamente consciente de que los miedos de la otra persona son la fuerza motriz de la relación. Si llega el día en que esa persona tiene miedo de ti, cuidado.

En casos extremos, las reglas se convierten en herramientas de chantaje emocional. Constituyen un contrato que especifica actos de traición y a la persona que rompe las reglas se le otorga el papel de la mala de la película. Los sistemas basados en reglas juzgan la personalidad de la gente en función de su respeto de esas normas. Cuando las reglas se usan como una herramienta para atacar la personalidad de alguien –especialmente cuando esos ataques se basan en interpretaciones creativas de las reglas–, se vuelven una forma invisible, pero extremadamente corrosiva, de maltrato emocional.

Alternativas a las reglas

Algunos de los artículos más controvertidos (y populares) de Franklin tratan de lo que él llama «relaciones-basadas-en-reglas». Su escepticismo respecto a las reglas ha llevado a mucha gente a pensar que se opone a ellas en todos los casos. Por eso queremos dejar claro que, cuando hablamos de relaciones que no estén basadas en reglas, no estamos hablando de relaciones sin normas. Más bien, estamos hablando de relaciones que no intentan manejar los asuntos emocionales o relacionados con la seguridad de sus miembros mediante reglas.

Mucha gente dice «Necesito reglas en mi relación», pero cuando se les pregunta por qué, rápidamente se vuelve obvio que lo que necesitan es, en realidad, algo completamente diferente. Normalmente, es algo como seguridad o estabilidad, una sensación de empoderamiento, predictibilidad o seguridad. Y todas esas necesidades son razonables. Lo que no es tan obvio es que es posible tener esas cosas sin reglas.

Es habitual mezclar reglas con necesidades, porque vivimos en sociedades que nos enseñan que necesitamos estructuras externas y autoridad para que actuemos como personas civilizadas. Mucha gente hemos interiorizado la idea de que la única manera en la que podemos confiar que otras personas se comporten con generosidad, responsabilidad, respeto y comprensión es creando rígidos códigos de conducta que les obliguen a ello. Tenemos la idea de que si la gente tomara las decisiones solo basándose en su autonomía personal, las responsabilidades serían ignoradas y la generosidad desaparecería.

En realidad, las relaciones sin reglas (normalmente) distan mucho de ser un caos en el que todo el mundo hace lo que quiere sin importarle nadie más. Más bien, si te fijas en esas relaciones, tienden a mostrar altos niveles de comunicación, negociación, empatía y comprensión. ¿Te sorprende? A menudo pensamos que «reglas» y «compromiso» son casi lo mismo: demostramos nuestro compromiso aceptando unas normas que limitan nuestra conducta. Desde ese punto de vista, puede ser difícil incluso imaginar cómo podría llegar a ser una relación sin normas, excepto quizá una que se base en «sálvese quien pueda».

Las relaciones, especialmente en las que se cohabita, a menudo suponen muchos compromisos y responsabilidades. Alguien podría pensar «¿Cómo me puedo asegurar de que mi criatura va a ser recogida de la escuela si no tengo una regla que obligue a la persona con quien tengo una relación a estar en casa antes de las 3:30 a.m. entre semana? Si no existe una regla que prohíba las citas hasta la madrugada, ¿cómo sé que será capaz de levantarse por la mañana para ir a trabajar?». Y la respuesta es: «No puedes». Pero, si esa persona tiene la intención de ignorar compromisos y responsabilidades, ¡probablemente *tiene la misma intención de ignorar las reglas*!

Para comprender las relaciones que no se basan en normas, necesitamos volver a dos de los temas que enfatizamos en este libro: confianza y límites. Tienes que confiar en que tus relaciones quieren cuidarte, que teniendo la libertad de hacer lo que deseen, tomarán las decisiones que respeten tus necesidades y sus compromisos. Dar ese nivel de confianza a alguien puede dar miedo. Las reglas pueden dar la sensación de ser más seguras. Pero no lo son. Y ocultan los problemas reales. Hablar de las cosas que necesito puede dar miedo y hacerme sentir vulnerable; es más fácil decir «Quiero que estés de vuelta en casa todas las noches antes de medianoche» que decir «Siento soledad cuando me despierto en una cama vacía en la que no estás. ¿Cómo podemos trabajar en ello para manejarlo?».

Andrea Zanin, en su blog sobre poliamor, comentaba: «Las reglas tienen una relación inversamente proporcional con la confianza. Están pensadas para obligar a una persona a cumplir los deseos de otra. Están pensadas para controlar. Yo te limito a ti y tú a mí, y así sentiremos más seguridad». El problema con las reglas es que nunca podemos obligar a nuestras relaciones a que las cumplan. Una persona con quien tienes una relación en quien no puedes confiar para que cubra tus necesidades es alguien en quien tampoco puedes confiar para que cumpla tus normas. Lo que necesitas es una persona en la que poder confiar. Y necesitas ser alguien en quien se pueda confiar.

A veces las reglas intentan compensar unos límites precarios. Hemos hablado con muchas personas que usan las normas para «evitar dramas» o para protegerse de alguien que podrá querer «separarles». Creemos que esas reglas no son necesarias si conocemos, tenemos y reafirmamos unos sólidos límites propios. Nadie puede hacer que la persona con quien tienes una relación y tú os separéis, o involucraros en un drama, si no estáis de acuerdo con ello. Si puedes decir, simplemente, «No, no quiero participar en esta dinámica», o «He decidido seguir con esta relación. No tengo interés en disolverla», entonces no necesitas confiar en estructuras o normas que lo hagan por ti.

En realidad, tanto si decides confiar en poner reglas o acuerdos o si decides defender tus necesidades dándole a tus relaciones la oportunidad de ocuparse de ellas, una relación no va a prosperar si con quienes tienes una relación no quieren invertir en ella. Si no se puede confiar en ellas para hacer que la relación funcione, no funcionará, olvídate de las reglas.

Las reglas como «ruedas auxiliares»

Otra idea habitual en la comunidad poliamorosa es la noción de que las reglas son como las rueditas auxiliares de una bicicleta, una manera de aprender las habilidades necesarias para manejarse en las relaciones poliamorosas sin que resulten amenazantes. Una persona (o más a menudo, una pareja) puede comenzar con una lista de normas muy restrictivas, pensando que aprenderán a confiar en otras personas viendo cómo obedecen a esas restricciones. Una vez que la confianza se ha creado, las reglas pueden irse relajando gradualmente.

Esta idea puede haberse hecho popular observando que muchas relaciones poliamorosas que han funcionado parecen haber evolucionado de esa manera. Una pareja, o un grupo, a veces comienza haciendo un largo y detallado acuerdo de relación, con muchas páginas de reglas y especificaciones, y posteriormente, se renegocia, se hace más sencillo y más general, hasta que un documento de diez páginas se ha condensado en algo como «Usa el sentido común. Sé amable. Asume tus responsabilidades. No seas mala persona». Si esa relación funciona, hace que esa estrategia aparezca como la perfecta y escriben sobre ello con orgullo en su blog.

En realidad, creemos que la popularidad de esa idea confunde causa y efecto. Al ser personas amables que asumieron sus responsabilidades, no necesitaron diez páginas de normas. Y si no hubieran sido personas consideradas con el resto, esas reglas no les habrían ayudado.

Las reglas entendidas como ruedas auxiliares son una idea tentadora. Sirven de justificación para un modelo de relación poliamorosa altamente restrictiva, pero también prometen que, algún día, ya no serán necesarias. Incluso nos han dicho que las relaciones poliamorosas empoderadas solo son una opción para personas que tienen mucha experiencia en el poliamor o un estilo de apego seguro. Todo el resto de personas que están empezando se supone que necesitan la tranquilidad que dan las normas para llegar a sentir la confianza que lleva al nirvana poliamoroso.

El mayor problema de la metáfora de las «ruedas auxiliares» es que trata a la gente como cosas. En el caso de una pareja, están diciendo a sus nuevas relaciones, «No nos fiamos totalmente de vuestras intenciones, y no tenemos las habilidades necesarias para trataros bien, porque lo que os vamos a usar como entrenamiento para aprender a tratar bien a nuestras relaciones futuras». La idea es que, si no confías en la persona con quien tienes una relación, la manera de confiar más es limitarla, y limitar a cualquier persona que se relacione con ella.

Pero no todo el mundo aprende a montar en bicicleta usando ruedas auxiliares. Algunas personas incluso creen que confiar en esas ruedas inculca malos hábitos que deben desaprenderse cuando llega el momento de retirarlas. En las relaciones poliamorosas, usar las reglas para evitar enfrentarse a problemas complicados como los celos y la inseguridad puede provocar que aprendamos algunos hábitos realmente malos para las relaciones. Incluso en las mejores circunstancias, hablar de nuestros miedos e inseguridades es duro. Cuando hablamos de nuestra fragilidad, nos exponemos y hacemos vulnerables, y eso es incómodo. Confiar en las reglas para manejar esos sentimientos nos enseña que no tenemos que hablar de ellos, lo que impide que aprendamos las habilidades necesarias para encontrar soluciones duraderas.

El único objetivo de muchas normas en las relaciones es evitar los riesgos. Si ya tenemos una relación cuando comenzamos a explorar el poliamor, es natural decir «Me gustaría proteger la relación que ya tengo, por eso quiero explorar el poliamor sin correr riesgos». Si llegamos al poliamor cuando no tenemos pareja, es natural decir «Quiero proteger mi corazón, por lo que, cuando tenga una nueva relación, le voy a pedir que no haga nada que me parezca amenazante».

Desgraciadamente, cuando buscas reducir riesgos imponiendo restricciones a la conducta de otras personas, les transfieres esos riesgos. Haciendo eso estás diciendo: «Quiero explorar el poliamor pero no quiero asumir ningún riesgo, por lo que se lo voy a transferir a mis nuevas relaciones, pidiéndoles que sean abiertas y vulnerables al mismo tiempo que limito el nivel hasta el que pueden defender sus necesidades». Creemos que esa manera de hacerlo es tratar a la gente como cosas.

Sabemos que estamos esperando mucha valentía por tu parte al sugerirte que comiences a explorar el poliamor sin depender de las normas para sentir más seguridad. Parece que el secreto para tener relaciones sanas y activas tiene su origen en la valentía. Olvida las ruedas auxiliares. Olvídate de intentar pensar en las reglas correctas que te den seguridad para siempre; no existe la seguridad para siempre. En su lugar, explora el mundo buscando tratar a otras personas con empatía cuando te relaciones con ellas. Intenta dejar a la gente mejor que cuando la encontraste. Comunica tus necesidades. Comprende y protege tus límites. Y busca a personas que hagan lo mismo. Confía en ellas cuando te digan que te quieren; cuando existe comunicación y empatía, no necesitas normas para sentir seguridad. No aprendemos a comportarnos con empatía quitándoles derechos a otras personas; aprendemos a comportarnos con empatía practicando la empatía.

Normas limitadas en el tiempo

A veces las reglas pueden ser útiles, incluso necesarias. Cuando te has hundido en la mierda, a veces necesitas librarte de toda la mierda durante un rato.

Reconocemos que el trabajo necesario para llegar a ser una persona segura de sí misma es *duro*. En algunas situaciones, las reglas que son específicas, de alcance limitado y, sobre todo, limitadas en el tiempo, pueden ser herramientas valiosas para resolver problemas. Si hay algo que hacen las personas con quienes tienes una relación y no lo puedes soportar, pedirles que dejen de hacerlo temporalmente te puede dar el espacio emocional para que puedas procesar lo que está pasando realmente.

LA HISTORIA DE EVE

Cuando empecé mi relación con Ray, Peter y yo teníamos unos límites extremadamente estrictos respecto al sexo seguro, lo que incluía protección para dar y recibir sexo oral. Después de un par de meses, y después de que Ray y yo nos hubiéramos intercambiado los resultados de nuestros análisis de ITS, yo quería dejar de usar protección para el sexo oral, pero a Peter no le parecía seguro. Me informé y compartí con Peter lo que me parecía información fiable que mostraba lo bajo que era el riesgo de que me contagiara de lo que fuera con Ray durante esas actividades, pero aun así Peter seguía sin sentirse cómodo con ello.

Me confesó que lo que le resultaba incómodo eran las implicaciones emocionales de que Ray y yo tuviéramos sexo oral sin protección. Acepté seguir usando protección con Ray, si Peter aceptaba trabajar en su bloqueo emocional respecto a ese tema. Aceptamos revisar el acuerdo dos semanas más tarde.

Dos semanas más tarde nos sentamos para hablar de ello. Peter dijo que había trabajado sobre su preocupación acerca de que yo tuviera ese tipo de sexo con Ray, y nuestra relación continuó.

Aplicar reglas limitadas en el tiempo puede ser útil en situaciones específicas, pero también suponen un riesgo: cuando estamos a gusto en una situación, tendemos a querer mantenernos ahí. Por eso recomendamos añadir una cláusula de caducidad a toda regla: una manera es decir «Dentro de tres semanas (o el período de tiempo que sea), revisaremos este asunto». Y se apunta en el calendario. ¿Cuánto tiempo? Depende de las circunstancias y de las personas, pero en líneas generales, para la mayoría de la gente, una semana es un plazo demasiado corto y un año, demasiado largo.

Una cláusula de caducidad no significa que tengas una fecha límite para solucionar tu problema emocional. Es simplemente la promesa de revisarlo y renegociarlo. Le estás pidiendo a quienes tienen una relación contigo que confíen en que tienes la voluntad de trabajar en cualquiera que sea el problema que subyace ahí. Estás pidiendo a tus relaciones que confíen en que tú no seguirás prorrogando esa regla cada tres semanas hasta el infinito. Tus relaciones *te están pidiendo a ti* que confíes en que ellas quieren ayudarte a solucionar ese problema, que tienen la voluntad de darte el espacio que necesites para trabajar sobre ello.

¿Están las normas al servicio de la gente?

Es extremadamente fácil terminar priorizando las normas de una relación frente a la felicidad de las personas involucradas. Creemos que es importante recordar el axioma ético: *Las personas que forman parte de una relación son más importantes que la relación.* Sacrificar la felicidad de seres humanos para cumplir con unas normas, en lugar de hacer que esas normas sirvan a las necesidades de esas personas, nos aleja de vivir vidas alegres y satisfactorias, en lugar de acercarnos a ello.

LA HISTORIA DE FRANKLIN

Celeste y yo acordamos unas normas que imponían sólidas restricciones sobre mí y mis relaciones. Incluso cuando me di cuenta de que esas restricciones no beneficiaban a nuestras relaciones, me aferré a la idea de que yo debía respetar mis compromisos por encima de todo, incluso a costa de mi propia felicidad. Solo años más tarde empecé a darme cuenta de lo mucho que esas restricciones estaban dañándome, no solo a mí, sino a mis otras relaciones.

Era fácil decirme a mí mismo que estaba haciendo lo correcto si decía: «Respetaré mis compromisos por encima de mis propias necesidades». Eso me provocaba un sentimiento de noble sacrificio: ¡Quería tanto a Celeste, que estaba dispuesto a sacrificar mi felicidad por ella! De todos modos, pasados los años, hacerlo se fue volviendo cada vez más duro cuando veía que yo estaba haciendo daño también a otras personas. Ignorar su dolor diciendo «No pasa nada, solo estoy respetando mis compromisos» empezó a darme la sensación de ser poco ético.

Cuando mi relación con Celeste se terminó, fuimos más felices. Encontramos relaciones que estaban más en consonancia con lo que deseábamos. Al final, mi terca insistencia en «respetar mi compromiso» sin renegociarlo también la privó *a ella* de felicidad.

Las cosas se descontrolaron cuando comencé a creer que debía subordinar mis necesidades a los compromisos, en lugar de construir compromisos que estuvieran al servicio de mis necesidades y las de las personas a quienes quería. Cuando me convertí en subordinado de las normas, eso no hizo feliz a nadie: Ni a mí, ni a Celeste y, sin duda, tampoco a mis otras relaciones, que terminaron siendo dañadas por su causa.

La revaluación de los acuerdos

Todo el mundo debe poder reabrir discusiones sobre un acuerdo en cualquier momento. Eso ayuda a pensar en los acuerdos como algo cambiante, orgánico, que será revisado y modificado a medida que las personas se desarrollan y las relaciones cambian. Cuando vemos esas estructuras como estáticas, pueden hacer las relaciones menos estables, en lugar de estabilizarlas más, porque fracasarán a la hora de adaptarse al cambio… a veces de manera espectacular.

Una buena relación no es algo que tú *tienes*, es algo que tú *haces*. Una y otra vez, las mejores relaciones que hemos visto y de las que hemos sido parte, las más felices, han sido aquellas en las que sus miembros estaban dispuestos constantemente a renegociar el trabajo preliminar que habían hecho hasta ese momento. De hecho, algunas personas fijan unas fechas periódicas en sus calendarios para revisar con otras personas del grupo los acuerdos de su relación para asegurarse de que todavía funcionan y ver si se necesita cambiar algo más.

Tenemos experiencia en renegociar nuestras propias relaciones a largo plazo. Eve cuenta tres historias en este libro (en las páginas 55-56, 107-108 y 431-433) sobre renegociación de su relación con su marido, Peter. Franklin describe lo mismo con Amber en las páginas 59-60. Esas son relaciones a largo plazo que han resistido porque fueron capaces de adaptarse a las circunstancias cambiantes y a los cambios de las personas que las integran.

Cuando te fijes en las estructuras de tu relación, pregúntate periódicamente: «¿Son honestas? ¿Son necesarias? ¿Son amables con los miembros de la relación? ¿Son respetuosas? ¿Son consideradas con otras personas?». Si has llegado a acuerdos con una relación anterior y que esperas que sean cumplidos por las nuevas relaciones, pregúntate «¿Habría llegado a tener una relación con mi pareja actual si hubiéramos tenido que respetar esos acuerdos cuando comenzamos?».

Concesiones progresivas

La flexibilidad y disposición a renegociar los acuerdos son partes cruciales de una próspera y creciente relación poliamorosa. De todos modos, existen peligros potenciales acechando en torno a esa flexibilidad, lo que llamamos «concesiones progresivas».

Por ejemplo, nunca entraríamos en una relación en la que alguien tiene o desea tener derecho a veto. Ese es uno de nuestros límites. Pero a veces la gente puede terminar en relaciones que van más allá de sus límites sin darse cuenta de ello. Quizá tienes una relación con una persona que se encuentra con un problema y te pide que dejes de hacer algo mientras trabaja en ello. Por supuesto, tú quieres apoyar a tus relaciones, así que accedes. Más adelante esa persona puede decir, «Bueno, parece que no está funcionando. Lo siento muchísimo pero, ¿podrías renunciar un poco más? Es que esto me está costando mucho».

Dado que la felicidad de la persona con quien tienes una relación es importante para ti, dices que sí. Y quizá pase el tiempo y te diga, «Mira, uhmm, siento volver a sacar este tema, pero me sigue costando mucho este asunto. ¿Podrías hacer una pequeña concesión más en este tema, solo esta pequeña cosa que me ayudaría tanto?». Poco a poco, milímetro a milímetro, te puedes encontrar renunciando a cosas que son importantes. Si cada paso es lo suficientemente pequeño, podrías estar renunciando a alguno de tus límites sin ni siquiera darte cuenta.

A veces podemos ser conscientes de que estamos renunciando a cosas que pensábamos que eran irrenunciables, pero lo hacemos de todos modos porque ya nos hemos implicado mucho. En economía hay un nombre para eso: «Falacia del costo irrecuperable». Un «costo irrecuperable» es una inversión en tiempo, energía, atención u otra cosa que no puede ser recuperada. Si estás durante un año en una relación que no es buena para ti, no puedes volver atrás y recuperar ese año. La parte de la «falacia» se refiere a tomar decisiones futuras basadas en la inversión pasada, en lugar de pensar si esas decisiones serán beneficiosas para ti en el futuro. Digamos, por ejemplo, que has comprado entradas para ver una película, y te das cuenta al poco tiempo de comenzar la película de que no te va a gustar. Ya has comprado las entradas; no puedes pedir que te devuelvan el dinero. ¿Te quedas y sigues viendo la película a pesar de no disfrutarlo o sales del cine y visitas una librería, lo cual vas a disfrutar mucho más? Es complicado salir de una película a medias, aunque el costo de las entradas se ha perdido de todos modos.

Cuando estás decidiendo si aceptar un compromiso o concesión que te da una mala sensación, sabiendo que la alternativa sería terminar la relación, puedes pensar, «He invertido un año de mi vida en esta relación. ¡No puedo perderla!». En lugar de «Esta relación no está funcionando y, si hago esa concesión, va a funcionar todavía peor. Es mejor decidir si acepto basándome en mi felicidad futura, no en el año que ya he perdido».

Acuerdos sobre privacidad y confidencialidad

Hemos hablado mucho sobre cómo la comunicación abierta y honesta, en nuestra experiencia, es absolutamente esencial para el poliamor. De todos modos, todo el mundo tenemos derecho a marcar límites al acceso a nuestros cuerpos y mentes. Uno de esos límites es la privacidad. El derecho a la privacidad es considerado a menudo un derecho humano básico.

Encontrar un equilibrio entre la necesidad de comunicar y unas expectativas razonables de privacidad no siempre es fácil. No hay un límite claro de dónde termina una y empieza la otra. Las reglas que obligan a revelar algo o al secreto pueden tener sentido. Por ejemplo, la comunicación sobre límites sexuales y límites respecto al sexo seguro es necesaria para dar un consentimiento informado, y una regla para que los mensajes de texto sean privados protege la intimidad y confianza de las personas en esa relación. Pero es fácil llevarlo al extremo y crear reglas que no respeten el derecho de alguien a la privacidad o al consentimiento.

Por ejemplo, como mencionamos en el capítulo anterior, «Repentinos cambios de rumbo», alguien escribió a Franklin para decirle que su marido quería ver todos y cada uno de los mensajes, fueran mensajes de texto o emails, entre ella y su compañero. La mayoría estaríamos de acuerdo en que esa es una violación clara del derecho a la privacidad de su compañero; es difícil que crezca la intimidad bajo la atenta mirada de una tercera persona. Todo el mundo necesitamos espacios privados si queremos desvelar a las personas con quienes tenemos una relación nuestras partes más profundas, los rincones más escondidos de nuestros corazones y (¡sobre todo!) las partes más heridas y vulnerables en nuestro interior.

Tener que desvelar algo obligatoriamente siempre es sospechoso. Cuando nos demandan que lo contemos todo, la intimidad se debilita más que fortalecerse, porque algo que es demandado no puede ser compartido libremente como un regalo. La intimidad se construye mediante las confidencias mutuas consensuadas, no mediante demandas.

En el otro extremo, alguna gente insiste que no quiere saber absolutamente nada de las otras relaciones de su pareja. Ni siquiera cuántas son, ni siquiera sus nombres. Esas relaciones que acuerdan un «pacto de silencio» plantean cuestiones problemáticas respecto a los límites, el consentimiento y la denegación del mismo. Si no sabemos nada de las actividades de alguien con quien tenemos una relación, será complicado que podamos dar nuestro consentimiento informado sobre la relación, especialmente sobre lo relacionado con el sexo. Las relaciones con un «pacto de silencio» también ponen a las relaciones externas a la pareja en una situación nada envidiable. A menudo ese tipo de relaciones incluyen limitaciones para poder llamar a su casa y casi siempre excluyen poder visitar a esa persona en su casa, mucho menos conocer a la otra relación para saber qué le parece esa manera de organizarse.

Demandar saberlo todo mina la intimidad, pero también lo hace no querer saber nada. Cuando demandamos no saber nada, nos aislamos de una parte de las experiencias de con quien tenemos una relación, y eso necesariamente limita el nivel de intimidad que podemos tener.

El asunto parece girar siempre en torno a estas preguntas: «¿Cuánto confías en las personas con quienes te relacionas? ¿Cuánto confías en tus relaciones? ¿Confías en tus relaciones lo suficiente para permitir que haya intimidad, sin limitar lo que puedas oír? ¿Confías lo suficiente en tus relaciones para que dispongan de su propia privacidad, sabiendo que compartirán las cosas que son importantes y relevantes para ti, de manera que puedas seguir tomando decisiones informadas?».

Doble rasero

Las reglas que plantean restricciones diferentes a diferentes personas son problemáticas siempre, y el poliamor no es una excepción. El doble rasero puede ser flagrante y obvio: Por ejemplo, el fundador de Playboy, Hugh Hefner, es famoso por tener varias relaciones simultáneas con varias mujeres, de quienes se espera que no tengan más amantes que él. Pero los dobles raseros pueden ser más sutiles y vagos. Un ejemplo común es cuando una pareja tiene una regla que establece que pueden interrumpirse mutuamente cuando tienen una cita con terceras personas si uno de los miembros de la pareja necesita atención, pero esas terceras personas no pueden interrumpir las citas que tiene la pareja.

Un doble rasero incluso puede no ser un problema para la persona que lo acepta. Si alguien, realmente, no desea tener varias relaciones, por ejemplo, pero le parece bien que su pareja tenga otras relaciones, una regla de que una persona puede, y la otra no, no supondría una limitación. Pero sigue siendo un doble rasero; las reglas son diferentes para una persona y para la otra. (Esto también plantea la cuestión de por qué existe esa regla. Si ella realmente no tiene interés en tener otras relaciones, ¿por qué se impuso esa norma?)

A veces los dobles raseros están deliberadamente construidos para crear diferentes clases de personas. Si los miembros de una pareja reclaman su derecho a veto sobre relaciones con terceras personas, pero sus otras relaciones no tienen derecho a veto sobre la relación de la pareja, existe un doble rasero deliberado. La pareja puede ver ese doble rasero como una manera de prevenir que una nueva relación «provoque» que se separen.

Cuando las reglas se aplican de manera diferente a diferentes personas, existe la posibilidad de que haya problemas, resentimiento y celos. (Irónicamente, los dobles raseros a menudo se establecen como una manera de prevenir los celos, al menos dentro de una relación previa, pero muy a menudo terminan provocándolos.) Las reglas que establecen un doble rasero son desempoderantes. Ten cuidado con las reglas que crean dobles rasero, tanto para establecerlas, como para aceptarlas si estás comenzando una nueva relación con alguien que las tiene.

#ALGUNAS PREGUNTAS QUE PUEDES HACERTE

Cuando estés valorando tus necesidades para establecer acuerdos o normas, o para aceptar los de otra persona, estas preguntas pueden ser útiles.

- ¿Qué necesidades estoy intentando resolver con este acuerdo?

- ¿Ofrece el acuerdo un camino para que la relación mejore?

- ¿Todas las personas a quienes afecta este acuerdo tienen la oportunidad de participar a la hora de establecer sus términos?

- ¿Cómo se negocia el acuerdo, y bajo qué circunstancias puede ser renegociado?

- ¿Qué sucede si el acuerdo no funciona con mis relaciones, o con las relaciones de mis relaciones?

- ¿Siento que necesito normas para sentir seguridad? Si es así, ¿esas reglas me darán realmente esa seguridad?

- ¿Son mis reglas igualmente vinculantes para todas las personas a quienes afectan o crean un doble rasero?

11

Jerarquías y relaciones poliamorosas principales/secundarias

Debes amar de una manera
en la que la persona a quien amas se sienta libre.

Thich Naht Hanh

Sea cual sea tu posición en una red de relaciones, el poliamor supone un riesgo. Ya hemos hablado de algunas de las maneras en que la gente intenta manejar esos riesgos, no siempre de la manera más sensata, y de las estrategias que recomendamos. Antes de seguir adelante, queremos examinar algunas de las fuerzas subyacentes que dan forma a todas las relaciones. Vamos a simplificar –mucho– toda esta cuestión para construir un marco teórico que nos permita explicar nuestras ideas. Las tres fuerzas principales de las que hablaremos aquí son *conexión, compromiso* y *poder.*

Cómo surgen las jerarquías

La *conexión* puede significar muchas cosas diferentes, pero aquí se refiere a lo que la gente ve como las partes excitantes de una relación: intensidad, pasión, intereses comunes, sexo, la alegría al verse. Son las cosas que nos unen.

El *compromiso* consiste en lo que construyes en una relación con el tiempo. Incluye las expectativas: quizá de continuidad, de poder confiar, de tiempo compartido y comunicación, de actividades que se harán al verse, o una cierta imagen pública. El compromiso a menudo es la base de las responsabilidades en la vida, como cuando se comparte el dinero, una casa o la crianza.

Lo habitual es que la conexión comience como algo muy grande y excitante y se vaya reduciendo según la relación se hace más profunda y se estabiliza, o a veces, empezando pequeña, crece hasta un límite y luego va menguando. El compromiso tiende a comenzar como algo pequeño y crecer. Las personas en relaciones a largo plazo, muy comprometidas, pueden encontrar difícil mantener la conexión.

Cada uno de estos flujos –conexión, compromiso– le da *poder* a las personas dentro de esas relaciones. El poder tiende a ser proporcional al tamaño de los otros flujos. Cuanto más nos hemos comprometido en una relación, y cuanta más conexión sientes con

alguien, mayor es el poder que tiene esa persona o la relación para afectarnos no solo personalmente, sino también a nuestras otras relaciones.

Idealmente, los flujos de poder dentro de las relaciones serían siempre iguales. En la práctica, a menudo no lo son. Los desequilibrios de poder tienden a aparecer cuando los otros flujos son asimétricos: cuando una persona siente más conexión o más compromiso que la otra. Eso es lo normal. La persona que siente menos conexión o compromiso tiende a tener más poder. Otras cosas influyen también en las dinámicas de poder: cosas como el dinero, el estatus social, la superioridad física o la capacidad de persuasión.

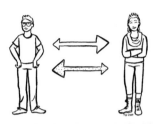

Cuando alguien tiene una relación con un gran compromiso mutuo, especialmente cuando ese compromiso es la base de muchas responsabilidades vitales compartidas, es común que un miembro de esa relación se sienta amenazado cuando la persona con quien tiene una relación también tiene una gran conexión, quizá una que da la sensación de ser (y quizá lo es realmente) mayor que la conexión que existía previamente.

A menudo es solo la *idea* de que pueda existir una gran conexión la que da miedo, incluso cuando ese flujo es nuevo y pequeño. Y la idea de la persona con quien tiene una relación creando compromisos relevantes con una nueva relación pueden dar la sensación de ser amenazante (y a veces lo es) para los compromisos que ya existían previamente. Una manera en la que la gente se enfrenta a ese miedo es usando el poder dentro de su propia relación para restringir la conexión, el compromiso o ambas en las otras relaciones.

Esas restricciones tienen una par de características definitorias:

- *Autoridad:* Una persona o personas en una relación, normalmente llamada relación «principal», tiene la autoridad para restringir otras relaciones, a menudo llamadas «secundarias».

- *Asimetría:* Las personas dentro de la relación secundaria no tienen la misma autoridad para limitar la relación principal.

Cuando esos dos elementos están presentes en una relación poliamorosa, la relación es jerárquica.

¿Qué es la jerarquía?

Algunas personas usan la palabra *jerarquía* cuando una relación tiene más compromisos o responsabilidades que la otra; por ejemplo, miembros de un matrimonio, casados desde hace algún tiempo, con casa y criaturas, en la que alguno de los miembros, o ambos, tiene una relación esporádica con alguien. Esa *no* es la manera en la que usamos la palabra *jerarquía* en este libro. Cuando hablamos aquí de jerarquía, nos referimos a una *dinámica de poder* muy concreta: en la que una relación está sometida al control de una persona externa a la relación. Por ejemplo, existe jerarquía si una tercera persona tiene el poder de vetar una relación o limitar la cantidad de tiempo que otras personas pueden estar juntas.

Las relaciones jerárquicas abundan en el poliamor. La jerarquía puede tomar la forma de una regla como «Nunca compartiremos casa con ninguna otra persona con quien tengamos una relación», por ejemplo. Otras veces puede manifestarse como restricciones sobre la intensidad a la que se le permite llegar a otras relaciones o qué se le permite hacer a una nueva relación, dónde pueden ir o qué pueden sentir. Algunos ejemplos comunes en relaciones poliamorosas jerárquicas son:

- La pareja principal siempre tiene prioridad respecto al tiempo y otros recursos.

- Cualquier miembro de la relación principal puede vetar cualquier relación secundaria de su pareja (hablaremos en detalle de vetos en el siguiente capítulo).

- Los miembros de la relación principal no pueden pasar toda la noche con una de sus relaciones secundarias.

- Los miembros de la relación principal prometen quererse más que al resto de relaciones.

- Si los miembros de la relación principal tienen problemas o se sienten amenazados, pueden dejar las relaciones secundarias «a la espera» mientras solucionan los problemas entre ellos.

La gente habitualmente asume que estas normas están bien porque las relaciones secundarias son más «informales», pero a menudo no lo son. Algunas relaciones secundarias son emocionalmente serias, de larga duración y con un hondo compromiso. (La relación secundaria de Franklin con Bella, descrita en las páginas 291-292, duró una década.) De todos modos, las relaciones secundarias se entienden como relaciones subordinadas a una relación principal, sea mediante normas, estructuras o acuerdos determinados por los miembros de la relación principal.

LA HISTORIA DE FRANKLIN

Cuando Celeste y yo empezamos a poner en práctica relaciones poliamorosas en 1988, antes de que existiera la palabra *poliamor*, nadie tenía ni idea de que había otras personas intentando hacer lo mismo que estábamos tratando de llevar a cabo. Sin el apoyo de otras personas poliamorosas, tuvimos que inventarlo todo sobre la marcha. Hablábamos mucho, intentábamos decidir cómo podíamos hacer realidad esa cosa de la no monogamia. Intentamos crear unas reglas para manejar nuestra relación, que creíamos que nos ayudarían a sentir más seguridad y felicidad.

Nos ocupamos tanto de protegernos que no pensamos sobre la felicidad de ninguna de las personas que podrían relacionarse con ella o conmigo. Fruto de eso, nuestras normas se centraron en nuestra propia relación. Pensábamos que, si conservábamos nuestra propia relación, la «relación central», lo estábamos haciendo bien. Nunca pensamos que las reglas que valían para nuestra relación podían no valer para otras personas con quienes tuviéramos una relación, y sin duda, nunca miramos nuestra relación desde su punto de vista.

Priorizar en las relaciones no implica necesariamente una jerarquía de por sí. Por ejemplo, en nuestro caso, tenemos otra relación con alguien con quien convivimos y compartimos bienes. Compartir una casa significa tener unos compromisos económicos que nos llevan a priorizar en qué gastamos el dinero. ¡La hipoteca debe pagarse antes que gastar mucho dinero en nuestras citas! Y si comenzamos una nueva relación, esa nueva persona no tiene automáticamente derecho a decidir si vendemos o no nuestra casa.

Otros ejemplos: probablemente no le das las llaves de tu coche a alguien en la primera cita. Y la mayoría de padres y madres, monógamas y poliamorosas, tienen toda la razón al tener cuidado sobre a quiénes presentan a sus criaturas, y cuándo. Poner en práctica tu sentido común en este tipo de situaciones y esperar que tus relaciones tengan una opinión favorable al respecto no significa estar mostrando una jerarquía a la persona afectada. Ni lo es requerir a la persona con quien tienes una relación que pida tu consentimiento para cosas que son vuestra responsabilidad compartida (como vuestras criaturas o las propiedades).

Pero si controlas cuándo y cómo la persona con quien tienes una relación toma decisiones con *otras personas*, y tu propuesta pretende desautorizar las decisiones tomadas entre ella y sus otras relaciones, eso es jerarquía.

A menudo se usa a las criaturas para justificar la jerarquía. Si estás compartiendo crianza con alguien, lo ideal es que lo estés haciendo con alguien con quien compartes puntos de vista y alguien que confías que actuará pensando en los intereses de tus criaturas. Decidir qué valores compartís y defenderéis en esa crianza, y plantear expectativas acordadas mutuamente sobre las responsabilidades a compartir y la infraestructura que vais a mantener para cuidar de esas criaturas, no es de por sí imponer una jerarquía si los miembros de esa crianza compartida confían unos en otros para tomar decisiones dentro de sus otras relaciones que respeten sus compromisos mutuos y con las criaturas.

La estructura de la relación se convierte en jerarquía si uno de los miembros de la relación espera tomar decisiones sobre cómo su pareja manejará sus otras relaciones, o a qué nivel se les permite llegar a las otras relaciones, para asegurar que esos compromisos de crianza –en su opinión– se cubren.

Foco en la pareja (couple focus)

La jerarquía casi siempre se centra en una pareja. La pareja puede elegir explícitamente un modelo jerárquico como una manera de añadir otras relaciones «complementarias» a la suya, o puede no darse cuenta de lo jerárquica que se volverá si no queda otro remedio, pero para esas personas la pareja es todo lo que importa. El énfasis en una «pareja central» puede permear toda una relación de maneras que son a la vez obvias y sutiles. Cuando se lleva al extremo, una pareja puede ver a otras personas como simplemente desechables, dispuesta a deshacerse de ellas sin aviso previo ni una explicación en cuanto surge un problema. Muchas personas polisolteras que tuvieron una relación con una pareja que pensaban que les quería y respetaba tienen muchas historias que contar sobre la abrupta pérdida de contacto: llamadas y correos electrónicos sin contestar y pérdida total de la comunicación.

LA HISTORIA DE FRANKLIN

La familia de Celeste tenía una tradición navideña: cada año, toda su familia, no importa lo lejana que fuera, se reunían en la casa familiar para pasar las fiestas. Como ella y yo nos habíamos casado, asistíamos en pareja, y como ella no le podía contar a su familia nada sobre el poliamor, nunca pensamos en invitar a ninguna de mis otras relaciones, ni siquiera les preguntábamos a mis relaciones qué les gustaría hacer durante esas fiestas. Yo, simplemente, no estaba disponible para ellas, independientemente de lo que quisieran. La situación se planteaba como un hecho consumado, sin asomo de ser algo negociado. A Celeste y a mí no se nos ocurrió preguntar si mis otras relaciones querrían pasar tiempo conmigo durante las fiestas, por lo que estábamos ignorando que esto podría ser importante para ellas.

Teníamos otras reglas de mayor alcance. Al comienzo de nuestra relación, Celeste y yo decidimos que no conviviríamos nunca con otras personas con quienes tuviéramos una relación, que yo nunca querría a nadie más que a Celeste, que nunca le diría «te quiero» a ninguna de mis otras relaciones y que nunca compartiría gastos importantes con nadie más. Nunca decidimos ignorar conscientemente las necesidades o felicidad de las relaciones secundarias; ¡es que ni habíamos pensado en ellas! Nunca pensamos «¿Qué hacemos si una de mis relaciones quiere convivir conmigo y Celeste? ¿Qué sucede si a alguien le duele que esté prohibido decirle "te quiero"?».

Las personas en relaciones jerárquicas principales pueden ver las necesidades o expectativas de sus relaciones secundarias como un problema, o incluso considerar que las futuras relaciones secundarias no deben tener necesidades o expectativas en absoluto. Si llegan incluso a pensar en ello. Como les sucedió a Franklin y Celeste, puede que ni se les haya ocurrido pensar en la felicidad de la persona con quien tienen una relación secundaria.

Los miembros de una relación principal pueden tener la creencia –incluso tácita, casi una creencia inconsciente– de que tener más de una relación principal es imposible. Muchas personas nuevas en el poliamor creen que solo puedes tener una relación principal, como en el ideal monógamo: creen que, cuando las cosas se ponen complicadas, *en realidad* solo puedes querer a una sola persona. Este modelo podría llamarse «poliamor como monogamia modificada», a partir de la idea de que solo puedes tener una «media naranja», aparte de tus amantes.

Razones para establecer una jerarquía

El poliamor puede ser disruptivo de muchas maneras, y la jerarquía puede parecer una buena manera de mantener esos cambios radicales a raya. En nuestra cultura, abrumadoramente monógama, la jerarquía puede parecer una manera de protegernos del riesgo acordando con nuestra pareja que siempre nos considerará más importantes que nadie. A mucha gente la jerarquía le genera una poderosa sensación de seguridad y control.

La jerarquía también parece prometer estabilidad y continuidad. Puede parecer una forma de explorar una manera radicalmente nueva de relacionarse sin renunciar a la comodidad y certeza prometidas por la monogamia. También parece prometer que podremos tener múltiples relaciones, al mismo tiempo que asegura que se cubran todas nuestras necesidades. Si necesitamos algo, lo tendremos; las relaciones secundarias solo podrán contar con el tiempo y atención de nuestra pareja una vez que nuestras necesidades hayan sido cubiertas.

La jerarquía también puede parecer una manera de amortiguar nuestra relación personal con las otras relaciones de nuestra pareja. Al encapsularlas y mantenerlas a distancia de la pareja central, podemos intentar prevenir que afecten al estilo de vida que tenemos.

Fuera del poliamor, el modelo jerárquico a veces puede funcionar perfectamente. El mundo del *swinging* es mucho más grande que el mundo poliamoroso, y siendo emocionalmente monógamas, las parejas jerárquicas tienden a ser mayoría. El foco está puesto en el sexo por diversión y aventura, sin que se permita que salpique emocionalmente el resto de facetas de su vida. Si tienes pareja y como pareja tenéis una fuerte tendencia a un modelo jerárquico, quizá el *swinging* pueda ser una alternativa al poliamor que podríais investigar.

Pero las aguas del poliamor son más profundas, y para mantener relaciones amorosas, se tiene que permitir la profundidad, por amenazante que pueda parecer a veces.

Cuando hemos estado en una relación previa durante mucho tiempo, se puede sentir que parte de la intensidad inicial se ha desvanecido. Ver a nuestra pareja comenzar una nueva relación salvajemente apasionada, enamorada, intensamente sexual puede ser bastante incómodo. La energía de la nueva relación tiene mala reputación en ese sentido. La persona con las que ya se tenía una relación puede sentirse lo suficientemente insegura como para imponer una jerarquía que trate de limitar esa intensidad para su propia tranquilidad. Es fácil prever el incendio que puede provocar esa decisión.

La creencia que acecha tras el deseo de establecer una jerarquía es que, en realidad, no podemos confiar en que nuestra pareja sepa actuar correctamente sin una serie de reglas. Que sin un ranking formal que recuerde a nuestras relaciones que somos la primera persona de la lista, podemos perder nuestro estatus, perder las cosas que más valoramos de nuestra relación, perder nuestra sensación de seguridad o incluso perder la relación misma. Pero como dijimos antes, si no puedes confiar en que tu pareja vaya a trabajar contigo en tus necesidades cuando se lo pidas, probablemente no puedas confiar en ella para que respete unas normas.

Las dinámicas de poder en la jerarquía

En una relación jerárquica, según nuestra definición, el poder deriva desde dentro de una relación para restringir otra, formando una especie de «compuerta» para limitar el compromiso o la conexión. Cuando el flujo natural de conexión o compromiso es más pequeño que el tamaño de esa compuerta, todo va bien. Eso es lo que sucede cuando la gente pone como ejemplo a grupos poliamorosos jerárquicos en los que unos roles delimitados les están funcionando bien a todas las personas involucradas. Por supuesto, si el flujo natural de conexión y compromiso es lo suficientemente pequeño para poder pasar a través de esa «compuerta», la jerarquía probablemente no es necesaria: esa relación se mantendría como ahora por sí sola.

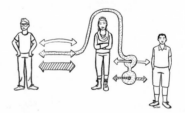

Los problemas surgen cuando los flujos naturales son mayores que esa compuerta. No van a reducirse por sí solos, por mucho que deseemos que lo hagan, por lo que seguirán empujando contra esa compuerta. Esa restricción podría ahogar, o finalmente, terminar con esa nueva relación, impidiendo que crezca de la misma manera que una planta deseosa de luz solar se atrofia si crece a la sombra de un gran árbol. Pero si los flujos son demasiado poderosos, finalmente romperán esa compuerta, a menudo provocando muchos daños en la relación de la que ese poder emanaba originalmente.

El condicionamiento monógamo, de una-única-media-naranja, es muy profundo, y es complicado erradicar todas las maneras en que influye en nuestras ideas. Valorar las consecuencias que pueden tener nuestras decisiones en futuras relaciones es un trabajo duro, y es tentador no hacer ese trabajo. Y es especialmente complicado valorar las necesidades de otra persona cuando tenemos miedo. Por eso es habitual que las personas en relaciones jerárquicas se puedan comportar de manera innecesariamente cruel con algunas de sus relaciones; no con mala intención, sino meramente por desconsideración.

Volviendo a nuestra analogía del huerto, imagina una nueva relación a punto de abrirse como un gran árbol con raíces profundas, uno que quizá ha estado dando fruto durante muchos años, que ha pasado por algunas temporadas complicadas y ha desplegado sus ramas. Luego plantas otra semilla en tu jardín: una nueva relación. No sabes qué crecerá de esa semilla, pero si sois como la mayoría de relaciones principales, es muy probable que tengáis la esperanza, explícita o no, de que será una planta que solo dure un año, o que se mantenga pequeña, o que al menos prospere a la sombra de ese gran árbol. Sin duda, nunca va a ser tan grande como el árbol o demandar tanto espacio ¿verdad?

Tendemos a pensar en las relaciones secundarias como «nuevas» relaciones, sin pararnos a pensar en el hecho de que pueden durar muchos años. Es común escuchar diferentes versiones de la misma idea: «¡Pero no puedes esperar que una nueva relación tenga los mismos derechos que su cónyuge!». Cierto, pero las relaciones no son nuevas toda la vida. Hubo un tiempo en que tu relación de hace 15 años fue tu nueva pareja, y podría llegar un momento en que tu nueva relación con una nueva persona también se afiance. Por supuesto, es posible que quieras tener el mismo tipo de relación dentro de 15 años que la que querías a los seis meses, pero es poco probable.

Aun así las parejas a menudo parecen tener la esperanza de mantener las relaciones secundarias congeladas para siempre en la forma y tamaño que tenían a los seis meses. No funciona así. Si plantas una bellota en una maceta y ese brote es capaz de sobrevivir, vas a terminar con una maceta rota.

A menudo las parejas principales manejan ese defecto estructural simplemente deshaciéndose de cualquier relación que amenace con crecer más que el espacio que se le había asignado. Muchas personas asumen implícitamente que una relación secundaria que se afianza demasiado bien puede amenazar la relación principal; algo extraño, considerando que la relación principal ya ha tenido tiempo y energía para desarrollar unas raíces profundas. Habitualmente, alguien que es la relación secundaria puede sentir que su felicidad no le preocupa demasiado a la pareja principal, incluso si no es capaz de dar con la clave de por qué. Puede estar sintiendo que aunque la pareja nunca ha sido cruel o poco ética, la estructura misma de la relación parece no respetar sus derechos y sentimientos, ni darle a su relación espacio para crecer.

LA HISTORIA DE FRANKLIN

Con el tiempo, los acuerdos a los que había llegado con Celeste se volvieron dolorosos para mis otras relaciones. Aproximadamente un año después de que comenzara mi relación con Amber, una de las cosas que ella quería era vivir conmigo. Celeste y yo no sabíamos qué hacer; no habíamos pensado en la manera de manejar una situación en la que otra relación creciera hasta el punto de amenazar con sobrepasar los límites que le habíamos puesto. Fruto de eso, cuando Amber mencionó la idea de vivir conmigo, Celeste lo percibió como un intento de debilitar su lugar en mi vida.

Pensé que era más importante mantener mis compromisos a cualquier precio. Eso significaba herir a personas a quienes quería, y que me querían, de manera injusta e innecesaria. Todo ese dolor se pudo haber evitado si, simplemente, hubiera pensando en esos acuerdos desde el punto de vista de otra persona antes de crearlos. Amber finalmente se mudó a nuestra casa, después de que otros hechos (de los que hablamos en el siguiente capítulo) nos llevaran a Celeste y a mí a intentar flexibilizar más nuestra relación.

Irónicamente, la jerarquía puede crear, precisamente, la situación que la pareja principal está intentando evitar. Una persona que se siente relegada a una posición subordinada puede demandar más poder de decisión o más libertad para que esa relación pueda crecer. Esas demandas pueden parecer hostiles a la pareja principal. Y responden aumentando las restricciones o recordando a la relación secundaria «Eh, dijiste que sí a todas esas normas cuando aceptaste el acuerdo», lo que solo hace que la persona en la segunda relación se sienta aún más desempoderada. Y fruto de ello, lo que pudo haber sido una relación sana y positiva, termina devorándose a sí misma, convirtiéndose en un absoluto desastre.

Otro peligro característico de las relaciones jerárquicas es que la persona con quien se tiene una relación secundaria puede comenzar una nueva relación con otra persona, alguien que no aplica una jerarquía en sus relaciones, y esa nueva relación puede parecer amenazante a la persona en la relación principal... no porque amenace a la pareja, sino porque la nueva relación ofrece cosas que la relación jerárquica prohíbe. La relación de Franklin con Ruby, descrita en el capítulo 8 (páginas 201-202), es el ejemplo perfecto de cómo puede suceder algo así, y lo hemos visto muchas veces. Normalmente, las personas en relaciones jerárquicas ¡le tienen más miedo a dejar que su relación *secundaria* tenga otras relaciones que a permitir que su relación *principal* tenga otras!

No todo el mundo usa «principal» y «secundaria»

Las palabras *principal* y *secundaria* para referirse a las relaciones es algo que se hizo popular en las primeras generaciones del poliamor (algunas personas incluso tenían relaciones «terciarias»). A menudo estos adjetivos se terminaron utilizando como nombres, por lo que la gente tenía «principales» y «secundarias». En muchos sitios esas palabras siguen siendo populares, y todavía es bastante común escuchar a la gente hablar de relaciones principales, pero la palabra secundaria ha caído en desgracia (aunque alguna gente utiliza simplemente «no principal» en su lugar).

Esas palabras pueden ser confusas, porque no todas las personas que utilizan principal y secundaria lo hacen para referirse a una relación jerárquica. La confusión surge de que estas palabras pueden usarse de dos maneras diferentes: *Prescriptiva* (cuando la pareja principal decide de antemano a qué limitaciones estarán sujetas el resto de relaciones) o *descriptiva* (para describir si una relación ha crecido hasta llegar a ser más o menos comprometida que otra). Por ejemplo, algunas personas usan «principal» para referirse a toda relación con las que se convive y «secundarias» para todas las relaciones con quienes no se comparten los gastos importantes o la vivienda. También sucede que, en el poliamor jerárquico, a menudo (pero no siempre) se considera que solo puede haber una única relación principal, mientras que en las relaciones que usan «principal/ secundaria» de manera descriptiva, alguien puede tener varias relaciones principales. Hemos oído a personas que practican poliamor no jerárquico decir «Mi principal es la persona con la que estoy en este momento» (incluso si es más de una persona).

En nuestro caso, no describimos ninguna de nuestras relaciones como «principal» o «secundaria» ni tampoco lo hacen nuestras relaciones, ni sus relaciones ni la mayoría de la gente con la que nos relacionamos. Muchas personas poliamorosas han decidido no usarlas, porque suelen considerar que las palabras *pareja, amante, novia, novio, prometido, prometida* y *cónyuge* tienen más significado que las palabras *principal* y *secundaria*. En nuestro caso, llamamos a las personas con quienes convivimos como relaciones de convivencia o *nesting partners*; otra gente se puede referir a ellas como «relaciones domésticas». También se usa compañera, compañero o relación *de vida* o *de crianza*. Muchas personas poliamorosas, y en nuestro caso también, nos referimos a todas las personas con quienes tenemos una relación como «cariño» o «amor», y en Reino Unido es popular el término en inglés *paramour* (del que se derivó *metamor*). Se han inventado muchos términos y frases; ¡ya te habrás dado cuenta de que a las personas poliamorosas se les da bien inventar palabras!

A pesar de que algunas personas todavía utilicen las palabras principal y secundaria de manera descriptiva, no recomendamos su uso –especialmente la palabra secundaria– porque es confusa, y porque mucha gente encuentra dolorosa la palabra *secundaria* cuando no se está hablando (¡y a veces cuando se hace!) de jerarquías. Es este libro solo usamos esos términos cuando hablamos de relaciones explícitamente jerárquicas.

Servicios de relación secundaria

Un rasgo habitual de las relaciones jerárquicas es la idea de que la tercera persona que tiene una relación secundaria debe aportar algún tipo de servicio a la pareja principal a modo de compensación por tener una relación con un miembro de la pareja. Por ejemplo, la relación secundaria puede tener que cuidar a sus criaturas. (Incluso conocemos un caso en el que la relación secundaria debía presentarse en público como la niñera de la pareja.) O ese servicio pueden ser otros servicios domésticos. El sexo es otro servicio que se le pide a menudo a las relaciones secundarias, en los casos en los que se espera que tengas relaciones sexuales con ambos miembros de una pareja.

En nuestro caso llamamos a ese tipo de acuerdos «servicios de relación secundaria» y te recomendamos evitarlos, independientemente del papel que tengas en esa estructura. ¿Cuál es el problema con esos acuerdos? ¿No es justo buscar relaciones que deseen apoyarte, ayudarte en casa y participar en tu vida familiar, si eso es importante para ti? Bueno, sin duda. Pero si se parte de la idea de que una nueva relación está *llevándose algo* y que *por lo tanto debe compensarlo* haciendo algo por la pareja no es una base muy sana para una relación.

Veamos esto más en profundidad. Primero, no estamos hablando de relaciones que se apoyan mutuamente en las que todo el mundo echa una mano y se ayudan mutuamente. Estos acuerdos no son recíprocos. Si no eres capaz de imaginar a la pareja principal apareciendo un viernes por la noche en la casa de la relación secundaria para fregar sus platos y lavarle la ropa, el acuerdo de servicio probablemente va en una sola dirección.

Segundo, algunos acuerdos para echarse una mano pueden ser perfectamente razonables –especialmente cuando a la relación secundaria le gusta ese trabajo– pero se pueden volver coercitivos si los miembros de la relación se involucran más y el trabajo se convierte en habitual. Una vez las relaciones se han afianzado, la persona en la relación secundaria puede sentir que tiene que seguir haciendo ese trabajo para «pagar» por el acceso continuado a esa relación.

Finalmente, al prescribir de antemano qué servicio se espera que desempeñe una persona en una relación secundaria, la pareja está cosificando a cualquier potencial nueva relación.

Los acuerdos de servicios con relaciones secundarias recogen la idea de que la persona que tiene una relación secundaria debe compensar a la pareja por estar ahí. Hay algo inherentemente degradante al decirle a alguien que tienen que desempeñar un servicio para ti como intercambio por enriquecer tu vida. Si una nueva relación no aporta nada en tu vida, ¿por qué la incluyes en ella? Si aporta cosas a tu vida, ¿por qué hacerla trabajar para ti a cambio de poder estar ahí?

A mucha gente le gusta expresar su amor (o que les expresen amor) con actos de servicio y no hay en absoluto nada malo en ello. Y a mucha gente le gusta complicarse la vida y entregarse a sus metamores, para hacerles sentir que se les cuida y da la bienvenida. Pero si quieres saber si estás frente a una relación de apoyo mutuo que puede incluir actos de servicio como expresiones de amor, o estás cayendo en un acuerdo jerárquico de «servicios de relación secundaria», estas son algunas cosas sobre las que reflexionar:

- Lo que estoy buscando ¿es recíproco? ¿Tengo la voluntad de ofrecer tantos cuidados y servicios como espero recibir?

- ¿La persona con quien tengo una relación es libre de elegir los actos de servicio que realiza para expresar su amor por mí?

- ¿Estoy haciendo depender el acceso a la relación de continuos actos de servicio?

- ¿Estoy eligiendo mis relaciones en función del servicio que pueden ofrecer?

¿Buscarte una relación principal?

Hemos hablado antes de que las personas no son máquinas de satisfacer necesidades y que (excepto en casos muy concretos) el enfoque de «mis necesidades no están siendo cubiertas, tengo que encontrar a otra persona» para resolver los problemas poliamorosos está repleto de peligros. En ningún caso es esto más cierto que en la idea de que si una relación secundaria quiere más tiempo y atención, la solución sea que se busque una relación principal.

LA HISTORIA DE FRANKLIN

Bella quería tener una relación de compromiso conmigo, con un vínculo profundo, pero los términos de mi acuerdo con Celeste relegaban a mis otras relaciones a un estatus prescrito de relación secundaria. Bella y yo pensábamos, de manera aparentemente razonable, que si ella tuviera otra pareja «principal», sus necesidades de ese tipo en una relación se verían cubiertas, y así ya no necesitaría esas cosas de mí.

La idea resultó ser desastrosamente equivocada. Lo que ella quería no era una relación «principal», era una relación más cercana *conmigo*. Involucrarse con otras personas no resolvió esa necesidad. Cuando ella finalmente encontró otra relación, descubrió que eso no cambiaba lo que ella quería de mí.

Nuestra relación se terminó porque no poder cubrir sus necesidades dañó la relación más allá de nuestra capacidad para repararla. Cuando ella terminó la relación, dijo que no creía posible que alguien se involucrara conmigo bajo las condiciones que Celeste y yo queríamos, tuviera esa persona una relación «principal» previa o no. Yo no conseguía entender por qué. Como aún estaba atrapado en la creencia de que el poliamor era algo que Celeste me permitía hacer, y que proteger la relación principal con ella tenía que ser mi prioridad absoluta, no podía ver que estaba tratando a Bella como un accesorio de mi relación en lugar de como una persona real. No me di cuenta que pensar que Bella solo necesitaba una relación principal para ella era, en realidad, una manera de decir que ella no debía de tener esos sentimientos hacia mí, y que debía transferirlos a otra persona.

Bella y yo habíamos tenido una relación de diez años cuando ella la terminó. Yo estaba destrozado, pero durante mucho tiempo me aferré a la idea de que ella era la culpable de lo que había ido mal: que si ella hubiese seguido en el espacio que Celeste y yo habíamos reservado para ella, todo habría salido bien. Solo mucho más tarde comprendí por qué reservar ese espacio para ella y decirle que se mantuviera en él no fue algo considerado o cariñoso por mi parte; y cuando me di cuenta, el dolor fue mucho mayor.

Si tu coche necesita un alternador, puedes ir a una tienda de piezas y comprar una. Pero las personas no son piezas de coche. Cada persona es única, y esas cosas que nos convierten en una persona única son las realmente importantes. Intercambiar una persona por otra, con la esperanza de que la nueva persona cubra las necesidades no cubiertas por la anterior, no funciona.

Jerarquía y ética

¿Es posible un poliamor jerárquico con ética y empatía? Sí, pero requiere prestar especial atención para evitar herir a nadie. La persona en la relación secundaria está en una posición especialmente vulnerable y puede sentir que tiene pocas opciones cuando surgen los problemas. Es particularmente crucial tener eso en cuenta cuando tomes decisiones que afecten directamente a una relación secundaria. Eso no significa que la consideración con la relación secundaria deba anteponerse a todas las necesidades de la relación principal. Evita el enfoque de A-o-B: que si las necesidades de una persona no tienen prioridad, eso debe significar que la tienen las de otra persona. En su lugar, trabajad en equipo para darle espacio a todo el mundo y comunicar sus necesidades. Podría haber muchas maneras de cubrir ciertas necesidades, y las necesidades no tienen por qué estar siempre en conflicto, aunque parezca que lo están.

Los miembros de la relación principal deben de ser especialmente conscientes del impacto que sus decisiones tendrán en las relaciones secundarias, y tener el cuidado de tratar las necesidades y sentimientos de la relación secundaria de manera considerada y comprensiva. En particular, cuando las cosas se complican en la relación principal, es fácil preocuparse tanto de nuestros propios problemas que olvidemos prestar atención a las relaciones secundarias y resulten heridas. Franklin ha cometido ese error, y sabe lo fácil que puede ser.

En el capítulo 3 presentamos nuestra «Declaración de Derechos de las Relaciones». Creemos que contiene los estándares con los que juzgar si una relación jerárquica es ética y sana. Esos derechos se aplican a todas las relaciones, pero las relaciones jerárquicas están especialmente en riesgo de reunir muchas de ellas. Los siguientes son ejemplos de derechos relacionales concretos que están en peligro en las relaciones jerárquicas y la manera en que esos derechos son comúnmente ignorados:

- *Decidir el nivel de compromiso e intimidad que quieres, y retirar tu consentimiento a cualquier forma de intimidad en cualquier momento.* Tanto el miembro en el vértice (la persona en medio) como la relación secundaria en una estructura de uve jerárquica pueden ver este derecho infringido si la otra persona en la relación principal limita el nivel de intimidad que pueden escoger o si requiere que la persona en la relación secundaria también tenga intimidad con ella.

- *Revocar el consentimiento a cualquier forma de intimidad en cualquier momento.* Este derecho puede verse infringido cuando la pareja principal no permite el acceso a información relevante a la relación secundaria.

- *Mantener y expresar puntos de vistas diferentes.* Es común en las relaciones principales hacer oídos sordos a las quejas o intereses de la relación secundaria si contradicen las reglas de la relación principal, o prohibir a la relación secundaria intentar renegociar las reglas.

- *Sentir todas tus emociones.* Tanto la persona en el vértice como las relaciones secundarias pueden verse sometidas a reglas sobre qué pueden sentir.

- *Sentir y comunicar tus emociones y necesidades.* En general, las reglas contra unas emociones concretas son en realidad reglas para evitar que se comuniquen esos sentimientos, porque las personas no pueden controlar lo que sienten, solo lo que expresan. Cuando una relación secundaria expresa emociones «prohibidas», a menudo son interpretadas como irreales o menos importantes que las de la relación principal.

- *Marcar límites respecto a la necesidad de confidencialidad.* Algunas parejas principales no reconocen el derecho a la privacidad de los miembros de una relación secundaria. Pueden, por ejemplo, esperar que el miembro de la relación principal le cuente al otro miembro detalles íntimos que la persona en la relación secundaria considera privados.

- *Buscar un equilibrio entre lo que aportas a una relación y lo que se te da.* Es común esperar que las personas en una relación secundaria aporten cosas a la relación principal y que esa aportación no sea recíproca.

- *Saber que la persona con quien tienes una relación trabajará contigo para resolver los problemas que surjan.* A menudo las relaciones secundarias están sujetas a reglas que fueron impuestas antes de que la relación secundaria apareciera. Si una regla no están funcionando para la persona en la relación secundaria, ¿la renegociarán los miembros de la relación principal?

- *Cometer errores.* Puede existir la expectativa de que la relación secundaria se terminará cuando la persona en la relación secundaria cometa un error por primera vez.

- *Decidir cuántas relaciones se tienen y quiénes forman parte de ellas.* A menudo la jerarquía incluye una «derecho a veto previo», del que hablamos en el siguiente capítulo, que restringe las posibilidades de elegir las propias relaciones.

- *Tener el mismo derecho a voto que tus relaciones para decidir la forma que la relación va a tener con esa persona.* En muchas jerarquías, la pareja principal tiene más derecho que la relación secundaria a decidirlo.

- *Poder elegir el tiempo e implicación que ofreces a cada relación.* El nivel de implicación que la persona en el vértice dedica a cada relación puede venir limitado por reglas previas establecidas por la relación principal.

- *Entender claramente cualquier regla que se pueda aplicar a tu relación antes de entrar en ella.* Muchas personas en relaciones secundarias sienten que no comprendieron en toda su extensión en qué tipo de relación estaban entrando.

- *Discutir con tus relaciones las decisiones que te afectan.* Muchas relaciones principales toman decisiones respecto a la relación secundaria, y luego se las presentan a esta como hechos consumados.

- *Tener tiempo a solas con tus relaciones.* Algunas relaciones principales tienen normas que prohíben eso.

- *Disfrutar de la pasión y de momentos especiales con cada una de tus relaciones.* Las relaciones jerárquicas a menudo tienen reglas que restringen el nivel de intimidad o «planes especiales» que puede tener la relación secundaria.

- *Elegir el nivel de compromiso e intimidad que quieres con las otras relaciones de tus relaciones.* Las relaciones jerárquicas a menudo buscan prescribir las relaciones con más de una persona, a veces incluso requiriendo que la persona con una relación secundaria se involucre sexual o románticamente con ambos miembros de la pareja principal.

- *Buscar compromiso.* A menudo la relación principal espera ser la que dicte las condiciones.

- *Tener relación con personas, no con relaciones.* La pareja principal puede esperar que la persona con una relación secundaria se relacione con ella como una unidad, limitando la relación individual que se puede desarrollar entre los otros miembros.

- *Hacer planes con quien tienes una relación que sean respetados; por ejemplo, que no se cambien a última hora por razones triviales.* A menudo las parejas principales asumen que tienen total libertad para cambiar planes cada vez que «tienen que hacerlo».

- *Que te traten de la misma manera que a cualquier otra persona, no como subordinada, incluso cuando haya diferentes niveles de compromiso o responsabilidad.* Las relaciones jerárquicas tienden a desempoderar al menos a la persona con una relación secundaria, y a menudo, también a la persona de la pareja central que está en el vértice.

Por lo tanto, ¿son las relaciones jerárquicas inherentemente desempoderantes?, ¿o pueden ponerse en práctica de forma justa y ética, de manera que beneficie a todo el mundo y no incumpla la «Declaración de Derechos de las Relaciones»? Tenemos nuestras dudas respecto a dar un sí o un no categórico. Dada la popularidad de las relaciones poliamorosas jerárquicas, nos gustaría poder decir «Sí, es posible manejar las relaciones jerárquicas de una forma ética y responsable, de manera que se beneficien todas las personas involucradas». Pero la verdad es que, en todos los años que hemos practicado poliamor, en los miles de emails que Franklin ha recibido, y los cientos de historias que la gente ha compartido en internet, nunca hemos visto una relación jerárquica que a largo plazo funcionara bien para todas las personas involucradas.

Es común escuchar a alguna gente decir que las relaciones jerárquicas «nos funcionan» y con ese «nos» se refieren a la pareja principal. Pero si analizas su historial de relaciones, a menudo encontrarás toda una serie de relaciones secundarias pasadas que, o fueron vetadas por intentar renegociar las reglas cuando se volvieron demasiado restrictivas, o dejaron la relación por lo mal que les trataban. (Esto, desgraciadamente, describe el historial de relaciones secundarias de Franklin durante sus 18 años con Celeste.)

Muchas personas que han asumido el papel de relación secundaria en una jerarquía han jurado que no volverían a hacerlo. Es complicado decir que la jerarquía «funciona» cuando incluimos a esas personas en nuestra valoración. Por otro lado, las parejas a menudo se quejan de que parecen no encontrar personas para una relación secundaria que sean «realmente poliamorosas»; es decir, que no tengan nada que decir sobre las normas que se les han impuesto. Cuando las parejas son sistemáticamente incapaces de encontrar personas dispuestas a participar en su tipo de jerarquía, también es complicado decir que la jerarquía *les está funcionando*.

Sí existen redes de relaciones en las que sus miembros han trabajado cuidadosamente para maximizar el bienestar y en las que se respetan los derechos de todas las personas involucradas, al mismo tiempo que mantienen sus compromisos con sus relaciones. Pero en nuestra experiencia, cuando alguien ha sido capaz de evitar los escollos que hemos enumerado y se sigue concentrando, digamos, en una relación a largo plazo desde hace tiempo, al mismo tiempo que trata con integridad y comprensión a los miembros de la relación más recientes o con menos implicación, esa estructura resultante tiende a no parecerse a una jerarquía. En su lugar, esas relaciones tienden a tener el aspecto de relaciones empoderadas, que es el tema del capítulo 13. Pero antes debemos hablar de un particular tipo de acuerdo que es clave en muchas relaciones poliamorosas jerárquicas: el derecho a veto.

#ALGUNAS PREGUNTAS QUE PUEDES HACERTE

Te puedes encontrar la jerarquía en las relaciones de dos maneras: instituyéndola en una o más de tus relaciones o comenzando una relación con alguien que ya es parte de una estructura jerárquica. Las preguntas que debes hacerte serán diferentes dependiendo de la situación en la que te encuentres.

Si estás valorando implementar una jerarquía relacional:

- ¿Cómo veo a mis nuevas relaciones potenciales, tanto para mí como para mis relaciones ya existentes? ¿Las veo como problemas potenciales que habrá que manejar? ¿O como potenciales fuentes de alegría para mejorar la vida de mi relación? ¿En qué manera mi enfoque de la jerarquía refleja esa manera de verlo?

- ¿Hay determinados recursos, compromisos o personas (como las criaturas) que quiero proteger con una jerarquía? ¿Puedo imaginar otras vías para conseguir esa protección?

- ¿Existe la posibilidad de que las relaciones secundarias algún día puedan convertirse en principales, una vez haya pasado el suficiente tiempo y haya habido suficiente compromiso?

- ¿Qué haré si una persona, con quien tengo una relación secundaria, está insatisfecha con las normas que se le aplican? ¿Tengo la voluntad o la capacidad para incluir a esa persona en la renegociación de esas normas?

Si estás valorando entrar en una jerarquía como relación secundaria:

- ¿Entiendo con claridad tanto la norma escrita como la intención de las reglas que se aplican a mi relación? ¿Me resulta cómodo mantener una relación bajo esas normas? ¿Estoy de acuerdo con las razones para aplicar esas normas?

- ¿Sé si las reglas que se aplican a mi relación están sujetas a algún cambio? Si es así, ¿quién puede cambiarlas y cómo? ¿Qué capacidad voy a tener de poder aportar algo a esas reglas?

- ¿Se aplicará el término «secundaria» a mi relación? y, si es así, ¿entiendo cómo la pareja principal define la palabra? ¿Estoy de acuerdo con esa definición?

- ¿Sería posible que la naturaleza secundaria de mi relación pueda convertirse en principal, si la persona con quien tengo una relación y yo deseamos eso? Si no, ¿cómo me voy a sentir si mi relación sigue siendo secundaria en el futuro, digamos, dentro de 10 o 15 años?

12

Acuerdos con derecho a veto

Que tus decisiones reflejen tus deseos, no tus miedos.

Nelson Mandela

La palabra *veto* significa en latín «yo prohíbo». Se refiere al poder de una persona para evitar que suceda algo. En Derecho –en el que se origina el uso de la palabra en inglés– un veto es algo que sucede al final de un proceso de deliberación. Cuando hablamos de «veto» en las relaciones poliamorosas, estamos hablando de algo muy concreto: la capacidad acordada de una persona para decirle a otra «quiero que rompas tu relación con tu amante» y que esa ruptura se produzca.

Identificar una situación real donde exista un veto puede ser complicado en ocasiones, porque algunas personas usan la palabra *veto* para describir cosas que no son un veto, según esa definición. Por ejemplo, a menudo nos encontramos personas que dicen «Tenemos el derecho a hablar con quien tenemos una relación si una de nuestras otras relaciones se convierte en un problema, hablamos sobre los problemas que vemos y buscamos llegar a acuerdos, que pueden suponer cambios, incluido que se termine esa relación». En nuestro caso preferimos llamar a ese tipo de acuerdo «buena comunicación», no «veto». Si tienes algo a lo que llamas «veto» que se parece a eso, no estamos hablando de tu caso.

Un veto, tal como lo tratamos aquí, es una decisión unilateral para frenar una relación entre otras dos personas. No es una negociación ni una petición. Los elementos clave en un veto son que es *unilateral* (es decir, solo una persona necesita pensar que existe un problema) y que es *vinculante* (es decir, la persona poniendo en práctica el veto tiene razones para creer que la otra persona obedecerá). Un veto aleja el locus de control de las personas que están en una relación y se lo da a una tercera persona.

Los acuerdos con derecho a veto son unos de los más comunes, y unos de los más celosamente defendidos, entre todas las normas de las relaciones jerárquicas. En nuestra experiencia, la mayoría de las jerarquías incluyen un acuerdo con derecho a veto, incluso cuando incluyen un par de las otras normas de las que hemos hablado. Los vetos ofrecen el recurso final definitivo: si la relación con una de las parejas se vuelve demasiado complicada, o si a a alguno de los miembros no le gusta nada el amante del otro, o los celos se vuelven demasiado insoportables, el veto puede hacer que ese problema simplemente desaparezca.

Durante años, Franklin ha recibido docenas de emails de personas cuya relación se terminó con un veto. Esas historias varían en los detalles, pero todas ellas tienen algo en común: la persona vetada sintió que el veto era injusto.

Es probable que el asunto del veto genere controversia en cualquier conversación sobre poliamor. El derecho a veto despierta sentimientos muy intensos en algunas personas. La palabra misma es poderosa: provoca sentimientos de empoderamiento y control. Incluso las personas que no tiene un acuerdo con derecho a veto, según nuestra definición, a menudo insisten en usar la palabra *veto* porque crea por sí misma una cautivadora sensación de seguridad.

Veto de una relación existente

Para las personas que pueden ser sometidas a veto, pero que no tienen ese derecho –por ejemplo, la nueva relación de una persona cuya pareja tiene un derecho a veto previo a la relación– la palabra *veto* les resulta igual de poderosa, pero a menudo poderosamente negativa. Crea un entorno en el que no importa lo que hagas o a lo que te comprometas, tu relación puede ser anulada sin aviso previo, sin ninguna discusión ni posibilidad de apelación. Evoca la imagen de la espada de Damocles, siempre colgando sobre la relación, preparada para caer al mínimo error. Eso crea un entorno en el que es imposible sentir seguridad en esa relación.

En nuestro caso también nos han afectado los vetos. A Eve una tercera persona la vetó en una relación. Franklin ha sido vetado y alguien ha vetado alguna de sus relaciones. Los vetos son como armas nucleares: pueden mantener al resto a raya, pero su uso tiende a alterar para siempre el panorama.

LA HISTORIA DE FRANKLIN

Para Celeste, el derecho a veto era un recurso que le daba seguridad, una manera de detener las relaciones que amenazaban su posición como la número uno en mi vida.

Utilizó su derecho a veto para terminar mi relación con Elaine. En aquel momento, conocía a Elaine desde hacía cinco años y habíamos tenido una relación durante tres. Nuestra relación era increíblemente poderosa y apasionada. Éramos muy buena pareja y nuestra conexión sexual era extraordinaria. A Celeste le resultaba duro ver eso; ver a tu relación a largo plazo tener una conexión intensa y apasionada con otra persona puede ser aterrador.

El día que Celeste puso en práctica su derecho a veto, yo estaba dirigiéndome al trabajo con mi pareja Amber, que trabajaba conmigo en la misma oficina. Celeste me llamó para demandar que yo terminase inmediatamente mi relación con Elaine y que no volviese a contactar con ella nunca más.

Tal como Celeste lo había ordenado, llamé a Elaine y rompí con ella inmediatamente. Estaba destrozado. Recuerdo haber aparcado en el aparcamiento de un restaurante de comida rápida con Amber, incapaz de parar de llorar. Me sentía tan herido y triste que no llegué a ir a la oficina esa mañana. Amber escribió sobre ese día: «Nunca le había visto romper a llorar de esa manera, ni antes ni desde entonces. Su cuerpo se convulsionaba mientras lloraba. Creo que nunca le he visto sufrir tanto».

A día de hoy, sigo sin entender del todo por qué Celeste tomó esa decisión. Cuando ella usó el derecho a veto, sentí que estaba vulnerando mis derechos. Estaba enfadado, no solo porque ella pudiera vetar a una persona con la que había estado durante tanto tiempo, sino porque pudiera hacerlo de una manera que no permitía discutirlo o defender mi relación con Elaine. Me habían arrancado el control sobre mi propia vida romántica. Aunque había sido yo quien había aceptado darle a Celeste el poder del derecho a veto, eso no cambió la sensación de pérdida de control cuando lo utilizó.

Esa sensación de no haberse respetado mis derechos, y mi sensación de enfado, calaron en mi relación con Celeste. Ninguna de las discusiones en teoría, en abstracto, que habíamos tenido sobre el derecho a veto me había preparado para el crudo impacto emocional de que me dijeran que rompiera mi relación con alguien a quien amaba. Por primera vez, vi lo dañino que era el derecho a veto, y decidí no permitir que volviera a suceder, a mí o a cualquiera de mis relaciones. Le dije a Celeste que no aceptaría más vetos.

Mi relación con Celeste nunca llegó a recuperarse del todo desde el veto. Nos divorciamos menos de dos años después. Había otros muchos factores en juego, como siempre sucede en la desintegración de las relaciones que han durado décadas. Pero aquel veto fue como un tsunami, que puso en marcha una ola que al final terminó engullendo todo lo que Celeste y yo habíamos construido en pareja.

Muchas relaciones jerárquicas tienen una cláusula por la que el derecho a veto puede ser ejercitado en cualquier momento, incluso después de que la otra relación se haya afianzado consistentemente. Este tipo de derecho a veto es muy popular porque parece ofrecer un interruptor de seguridad para cerrar una relación que se vuelve demasiado intensa o amenazante. Pero esa sensación de seguridad puede conllevar un precio muy alto. Hemos visto muchas parejas que han ejecutado el derecho a veto solo para romper poco después. Cuando decidimos romperle el corazón a nuestra pareja, el daño a nuestra propia relación puede ser permanente.

Cuando una de nuestras relaciones veta a otra, en realidad, tú sí tienes elección. Puedes romper la relación que ha sido vetada o puedes decir «No, me niego a aceptar ese veto». Pero es poco probable que alguna de las dos opciones lleve a nada constructivo. Si dices «No, me niego a aceptarlo», la persona que ha usado el veto tiene que tomar una decisión: mantenerse en la relación y enfadarse o irse. Sea cual sea la decisión que alguien toma, el rencor está asegurado.

Mi relación con Ray terminó cuando su esposa me vetó, pero no fue el veto lo que hizo que se terminara. Ray y yo teníamos una relación a distancia, y su esposa y yo teníamos poco contacto. Ray y yo habíamos tenido una relación de aproximadamente dos años cuando me dijo que yo había sido vetada; ¡hacía varios meses! Él había continuado viniendo a visitarme, teniendo sexo conmigo y contactando casi diariamente, sin que su esposa lo supiera. Cuando me enteré de eso, le dije que no quería seguir viéndole. Me avergüenza decir que me costó cerca de 24 horas tomar esa decisión.

Era suficientemente doloroso que, después de dos años conmigo, Ray no se enfrentase a su esposa para defender nuestra relación. Pero lo peor fue que se me pusiera *a mí* en la situación de tener que poner en práctica el veto que Ray no tuvo el valor de aceptar o rechazar. En lugar de responsabilizarse de la situación y enfrentarse a nosotras, decidió mentirnos a las dos.

Incluso cuando con quien tienes una relación usa el derecho a veto, la responsabilidad por la ruptura sigue siendo tuya. Si tu relación ha sido vetada, es fácil decir «voy a terminar esta relación porque mi pareja me ha obligado a ello». Franklin hizo eso cuando Celeste utilizó su derecho a veto. En realidad, la responsabilidad ética era solo de él.

Derecho a veto previo

No todos los vetos se aplican para terminar relaciones ya existentes. Alguna gente usa lo que podría llamarse «derecho a veto previo». Esto significa que una nueva relación potencial puede ser vetada antes de que se afiance, pero no después. En una columna de un periódico de 2007, la escritora sobre poliamor y sexo no convencional Mistress Matisse describió esto como «comenzar con el *feedback* antes de que entren en juego las emociones y los asuntos resbaladizos». Un derecho a veto previo es más seguro que un veto a posteriori porque es menos probable que provoque sensación de vulneración de derechos. De todos modos, incluso este tipo de veto puede tener consecuencias perjudiciales.

LA HISTORIA DE FRANKLIN

Meadow y yo nos conocimos hace unos años, en extrañas y complicadas circunstancias. Encajamos desde el primer momento. Sentimos atracción mutua, y poco después de habernos conocido, tuvimos una cita. Esa primera cita fue de las mejores que he tenido nunca. No había nada inusual en la cita en sí misma –cenamos en un restaurante y estuvimos hablando– pero nos lo pasamos fantásticamente bien, hablamos de todo, desde películas a neurobiología. Nuestra química era deliciosa.

Después de nuestra cita, la llevé a su casa y conocí su marido. Hablamos durante un rato y me fui a mi casa. Le escribí a ella al día siguiente para decirle que lo había pasado maravillosamente bien y que estaba deseando verla de nuevo. No recibí respuesta. Le envié un mensaje de texto un par de días más tarde, y de nuevo, no hubo respuesta. *Uhm*, pensé, *supongo que ella no se lo pasó tan bien como yo creía.*

Meses más tarde averigüé a través de amistades comunes que Meadow se había entusiasmado y emocionado tanto con nuestra cita, y estaba tan cautivada con la idea de que tuviéramos una relación, que su marido me vetó de inmediato. Es más, le prohibió a ella volver a hablar conmigo –¡incluso decirme que había sido vetado!–. Yo nunca lo habría sabido si no hubiéramos tenido círculos de amistades comunes.

Este veto experimentado por Franklin parece haberse originado por completo en las sensaciones de miedo y amenaza. Puede dar miedo ver a la persona con quien tienes una relación excitada con una nueva persona, especialmente si somos personas inseguras. Todos los demonios comienzan a susurrar en nuestro oído: «¿Y qué sucede si no valgo lo suficiente? ¿Qué sucede si la relación con esa persona es más excitante que la mía?».

Un veto previo es problemático porque, como todos los vetos, tiende a cerrar los debates en lugar de comenzarlos. Si el marido de Meadow hubiese decidido hablar de sus emociones en lugar de usar el derecho a veto, su relación podría haber mejorado. Pero puede ser duro decir «Uf, verte excitada de esa manera me hace sentir inseguro. Hablemos de lo que eso puede significar, y de cómo podemos trabajar en diada para fortalecer y cuidar nuestra relación hasta que lo que tenemos tú y yo te alegre de la misma manera». Es mucho más fácil decir «No quiero que vuelvas a verlo».

Aunque no es tan perjudicial vetar a una persona antes de que comience la relación, privar a la persona con quien tienes una relación de una fuente de felicidad sigue siendo algo peligroso. Cuando la vemos claramente excitada respecto a algo y se lo quitamos, corremos el riesgo de socavar la felicidad de nuestra propia relación y eso, también, es probable que dañe nuestra relación.

Podría resultar tentador ver los ejemplos anteriores y considerarlos usos abusivos del derecho a veto, más que situaciones en las que el veto es útil y apropiado. No estamos de acuerdo. El problema es que nadie con derecho a veto cree que lo esté usando de manera caprichosa. Todo el mundo tendemos a ser héroes en nuestras propias historias, actuando por razones puras y sensatas. El problema con el derecho a veto no es que algunas personas lo usen de manera poco apropiada; el problema es que tiende a provocar daños se use como se use. Y a veces el veto se convierte en una manera de defender nuestras propias disfunciones y atrincherarse en ellas.

Puedes oír esta idea en los círculos poliamorosos: que solo debes tener las relaciones que mejoren las que ya tienes. O que debes valorar previamente tus nuevas relaciones potenciales para asegurarte de que su manera de comunicarse y relacionarse encaja bien con tus relaciones preexistentes. Esto una buena manera de evitar dramas y promover la estabilidad. Pero, muy a menudo, puede llevar a conductas facilitantes o codependientes. Fácilmente, se puede terminar creando una caja de resonancia dentro de la relación en la que los patrones de conducta disfuncionales se mantengan sin oposición alguna.

¿Pero qué sucede cuando existen razones reales para preocuparse de que una nueva persona pueda ser disruptiva, manipuladora, una mala influencia, emocionalmente inestable o peligrosa para nuestra relación? Hemos visto todos esos casos y más como razones por las que alguien «tuvo que» usar el derecho a veto. Después de todo, nuestra amada pareja está perdidamente enamorada, rebosante de hormonas y no puede pensar con claridad. Es cierto, todo el mundo ignoramos los defectos en medio de la euforia del enamoramiento. ¿No es la labor de nuestra pareja ver las cosas con una mirada lúcida cuando nos cegamos? ¿Ver las señales de peligro y avisarnos?

Bueno, sí, pero no tenemos razones para pensar que el miembro de la pareja que puede hacer uso del veto sea más objetivo que el miembro perdidamente enamorado. Después de todo, da miedo ver a la persona con quien tienes una relación distraerse con la novedad. Y cuando sientes miedo, tampoco tomas decisiones sensatas. Lo que no quiere decir que el miembro de la relación que puede ejercer el veto siempre está equivocado y que el perdidamente enamorado siempre tenga razón. Simplemente, no existe ninguna razón para pensar que uno es necesariamente más objetivo que el otro. La única manera de cruzar estas aguas turbulentas es comunicarse abiertamente sobre los problemas o las dudas que se tengan, y luego dejar que sea la persona *dentro* de la relación la que tome la decisión. Porque incluso si su elección de persona fue un error, es un error que debe cometer por sí misma.

Los acuerdos de «veto previo» nos privan de la capacidad de cometer nuestros propios errores, y de aprender de ello. Al comienzo de la relación de Eve con Peter, hablaron sobre utilizar el veto como parte de su transición de la monogamia al poliamor. Pero después de discutirlo, acordaron que el veto podría reducir sus oportunidades para aprender.

LA HISTORIA DE EVE

Peter ha tenido una relación con Gwen durante cinco años. Él comenzó su relación con ella solo un par de meses después de haber comenzado su relación con Clio y, mientras, él seguía viajando frecuentemente para cuidar a su madre. Todavía me estaba adaptando a todos esos cambios, por lo que no estaba preparada en absoluto para que él comenzara una nueva relación. Es más, no me gustaba Gwen. Cuando la conocí, me costó comprenderla. Simplemente tuve la corazonada de que no me gustaba y tuve el presentimiento de que no iba a disfrutar de su presencia. Se lo dije a Peter, pero siguió su relación con Gwen.

Si yo hubiera tenido el derecho a veto previo, podría haber vetado a Gwen. Y eso habría sido un inmenso error. Porque en este caso, Peter ha demostrado valorar mucho mejor que yo qué le hace feliz y qué tipo de persona era Gwen. Ella ha sido una incorporación abrumadoramente positiva a nuestras vidas, y una relación estable, segura y comprensiva para Peter. Estoy inmensamente agradecida no solo por ser parte de la vida de Peter, sino por el acuerdo que Peter y yo hicimos al principio según el cual no tendríamos derecho a decidir en nombre de la otra persona con quién podíamos tener una relación.

Problemas éticos del derecho a veto

No hay nada malo en intentar prevenir riesgos, lo hacemos cada vez que nos ponemos un cinturón de seguridad. Prevenir los riesgos mediante el derecho a veto, en cambio, suscita ciertas dudas éticas. No cumple ninguno de nuestros dos principios éticos principales: *Las personas que forman parte de una relación son más importantes que la relación* y *No trates a las personas como cosas*.

¿De qué manera el derecho a veto trata a las personas como cosas? El derecho a veto sobre una relación ya existente convierte a una persona en desechable. No le permite opinar sobre si su propia relación se va a terminar o no. Aunque es cierto que incluso en las relaciones monógamas la persona abandonada a menudo no puede decir nada al respecto, el derecho a veto en el poliamor es algo único. Aquí es una tercera persona, *que en realidad no está en la relación*, quien termina algo que las dos personas en la relación todavía desean.

Un acuerdo con derecho a veto también convierte a la relación en algo más importante que a las personas que son parte de ella, porque requiere que la relación se termine sin tener en cuenta si es sana o beneficiosa para las personas en ella. Ni tiene en cuenta el daño que se les puede causar con el veto.

Es verdad que, cuando tenemos varias relaciones, algunas pueden hacer daño a otras. A pesar de plantear esos problemas, de la negociación en curso, el miembro de la relación que está en el vértice puede elegir continuar con una relación considerada perjudicial por una de sus relaciones. Si eres el miembro de la relación que podría querer usar el derecho a veto, *valora la posibilidad de establecer límites que se te apliquen a ti*. Podrías decir «Esta situación está deteriorando mi felicidad hasta un punto en el que ya no puedo imaginarme seguir siendo feliz si sigue así. Si sigues por este camino, no seré capaz de seguir en esta relación». Sin duda, es una parte importante del consentimiento: siempre tienes derecho a retirar tu consentimiento, por la razón que sea. *Nunca* tienes por qué continuar en una situación que te está haciendo daño.

Aquí surgen cuestiones de poder y riesgo. Si tienes el derecho a veto y dices «No puedo seguir contigo si sigues con esa relación», sabes de antemano que vas a «ganar» esa jugada. Tu pareja te ha prometido de antemano –probablemente cuando su otra relación era todavía algo hipotético y no una persona real– que si esta situación se llegaba a plantear, te «elegiría» a ti.

Como sabes con bastante seguridad cuál va a ser el resultado, el riesgo para ti por ejercer el derecho a veto se reduce. Puedes lanzar un ultimátum y además *no perder la relación*. No tienes que asumir el riesgo y la vulnerabilidad de decir que tienes la voluntad de irte y que *lo dices de verdad*. En otras palabras, las consecuencias de tus acciones –y por tanto el nivel al que debes de llegar antes de plantear un ultimátum– son más bajas para ti, dándote más poder y menos alicientes para actuar de buena fe.

Al mismo tiempo, *todo* el riesgo es descargado en el otro miembro de la relación. Este desplazamiento del riesgo –decirle a una persona que soporte ambos riesgos, el riesgo normal en cualquier relación más el riesgo añadido que es desplazado desde la otra relación– es una de las cosas que convierten el derecho a veto en algo poco ético.

Si, por otro lado, *no* tienes derecho a veto, el resultado no está predeterminado de antemano. Existe la posibilidad de que con quien tenías la relación no rompa su nueva relación. Con lo que tendrás que aceptar la vulnerabilidad que supone decirle: «Ya no soy capaz de seguir aguantando esto. Voy a tener que dejarte si sigues teniendo esa relación». Tienes que saberlo *con toda seguridad*. Nos parece que si tienes la voluntad de dar un paso tan importante como romper la relación íntima de otra persona, es justo pedirte que arriesgues todo, del mismo modo que lo han arriesgado los miembros de esa relación.

Y así, sin derecho a veto, la persona con quien tienes una relación tiene la posibilidad de hacer lo que crea que será mejor para ella a largo plazo, lo que la hará más feliz –en lugar de tener que tomar una decisión que puede no querer tomar porque es una decisión que se tomó tiempo antes de que una tercera persona real se viera involucrada. *Las personas en la relación siguen siendo más importantes que la relación.* Incluida la tercera persona. Cuando el resultado está predeterminado de antemano mediante un acuerdo con derecho a veto, la otra persona no tiene posibilidad de negociar o defenderse a sí misma o a la relación. Quizá incluso pueda tener pruebas suficientes de que es mejor relación para esa otra persona que para ti; y tener el derecho a defender eso.

Incluso si tienes una relación estrictamente jerárquica, una relación principal/secundaria, las valoraciones éticas del derecho a veto merecen cierta atención. Cualquier relación se puede terminar, por las razones que sea. No todas las relaciones duran; eso es un hecho (ver capítulo 22). Pero incluso cuando el miembro de la relación principal en una relación jerárquica decide que necesita que su pareja termine su relación secundaria, lo más ético que se debe hacer en esa situación es involucrar en la discusión a la persona que tiene una relación secundaria y permitir que pueda responder a los problemas que existan.

Problemas prácticos del derecho a veto

Aparte de sus problemas éticos, y aparte del dolor y rencor que un veto puede provocar, los acuerdos con derecho a veto presentan otros problemas prácticos en los que quizá no has pensado. Por ejemplo, un acuerdo con derecho a veto que está justificado por una mala experiencia en el pasado, aplica medidas para relaciones tóxicas contra una persona concreta a una nueva persona que ni llegó a conocerla. Digamos que con quien tienes una relación tuvo una con Bob el año pasado, y Bob provocó dramas y caos constante. Si, fruto de eso, pides tener derecho a veto, cuando Charles aparece, le estás haciendo pagar por los pecados de Bob. Estás perpetuando los dramas de Bob.

Tampoco podemos, mediante el uso de la fuerza, hacer que una de las personas con quien tenemos una relación rompa con otra persona. Cuando usamos el derecho a veto, incluso uno mutuamente acordado, le estamos planteando a la persona con quien tenemos una relación que elija: rompe esa relación o te vas a enterar. La parte de «te vas a enterar» a menudo es menos clara; pocos acuerdos con derecho a veto incluyen cláusulas sobre qué podría suceder si el veto es ignorado. Pero un veto puede, de hecho, ser ignorado. ¿Y entonces qué pasa?

El derecho a veto crea un desequilibrio en la confianza. A la nueva persona se le suele decir: «Confía en nuestra relación, no usaremos el derecho a veto de manera inapropiada». Pero, ¿qué le está diciendo eso a la persona recién llegada? «Quiero que confíes en que no te vetaré de manera inapropiada, pero tenemos un acuerdo con derecho a veto porque *no confiamos en ti*». ¿Es razonable pedirle que confíe a alguien de quien no nos fiamos?

Incluso desde un punto de vista más pragmático, veamos que las personas que son las mejores relaciones en las relaciones poliamorosas, (personas con experiencia en poliamor, que han demostrado tener buenas habilidades de comunicación y que son personas comprensivas para solucionar problemas con unas buenas habilidades para la resolución de conflictos, y tienen buena reputación en la comunidad respecto a sus habilidades) normalmente evitan a cualquier persona con derecho a veto. Por lo que, si tienes derecho a veto, te sumas al grupo con *tendencia* a los problemas, y muchas personas con experiencia en poliamor van a evitarte. En nuestro caso usamos «¿Tienes un acuerdo con derecho a veto?» como una pregunta para discernir potenciales nuevas relaciones. Si la respuesta es sí, no es negociable.

Alternativas al derecho a veto

La gente a menudo se confunde cuando habla de relaciones sin derecho a veto porque puede que tenga la idea equivocada de que «no tener derecho a veto» significa «no tener derecho a decir nada». Sin duda, algunas personas con quienes se inicia una nueva relación pueden ser dañinas, o incluso peligrosas, y es importante poder decir algo cuando ves problemas. Piensa en el «derecho a sentarse para hablar» como una alternativa al «derecho a veto». Quieres que se comience a hablar sobre algo, mientras que el veto cierra el debate. Necesitas poder decir «Tengo una mala sensación por la manera en que te trató en la estación» o «busqué en internet y me encontré que tiene una orden de alejamiento» y que eso no se vea como una amenaza, sino como información útil. La otra persona necesita saber que le dirás: «Por lo que te pido, por favor, que tengas mucho cuidado, y me gustaría que me contactaras por teléfono a menudo».

La justificación más habitual que oímos para tener derecho a veto es que es necesario evitar que una nueva relación intente romper la relación existente. Sin duda, hay personas que intentarán hacer eso. Son tan abundantes que en la comunidad poliamorosa tienen un nombre: «Cowboys» (o «cowgirls»), porque se suben al poliamor con la esperanza de echarle el lazo a un miembro del rebaño poliamoroso.

Desgraciadamente, el veto trata a todas las nuevas relaciones como si tuvieran malas intenciones simplemente por el hecho de que algunas podrían tenerlas. Y tu pareja no es una delicada urna griega, un objeto que puede ser robado por un ladrón muy particular. Tu pareja es una persona, y las personas no pueden ser robadas. Si una nueva relación intenta «llevársela» tienes que consentir que se la lleven. Con derecho a veto o sin él, si quiere seguir contigo, lo hará.

Por lo que la auténtica pregunta no es «¿Qué puedo hacer para protegerme frente a cowboys/cowgirls?». La auténtica pregunta es «¿confías en que, quien tiene una relación contigo, quiere estar contigo, incluso si una nueva persona, joven y atractiva, le pide que te abandone?». Si alguien le dice «escápate conmigo», ¿qué crees que dirá tu pareja?

La confianza es algo que nadie nos ha enseñado a cultivar. El cuento de hadas convencional nos dice que busquemos el amor verdadero y que seremos felices para siempre. No dice nada sobre confiar en tus relaciones incluso cuando sentimos miedo. No nos dice cómo marcar unos buenos límites cuando nos enfrentamos con relaciones que potencialmente pueden cambiar mucho las cosas. Requiere mucho valor comprometerte a confiar en que, con quien tienes una relación, quiere estar contigo y que te elegirá a ti incluso si alguien intenta alejarla de ti. Marcar unos buenos límites respecto a las relaciones de tus relaciones requiere un esfuerzo. Pero al final, la persona con quien tienes una relación va a tomar las decisiones que quiera tomar, sean cuales sean las normas que pongas, por lo que ¿qué otra opción tienes?

La capacidad para marcar unos límites firmes es otra herramienta importante para manejar las relaciones sin derecho a veto (ver capítulo 9). La persona con quien tienes una relación puede elegir tener otra con alguien con quien no te gusta demasiado estar. Puede elegir una persona que la anima a tomar decisiones que te hacen daño. En todas esas ocasiones, necesitas ser capaz de marcar unas pautas generales de qué aceptarás y qué no *dentro de tu propia relación*. No hace falta que pases tiempo con alguien que no te gusta. Si no te sientes a gusto o con total seguridad cuando una persona concreta está en tu casa o en tu cama (o relacionándose con tus criaturas), tienes el derecho a (y debes) marcar unos límites respecto a quién vas a permitir estar en tu propio espacio.

Por supuesto, con quien tenemos una relación también tiene derecho a decidir tener otros acuerdos de convivencia si tus límites se convierten en imposibles para ella.

Si esperas cierto comportamiento –que se te diga la verdad, por ejemplo, o que se respeten los planes que se hayan hecho contigo– y la otra relación interfiere en ellos, puedes expresar esas expectativas a la persona con quien tienes una relación, sin tener que intervenir en la otra relación. Y por supuesto, si estás en una relación sin derecho a veto, es especialmente importante respetar los límites que tu pareja marca respecto a su cuerpo, sus ideas, sus decisiones y su espacio respecto a tus otras relaciones, incluso cuando te cause alguna molestia.

En el capítulo 4 hablábamos de la idea de eficiencia personal, tu fe en tu propia capacidad para hacer que se te escuche e influir positivamente en tu propia situación. El derecho a veto puede parecer una forma de eficiencia personal, pero creemos que la eficiencia personal está en creer que si la otra relación de la persona con quien tienes una relación empieza a ir realmente mal, puedes hablar de ello y hacer que se te escuche. El derecho a veto es un indicador de una baja eficiencia personal; es una manera de decir «no creo que pueda conseguir que escuche lo que me preocupa, a menos que tenga un botón de emergencia».

De todos modos, cuanto mayor es la eficiencia personal de alguien, menos probable resulta que esa persona entre en una relación donde existe un derecho a veto. Si valoras tu capacidad para dar tu opinión en tus propias relaciones, es improbable que aceptes darle a alguien la máxima autoridad sobre qué relación debe sobrevivir o morir.

Hablamos más sobre marcar límites con las relaciones de tus relaciones en el capítulo 23, sobre metamores, y sobre negociar directamente con nuestras propias relaciones en los capítulos 6 y 7.

El veto caso por caso y la fuerza del drama

Muchas personas que no tienen un acuerdo con derecho a veto negociado explícitamente encuentran maneras de vetar las relaciones de sus relaciones de todos modos. Si ves alguno de estos patrones, es el momento de que habléis tu pareja y tú. Como otras muchas maneras de conseguir lo que queremos cuando la negociación directa ha fracasado, puede ser una forma de chantaje emocional.

Primero, tenemos el derecho a veto caso por caso. Se da cuando, caso por caso, restringes lo que la persona con quien tienes una relación puede o no puede hacer con sus otras relaciones y cuándo puede hacerlo. Al final, se cancelan o interrumpen tantas citas, se limitan tantas actividades que la relación se marchita y muere. No hace falta que le pidas que termine una relación para que se acabe; solo necesitas impedir que le lleguen los recursos necesarios para desarrollarse.

Otra forma de veto-con-otro-nombre es lo que a Eve le gusta llamar «la fuerza del drama». Esa es un arma que puedes usar cuando no quieres que tu pareja haga algo –como irse a una cita, continuar la relación o dedicarse a una actividad en concreto– pero no has sido capaz de negociar directamente lo que quieres. Nuestra pareja, después de valorar nuestra opinión, ha decidido hacer otra cosa: ir a esa cita, continuar con la relación, hacer eso que no querías que hiciera. Pero en lugar de aceptar la decisión de tu pareja, te aseguras de que pague un precio por ello. Tienes una crisis emocional una hora antes de la cita, y tiene que quedarse contigo en casa. Le envías ansiosos mensajes de texto cada cinco minutos cuando está con esa otra relación que no te gusta. Amenazas continuamente con un posible pero indeterminado desastre –físico o emocional– si hace lo que tú no quieres que haga.

Siendo lo dañina que es esta conducta, a menudo la reforzamos de manera no intencionada cuando sucede. Queremos apoyar a nuestras relaciones, no queremos herirles, y a la mayoría no nos gustan demasiado los conflictos. Si su objeción a que yo haga eso es tan importante para ella, en realidad no necesito tanto hacerlo ¿verdad? Esa cita tampoco era tan importante, puedo organizar otra… El problema es que la gente usa esta conducta porque funciona: les da lo que quieren.

Algunas personas critican el uso de la palabra *drama*, basándose en que se usa para minimizar e ignorar. En el sentido que la usamos, la «fuerza del drama» tiene otro nombre: chantaje emocional. Si reconoces lo que estamos describiendo, sea en tu propia conducta o en la de tu pareja, te debes a ti y a tus relaciones la lectura de *Chantaje emocional*, incluido en el apartado de recursos.

Por supuesto, creemos que tenemos una buena razón para hacerlo cada vez que lo hacemos. A nadie nos gusta creer que estamos manipulando a nuestras relaciones, y a todo el mundo se nos da bien justificar nuestras propias acciones, incluso ante nuestros propios ojos. A la persona que ejerce el veto caso por caso o que emplea la fuerza del drama, le parece necesario y justificado cada vez que lo emplea. Y todo el mundo tiene derecho de vez en cuando a perder los papeles, a un arrebato o a una pataleta. Pero cuando eso sucede de manera periódica –y si tus relaciones ceden a tus demandas simplemente para evitar tener que enfrentarse a tu conducta– podrías querer valorar la idea de buscar ayuda profesional para manejar tus emociones.

Si la persona con quien tienes una relación muestra este tipo de conducta a menudo, si la mayoría de tus decisiones que no le gustan suponen que pagues un precio emocional, o si su drama continúa durante más de dos meses después de haber iniciado una nueva relación, tienes un problema; uno potencialmente serio, sin una solución fácil. Necesitáis aprender técnicas de negociación más apropiadas que no incluyan amenazas emocionales. Muéstrale su conducta y explícale el efecto que está teniendo en tus relaciones. Valora leer *Chantaje emocional* en pareja, y buscar la ayuda profesional de terapeutas con experiencia en relaciones poliamorosas. Si la conducta no cambia, quizá debas considerar salir la relación.

Veto burbuja

Un «veto burbuja» es cuando impides que la persona con quien tienes una relación haga algo que no te gusta; cuando quieres que, simplemente, no haga nada. En el poliamor, esto se suele tener la forma de «Me da miedo X. Por favor, no hagas X hasta que deje de darme miedo».

LA HISTORIA DE SARA

Un ejemplo de esto es Sara, una amiga de Franklin. Sara tenía una relación con Owen, quien estaba casado con Kate. Sara comenzó una nueva relación con Mark. Kate le dijo a Sara que no estaba cómoda con ella teniendo sexo con Mark hasta que Kate lo conociera mejor, por lo que le pidió un plazo de tres meses para esperar a que todo el mundo se conociera mutuamente antes de que Sara y Mark tuvieran sexo. Sara aceptó, y pasaron tres meses, tres meses muy ocupados, en los que Kate nunca tuvo tiempo para estar con Mark. Por lo que al final de esos tres meses, Kate le pidió a Sara esperar otros tres meses, puesto que Kate no había tenido tiempo de «sentirse segura» con Mark. Sara y Kate ni siquiera eran amantes; solo compartían una de sus relaciones.

Hemos conocido algunas personas que han estado en relaciones con otras personas que tenían tendencia a la monogamia, quienes aceptaron tener una relación poliamorosa, pero solo después de que se «sintieran seguras en la relación». Y eso resultó ser... nunca. Por supuesto, si tu recompensa por sentir seguridad es algo que tú no quieres, no tienes muchos alicientes para llegar a sentir seguridad nunca. Esas relaciones pueden continuar durante años antes de terminarse. Conocemos una, por lo menos, que comenzó hace seis años, en la que el miembro poliamoroso de la relación todavía espera con melancolía que, algún día, su pareja monógama «lo consiga».

Hemos hablado de comportarse de manera sensata cuando comienzas una nueva relación: que quizá es mejor no incluir nuevos miembros en la relación cuando una relación preexistente está en crisis, cuando haya habido recientemente importantes cambios vitales o cuando hayan surgido problemas graves de salud mental, por nombrar unos cuantos. El problema es que la idea de «prepararse para el poliamor» puede convertirse en un veto burbuja si no incluye unas limitaciones claras. Si necesitas tiempo para trabajar sobre un tema, acostumbrarte a un nuevo miembro de la relación o hacerte a la idea, llega a un acuerdo por un tiempo limitado. Si el plazo de tiempo expira y todavía quieres decir que no, o si quieres renovar ese plazo de tiempo, comprende que has pasado al territorio del veto burbuja. Eso no quiere decir, por sí mismo, que sea algo malo, siempre que no tengas problema usando un veto. Pero reconoce que eso es lo que estás haciendo.

#ALGUNAS PREGUNTAS QUE PUEDES HACERTE

Las preguntas sobre el derecho a veto responden a tres categorías: las preguntas para quienes quieren tener derecho a veto sobre las relaciones de sus relaciones, las preguntas para quienes están valorando darle el derecho a veto a otra persona y las preguntas para quienes están valorando involucrarse en una relación con alguien cuya pareja tiene derecho a veto.

Si quieres que tu pareja te dé derecho a veto sobre sus otras relaciones:

- ¿Bajo qué circunstancias siento que sería apropiado que yo lo usara?

- ¿Quién creo que debe tener la última palabra para que una relación se termine? ¿Por qué?

- ¿Qué creo que pasará si le pido a mi pareja que termine otra de sus relaciones, y me dice que no? ¿Por qué podría suceder eso?

- ¿Confío en que mi pareja tendrá en cuenta mis necesidades y bienestar cuando decida si quiere seguir en una relación que me está haciendo daño? ¿Por qué o por qué no? Si no, ¿qué puedo hacer para que aumente la confianza?

- ¿Confío en que mi pareja tome buenas decisiones sobre con quién comenzar nuevas relaciones? ¿Por qué o por qué no? ¿Cuáles podrían ser las consecuencias si toma una mala decisión y cómo podría yo enfrentarme a esas consecuencias?

- ¿Uso la palabra «veto» para describir otra cosa que la capacidad unilateral de terminar la relación de una de mis relaciones; por ejemplo, cuando le doy mi opinión a mis parejas sobre cómo me siento con sus otras relaciones? Si es así, ¿por qué? ¿Tiene algo la palabra que me da más seguridad que no me dan las palabras negociación o colaboración?

Si estás valorando darle derecho a veto a tu(s) relacione(s):

- ¿Soy capaz de involucrar a una persona que me importa (o que llegará a importarme) en una situación en la que debo abandonarla por deseo de una tercera persona?

- ¿Se me ocurre alguna manera para hacer que una nueva persona se sienta segura para relacionarse conmigo en esas condiciones?

- ¿Comprendo las necesidades que mis relaciones están intentando cubrir al pedir tener derecho a veto, y he considerado maneras alternativas de cubrir esas necesidades?

Si estás valorando comenzar una relación con alguien cuya pareja tiene derecho a veto:

- Si comienzo una relación con alguien que ya tiene una pareja, ¿qué nivel de participación me parece razonable que tengan sus otras relaciones en nuestra relación?

- ¿Me parece seguro abrir mi corazón a alguien que le ha dado el poder de terminar nuestra relación a una tercera persona?

13

Relaciones empoderadas

Me he esforzado mucho en eliminar las palabras
«tengo que» de mi vocabulario.
Porque la verdad es que soy yo
quien está decidiendo cumplir mis compromisos.

Lauren Bacon

Las personas empoderadas en sus relaciones románticas pueden expresar sus necesidades y pedir que sean cubiertas. Pueden hablar de sus problemas. Pueden decir qué les funciona y esperar que sus relaciones intenten adaptarse a sus necesidades todo lo posible.

No es posible *hacer que* una persona se sienta empoderada, del mismo modo que no es posible hacer que una persona se sienta segura. Lo mejor que podemos hacer es crear unas condiciones que invitan a participar e incentivan al empoderamiento. Podemos, de todos modos, *desempoderar* a las personas, y eso puede ser muy peligroso, como hemos recalcado en capítulos anteriores. Las personas que son desempoderadas tienen poco que perder si rompen las reglas. El peor resultado posible –perder la relación– es algo a lo que ya se están arriesgado al haberse enfadado antes con las limitaciones; en este punto, perder la relación podría no parecer tan mala idea.

Algunos elementos definitorios del empoderamiento en una relación romántica son:

- Involucrarse y participar en el proceso de la toma de decisiones que te afectan.

- Tener una amplia variedad de posibilidades cuando hay que tomar una decisión, no simplemente elegir entre sí o no (en casos extremos, la opción de «O lo aceptas o te vas»).

- Tener capacidad de decisión sobre el propio cuerpo, las relaciones y la propia vida en general.

- Poder expresar necesidades, opiniones, deseos y límites.

- Tener acceso a la información que afecta materialmente a tu relación, persona o seguridad.

- Poder proponer alternativas. .

- Tener la posibilidad de oponerse, y de tener negociaciones abiertas respecto a las normas, acuerdos o estructuras de la relación.

- Tener la posibilidad de dar, negar o retirar el consentimiento.

No es casualidad que muchas de estas características se parezcan a algunos de los derechos de las relaciones.

Cuando usamos estos criterios para definir el empoderamiento, puede hacerse evidente que una relación empoderada no es necesariamente una en la que todo el mundo tiene el mismo poder. Más bien, es una en la que ninguna persona resulta *desempoderada*, de forma intencionada o no, por una relación jerárquica.

Empoderamiento no es lo mismo que igualdad

Cuando sacas el tema de las relaciones poliamorosas sin jerarquía, la gente a menudo imagina que estás hablando de relaciones «igualitarias», en las que «igual» significa «Todo el mundo tiene lo mismo». Eso por ejemplo podría significar crear una estructura relacional en la que todo el mundo tiene la misma cantidad de tiempo, el mismo estatus o los mismos recursos. Quizá podría significar que todo el mundo está teniendo sexo con todo el mundo, que todo el mundo vive bajo el mismo techo o que todo el mundo quiere a todo el mundo «igual».

Oirás a la gente pelearse al discutir sobre el poliamor jerárquico refiriéndose a esos motivos. Dirán que no es razonable que tu novio a distancia, con quien has tenido una relación de un año, sea tan importante como tu esposa. Y eso es, normalmente, cierto. Pero como hemos dicho, encontramos más útil, al pensar en alternativas a la jerarquía, hablar de *empoderamiento*. Eso significa ofrecer la oportunidad de que se oigan todas las opiniones, se negocien los acuerdos y que todos sus miembros puedan defender la construcción del tipo de relación que quieren. Porque diferentes personas quieren cosas diferentes, el empoderamiento es más útil que la uniformidad como principio rector de las relaciones.

Para seguir con nuestra metáfora del huerto: intentar construir relaciones en las que todo el mundo es igual es como podar los pinos para que midan la mitad y colocar rosales en macetas subidas en pedestales de manera que todo tenga la misma altura. ¿Qué sucede si una persona desea pasar más tiempo con una persona en medio de dos relaciones, y la otra menos? ¿Es razonable decirle a las dos que solo tienen derecho a tener la misma cantidad de tiempo? ¿Qué sucede si una de las relaciones ha existido desde hace seis años y la otra desde hace seis meses? Esperar el mismo nivel de compromiso e implicación de cada una sería una inmensa estupidez.

LA HISTORIA DE VESNA

Vesna vive con su pareja Ahmad, y han tenido una relación con Erin durante más de una década. Ella también se ha hecho muy amiga (y amante ocasional) de la esposa de Erin, Georgina. Vesna y Erin conectaron intensamente de manera instantánea cuando se conocieron, y su conexión se ha mantenido no solo a lo largo de los años, sino a pesar de los miles de kilómetros que les separan. Pero su relación no es la más apropiada para una situación de convivencia, profundamente involucrada; se parecen demasiado, dice Vesna, y simplemente es un tipo de relación que nunca ha deseado tener con Erin. Por lo que a pesar de su intenso vínculo, viven aparte, cada cual con otras relaciones con las que conviven.

Nadie había planeado que sus relaciones serían así. Por ejemplo, Erin y Georgina nunca tuvieron un acuerdo por el que Erin no pudiera tener una relación de convivencia permanente con otra persona. Y Vesna está abierta a la posibilidad de tener más de una relación de ese tipo al mismo tiempo. El acuerdo actual es simplemente la manera en la que las cosas se fueron desarrollando: una manera de hacerlo que muestra las personalidades diferentemente compatibles de todas las personas involucradas.

Vesna describe cada una de esas relaciones como extraordinariamente poco estresantes. Ella comenta que ayuda el hecho de que sus relaciones –y la mayoría de su círculo social– son personas queer, poliamorosas y feministas. Hablan mucho, y comparten un vocabulario propio para hacerlo. Siente que su cercanía al sexo no convencional les ayuda a concentrarse en la negociación. Vesna comenta: «Me encanta la sinergia con la que todo esto se une en cómo se construyen mi vida y mis relaciones».

Eve y Franklin tienen cada cual una relación con alguien con quien conviven, y otras relaciones que son extremadamente independientes y han decidido no compartir casa con nadie; prefieren vivir a solas. Un reparto literalmente «igualitario» podría ser que todo el mundo debería tener las mismas obligaciones a la hora de compartir casa y los mismos derechos a la hora de decidir cómo se gestiona la hipoteca. Una aproximación más racional a la igualdad podría significar que cada cual tiene el mismo poder para elegir cómo quiere vivir su vida.

Una de las personas con quien tenemos una relación, pero que no quiere que convivamos, podría, por ejemplo, preguntarnos un día: «Me gustaría valorar la idea de convivir contigo. ¿Qué te parece?», pero no tener el mismo derecho a voto cuando se decida si se vende o no la casa en la que estamos viviendo.

Las personas que han estado juntas durante el tiempo suficiente tienen establecido un «reparto equitativo del esfuerzo y responsabilidades» en la relación. Juntas han hecho sacrificios y han compartido obligaciones. Esas obligaciones se parecen a las flechas grandes sobre el compromiso en las ilustraciones del capítulo 11. En una relación empoderada, no se le dice a alguien «Tú tienes el mismo estatus y el mismo derecho a voto en estas obligaciones y responsabilidades». Más bien, se le dice «Según vayas involucrándote en la relación, tú también irás siendo parte del proyecto. No se te va a negar la oportunidad de hacerlo».

En el contexto del poliamor, una relación empoderada significa que nadie fuera de la relación tiene la autoridad para poner límites a esa relación. Los flujos de conexión, compromiso y poder dentro de las relaciones pueden ser de

cualquier intensidad, y pueden ser incluso desiguales dentro de esas relaciones. El elemento definitorio de la jerarquía –el poder *que desde dentro de una relación controla o restringe otra relación*– no está presente.

A Amy, la pareja de Franklin, le gusta decir que las relaciones poliamorosas empoderadas no son en las que cada persona es «igual» al resto, sino las relaciones en las que negocias en igualdad de condiciones con *quien tienes una relación*. Es decir, terceras personas, como las otras relaciones de tus relaciones, no tienen más poder en *tu* relación que tú.

Hemos visto casos en los que «igualdad» significaba igualdad de comportamientos nocivos. Franklin conoce a una pareja casada que había abierto su matrimonio al poliamor. La esposa tuvo una novia durante muchos años hasta que el marido finalmente encontró otra chica. Cuando el marido comenzó la nueva relación, su esposa se fue poniendo cada vez más celosa. Finalmente, tras varios meses, ella le dijo a su marido: «No puedo seguir aguantando esto. Quiero que rompas con tu novia. Pero no pasa nada, yo romperé con la mía también, para que sea justo». Esto podría ser un ejemplo extremo, pero a menudo aparece el impulso de tratar a la gente como desechable cuando nos enfrentamos a emociones desagradables.

Responsabilizarte de tu poder

Las relaciones no monógamas claramente resaltan la diferencia entre nuestra *percepción* de nuestro poder y la *realidad* de nuestro poder. A menudo es más fácil ver el poder ajeno que el propio. Si tu pareja comienza una nueva relación, podríamos ver que se está implicando en su relación, y podemos sentirnos impotentes; sin darnos cuenta de las estructuras establecidas, la historia, los compromisos y las experiencias vitales compartidas que hay en nuestra propia relación, lo que nos da un poder inmenso que la nueva relación no tiene. La nueva persona, de todos modos, a menudo es *profundamente* consciente del poder que tiene la relación preexistente.

Una clave para poner en práctica relaciones empoderadas es admitir y comprender el poder que tenemos. Por ejemplo, necesitamos volver a hablar de las ideas de seguridad y autoestima del capítulo 4. Sin un intenso sentimiento *interior* de seguridad y autoestima, encontraremos casi imposible ser conscientes de nuestro poder en nuestra relación romántica. Cuando sentimos que no valemos nada, pensamos que nos hemos desconectado, incluso cuando quienes nos aman están deseando que nos conectemos. Tenemos sensación de aislamiento y distancia, incluso cuando tenemos mucho amor y apoyo a nuestro alrededor.

Mientras trabajamos en el proyecto de nuestra propia autoestima, también podemos intentar comprender nuestro propio poder, incluso cuando todavía no lo sentimos en nuestro interior. Aquí, volviendo a nuestra metáfora de buscar setas: buscamos evidencias. Si te aterra perder una relación de diez años, da un paso atrás y piensa sobre el hecho de que tu pareja ha decidido estar contigo durante diez años. ¡Eso no ha sucedido por accidente! Sucedió porque durante diez años has aportado cosas valiosas a la vida de tu pareja.

Si sientes que necesitas de la jerarquía para proteger una relación de crianza, piensa en qué significa que tu pareja haya decidido asumir el enorme compromiso de tener descendencia contigo, y mira a las evidencias que te da cada día en forma de cuidados y dedicación a tus criaturas. Practica la gratitud para corresponder a todas las maneras, grandes y pequeñas, en que tu pareja se dedica a vuestra relación. Eso te ayudará a entender el valor de tu relación con ella.

Comenzar nuevas relaciones frente a los compromisos previos

Cuando comenzamos una nueva relación es importante hablar de manera clara y directa con esa nueva persona sobre nuestros compromisos previos. De hecho, demostrar que cumples tus compromisos con otras personas es una buena manera de demostrar a tu nueva relación que también te mereces confianza y dedicación. Pero recuerda, hay más de una manera de apoyarse de forma recíproca. La mayoría de los compromisos en el poliamor deben ofrecer múltiples maneras de cumplirlos al mismo tiempo que dejar espacio para nuevas relaciones.

Los acuerdos para cumplir compromisos preexistentes son mejores cuando ofrecen cierta flexibilidad sobre *cómo* se cumplen esos compromisos. Antes que nada, la flexibilidad respeta la autonomía de las personas involucradas. Un acuerdo para cumplir tu obligación de pagar la hipoteca te ofrece más flexibilidad que la norma de que nunca puedes gastar más de 30 euros en una cita; incluso si el objetivo de esa norma es asegurar que la hipoteca se paga. Un acuerdo flexible especifica la naturaleza de la obligación y empodera a personas adultas para tomar decisiones de la manera que haga falta, mientras esa obligación se cumpla.

La flexibilidad también permite renegociar los acuerdos buscando maneras en las que los compromisos se puedan cumplir cuando aparecen nuevas relaciones que cambian las condiciones. No estamos sugiriendo, por supuesto, que se le den las llaves de la casa o se le invite a firmar la hipoteca a alguien que tiene una primera cita con una persona que ya está en una relación a largo plazo. Más bien, las relaciones normalmente funcionan mejor cuando a la nueva persona no se le prohíbe de antemano *para siempre* llegar a hacer esas cosas, sino que se le informa de que la situación tiene posibilidades de cambio. Como todo en el poliamor, la flexibilidad es fundamental.

Relaciones empoderadas y criaturas

Las criaturas a menudo son el compromiso más importante que mucha gente adquiere en toda su vida. Si estás criando ahora, probablemente es una de las cosas más importantes de tu vida. Las criaturas son dependientes: necesitan que la gente las cuide, y a sus madres/padres que prioricen cubrir sus necesidades. Solo poco a poco irán desarrollando sensatez y autonomía, y el poder de decisión en su camino hacia ser personas adultas, por lo que necesitan un cuidado y protección especial durante muchos años. Esas necesidades primordiales cuando son menores pueden interponerse en las relaciones entre personas adultas, y eso es duro. Si tienes o quieres tener peques, es probable (y deseable) que elijas tener relaciones con personas que comprendan eso.

Por lo que, sin duda alguna, dada la vulnerabilidad única de las criaturas, la jerarquía debe de ser necesaria para las familias poliamorosas con criaturas, ¿no? Como dijo alguien a quien conocemos, «En-pareja-con-peques, especialmente, cuando son muy jóvenes, se da, intrínsecamente, una situación jerárquica. No puede ser de otra manera. Y sin algunas directrices o estructura, la jerarquía puede terminar en caos y las criaturas sufrirían». ¿Son posibles las relaciones poliamorosas empoderadas cuando hay criaturas?

LA HISTORIA DE CLARA

Cuando Clara y Elijah decidieron abrir su matrimonio, sus dos peques eran muy jóvenes, uno era un bebé. No pusieron en funcionamiento una jerarquía antes de abrir la relación pero adoptaron una comunicación honesta como su estrategia principal. En lugar de normas, restricciones o derecho a veto, acordaron que si ella o él comenzaban a tener problemas en sus otras relaciones, buscarían una solución caso por caso.

Tener peques significó que el manejo del tiempo se convirtiera en una cuestión central. Como parte de su acuerdo de apertura de la relación, Elijah aceptó asumir más responsabilidades domésticas cuando Clara estuviera con otra de sus relaciones.

Clara comenzó una relación con Ramón, que tenía tres criaturas con su esposa, Caitlin. Con la ayuda de Elijah y Caitlin, Ramón y Clara elaboraron un calendario para verse que suponía el mínimo tiempo posible lejos de sus peques. Caitlin a menudo llevaba de viaje a sus criaturas y a visitar a la familia, permitiendo que Clara pasara la noche con Ramón a solas en una casa en silencio. Como Elijah trabajaba temprano por las mañanas, Clara quería estar en casa antes de que él se fuera. Ella salía de su propia casa después de haber acostado a sus peques y volvía por la mañana antes de que se despertaran. Ramón, ocasionalmente, también pasaba la noche en la casa de Clara y Elijah.

Como haría mucha gente monógama, Clara esperó a presentar a Ramón a sus peques hasta estar segura de que su relación tenía posibilidades de mantenerse. En lugar de pedir a las relaciones con quienes no compartía crianza que cuidaran a sus peques (o requirirlo, como hablamos en «servicios de relación secundaria», páginas 288-290), ella prefería confiárselo a sus amistades. Ella también se aseguraba de reservar tiempo a solas con sus criaturas, de manera que entendieran lo mucho que ella valoraba su relación con ellas y que nunca sintieran que Ramón «la estaba alejando».

Hasta donde sabemos, no existen unos polvos mágicos que espolvoreados sobre madres y padres en el momento del nacimiento de sus criaturas les haga incapaces de cumplir con sus otros compromisos y responsabilidades. Si eras una persona responsable antes de que nacieran tus peques, lo seguirás siendo después (aunque con muy pocas horas de sueño).

Las personas responsables no tienen un secreto deseo de ignorar el bienestar de sus criaturas tan intenso que, si no existiera una jerarquía, eso sería lo que harían. Si se puede confiar en alguien para que tome buenas decisiones en otros campos de la vida, como la amistad, el empleo o las aficiones, se puede confiar en ellas respecto a sus relaciones románticas. Tenemos el optimista punto de vista de que si se te da la posibilidad de tomar tus propias decisiones, respetarás tus acuerdos, asumirás tus responsabilidades y cuidarás de tus seres queridos: relaciones y criaturas.

Quizá la manera en que quienes tienen criaturas pueden construir hogares estables y llenos de amor es buscar tener relaciones con personas que sean responsables y que compartan sus valores y prioridades, trabajar en construir unos sólidos cimientos para todas sus relaciones, demostrar con el tiempo que son responsables y se merecen la confianza, y demostrarse mutuamente confianza para tomar las decisiones que beneficiarán a sus relaciones y sus familias.

En las relaciones empoderadas, cuando alguien con quien se comparte la crianza está a punto de tomar una decisión que alguien considera que no es lo mejor para la familia, otra persona con criaturas puede expresar sus dudas. Las personas adultas pueden hablar sobre lo que les preocupa y tomar sus decisiones sin olvidar esas preocupaciones. Si una persona en la relación comienza, repetidamente, a tomar decisiones que no son las mejores para la familia, puede que sea el momento de revaluar esa relación; tal como sucede en las relaciones monógamas. Y como sucede en las relaciones monógamas, a veces lo mejor para todo el mundo es que una diada comparta la crianza de otra manera: Vivir en casas separadas, o en relaciones de convivencia platónicas (un acuerdo que hemos visto a menudo entre personas poliamorosas).

Si no te gusta cómo alguien está respetando (o no) sus compromisos contigo, o sientes que no puedes confiar en que respeten sus compromisos y no puedes hablarlo claramente con esa persona, quizá no sea una buena elección como pareja para compartir la crianza. Si una persona está dispuesta a ignorar sus compromisos ¡la jerarquía no va a forzarles a cumplirlos!

Así que, ¿qué sucede cuando la diada progenitora original se disuelve? Sin duda, esa posibilidad debe evitarse a cualquier precio si hay criaturas involucradas ¿verdad? Las relaciones se terminan. En una familia con peques, el final de una relación será triste y estresante para todo el mundo. Pero lo mismo sucede en las familias monógamas y hay maneras de minimizar el estrés en las criaturas. A menudo, de hecho, las nuevas relaciones más recientes son más beneficiosas para una criatura que lo que lo era la relación de sus madres/padres, si su relación era disfuncional. Hemos visto esto tanto en familias monógamas como poliamorosas. Los puntos de inflexión, de los que hablamos en el siguiente capítulo, le suceden a todo el mundo, no solo a las personas poliamorosas. A veces las criaturas se ven afectadas.

LA HISTORIA DE CLARA

La historia de Clara y Ramón fue un punto de inflexión en sus vidas. Ramón le subió el listón a ella respecto a lo que ella esperaba de las relaciones, y al final, su relación con Elijah no sobrevivió, ni la de Ramón con Caitlin. Clara y Ramón se separaron de sus parejas y se fueron a vivir en pareja.

Siempre es duro para las criaturas que sus padres y madres se separen, pero las cuatro personas encargadas de la crianza trabajaron duro para minimizar los efectos de la separación en sus peques. Clara y sus peques siguen viviendo en la misma casa que antes, y sus horarios siguen siendo los mismos. Elijah les visita dos noches a la semana, y pasan la noche con él todos los sábados. Eso es menos de lo que solía verles, y la criatura más mayor ha sufrido un poco al ver a su padre menos a menudo.

Las criaturas de Ramón y Caitlin viven con Caitlin y visitan a Ramón varias veces a la semana, a veces quedándose a dormir. Sus criaturas lo han pasado peor con la separación que las criaturas de Clara y Elijah, porque eran algo mayores, con un mayor entendimiento de la situación, y han escuchado algunas conversaciones que les han expuesto a parte del estrés emocional de Caitlin. Tanto Clara como Ramón han sufrido acusaciones graves por su crianza por parte de amistades y familiares.

A pesar de los problemas, Clara tiene claro que tomó la decisión correcta. Cree que si hubiese seguido con Elijah, su infelicidad sin duda habría afectado a sus criaturas.

La mayoría tenemos la idea, derivada del cuento de hadas de la media naranja, de que la diada progenitora es fundamental, a menudo, por encima de cualquier otra consideración, para el bienestar de una criatura, incluso más importante que la felicidad de su familia o si es funcional. Mucha gente cree que mantener a alguien en una relación infeliz «por el bien de las criaturas» es mejor que permitir que cada persona viva por su cuenta. Después de todo, eso es lo que hemos aprendido de la cultura monógama. Entre algunas personas poliamorosas, esa creencia se extiende a la idea de que es peligroso permitirse mutuamente tomar nuestras propias decisiones de la manera que necesitemos, permitiendo al mismo tiempo que respetemos nuestras relaciones y compromisos lo mejor que podamos.

Para una criatura, tener madres/padres felices que se comprometen con sus criaturas (en cualquier configuración de crianza, e incluso si esa configuración cambia), y que están viviendo unas vidas satisfactorias, es mucho mejor que tener una pareja de madres/padres que sigue «junta» de forma disfuncional solo porque las normas y la jerarquía los mantiene a raya. Y esta situación es sin duda mejor que tener personas en nuestra casa que son tratadas como secundarias de otras personas. Si las criaturas ven esa conducta en sus familias, aprenderán esas ideas y tratarán a otras personas de la misma manera.

Una aproximación empoderada a la crianza poliamorosa podría incluir acuerdos similares a este:

> *He decidido tener un proyecto de crianza contigo porque compartes mis valores y esperanzas, y confío en que tú cumplirás tus compromisos conmigo y tomarás decisiones en tus relaciones que irán en beneficio de nuestra familia. Si tus decisiones no nos cuidan, te diré cómo y por qué, y confío en que trabajarás conmigo —y tus otras relaciones, si es necesario— para conseguirlo. Si comienzas a comportarte de una manera perjudicial para mí, para nuestra relación o nuestra criatura, y no*

la rectificas, necesitaremos renegociar los términos de nuestra relación y de nuestro acuerdo de crianza compartida.

Es totalmente cierto que las directrices y estructuras benefician a las criaturas. Son seres conservadores por naturaleza, que necesitan el orden, la predictibilidad y una dirección externa para desarrollarse, y son incapaces de manejarse cuando se les da una libertad que no son capaces de manejar todavía. Se pueden crear estructuras en la familia y priorizar a las criaturas sin que una de las personas se vea sujeta a las restricciones creadas por otro miembro de la relación. Las directrices y estructuras se pueden conseguir sin jerarquía, porque se puede tener la confianza en que las personas adultas construirán una familia a partir de la buena voluntad, libertad de decisión y su amor por la persona con quienes tienen una relación y sus criaturas.

Confianza y valentía

En el capítulo 8 hablamos de Mila, cuya historia volveremos a ver en el capítulo 18. Mila, nueva en el poliamor y con planes de tener una criatura con quien tenía una relación, encontró tentadora la idea de la jerarquía, pero deliberadamente se alejó de ella por sus propios valores y preocupación por su propia relación y metamores. Trabajó sobre sus miedos y construyó una relación sólida con su pareja, Morgan, basada en la confianza, en el amor y la integridad de Morgan, y en su propia capacidad para manejar lo que surgiera.

Las relaciones empoderadas se basan en la confianza. Confía en que la persona con quien tienes una relación quiere cuidarte y apoyarte. Confía en que si comunicas tus necesidades, querrá cubrirlas. Eso requiere valentía. Construir relaciones basándose en comprender mutuamente nuestras necesidades significa tener el valor de enfrentarse a una emoción negativa y preguntarse «¿Qué me está diciendo esta emoción?¿Existe una necesidad que no se está cubriendo? ¿Hay algo que yo pueda hacer para persuadir a la persona con quien tengo una relación de que sea mi aliada para que me ayude a manejar esto?».

Si con quien tienes una relación está experimentando dificultades emocionales, te puede resultar tentador leer este capítulo como una manera de decir «Es tu responsabilidad manejar tus propias emociones, por lo que no quiero que me pongas limitaciones». Esto es parcialmente cierto, en el sentido de que no puedes resolver el problema de nadie en su lugar, y si tu pareja pone límites en tu conducta, esas restricciones rara vez resuelven el problema subyacente.

Pero es un error poner, alrededor de los problemas de la persona con quien tienes una relación, lo que Douglas Adams llama una barrera de No Es Mi Problema. Si te importa, le ayudarás. Comportarse de manera comprensiva significa trabajar *en equipo* para superar los problemas de la relación. Así es cómo las relaciones se convierten en sanas y sólidas.

Otra técnica valiosa de la caja de herramientas y de las estrategias para relaciones felices y de confianza es dejar de aferrarnos a la forma en que debe comportarse la persona con quien tenemos una relación. Por ejemplo, supón que sientes que no estás teniendo suficiente tiempo con quien tienes una relación. Una forma de solucionarlo es insistir, por ejemplo, en que esté en casa antes de las nueve de la noche. Esto podría funcionar o no. En un ejemplo que Franklin ha visto, no funcionó a pesar de que esa persona llegaba a casa antes de las nueve, porque pasaba el resto del tiempo hasta la noche hablando o enviando mensajes de texto a la persona con la que había estado hasta ese momento. El miembro de la relación asumió que estar en casa antes de las nueve iba a significar que prestaría atención a sus necesidades, pero eso no fue lo que resultó en realidad. Lo que funcionó fue olvidarse de la regla de las nueve para usar una frase directa: «Necesito un poco de tu atención plena todos los días».

Cuando Franklin tiene una necesidad, se lo dice a sus relaciones: «Hay algunas cosas que necesito para sentirme querido y cuidado. Estas son las cosas que me hacen sentir especial a tus ojos». Él dice esas cosas sin expectativas ni coacción. Las dice sin aferrarse a una manera en la que deben ocurrir. Por ejemplo, él podría decir algo como «Me siento querido y cuidado cuando pasas tiempo conmigo y me das seguridad cuando me siento amenazado». Y a partir de ahí deja que sean sus relaciones las que lo hagan.

La vida a veces es caótica e impredecible, desde una rueda pinchada a una visita nocturna a urgencias en el hospital. A veces, incluso cuando nos esforzamos de buena fe para cubrir las necesidades de nuestras relaciones, la vida se interpone. La flexibilidad es importante. La resiliencia frente a la adversidad es una herramienta poderosa para construir relaciones felices.

#ALGUNAS PREGUNTAS QUE PUEDES HACERTE

El empoderamiento en las relaciones y estructuras poliamorosas puede ser difícil de definir, pero normalmente se percibe claramente su presencia o su ausencia. Las preguntas siguientes pueden ayudarte (y a tus relaciones) a pensar sobre el nivel de empoderamiento de vuestras relaciones:

- ¿Animo a la participación de todas mis relaciones en la toma de decisiones? ¿De qué manera muestro a mis relaciones que están empoderadas?

- Si siento el deseo de restringir las relaciones entre mis relaciones y sus propias relaciones, ¿qué necesidad subyacente estoy intentando cubrir?

- ¿Cuáles son mis compromisos actualmente? ¿Cómo puedo cumplirlos al mismo tiempo que dejo espacio para nuevas relaciones?

- ¿Qué pruebas tengo de que mis relaciones me quieren y me cuidan?

- ¿Hay cosas específicas que puedo pedir que hagan por mí a mis relaciones para ayudarme a sentir que me quieren y me cuidan?

- ¿En qué maneras siento el empoderamiento en mis relaciones? ¿Qué cosas me ayudan a sentir ese empoderamiento?

- ¿Puedo renegociar los acuerdos en mi relación? ¿Pueden hacerlo mis relaciones?

14

Estrategias prácticas
para acuerdos poliamorosos

No puedes dar la mano si tienes el puño cerrado.

Indira Gandhi

La mayoría de las relaciones requieren un mínimo de estructura. Sin ella, es difícil manejar los compromisos y responsabilidades. En los capítulos anteriores hemos hablado sobre las diferencias entre reglas, límites y acuerdos, y argumentamos por qué creemos que las estructuras basadas en reglas pueden crear problemas en las relaciones poliamorosas. Preparar el terreno para que las relaciones puedan florecer significa pensar cuidadosamente no solo cómo cubrir tus necesidades, sino también cómo cubrir las de todas las personas involucradas. En este capítulo, tratamos estrategias prácticas para llegar a acuerdos en las relaciones que contengan esa característica como una de sus bases. Comienza por dedicar tiempo a pensar por qué las personas hacen lo que hacen.

LA HISTORIA DE FRANKLIN

Hace muchos años dirigía una pequeña empresa de consultoría. Tenía una oficina en el centro de Tampa, Florida. Cada día, en el camino a la oficina, pasaba junto a un edificio donde se expedían pasaportes. La oficina de pasaportes era muy pequeña, con espacio para que cinco personas, aproximadamente, pudieran sentarse dentro. La mayoría de los días veía al menos a 20 personas fuera, esperando a poder entrar.

Justo fuera del edificio había un muro de casi un metro de alto. La gente que estaba esperando a menudo se sentaba en el muro. Es fácil entender por qué. Tenían que esperar más de una hora bajo el tórrido sol de Florida. A quien dirigía la oficina de pasaportes le molestaba que la gente se sentara en el muro. Ponían carteles en el muro que decían «No sentarse en el muro». Los carteles eran ignorados sistemáticamente. El personal de la oficina de pasaportes no quería que la gente se sentara en el muro, pero no se preguntaron *por qué* la gente se sentaba en el muro. Cuando estás esperando durante una hora en un patio de hormigón, te vas a cansar y vas a querer sentarte. Estaba garantizado que esa norma iba a fracasar.

Una vía más eficaz para evitar que la gente se sentara en el muro, si ese fuera realmente el problema, había sido cubrir esa necesidad en lugar de lo que hicieron; por ejemplo, instalando bancos.

El recuerdo de aquella oficina y el patio no se me olvida. En mis propias relaciones, cuando veo a alguien hacer cosas que yo preferiría que no hicieran, intento averiguar por qué lo están haciendo y qué podría ayudar a cubrir esa necesidad. Intento poner bancos en el patio, en lugar de carteles diciéndoles que no se sienten en el muro.

Las estrategias que funcionan en las relaciones requieren trabajo. Hay cosas que cubren las necesidades de la gente. Y cubrir esas necesidades requiere preguntarle a la gente por qué están haciendo lo que preferirías que no estuvieran haciendo. ¿Qué necesidad está cubriendo su conducta? ¿Qué función tiene? ¿Hay algo más, algo que podría ser menos amenazante, que podría cubrir la misma necesidad? ¿Cómo de involucrada está la persona que está haciendo eso?, ¿y por qué?

344

Crear esas estrategias también requiere que observes algunas cosas en tu interior que pueden dar miedo. ¿Por qué no te parece bien que esa persona haga eso? ¿Son realmente problemas lo que ves cómo problemas? ¿Es establecer una norma, en realidad, un intento de transferir a otra persona la responsabilidad por tus propias emociones? ¿Tiene derecho la persona que está haciendo eso a hacerlo? ¿En qué medida afecta a otras personas? ¿Estás simplemente intentando evitar algo que te resulta molesto? Si es así, ¿es tu incomodidad más importante que las decisiones de otra persona?

A partir de ahí, puedes trabajar para encontrar el banco en el patio. ¿Qué podría ser útil para que todo el mundo tuviera sus necesidades cubiertas? Si algo te incomoda, ¿cómo puede esa persona hacerlo y aun así apoyarte?

¿Por qué el escepticismo respecto a las reglas?

La sociedad monógama nos enseña que para que nuestras relaciones nos sean fieles y tengamos la seguridad de ello, debemos limitar sus oportunidades, manteniéndolas a distancia de personas deseables. Si esa mentalidad se traslada al poliamor, lleva a intentar ganar seguridad limitando con quién pueden relacionarse nuestras relaciones, o lo que pueden hacer. Si estamos marcando esas normas porque, en el fondo, tememos no valer lo suficiente y que nuestras relaciones quieran reemplazarnos, se puede desarrollar un círculo vicioso. Sentimos nuestra baja autoestima, por lo que ponemos normas para sentir más seguridad, y no querremos tener una mayor autoestima porque, si lo hacemos, no necesitaremos esas reglas nunca más ¡y si no tenemos normas, no sentimos seguridad!

A veces podemos intentar usar las reglas para tratar cuestiones de las que nos avergüenza hablar. Da miedo hablar de nuestras vulnerabilidades e inseguridades. A menudo hablar de reglas se convierte en una manera de intentar hablar de esas inseguridades indirectamente. No funciona, porque si no podemos hablar de la razón para poner una norma, otras relaciones no entenderán cuál es la intención de esa norma, y eso lleva a problemas, daños y a litigar sobre esas reglas: insistir en el texto escrito de esa norma sin hablar claramente de sus intenciones.

No todas las leyes son intrínsecamente malas (se pueden ver ejemplos en «Normas limitadas en el tiempo» en páginas 260-262). De todos modos, las reglas siempre corren el peligro de convertirse en camisas de fuerza, constriñendo las relaciones y no permitiendo que crezcan. A veces eso es intencionado, y esas reglas pueden ser realmente muy dañinas. Si tu pareja te dice «No quiero que ninguna de tus relaciones crezca nunca más allá de este punto» y finalmente aparece una relación que quieras ver crecer, tu relación inicial puede fracasar, no a pesar de la regla, sino *por su causa*.

Las reglas que buscan dictar la estructura de una relación que aún no existe (por ejemplo, «Solo podremos estar en una relación a cuatro») son intentos de dibujar el mapa de un país que todavía no has visto. Ese tipo de reglas, según hemos comprobado, a menudo son creadas por personas con poca experiencia en las relaciones poliamorosas. A menudo intentan imponer un orden a algo que les parece misterioso y peligroso. La psicología ha descubierto que se nos da pésimamente mal predecir cómo responderemos a situaciones nuevas. Sin duda, queremos tener una relación así; no queremos alejarnos demasiado del terreno conocido. Pero no podemos explorar el océano si tenemos la intención de no perder de vista el puerto. Intentar conservar la certidumbre y el orden de la monogamia, contra el desorden aparentemente aterrador del poliamor, normalmente termina creando fracasos en ambos terrenos.

Algunas normas señalan miedos o incomodidades de alguien que no quiere enfrentarse a ellos. Alguien podría decir «Queremos tener otras relaciones, pero la idea de que mi pareja priorice a otra persona cuando quiero tener su atención me provoca miedo al abandono. Por lo que pondremos una norma según la cual siempre puedo interrumpir las otras citas de mi pareja, o que debo aprobar el tiempo que mi pareja planifica con otras personas»[8]. Cuando dos personas (o más) intentan evitar sus respectivos miedos, pueden jugar al juego de la destrucción-mutua-asegurada: te dejaré controlarme para evitar tus miedos si tú me dejas controlarte a ti para evitar los míos. O, como ha escrito la bloguera Andrea Zanin: «Yo te limitaré a ti, tú a mí, y así estaremos a salvo». Evitar lo que nos inquieta no es lo mismo que crear felicidad; la felicidad real a menudo está en el lado opuesto de nuestra zona de confort. Si nuestras relaciones no nos están haciendo felices, ¿para qué las tenemos?

Creando acuerdos de relaciones eficaces

Los acuerdos y límites siempre son parte de cualquier relación poliamorosa. Algunas expectativas son razonables, aunque «razonable» y «poco razonable» tienen una considerable carga de subjetividad bastante incierta. Esta es una pista algo rudimentaria que utilizamos para detectar reglas poco razonables: cuando la gente tiene acuerdos razonables, como respecto al sexo seguro, normalmente son capaces de hablar de ellos de manera calmada y desapasionada. Cuando alguien establece una norma y se niega a hablar sobre ella, contesta a las preguntas con un «así es como lo veo yo» o se molesta o enfada, ten cuidado. Algo más está pasando ahí, algo que no está siendo tratado abiertamente, de forma directa.

Los acuerdos sanos son los que *nos animan a avanzar en la dirección que requiere más valentía*. «Siento como una amenaza que mi mujer tenga sexo con otros hombres. No puede hacerlo» se basa en el miedo y la inseguridad, no en la valentía. «Siento esa idea como una amenaza, por lo que cuando lo hagas te pediré que me apoyes y querré tener algún tiempo contigo después para ayudarme a poner los pies en el suelo y calmarme» es una petición que avanza en la dirección que necesita más valentía. Reconoce que la otra persona tiene derecho a escoger a sus relaciones, al mismo tiempo que pide el apoyo para manejar desagradables reacciones emocionales.

Los acuerdos que sistemáticamente funcionan son lo que se basan en la comprensión, que animan al respeto mutuo y al empoderamiento, dejando a juicio de nuestras relaciones cómo llevarlo a la práctica, y tienen la participación de –y se aplican de la misma manera– todas las personas afectadas por ellos. Esto incluye acuerdos como los siguientes: tratar a todo el mundo con cariño. No intentar que las relaciones se conviertan en lo que no son. No intentar imponerte sobre otras personas. Comprender cuándo *Esto no va contigo*. Comprender que aunque te sientas mal, no significa necesariamente que alguien ha hecho algo mal. Saber que tus emociones a veces te mienten. Hacerte responsable de lo que provocas. Inclinarse más hacia la confianza que a las normas.

Estas son otras características comunes en algunos acuerdos relacionales que han funcionado:

- *No son un juego de Mao.* Nombrado como el mandatario chino Mao Zedong, Mao es un juego de cartas en el que, al comenzar el juego, ninguna persona participante, excepto quien reparte, sabe las reglas... y se penaliza a quienes las rompen. Quienes tardan más en adivinar las reglas, pierden. Si tienes acuerdos en tus relaciones, deben ser claros y comprensibles. Todas las personas involucradas deben saber y comprenderlos, y es igualmente importante que comprendan la intención tras ellos: tanto el espíritu como el texto escrito.

- *Buscan ponerte límites a ti, en lugar de a tus relaciones.* No puedes controlar la conducta de nadie, solo puedes controlar la tuya. «Debes», «No puedes»: este tipo de frases solo funcionan si las otras personas quieren permitir que funcionen.

- *Ofrecen un camino claro al éxito.* Las reglas que intentan, por ejemplo, proteger a todo el mundo de sentir nunca nada incómodo, no ofrecen un camino claro para que salga bien: la incomodidad a menudo acompaña al cambio, y a veces intentar prevenir que una persona sienta algo incómodo hará que lo sienta otra.

- *Son claros, específicos y con un alcance limitado.* «Debes cuidar de mí más de lo que la cuidas a ella» no es claro ni específico. No define qué significa «cuidar de mí» o qué pasos han de tomarse para llegar a ese objetivo. «No tendremos intercambios de fluidos sin protección antes de que hablemos del tema» es claro, específico y limitado en su alcance.

- *Tienen un objetivo práctico definido.* «No hagas eso porque lo siento como una amenaza» es vago y poco práctico. Coloca la responsabilidad de la emoción en la persona que tiene una relación con quien está teniendo esa emoción. No siempre está claro qué tipo de necesidad está intentando comunicarnos una emoción, y puede requerir cierto esfuerzo investigar en esa emoción para descubrir la necesidad subyacente. Los acuerdos que funcionan son los que abordan directamente las necesidades en lugar de abordar las emociones en torno a ellas.

• *No intentan barrer los problemas bajo la alfombra.* «Siento celos cuando te veo besar a alguien, no beses a nadie delante de mí» no se enfrenta a los celos, solo aborda el desencadenante de ellos. Los celos siguen ahí, esperando a surgir de otra manera.

• *Tienen una cláusula de caducidad si su objetivo es dar un tiempo para manejar un problema.* Una cláusula de caducidad (ver también páginas 260-262) supone una restricción que expira en una fecha determinada. Si no hay una cláusula de caducidad, una vez que el desencadenante emocional ha sido eliminado, puede ser muy fácil decir «Me pondré a trabajar mañana en el problema». Y mañana se convierte en la próxima semana, y luego en el próximo mes.

• *No tienen como objetivo expectativas no habladas.* Por ejemplo, «No pases la noche en casa de tu amante» puede ser en realidad una manera de decir «Asegúrate de no dejarme a solas nunca». La regla sobre dormir fuera podría sonar razonable, pero las expectativas tras ella no lo son. Somos seres humanos; sentimos muchas cosas, incluidas, de vez en cuando, cosas que no nos gustan, como la soledad.

• *Son negociables.* Todo acuerdo debe estar abierto a ser renegociado en cualquier momento por cualquier persona afectada. Eso incluye a cualquier persona que entra en la relación después del acuerdo. La vida es cambiante; hay que enfrentarse a ello. Incluso si la vida no cambiara nunca, rara vez construimos algo bien la primera vez que lo hacemos.

- *No desempoderan a la gente.* Es común que una pareja, o personas en una red de relaciones románticas, pongan reglas que controlen de antemano la conducta de las nuevas personas que se incorporan, sin darles a esas personas la oportunidad de opinar. En las relaciones éticas, toda persona tiene oportunidad de dar su punto de vista.

- *No intentan regular las emociones.* Las personas no pueden tener emociones bajo demanda. Intentar legislar sobre las emociones (por ejemplo, diciendo: «Debes querernos igual a las dos personas») normalmente funciona tan bien como cuando se intenta legislar sobre el tiempo atmosférico.

Negociar de buena fe

Cuando estás negociando acuerdos en tu relación, puede ser duro oír que tus relaciones tienen diferentes necesidades o sensibilidades que las tuyas. Comprender realmente que las otras personas son tan reales como tú es duro. Si quieres negociar con buena fue, estas son algunas cosas que tener presentes:

- *Concéntrate en el beneficio mutuo.* Para que funcione, un acuerdo debe beneficiar a todo el mundo. Incluso cuando varias personas tienen lo que parecen ser objetivos contradictorios, puede ser posible encontrar una solución si buscamos la necesidad que existe tras la regla que se ha propuesto.

- *Presta atención a las necesidades.* Si una de las personas con quien tienes una relación te dice «No quiero que lleves a ninguna cita al restaurante Bob's Crab Shack» porque ese es un sitio especial para vuestra relación, su frase puede surgir de un deseo de sentirse especial a tus ojos. Encontrar maneras de mostrarle a la persona con quien tienes una relación que la consideras única e irremplazable puede resolver la necesidad mejor que evitar ir a Bob's Crab Shack.

- *Trata al resto de personas en la negociación como relaciones, no como problemas.* Es fácil pensar «¡Si hicieras lo que te digo, todo iría bien! ¿Por qué no haces lo que quiero?». Recuerda que esas personas no son tus contrincantes, todas quieren tener relaciones felices. Trata a las personas con empatía.

- *No te comprometas en nombre de otras personas sin su participación ni consentimiento.* Cuando aceptes limitaciones en tus acciones con otras personas, estás limitando también a esas personas. Se merecen un espacio en la mesa de negociación.

Cuando tú no has escrito las reglas

En el poliamor, probablemente te encuentres comenzando relaciones con personas que ya tienen otras relaciones. Y eso puede significar entrar en relaciones que tienen unas reglas ya instauradas. Aceptar las reglas de otra persona al comienzo de una relación establece un peligroso precedente: está diciendo que estás en relaciones construidas en consonancia con las necesidades de otras personas.

Cualquier persona que entra en una relación basada en normas, sabiendo cuáles son de antemano, está aceptando voluntariamente tener que obedecerlas, ¿verdad? Bueno, quizá. Cualquier persona puede entrar en una relación que no es adecuada para ella por todo tipo de razones; la creencia en un modelo de escasez en las relaciones, por ejemplo.

Es absolutamente cierto que, si entras en una relación basada en normas, implícita y explícitamente, estás aceptando esas normas. Y aun así, «¡Sabías cuáles eran las normas cuando comenzaste esta relación!» es muy a menudo la última frase de una relación que se hunde. Piensa por qué. La mayoría de las veces, cuando comenzamos una relación, esperamos que nuestras relaciones cedan lo mismo que debemos ceder, que negocien, que tengan en cuenta nuestras necesidades. Esas parecen expectativas razonables, ¿verdad? Por eso puede ser un tremendo choque encontrarte que con quien tienes una relación, de repente, se niega a hablar de algo y nos dice que no es negociable. («¿A qué te refieres con esto de Bob's Crab Shack, después de todo? ¿Por qué no puedo ir allí contigo? ¡Solo quiero un poco de marisco!».)

Las reglas pueden parecer razonables al principio pero terminan llevando a desenlaces absurdos. En una relación que conocemos, ese matrimonio tenía reglas respecto a qué posturas sexuales podían usar y cuáles no con sus «nuevas» relaciones. Cuando la esposa comenzó una relación con otra persona, esas reglas se mantuvieron durante la primera década de esa «nueva» relación. Creo que la mayoría estaríamos de acuerdo en pensar que una relación de diez años no es «nueva». Sería razonable esperar que, si una regla nos lleva a un destino absurdo, debe ser revisada, y nos podemos encontrar con un chocante «No, lo siento, sabías las reglas desde el principio».

Está bien asumir que la flexibilidad y la autonomía en nuestras relaciones son parte del contrato social. Probablemente, no se nos ocurriría tener que decir «Por cierto, que si he estado contigo durante diez años, espero que tengas la voluntad de tener en cuenta mis necesidades». En ese sentido, decir «Sabías las reglas desde el principio» no es verdad. *No habías entendido* que la flexibilidad y la negociación estaban prohibidas.

Al comienzo de una relación, no podemos predecir qué sentimientos tendremos, o lo profundamente que nos vincularemos con alguien, *porque aún no hemos llegado a ese punto.*

Por lo tanto, es fácil decir sí a reglas que nos tratan como alguien desechable, o que no nos dan voz para defender nuestras necesidades, porque no tenemos necesidades todavía. El verdadero test de la empatía es qué hacemos cuando es complicado tener una actitud comprensiva. Todo conjunto de acuerdos bien implementado necesita dejar espacio para la vulnerabilidad de los corazones humanos y para la impredictibilidad de la vida.

Reglas que provocan problemas

Hemos visto ciertas normas en las relaciones poliamorosas fracasar una y otra vez. Los siguientes acuerdos han probado estar plagados de problemas y que requieren tener mucho cuidado si los aceptas.

Pactos de silencio (Tú no me preguntas y yo no te cuento nada). En esos acuerdos, una persona dice «Puedes tener amantes, pero yo no quiero saber nada». Esto a menudo indica que alguien desearía que la relación no fuese poliamorosa en absoluto y hace como si no estuviera sucediendo. Esta representación hace imposible la comunicación sobre las cosas importantes, o para las nuevas relaciones, verificar que la relación está realmente abierta. «¡Hemos aceptado que cada cual tiene sus aventuras, pero sin hablar de ello!» es la mentira favorita de quienes engañan a su pareja para explicar por qué no pueden simplemente hablar con su pareja para comprobar si la relación está realmente abierta.

Reglas que requieren que una persona se involucre sexualmente con otra, o que requiera otra forma de servicio. Cuando conviertes el sexo o intimidad con una persona en el precio que ha de pagar para estar con otra, plantas las semillas de la coacción, como discutimos en la sección titulada «Servicios de relación secundaria», en las páginas 288-290.

Reglas que fetichizan o cosifican a las personas. Hemos conocido a gente que trata a las relaciones de la persona con quien tienen una relación como un objeto fetichizado, demandando un relato detallado, con pelos y señales, de cada encuentro sexual para su propia satisfacción. Las relaciones de tu pareja no son tus juguetes sexuales. A menos que den su consentimiento para que se compartan los detalles de sus encuentros sexuales con una tercera persona con la finalidad de excitarse, deben tener unas expectativas razonables de confidencialidad.

Reglas que restringen determinadas cosas, lugares, actividades o prácticas sexuales a uno de los miembros de la relación. Esas reglas a menudo se ven como maneras de proteger «lo especial» de una relación. Una persona que no se siente única a ojos de la persona con quien tiene una relación es poco probable que aumente su autoestima restringiendo a otras relaciones poder hacer cosas «especiales».

Además, con el tiempo, los *símbolos* de ser especial, como el restaurante Bob's Crab Shack, pueden empezar a ser más importantes que el *hecho real*. Esos símbolos comenzarán a parecer algo vacío, porque lo están. La sensación de ser especial en realidad surge de todas las maneras en que, diariamente, nos dedicamos a una relación y expresamos nuestro amor. Semejantes reglas también invitan al desastre cuando las listas de actividades restringidas se vuelven largas y complicadas.

LA HISTORIA DE LEILA

Molly y Jeff son un matrimonio que tiene un cuaderno lleno de reglas, incluyendo una lista detallada de las actividades sexuales permitidas a cada miembro de la relación. Cuando Leila comenzó su relación con Jeff, las reglas en el cuaderno se le aplicaron a ella también. Una de las reglas era que Leila no podía tocar a ninguna otra persona con quien tuviera una relación en un área del cuerpo cubierta por ropa interior sin el permiso de Jeff. Leila asumió que «ropa interior» quería decir estrictamente «ropa interior»; Jeff asumió que eran unos boxers. En una de las citas, ella le tocó el interior del muslo a una nueva relación. Eso supuso recriminaciones y acusaciones, en las que Jeff sostenía que Leila había roto el acuerdo.

Después de terminada la relación, Leila nos describió su sensación al intentar moverse entre esas reglas laberínticas. Nos dijo que «Una regla no es solo un acuerdo previo para evitar unas consecuencias. Los sistemas basados en reglas juzgan nuestra moral basándose en nuestra obediencia de las normas. Es un contrato que plantea las cosas como actos de traición y entierra a quien "traiciona" bajo juicios morales. La culpa o el potencial de culpa en esa situación es como respirar ácido».

Las reglas de «Quiéreme a mí, quiere a mi pareja». Los seres humanos no se enamoran al mismo tiempo de la misma manera ni en el mismo grado de dos personas a la vez. Simplemente, eso no ocurre. Y cuando las reglas asumen cosas respecto al acceso sexual al cuerpo de alguien («Si tienes sexo conmigo, debes tenerlo también con mi pareja»), eso puede transgredir rápidamente los límites personales, o incluso volverse coercitivo: el sexo con una persona se convierte en el precio que debe pagarse haciendo de tripas corazón para tener una relación con la otra. Esas reglas animan a la falta de honestidad. Si tu nueva relación te quiere a ti pero no a tu pareja, ¿te lo dirá, sabiendo que decirte eso significa que la expulses fuera de tu vida?

Reglas que especifican qué sucede si una de las relaciones tiene problemas. Por ejemplo, podría existir una norma por la que otras relaciones deben terminarse o hacerse más pequeñas. Cuando una pareja acuerda «Si tenemos problemas, cortaremos cualquier otra relación para centrarnos en trabajar en el problema» está tratando a sus otras relaciones como cosas desechables. Si una pareja tuviera tres criaturas y decidiera entregar a dos en adopción para centrarse en el problema que tuviera la tercera de ellas, podríamos pensar que son monstruos. Este tipo de conducta también es cuestionable a la hora de tratar a las personas con quienes tenemos una relación romántica.

Reglas camufladas como preferencias personales. A veces una persona podría plantear una regla simplemente como una preferencia personal. Un ejemplo entre las experiencias de Franklin es un matrimonio que tenía la regla de que la esposa no podía tener relaciones con ningún otro hombre. Cuando Franklin le preguntó por qué existía esa regla, ella le dijo que era simplemente su preferencia personal; que ella no quería tener ningún hombre como pareja.

¿Por qué se creó entonces esa regla? Eso era una gran señal de peligro que nos avisa de asuntos subyacentes en ese matrimonio. Costó dos años que la esposa admitiera que sí, que ella realmente sí quería tener otras relaciones con hombres; dijo que no porque quería ofrecerle más seguridad a su marido, que veía esa idea como algo amenazante y lo solucionaba con una regla que parecía no suponer un coste para nadie. Se necesitaron otros cinco años para que se calmaran los ánimos. Al final, ella pudo tener otro novio, pero supuso un montón de líos y dramas innecesarios llegar a eso. Resultando tan incómodo para el marido aceptar la necesidad oculta de su esposa, los dos años en los que él creyó ingenuamente que ella no quería tener una relación con otros hombres solo le hicieron sentirse peor cuando supo cuál era la realidad. La honestidad desde el comienzo le habría ahorrado un sufrimiento considerable a todo el mundo.

Llamando al doctor Münchausen

Hay una regla, bastante común en las relaciones jerárquicas, que creemos que es especialmente peligrosa y que merece especial atención: la regla por la cual una persona que está enferma, herida o en crisis solo será cuidada por la relación principal. El resto de miembros de la relación no tienen permiso para cuidar de esa persona. Esta regla estaba presente en la relación de Franklin con Celeste.

A menudo verás que cuidar de alguien que lo necesita es asumido como una manera de que una relación principal siga conservando la sensación de intimidad y de ser especial. Cuidar de una relación es una de las cosas más cariñosas que podemos hacer, pero la idea de que lo debe hacer solo una persona es muy problemática.

Cuando una persona está enferma, herida o en crisis, el foco debe estar puesto en esa persona. Las normas que dicen «Solo la relación principal puede proporcionar cuidados» desvían el foco de la atención de la persona necesitada, para pasar a ponerse en la cuestión de quién puede hacerlo. Peor todavía, si la sensación de ser especial o de intimidad que tiene una persona *depende* de cuidar de alguien cuando lo necesita, eso es codependencia. En su forma más extrema, se vuelve un síndrome de

Münchausen indirectamente, una patología psiquiátrica reconocida. Cuando alguien está en el hospital o tiene que guardar cama, no es el momento para demostraciones de territorialidad o de ego.

Acuerdos escritos

«Unas buenas vallas aseguran tener un buen vecindario»; o ese es el dicho. Muchas personas que dan consejos sobre poliamor te animarán a escribir e incluso a firmar vuestros acuerdos. El «contrato de relación» es bastante común en el poliamor (y su popularidad está creciendo entre personas monógamas, o eso hemos oído: Es famoso que la esposa de Mark Zuckerberg negoció con él tener 100 minutos a la semana de su atención exclusiva). Esos acuerdos por escrito pueden ir desde unas pocas frases en un post-it, hasta un caso que hemos visto, de un acuerdo de aproximadamente 48 páginas a un solo espacio.

Es cierto que hay muchas situaciones en las que los acuerdos explícitos, por escrito, son de sentido común. Eve nunca trabaja con sus clientes sin haber firmado un contrato (y normalmente habiendo pagado un depósito). Es muy fácil, incluso entre personas honestas, recordar un acuerdo verbal cada una de forma diferente, o incluso puede ser que una realmente olvide que lo tenían.

Pero, aunque los contratos de relación por escrito podrían parecer una manera de comunicarse bien, contienen una trampa oculta. La comunicación es un diálogo. Un contrato –especialmente uno que se presenta a alguien como hechos consumados– a menudo no lo es. La comunicación y el debate son esenciales para la buena salud de cualquier relación. Esa es la razón por la que, como hemos dicho antes, hemos visto que los acuerdos son mucho mejores que las normas. La diferencia es que los acuerdos son algo mutuamente acordado entre iguales, pero convertir un acuerdo en un asunto administrativo demasiado a menudo puede volverse una demostración de poder.

Hemos visto dos tipos diferentes de acuerdos de relación por escrito: los que se escriben tras haberse reunido todas las personas involucradas para encontrar una solución a un problema al que se está enfrentando todo el mundo, y los acuerdos preventivos que un grupo de personas (a menudo una pareja) escribe, esperando que las personas con quienes comiencen a tener una relación lo acepten.

Algunos acuerdos de relación por escrito tienen el objetivo de abordar solo un asunto muy concreto, como los límites respecto al sexo seguro, o con quiénes están fuera del armario los miembros de la relación, o si existe el derecho a veto y cómo ha de usarse. (Algunas personas han encontrado que es tan útil anotar que el derecho a veto no existe como anotar que existe; un recordatorio de este tipo puede ser práctico cuando las cosas se compliquen.) Otros acuerdos incluyen algunas cláusulas mencionadas anteriormente, respecto a conductas sexuales permitidas o prohibidas, o acudir a determinados restaurantes, cubriendo todo el espectro hasta los apelativos cariñosos que las nuevas relaciones no pueden utilizar. Incluso sabemos de un contrato que limita poder jugar a ciertos tipos de juegos de estrategia solo con ciertas personas en la relación.

En general, los acuerdos por escrito funcionan mejor cuando:

- son lo suficientemente cortos para recordarlos sin necesidad de consultarlos a menudo; generalmente menos de una o dos páginas;

- ponen el foco en pocas cosas;

- están pensados para resolver un problema específico de un grupo específico de personas;

- solo incumben a las personas presentes en su negociación: en otras palabras, «Haré esto por ti», no «Otras personas harán o no harán esto» o «Haré o no haré esto con otras personas»;

- incluyen sus objetivos o intenciones: el objetivo del acuerdo (como los votos de la boda de Eve, en la página 272);

- son flexibles y están abiertos a la revisión y renegociación.

Los acuerdos por escrito tienden a funcionar mal cuando:

- son largos y extremadamente detallados;

- intentan definir o regular cada aspecto de una situación;

- afectan a personas no presentes en la negociación;

- prescriben ciertas acciones para implementar un propósito declarado (es decir, permitiendo solo una manera de cumplirlo);

- intentan controlar cosas que no pueden ser controladas por las personas que están negociando, cómo la intimidad futura (ver páginas 383-387) o la conducta de otras personas;

- no dejan espacio para la renegociación o el cambio.

Los acuerdos escritos que funcionan son documentos que tú te obligas a cumplir, no algo que le haces cumplir a otras personas. Son recordatorios para que no olvides los compromisos que asumiste y herramientas para comunicar esos compromisos a otros miembros de la relación. No deben usarse para avergonzar, manipular o castigar. Y recuerda nuestro axioma ético: *las personas involucradas en una relación son más importantes que la relación.* Si os veis regateando sobre las cláusulas en un contrato y sobre si se han cumplido o no, en lugar de estar hablando de sentimientos heridos, de las necesidades que hay detrás de la conducta de un miembro de la relación y de las maneras en que se puede reparar el daño, probablemente habéis llegado a un punto en el que las personas están al servicio de las normas, y no al revés.

Quizá el mayor peligro de los acuerdos escritos es que sean inflexibles. Cuanto más largos e inflexibles son, más probable es que intenten dirigir la relación o tratar a la gente como amenazas que hay que controlar (en el mejor de los casos) o como algo que se puede usar (en el peor de los casos). Si un miembro de la relación se siente incapaz de respetar una cláusula de un acuerdo, es muy probable que ese acuerdo necesite ser renegociado para que funcione para todos los miembros de la relación; y no que esa persona sea deshonesta o que no le importe el acuerdo.

Las personas que mantienen acuerdos escritos que son largos y complejos a menudo construyen relaciones que son incapaces de cambiar cuando sus necesidades cambian. Suelen pasar mucho tiempo pleiteando sobre las reglas (recuerda la historia de Leila y Jeff).

Imagina que estás buscando tener una relación monógama convencional y, durante una cita, en algún momento entre la ensalada César y las gambas a la plancha, la persona con quien estás saca un documento de 48 páginas y te dice «Este contrato especifica cómo debe ser nuestra relación desde este momento. Firma aquí, y aquí, y aquí, y firma con tus iniciales aquí, si eres tan amable». Probablemente te provocaría rechazo, especialmente si el contrato especifica que no puedes jugar al Scrabble, ni ir al restaurante Bob's Crab Shack, y que se espera que no practiques sexo oral, para que una de las mejores amistades de la universidad de esa persona con quien tienes esa cita, no se sienta amenazada por ti.

Los buenos acuerdos escritos son, en cambio, recordatorios de tus propios límites o compromisos. Un contrato muy corto que hemos visto contenía cosas como «Mi relación es importante», «Haz tus labores domésticas antes de irte a una cita», «No gastes el dinero que compartimos en tus propias citas» y «No metas la pata». Un acuerdo que trata sobre lo que haréis cada cual para cuidaros mutuamente es muy diferente de un acuerdo que le dice a las nuevas relaciones cómo se espera que se comporten *ellas*.

Animamos, a quienes estén valorando usar acuerdos escritos, a que hagan listas cortas, específicas de límites o intenciones, en lugar de documentos largos y detallados que le dicen a otras personas lo que pueden hacer y lo que no. Por último, recuerda que tu relación le pertenece a las personas reales involucradas en ella, no a una lista de reglas. Asegúrate de que las *personas*, no los papeles, son siempre el centro de tus relaciones.

Abandona el modelo del permiso

Un factor que a menudo presagia el fracaso de una norma es si está ligada a relaciones que siguen el «modelo del permiso». Consiste en que cuando entramos en una relación, cedemos el control de nuestras acciones a la persona con quien tenemos una relación. Si queremos hacer cosas como entrar en otra relación, hacer una visita a otra de nuestras relaciones o tener más amantes, debemos pedirle permiso a alguien con quien ya tenemos una relación. En cuanto comenzamos una relación con alguien, esa persona se convierte en guardiana de todas nuestras relaciones futuras.

En nuestra experiencia, las relaciones que proporcionan más felicidad a todas las personas que son parte de ellas siguen un modelo diferente. Las personas que parecen ser más felices en las relaciones parten de la premisa «Puedo tener el tipo de relación que quiero. Puedo tomar las decisiones que quiero. El mejor camino que puedo tomar es aprender a elegir a personas que quieren algo similar, responsabilizarme de las consecuencias de mis decisiones y prestar atención a los efectos que mis decisiones tienen en las personas que me rodean».

Cuando valores tus acuerdos o estructuras, fíjate también en el vocabulario usado en ellos. Vigila si hay palabras escurridizas como las tratadas en los capítulos sobre la comunicación. *Respeto* es una de esas palabras. Es prácticamente imposible discutir sobre ello; cuando te encuentras una cláusula que dice «Me debes tratar a mí y mis otras relaciones con respeto», poca gente diría «Bueno, la verdad, creo que preferiría faltaros al respeto». La mayoría de la gente aceptará esa cláusula sin pensárselo. Pero, ¿qué significa, exactamente, *respeto*? Si respetar significa «subordinarse a» impulsa una dinámica en la relación muy diferente que si *respeto* significa «tomar en serio y tratar con empatía».

Los mejores acuerdos no son lo que alejan a la gente de lo malo, sino los que apuntan en la dirección de cosas positivas. En nuestro caso, suscribimos la idea radical de que la mejor manera de crear seguridad en una relación es crear felicidad: *las personas en una relación son más importantes que la relación.* Para conseguir eso, cuando estés hablando de acuerdos, busca los que van en la dirección de la mayor felicidad posible. A Sylvia, una de las relaciones de Franklin, le gusta decir que su norma principal en las relaciones es «Si no soy algo positivo en tu vida, no quiero ser parte de ella, y viceversa». Aunque parezca sencillo, esa aproximación a las relaciones requiere valentía; especialmente la valentía de saber que puedes perder una relación que no te hace feliz, y que lo aceptas.

Puntos de inflexión y cambios radicales

Cuando abrimos nuestros corazones a múltiples relaciones, de vez en cuando aparece alguien que lo cambia todo. Esa una de las verdades de las que pocas veces se habla en el poliamor: el cambio radical o punto de inflexión.

Un punto de inflexión es una relación que provoca que repensemos todas nuestras relaciones, y quizá nuestras vidas, por completo. Puede ser una relación con alguien con quien encajamos de manera tan natural que esa persona sube el listón de lo que queremos y necesitamos en otras relaciones. Puede ser una conexión tan profunda que provoca que veamos nuestra vida de una nueva manera. Es una relación que altera el paisaje de nuestra vida. Un punto de inflexión no tiene que ser siquiera una buena relación. Puede ser una disfuncional a un nivel tan profundo que cambia la manera en que vemos todo a partir de ese momento.

Una relación que suponga un punto de inflexión es invariablemente disruptiva. Nos hace ver las cosas desde otra perspectiva. Nos abre a nuevas formas de pensar, o quizá da respuestas a necesidades que no sabíamos que teníamos (o que pensábamos que no podían ser cubiertas). A causa de eso, las relaciones que provocan cambios radicales dan miedo. Sin duda, son probablemente una de las cosas que pueden dar más miedo cuando suceden en las relaciones poliamorosas.

Muchas normas en las relaciones poliamorosas pueden ser vistas como formas de controlar el miedo a un punto de inflexión. Franklin ha experimentado no una sino dos relaciones que supusieron un punto de inflexión, que cambiaron su vida sustancialmente. Dando por hecho el miedo que provocan y lo disruptivos que son los cambios radicales, mucha gente intenta colocar obstáculos para evitarlos, levantando defensas para proteger sus vidas y sus corazones de ese cambio. En la práctica, esto es tan eficaz como construir con paja un refugio para huracanes. El amor es poderoso. A veces nos transforma.

No solo es poco probable que funcionen las estructuras diseñadas para evitar las relaciones que supongan un cambio radical, sino que tampoco sería necesariamente algo bueno que funcionaran. El cambio da miedo, pero eso no lo convierte en algo malo. No hay nada especialmente noble en intentar proteger la situación actual para evitar cosas que pueden mejorar nuestras vidas.

Desgraciadamente, cuando un cambio radical afecta a alguien que ya está en una relación, lo maravilloso tiende a concentrarse en un lado pero propagando cambios a su alrededor. Por lo que, cuando tu pareja comienza una nueva relación, puede que eso te empuje a buscar reiteradas confirmaciones de que las cosas no cambiarán para ti, al menos de formas que tú no quieres. Puede resultar tranquilizador conseguir una promesa de tu pareja de que tú siempre tendrás cierto margen de control. Buena suerte con eso.

Los cambios radicales cambian las cosas. Su propio nombre lo dice. Alteran los acuerdos preexistentes. Es poco probable que las personas que se encuentran en una relación que supone un cambio radical permanezcan felices con las reglas y acuerdos anteriores durante mucho tiempo; la definición de una relación que supone un punto de inflexión es que reordena las prioridades. Esperar que un acuerdo te proteja de un cambio radical es un poco como esperar que un río respete una ley contra las inundaciones.

La crianza no es una protección frente a los cambios radicales. En el capítulo 13 contamos la historia de Clara y Elijah, un matrimonio con criaturas que se separaron después de la relación con Ramón, que significó un punto de inflexión. Sobre los cambios radicales, Clara dice: «Te das cuenta de qué es lo que te importa realmente en una relación y revalúas lo que tienes». Ella no se arrepiente de las decisiones que tomó, a pesar de los cambios que ha provocado en su relación de crianza compartida.

Los cambios radicales no son solo cosa del poliamor: suceden en las relaciones monógamas todo el tiempo. Cerca de la mitad de los matrimonios terminan en divorcio, y las aventuras que suponen un punto de inflexión son una de las razones principales. A veces, los hechos que provocan cambios radicales no tienen nada que ver con las relaciones románticas. Un ascenso en el trabajo, un bebé, un accidente de coche, perder el trabajo, una muerte en la familia; todas esas cosas pueden alterar, permanente e irrevocablemente, nuestras vidas, nuestras relaciones, de maneras que no podemos prever. Continuamente aceptamos la realidad de los cambios radicales cuando no involucran relaciones románticas, como sucedió en la vida de Eve.

LA HISTORIA DE EVE

Podría decirse que quien provocó un mayor punto de inflexión en mi matrimonio fue mi suegra. En 2008 tuvo un ictus muy grave que le paralizó la mitad del cuerpo. En unos minutos, esa mujer tan activa, sana, joven para sus 67 años se volvió completamente dependiente de cuidados las 24 horas. Ese ictus supuso un terremoto en mi matrimonio, dictando nuestras prioridades, presupuesto y fechas para viajar durante años. Peter hacía un viaje de ida y vuelta de diez horas a través de las montañas cada dos o cuatro semanas durante años para visitarla a ella y a su padre. En 2012, él se fue a vivir a su casa durante ocho meses, para ayudar a su padre, que estaba agotado.

Poca gente le culparía de nada. Cuidar de familiares muy mayores está aceptado como algo que a menudo supone un cambio radical. Y aun así causó tensiones considerables en nuestras vidas y en nuestra relación.

Comprendemos que ninguna promesa de «para siempre» puede sostenerse frente al autobús n° 39 que deja a alguien en coma. Esos son los riesgos que asumimos cuando abrimos nuestros corazones a otra persona. A veces, las cosas cambian de verdad. Las relaciones requieren valentía.

De todos modos, el poliamor complica el cálculo emocional de nuevas maneras. Los cambios radicales dan más miedo que los de otro tipo. Sea porque nuestras inseguridades nos susurran al oído que otras personas son más guapas, inteligentes y dignas;

o porque la fábula social de que el amor romántico nos conecta a una sola persona cada vez; o la idea de que cada nueva conexión que hace nuestra pareja nos resta algo de ser especiales –como si ser especial fuera algo que ahorras en la cuenta de un banco, disponible en cantidades limitadas, con comisiones importantes si superas el límite de retirada– las relaciones parecen únicas a la hora de tocarnos la fibra sensible.

El deseo de no perder lo que tienes porque tu pareja ha conocido a una nueva persona es racional y razonable. De todos modos, lo que no es racional ni razonable es intentar construir estructuras que permitan que tu pareja tenga otras relaciones al mismo tiempo que garantizan que nada cambie para ti. Las relaciones no funcionan de esa manera. Vivimos en un mundo sin garantías.

LA HISTORIA DE FRANKLIN

Pasé los primeros cinco o seis años de relaciones no monógamas esforzándome duramente en crear un sistema de reglas que garantizara que yo siempre me sintiera seguro y con la situación bajo control. Cuando no me sentía seguro, parecía que era por no haber encontrado todavía las normas apropiadas. Por lo que volvía a las reglas, remendándolas, añadiendo expectativas y nuevas cláusulas, buscando la combinación correcta que me protegería de los cambios a los que no quería enfrentarme.

Al final, esta estrategia no funcionó. Cuando apareció la relación que provocó un cambio radical, ni Celeste ni yo teníamos la preparación para ello. Conocí a Amber, que sigue siendo mi pareja en este momento. Intentó con todas sus fuerzas encajar en el espacio que habíamos reservado para ella en nuestras normas, y sucedió algo muy profundo. Por primera vez, fui capaz de ver el daño que le hacía el esfuerzo que ella hacía por contorsionarse para encajar en el espacio que le dejaban nuestros miedos y nuestro deseo de seguridad. Tan pronto como lo vi, la relación se convirtió en un punto de inflexión.

Si nuestras normas hubieran sido más flexibles, o si Celeste y yo hubiéramos tenido una actitud más abierta a la posibilidad de que algunas partes de nuestra relación podían cambiar y *que no pasaría nada*, habría sido capaz de acomodar la nueva relación de una manera que me permitiera reforzar mi vínculo con Celeste, y mi vida ahora sería muy diferente.

Eso es lo curioso del miedo al cambio. A veces, cuanto más rígida es nuestra postura, cuando nos oponemos a que nuestra vida cambie, de manera más catastrófica se rompe todo cuando llega el cambio. Manejé pésimamente mi propia relación como punto de inflexión. En lugar de enfrentarme a mis miedos, teniendo el valor de aceptar el cambio y la flexibilidad para adaptarme a él con elegancia, me había comprometido tanto con la idea de que el poliamor no supondría cambiar la relación que tenía en ese momento que, el día que eso se hizo imposible, no tenía herramientas para manejar el cambio.

El punto de partida para una feliz vida poliamorosa es la capacidad de decir «Nuestras relaciones pueden cambiar, y no pasa nada. La persona con quien tengo una relación y yo podemos construir cosas que nos harán felices incluso si no se parecen al aspecto que tienen ahora». Como hemos dicho, esto requiere valentía. Y eso significa que tengas confianza en esa persona y en ti.

Partiendo de ahí, el siguiente paso es decir «Incluso si las cosas cambian, valgo mucho. Creo que mis relaciones tomarán decisiones que respetarán y cuidarán nuestra conexión, venga lo que venga, porque aporto valor a sus vidas. Construiré relaciones que sean lo suficientemente resilientes para manejar el cambio, lo suficientemente flexibles para admitir el cambio, y que den el apoyo suficiente para crear unos cimientos que le den la bienvenida al cambio. El cambio es ley de vida. Cuidaré lo que tengo ahora, y cuidaré lo que construyamos mañana, sin miedo».

La vida premia la valentía. El punto de inflexión que deja todo patas arriba podría colocarte en una situación mejor. El único control real que tienes en tus relaciones deriva de trabajar en equipo para expresar qué necesitas incluso cuando todo está cambiando a tu alrededor.

#ALGUNAS PREGUNTAS QUE PUEDES HACERTE

Los acuerdos en las relaciones funcionan mejor cuando no imponen límites a la forma que pueden tomar las nuevas relaciones; cuando sirven a las necesidades de todas las personas involucradas, incluidas las que todavía no han aparecido; y cuando son flexibles y adaptables según vas cambiando y creciendo. Estas preguntas te pueden ayudar a guiarte hacia acuerdos éticos que funcionan.

Cuando estés valorando llegar a un acuerdo:

- ¿Cuál es el objetivo de ese acuerdo?

- ¿Ese acuerdo sirve al objetivo que pretende servir?

- ¿Es ese acuerdo la única manera de conseguir ese objetivo?

- ¿Qué pasará si alguien rompe el acuerdo? ¿Tenemos algún plan para restablecer la confianza?

- ¿Están en la mesa de negociaciones todas las personas afectadas por el acuerdo?

- ¿Se puede renegociar el acuerdo?

Cuando se renegocia un acuerdo:

- ¿Son las necesidades ahora las mismas que las que existían cuando aceptamos este acuerdo?

- ¿Ha funcionado este acuerdo para cubrir las necesidades que buscaba cubrir?

- ¿Alguien ha sufrido algún daño a causa de este acuerdo?

- ¿Este acuerdo está sirviendo a las personas involucradas o son las personas las que están sirviendo al acuerdo?

Parte 4:

La realidad poliamorosa

15

En qué son diferentes las relaciones poliamorosas

Será lioso, pero recibe los líos con los brazos abiertos.
Será complicado, pero regocíjate en las complicaciones.
No será en absoluto parecido a lo que pensabas que sería,
pero las sorpresas son buenas para ti.

Nora Ephron

A pesar de lo que puedas pensar después de las 374 páginas anteriores, la mayoría del tiempo las relaciones poliamorosas son muy parecidas a las monógamas. Hay cafés, películas, abrazos, sexo, charlas, comidas, discusiones, tareas domésticas y llevar las cuentas de la casa. (Vale, quizá hay más charlas.) Muchas situaciones son, de todos modos, únicas del poliamor y muchas de las cosas que surgen de la nada en las relaciones monógamas requieren una consideración especial cuando hay más de dos personas involucradas. Y hay unas pocas bestias negras, situaciones y problemas que dan miedo porque no tienen una solución fácil, sobre las que nadie quiere hablar pero que existen de todas formas.

En la parte 4 profundizamos en el meollo de las relaciones poliamorosas: Cosas como la gestión del tiempo, del sexo, y, sí, esos problemas sin-una-solución-fácil. Ya hemos hablado de la idea de «la escalera mecánica de las relaciones»: el patrón profundamente arraigado en la cultura monógama que define el recorrido por defecto hacia relaciones «exitosas», desde las primeras citas hasta el sexo para terminar en la convivencia, matrimonio y criaturas. Puedes bajarte de la escalera y comenzar desde abajo con otra persona, pero el supuesto objetivo es encontrar a la persona correcta para hacer todo el viaje hasta la cima, en cuyo momento habrás terminado. Como hemos dicho, el poliamor te puede liberar de la escalera mecánica de las relaciones, permitiéndote construir relaciones que nutran a todo el mundo de la manera en que lo necesite cada cual.

La variedad de relaciones poliamorosas es, como hemos mencionado, inmensa. No podemos presuponer la forma o el recorrido de tus relaciones. De todos modos, la mayoría de las relaciones poliamorosas pasan por ciertas etapas: cosas como la energía de la nueva relación, y el comienzo de una nueva relación cuando hay una preexistente. Estas etapas aparecen únicamente en las relaciones poliamorosas. Hay algunos puntos en los que las relaciones poliamorosas divergen de las monógamas y los antiguos modelos ya no funcionan.

El ritmo de las nuevas relaciones

No existe un momento ideal para que comience una nueva relación, ni un calendario que marque lo rápida o lentamente que debe desarrollarse. A veces la oportunidad aparece en los momentos más inoportunos. Las nuevas relaciones son maravillosas, felices y estresantes. Intentar marcar cómo y cuándo se desarrollan entre las relaciones que ya tienes es como intentar acorralar elefantes: estas cosas tienen cierta inercia propia y a veces todo lo que puedes hacer es aprender a huir rápidamente.

Algunas personas prefieren comenzar relaciones muy de vez en cuando e imponer una moratoria cuando una nueva comienza a crecer para que pueda desarrollar sus raíces. Otras eligen no comenzar una nueva relación si hay problemas en cualquier relación ya existente, o durante momentos de turbulencias o estrés. Y otras prefieren mantenerse abiertas a las nuevas relaciones cuando quiera que se den esas conexiones. Ninguna de esas estrategias es siempre eficaz. Darle tiempo a las relaciones para que se consoliden antes de tener nuevas relaciones no es una garantía para que las nuevas relaciones no sean disruptivas, y una actitud continuamente abierta a nuevas relaciones no significa necesariamente tener mucha actividad romántica.

Hasta cierto punto, la aproximación que adoptes depende de tu estilo personal en las relaciones poliamorosas. Las personas que tienden a favorecer la creación de una red fuertemente conectada de relaciones íntimas tienden a declinar las oportunidades de tener nuevas relaciones poco tiempo después de haber comenzado una nueva relación, mientras que las personas con un estilo poliamoroso más por su cuenta o independiente es más probable que se encuentren abiertas a las relaciones sin importar cuándo ni cómo se forman. Las nuevas relaciones a menudo se sienten como amenazantes o, como mínimo, desestabilizadoras. Aquí es donde mucha gente adopta otra estrategia: moverse al ritmo de la persona más lenta. «Avanza al ritmo de la persona más lenta» es un consejo tan habitual en los grupos de debate sobre poliamor que se ha convertido en un tópico.

Asegurarse de que todo el mundo tiene tiempo para procesar los cambios en una relación, especialmente los grandes cambios, sin duda tiene ventajas. El truco está en que «Avanza al ritmo de la persona más lenta» puede convertirse en un veto burbuja. «No por ahora, todavía no» puede, si no se revisa, acabar convirtiéndose secretamente en un «nunca». Si una persona presiona a otras para que avancen más despacio, debe reconocerse que hace falta que esa persona demuestre que está haciendo algún avance para estar a gusto en esa situación. De otro modo, «Avanza al ritmo de la persona más lenta» se convierte en «No avances». Si la intención de una persona es que «no nos movamos» debe decirlo abiertamente.

Entrar rápidamente en una nueva relación puede provocar inestabilidad. Pero avanzar más despacio de lo que sería natural para esa relación también puede dañarla. Las relaciones, como los seres vivos, tienen un ritmo natural. Limitar de manera artificial el desarrollo de una relación puede hacer que la gente se sienta herida y frustrada. Paradójicamente, puede provocar que una relación sea *más* disruptiva. Imagina la desesperación que sentían Romeo y Julieta porque sus familias intentaban mantenerles aparte y lo diferente que habría sido la historia, mucho menos turbulenta, si sus familias les hubieran dicho «Eh, es cosa vuestra encontrar una solución».

En cualquier relación, compensa revisar a menudo con tus relaciones el estado del vínculo. ¿Está creciendo de maneras que cubren nuestras necesidades? ¿El ritmo de la relación es el apropiado para nuestros mutuos deseos? ¿Provoca dificultades innecesarias a las otras personas con quienes tenemos una relación?

La energía de la nueva relación

Pocas cosas provocan más inquietud en los corazones de las personas poliamorosas que la energía de la nueva relación. La ENR, tal como se le llama de forma (poco) cariñosa, es esa sensación de enajenación, de vértigo, de no-puedo-dejar-depensar-en-ti, de todo-lo-tuyo-es-maravilloso que sientes cuando comienzas una nueva relación.

La bioquímica de la ENR cada día se conoce mejor. En las primeras fases de una relación romántica, nuestros cerebros se vuelven un poco locos. Varios neurotransmisores, especialmente la dopamina, la serotonina y la norepinefrina[1] o noradrenalina, se producen en cantidades mayores de lo habitual, generalmente produciendo efectos emocionales que son parte atracción y parte devoción, parte un desorden obsesivo-compulsivo, parte experiencia mística y parte deseo físico. Sentimos un enamoramiento profundo cuando estamos cerca de esa persona. En ese estado, tenemos una predisposición bioquímica a pasar por alto sus defectos y fallos, solo vemos lo bueno en todo lo que hacen, nos convencemos de que debemos tener una relación y estamos deseando tener su atención.

Cuando la gente distingue entre «amar» y «enamorarse», lo que describen cómo «enamorarse» es generalmente algo similar a la energía de la nueva relación.

La psicóloga Dorothy Tennov acuñó el término *limerencia* en 1979 para describir el estado de atracción romántica caracterizado por pensamientos intrusivos sobre una persona, miedo abrumador al rechazo de esa persona y una poderosa y obsesiva necesidad de reciprocidad. La limerencia, en otras palabras, es lo que sentimos cuando nos enamoramos de alguien inde-

---

1 Algunas personas también consideran que participa otro neurotransmisor, la feniletilamina (FEA), en la atracción y la formación del vínculo de pareja, aunque esta aseveración todavía es controvertida. Algunos estudios han sugerido que juega un papel, mientras que otros estudios no han avalado esa conclusión.

pendientemente de si le gustamos o no a esa persona; la energía de la nueva relación es la limerencia con una nueva relación.

Para la pareja de una persona que está comenzando una nueva relación, la ENR es algo que da miedo. Los sentimientos arrolladores pueden hacer que las relaciones ya existentes parezcan anodinas en comparación. O peor, la tendencia a idealizar las nuevas relaciones puede engañarnos fácilmente haciéndonos asumir demasiados compromisos demasiado rápido, lo que puede provocar el caos en las relaciones ya existentes.

No estamos diciendo que la ENR sea algo malo. Al revés, es algo extraordinario. La ENR nos permite comenzar una relación nadando en felicidad. Hay una razón por la que existe esa respuesta bioquímica: esa excitación y vértigo inicial pueden ayudar a crear la base emocional sobre la que construir una relación cariñosa y satisfactoria. Pero para conseguir atravesar la ENR al mismo tiempo que cuidas tus otras relaciones, necesitamos admitir lo que es, apoyar a las otras personas con quienes tenemos una relación cuando la sentimos y no confundirlo con el amor.

Hemos visto un montón de normas en relaciones poliamorosas diseñadas para mitigar los efectos de la energía de la nueva relación, pero ninguna de ellas parecer ser demasiado eficaz. Cuando estamos hablando de la química cerebral humana, las reglas y los acuerdos se quedan a medio camino para conseguir paliarla.

Mantener la comunicación y tener paciencia es una manera más eficaz de manejar la ENR de alguien con quien ya tenemos una relación. La buena noticia es que la locura bioquímica no dura para siempre; la mala es que puede durar dos o tres años.

La paciencia es importante, porque la persona experimentando la ENR, literalmente, no está del todo en su sano juicio. La comunicación también es importante: debes hablarlo si observas a la persona con quien tienes una relación comportándose de una manera que te hace sentir inseguridad o que te amenaza, o si te ha descuidado o no te ha valorado. La paciencia en la comunicación también es fundamental, porque una persona en medio de la ENR puede no oírte la primera vez que le dices algo.

Cuando eres tú quien está experimentando la ENR, la conciencia plena es la única estrategia sistemáticamente eficaz que hemos visto. Sé consciente de que no estás en tu sano juicio, que las percepciones están distorsionadas y que tu capacidad de juicio puede estar comprometida. No tomes decisiones que puedan cambiar radicalmente tu vida cuando estás en ese estado alterado de conciencia. No entregues tu vida a esa persona maravillosa que conociste la semana pasada. Sé consciente de que tenderás a descuidar tus relaciones preexistentes, cuida que eso no suceda. Ten la voluntad de verlo todo desde un punto de vista realista.

Se puede establecer un patrón particularmente malévolo cuando el cóctel hormonal comienza a perder sus efectos. La persona que no comprende qué le está sucediendo puede convencerse de que la relación ya no le interesa y que probablemente fue un error desde el primer momento, y empieza a buscar a su alrededor una nueva relación, que persigue con empeño hasta que esa nueva ENR también se desvanece. En la cultura monógama esto adopta la forma de cortas relaciones en serie. En el poliamor, ese patrón se puede presentar como una serie de relaciones simultáneas que comienzan de forma explosiva y que poco a poco se marchitan por falta de cuidados. En cualquiera de los dos casos, el subidón químico de la ENR se confunde con el amor, y la persona que lo sufre busca el siguiente subidón como si fuera una adicción.

La convivencia

Involucrarse en múltiples relaciones complica la logística de la convivencia. Muchas personas, cuando escuchan hablar de poliamor por primera vez, se imaginan un grupo de personas viviendo juntas en una comuna. Aunque eso sucede a veces, en realidad no es tan común. Más a menudo, hemos visto hogares de dos o tres personas, en los que algunas o todas ellas pueden tener, a su vez, otras relaciones con otras personas con quienes no conviven. Algunas de esas otras personas pueden tener a su vez relaciones de convivencia con sus otras relaciones.

Como hemos dicho, no existe un modelo estándar. El que la gente en una relación poliamorosa conviva o no solo depende de sus propias necesidades y decisiones. Después de todo, simplemente porque amas a Eunice y a Taj, y puedes imaginarte conviviendo con una de ellas o ambas, ¡eso no significa necesariamente que Eunice y Taj puedan convivir! No todo el mundo quiere convivir ni siquiera con una sola de sus relaciones. Algunas personas prefieren tener su propio espacio. De hecho, para la gente que practica el modelo de polisoltería, vivir a solas puede ser muchísimo más preferible que compartir casa, independientemente del nivel de compromiso de esa relación o el tiempo que dure.

Cuando convivimos con varias de nuestras relaciones, pueden aparecer toda una serie de problemas. Vivir con alguien de por sí ya puede ser una fuente de estrés y malestar. Una de nuestras amistades dice que esas tensiones no son problemas poliamorosos; son los problemas de quienes comparten casa. No tendemos a pensar en nuestras relaciones con las que convivimos igual que en las personas con quienes compartimos casa, pero se puede ahorrar un montón de sufrimiento innecesario si usamos las mismas estrategias para las personas con quienes convivimos sin tener una relación romántica: Estrategias como la negociación y unas expectativas claras respecto a los platos sucios, a las tareas domésticas, a las normas básicas de educación, al respeto de las horas de sueño del resto y respecto a la disposición para limpiar lo que hemos manchado.

Lavar la ropa sucia, por ejemplo. ¿Quién se encarga de lavar la ropa en las relaciones poliamorosas? En el mundo monógamo ese trabajo tiende a ser asignado por defecto, muy a menudo, siguiendo roles de género. En las relaciones poliamorosas negociamos todo, incluido el reparto de las tareas domésticas. Habla sobre quién se encarga de la ropa sucia. (En la casa de Eve, como en muchos hogares poliamorosos, hay un acuerdo por el que quien trae a su amante a casa, cambia y lava las sábanas después.)

Los compromisos en las relaciones poliamorosas

La inmensa variedad de relaciones poliamorosas significa que no vamos a tener una hoja de ruta sobre qué forma va a tomar el compromiso. Algunas personas argumentan que eso significa que en el poliamor no puede existir compromiso. Por supuesto, no estamos de acuerdo, aunque tenemos que decir que el compromiso en las relaciones poliamorosas es a menudo bastante diferente del modelo monógamo. En la cultura monógama, muchos compromisos se parecen a la escalera mecánica de las relaciones. La gente comienza teniendo citas y, a menudo, después de un tiempo, se espera que se adopte un compromiso para dejar de tener citas con otras personas. La mayoría de las parejas monógamas que no rompen terminarán finalmente conviviendo. La mayoría de la gente que convive y no se separa, finalmente sentirá la necesidad de comprometerse a casarse, compartir propiedades y quizá tener criaturas en pareja.

Existen otros compromisos menos tangibles. La mayoría de las parejas monógamas probablemente estarían de acuerdo en que tienen el compromiso de que la relación dure todo el tiempo posible. La mayoría de las parejas monógamas tienen un compromiso de bienestar mutuo, que puede significar desde cuidar al miembro de la relación que está enfermo a llevarle al trabajo si se ha estropeado su coche.

Parte de la belleza de las relaciones poliamorosas es que pueden parecerse a casi cualquier cosa que deseen las personas involucradas en ella. Pero eso significa que las personas poliamorosas son responsables de diseñar de manera consciente sus relaciones. Es esencial una claridad absoluta cuando se asumen compromisos, y no asumir *nunca* un compromiso que no se haya planteado de forma explícita. Simplemente, estar con alguien en una relación no es un compromiso para seguir la tradicional escalera mecánica de relaciones. Un patrón no es un compromiso; y asumir que lo es puede llevar a una de las partes a sentir que tiene derecho a ello, y a la otra a la confusión. El poliamor significa crear las relaciones de manera consciente, no suponiendo cómo «deben» ser. Si quieres que la persona con quien tienes una relación asuma un determinado compromiso contigo, *no lo presupongas...* pregúntaselo. Si tienes dudas respecto a los compromisos que cree que ha asumido contigo, pregúntale.

Y sé realista respecto a los compromisos que puedes asumir. Eso significa no solo ser realista respecto a tus compromisos ahora, sino respecto a la flexibilidad que puedes necesitar en el futuro cuando una nueva persona entre en tu vida. Uno de los retos de las relaciones poliamorosas es que requieren la voluntad de dejar espacio para otras personas que tienen sus propias necesidades y deseos. Eso significa que algunos tipos de compromiso son especialmente problemáticos en las relaciones poliamorosas, y la necesidad de flexibilidad por parte de todo el mundo es mucho mayor.

Por ejemplo, los compromisos a largo plazo son más complicados que los que son a corto plazo. Puedo comprometerme fácilmente a tener una cita la semana que viene, pero ¿y asumir para siempre el compromiso de poder tener una cita contigo la misma noche cada semana? Eso pasa por alto el hecho de que en algún momento yo podría tener una nueva relación en mi vida, y que esa fuera la única noche en que puede verme. O quizá un día quiera ir a México durante una semana con ella, lo que significa que tendría que cancelar nuestra cita. Los compromisos que significan poner a una persona siempre «por delante» en ciertas cosas, o que restringen permanentemente ciertas actividades a una persona, se pueden convertir en problemáticos si en esa situación entra una nueva persona para quien una de las actividades restringidas es importante. Y todo el mundo necesita que se le ponga por delante de vez en cuando.

Y luego están los compromisos que especifican *cómo* se deben cumplir otros compromisos. «Me comprometo a compartir de manera igualitaria nuestras responsabilidades de crianza» es muy diferente de «Me comprometo a no pasar nunca la noche fuera y así estaré siempre ahí cuando desayunen nuestras criaturas». De manera similar, «Me comprometo a vivir contigo, ser tu apoyo a lo largo de tu vida y cuidar de ti cuando seas mayor» es diferente de «Me comprometo a no convivir nunca con nadie más, a no ser el apoyo vital de nadie ni a restarle tiempo a nuestra relación para cuidar de otra de mis relaciones en caso de que necesite ayuda».

Otro tipo de compromiso con el que puedes tener problemas es el compromiso a una intimidad futura. Muchos de los compromisos que asumimos en las relaciones –cosas como responsabilidades legales y financieras, compartir casa o la crianza– son en realidad compromisos para construir una vida en común, no respecto a los sentimientos. Y no de no cambiar nunca tus límites. Cuando nos hemos enamorado perdidamente (o sentimos ENR), podemos querer prometer que amaremos a esa persona toda la vida. Podemos incluso prometer que la desearemos siempre tanto como ahora. Pero por mucho que quieras construir una vida con alguien, el consentimiento a la intimidad solo existe ahora, aquí, en este momento. El consentimiento significa que podrás elegir en todo momento la intimidad que compartes.

Estar en una relación romántica consensuada significa que no tienes nunca la obligación de una intimidad futura, incluyendo cualquier cosa que entre en tus límites personales. Puede ser dormir en pareja, tener sexo, abrazarse y besarse, compartir emociones, convivir, tener ciertas experiencias compartidas o tomar decisiones a medias. Puedes decir cuáles son tus intenciones futuras, pero no puedes pre-consentir, y ambas personas deben admitir y respetar los límites personales en el momento actual, independientemente de las intenciones declaradas en el pasado. Es importante entender esto, o la relación podría volverse fácilmente coercitiva.

Muchas personas construyen estructuras contra el libre ejercicio del consentimiento en el futuro para protegerse de sus propios miedos: «No me abandones nunca», «Ámame siempre». Esas declaraciones son tu pareja o tú pidiendo el control futuro de las emociones y decisiones de la otra persona. Pero incluso si haces esas promesas, siempre puedes retirar tu consentimiento, siempre puedes marcar nuevos límites y no consentir en absoluto. En el momento en que comienzas a esperar cualquier forma de intimidad por parte de alguna persona con quien tienes una relación debido a un compromiso que adquirió contigo, o en el que ignoras sus límites porque sientes que la persona con quien tienes una relación no tiene derecho a marcarlos debido a compromisos previos, tu relación se ha vuelto coercitiva.

Los compromisos económicos en el poliamor requieren especial atención. Es común que la gente en una relación maneje conjuntamente su dinero. En el poliamor creemos que es importante tener acceso a cierto dinero que solo sea nuestro, incluso si tenemos cuentas bancarias conjuntas con otra persona. Esto ayuda a evitar una de las fuentes de resentimiento y conflicto. Hemos visto a mucha gente enfadarse cuando sienten que su pareja está gastando dinero común en sus citas con otra persona. Esto abre una vía de control: la persona que no quiere que su pareja tenga otras relaciones puede simplemente prohibirle usar «su» dinero para hacerlo. Cuando cada persona dispone de cierta cantidad de dinero propio para usarlo como desee, eso ayuda a eliminar la sensación de que una persona está sufragando la vida romántica de la otra.

Compromisos y polisoltería

Defender las necesidades y manejar los compromisos puede suponer un importante reto para las personas polisolteras, cuyas relaciones no siguen el recorrido habitual. Tenemos la costumbre de juzgar la importancia de las relaciones dependiendo de lo alto que han subido en la escalera mecánica de las relaciones. Por lo que cuando no vemos las señales convencionales de una relación «seria», podemos subestimar su profundidad y cuánto se ha invertido en ella. Las personas que eligen ser personas autónomas, a menudo, buscan relaciones que las valoren tanto personalmente como sus necesidades, incluso cuando las relaciones no siguen la trayectoria tradicional. Por eso con frecuencia no son sus parejas quienes malinterpretan la importancia de sus relaciones, sino sus metamores. La otra relación de su pareja puede fácilmente trivializar una relación que no parece «seria» porque no muestra las señales (como la convivencia) que la sociedad asocia con ese compromiso.

LA HISTORIA DE FRANKLIN

Amy y yo comenzamos nuestra relación en 2004. Amy es polisoltera, y nuestra relación nunca ha perseguido compartir nuestro dinero o la convivencia. Durante el tiempo que hemos tenido una relación, ella ha mantenido un alto nivel de autonomía, viviendo sola y tomando sus propias decisiones. No teníamos un plan para nuestra relación; dejamos que tomase su propio camino.

En los años que han pasado desde entonces, siempre nos hemos apoyado mutuamente, en los momentos buenos y en los malos. Hemos disfrutado alegrías, nos hemos cuidado mutuamente durante los duelos, nos hemos apoyado durante los baches ocasionales que toda relación atraviesa. A pesar de eso, nunca hemos sentido la necesidad de desarrollar una relación más tradicional.

A veces ha sido complicado para otras personas reconocer el compromiso mutuo que tenemos Amy y yo. Eso ha sucedido con relaciones mías que no entienden cómo podemos tener un compromiso mutuo «de verdad» si no estamos planeando tener un futuro más entrelazado, y con relaciones suyas que no consideran nuestra relación «real» porque, a pesar de los años que hemos estado en ella, nunca hemos hecho nada por convivir. A veces he sentido que era necesario defender mi relación contra las presuposiciones de que no puede ser seria, y ella ha tenido que marcar límites cuando nuevas o potenciales relaciones la han considerado totalmente soltera porque su relación conmigo les resultaba casi invisible.

Muchas personas polisolteras, cuando están valorando comenzar una relación con alguien que ya tiene pareja, encuentran esencial hablar de sus expectativas e ideas sobre el compromiso al principio de la relación.

Relaciones de larga distancia

Cuando conozcas a personas poliamorosas, verás que hay un número desproporcionado de relaciones de larga distancia (RLD). A menudo verás relaciones RLD a largo plazo, con un compromiso profundo, algo que es bastante raro entre las personas monógamas.

La monogamia sostiene unas ideas que se adaptan mal a la distancia, y es difícil mantener la exclusividad sexual durante largos períodos de tiempo cuando tu pareja está lejos. Pero como el poliamor no incluye necesariamente la expectativa de la convivencia, y como no restringe el sexo e intimidad a una persona, las relaciones poliamorosas a larga distancia son más factibles. Otra razón por la que ves tantas es porque mucha gente poliamorosa se conoce por internet, y como son un porcentaje relativamente pequeño de la población, encontrar personas poliamorosas localmente puede ser más complicado. Nuestra relación es a larga distancia, y Eve tiene otra RLD y Franklin, tres.

Las relaciones a larga distancia existen en un espacio limitado. El tiempo con una relación a larga distancia es escaso, lo que lo convierte en valioso cada vez que surge la oportunidad. Pero existen muchas maneras de nutrir una RLD cuando sus miembros están lejos; en nuestro caso, por ejemplo, pasamos mucho tiempo en Skype y estamos enviándonos constantemente mensajes de texto.

El tiempo que los miembros de la relación a larga distancia se reúnen físicamente, sorprendentemente, puede provocar tensiones. Cuando tienes relaciones tanto locales como a larga distancia (como en nuestro caso, y también en el de nuestras relaciones a distancia), puede ser fácil terminar enredándose tanto en la relación normal, cotidiana, con la relación local, que te olvides de reservar un espacio para la relación a distancia. A veces de manera literal. Con quien tenemos una relación a larga distancia puede ser una especie de persona «invisible». Alguien cuyas necesidades no son necesariamente obvias. Por ejemplo, ¿reservas un espacio en tu casa para cuando tu relación a distancia viene de visita? Si tienes un horario regular con tus relaciones locales –cada viernes es la noche para tener una cita, por ejemplo– ¿tienes la flexibilidad suficiente para que una visita de una relación a distancia interrumpa esa rutina?

Las relaciones locales se pueden resentir si las visitas cambian sus citas periódicas. Cuando tu relación a larga distancia está en la ciudad, como es natural, quieres maximizar el tiempo que pasas con ella. Desde la perspectiva de la relación local, las visitas pueden parecer todo uvas y nada de pepino (una diferencia que explicamos en el capítulo siguiente). Puede que salgáis a cenar más a menudo, vayáis de viaje, paséis más tiempo haciendo turismo y hagáis otras cosas «divertidas» que se llevan la mayoría de ese tiempo limitado. Tu relación local puede terminar diciendo: «¡Eh! ¿Cuándo voy a poder divertirme yo así?». Si tu relación a larga distancia te visita durante una semana y quieres pasar cada noche con ella, tu relación local podría decir «¡Eso no es justo! ¿Cuándo voy a poder pasar la noche contigo?». (La respuesta, por supuesto, podría ser «Durante las restantes cincuenta y un semanas del año».)

Las relaciones a larga distancia se concentran en las partes divertidas y llamativas de una relación, pero a costa de no tener todas las pequeñas cosas que construyen intimidad cada día. ¡Sabemos de algunas relaciones locales a quienes les gustaría cambiar su lugar por el de alguna relación a larga distancia! Las RLD también pueden ocasionar problemas en las relaciones *entre* metamores, porque las visitas pueden no dejar mucho tiempo para construir su propia relación de amistad. Las personas con quienes se tiene una relación a larga distancia puede que deban sacrificar parte del tiempo de la diada para permitir que sus metamores se conozcan mutuamente. Y sus metamores, por su parte, necesitan ser capaces de admitir la escasez de tiempo que sufren los miembros en una relación a larga distancia, y darse cuenta de que, probablemente, no es algo personal si no tienen tanto tiempo como les hubiera gustado para conocer al miembro de la relación a larga distancia. Debido a que la distancia hace que el tiempo se convierta en un bien tan valioso, es crucial la flexibilidad de todos los miembros de la relación.

Poliamor y crianza

El poliamor puede ser algo tremendamente positivo para las criaturas. En nuestro caso, hemos visto o sido parte de relaciones con personas que tenían criaturas sanas y felices. El poliamor significa, potencialmente, que hay más personas adultas cariñosas en la familia. Eso permite que esas criaturas vean más ejemplos de relaciones sanas, positivas, amorosas. Les expone a la idea de que el amor es abundante y que puede adoptar muchas formas.

Las investigaciones basadas en evidencias sobre los resultados a largo plazo de la crianza en familias poliamorosas son todavía escasas. Pero un estudio transversal durante 15 años de la socióloga Elisabeth Sheff, resumido en su libro de 2013, *The Polyamorists Next Door* (lectura muy recomendable si eres una persona poliamorosa con un proyecto de crianza), descubrió que las criaturas de hogares poliamorosos a menudo eran sorprendentemente resistentes y emocionalmente sanas; aunque ella admite que su muestra tiene un sesgo por autoselección de los participantes. Sus conclusiones positivas sobre las criaturas de familias poliamorosas coinciden con las observaciones más habituales por parte de la comunidad que se identifica como poliamorosa.

Las criaturas de familias poliamorosas crecen con personas adultas en todo tipo de configuraciones familiares. Muchas familias poliamorosas terminan conviviendo con una persona ajena a esa crianza original, algunas de las cuales tienen sus propias criaturas. Es muy común ver convivir a triángulos o uves formadas por una pareja con peques junto con otra persona con quien se tiene una relación que a menudo participa en la crianza, y puede tener una relación cercana, similar a la adoptiva, con esas criaturas. Grupos de cuatro o cinco (*quads* y *quints*), y redes mayores, conviviendo en una gran casa con seis o siete criaturas. Todo eso ya se ha hecho antes. Algunos miembros de la relación actúan más como tías o tíos, otros más como amistades de la familia que no se relacionan demasiado con las criaturas de sus relaciones. Algunas (pero no muchas) personas poliamorosas ocultan sus relaciones múltiples a sus peques, viendo a sus relaciones fuera de casa o tratándolas como «amistades» (hablamos más sobre salir del armario frente a las criaturas –y salir del armario *teniendo* criaturas– en el capítulo 25).

No existe una fórmula mágica para la crianza poliamorosa, ni una configuración que funcionará bien en todas las familias. Los hogares más sólidos y sanos para las criaturas son aquellos en los que conviven personas adultas felices, emocionalmente sanas, que son un ejemplo de integridad y buena comunicación. Las necesidades de las criaturas tienen que ser cubiertas, y su familia debe estar *presente* para y *comprometida* con sus peques, pero no significa sacrificar las propias necesidades, felicidad o intereses por cada deseo de la criatura. La mayoría de la gente parece dispuesta a aceptar la complejidad y la compensación con otras cosas que supone la crianza, como la carrera profesional; no solo cuando las dos personas trabajaban antes de sus peques, sino cuando una de las personas que se encarga de la crianza debe desarraigar a la familia para mudarse muy lejos debido a una oportunidad profesional o educacional. En realidad, no es tan diferente para las relaciones.

Si tienes criaturas o planeas tenerlas, y quieres abrirte al poliamor, vale la pena que le dediques un tiempo a desentrañar qué significa para ti una buena crianza. Nuestra sociedad ha idealizado a las familias nucleares, pero hay todo tipo de familias, incluyendo muchas criaturas criadas sin una familiar nuclear «tradicional». Una diada romántica que convive durante toda su vida no es la única manera sana o aceptable de criar a tus peques, y de hecho, la familia nuclear totalmente aislada es una aberración históricamente reciente. Como persona poliamorosa, podrías terminar creando una maravillosa convivencia en un *quad* o una triada rodeada de personas que comparten de manera comprometida la crianza, de manera similar a cómo criaron a tus generaciones anteriores, con muchos más miembros de su familia alrededor. O podrías perder tu relación romántica con la persona con quien compartes la crianza. Podrías terminar en una crianza por tu cuenta o con un acuerdo de cocrianza platónica con tu antigua relación o en algún tipo de relación que se parezca a una familia monógama reconstituida o ensamblada (personas separadas conviviendo con familia adoptiva).

Pocas cosas son tan controvertidas entre las personas poliamorosas como la manera en que se deben de comportar las familias poliamorosas con sus peques. La estigmatización de la crianza está proliferando en la sociedad en general. Recibimos tantísimos mensajes sobre qué es una «buena» maternidad, paternidad o crianza que cuando nos llega el momento de tener criaturas, puede ser complicado sacudirse toda la culpa *hagamos lo que hagamos*: «¿Una madre que trabaja fuera de casa? ¿Cómo puede ser tan egoísta? ¡No está trabajando? ¡Nunca vas a poder permitirte vivir en un lugar donde haya buenas escuelas! ¿No quieres (o no puedes) dar de mamar a tu peque? ¡Estás destrozando las oportunidades de tu criatura en el futuro! ¡Oh, por Dios! ¡¿Eso es comida para bebés *no-ecológica*?! ¿No le pusiste música durante el embarazo? ¿No le leíste durante una hora al día desde el día que nació?». Hay millones de maneras en las que se puede «fracasar» en la crianza, y madres y padres se están midiendo mutuamente entre sí y con otras familias. Si nos equivocamos, nuestras criaturas se convertirán en drogodependientes, incapaces de intimar, desempleadas y sintecho, o quizá simplemente perderán la oportunidad de ganar un premio Nobel; y eso *es todo por tu culpa*.

Bueno, quienes llevan adelante una crianza poliamorosa sufren la estigmatización por todos lados, monógamo y poliamoroso. La estigmatización de la crianza es el nuevo discurso al que tienes que enfrentarte tras la estigmatización por tu conducta sexual *(slut-shaming)*. En esas circunstancias, construir relaciones sanas, éticas, igualitarias cuando tienes criaturas puede ser especialmente complicado.

Nuestras amistades monógamas nos dicen que cuando tengamos criaturas, sentaremos la cabeza; que superaremos «esta cosa del poliamor». Nuestras amistades poliamorosas nos dicen que las relaciones igualitarias son imposibles teniendo peques, porque sin una estructura jerárquica, nadie se encargaría de las necesidades de las criaturas. Todo el mundo nos dice que en una buena crianza siempre se pone a las criaturas por delante. Pero lo que eso significa es diferente en cada cultura. Todo el mundo cree que sabe lo que es mejor para las criaturas, y prácticamente todo el mundo tiene preparadas las críticas y la culpabilización cuando conocen a quienes están criando (en realidad, normalmente, las madres) y no cumplen sus expectativas. A eso hay que añadir el hecho de que las personas poliamorosas están en una guerra de relaciones públicas en la que estamos poniendo al frente a las familias más felices, estables y fotogénicas, y eso le da a las personas con crianzas poliamorosas algo más con lo que medirse.

Sheryl Sandberg, CEO de Facebook, en su libro de 2013 *Lean In* habla del estigma de la crianza, las expectativas poco realistas de las madres y las investigaciones relativas a las responsabilidades de crianza y bienestar infantil. Las investigaciones que ella cita muestran que la crianza-en-casa no es la única forma sana, ni siquiera la mejor, de criar a tu descendencia. Algunos datos incluso sugieren que las criaturas están mejor *sin* una crianza dedicada a cubrir cada una de sus necesidades las 24 horas del día. Por supuesto, cuando son muy jóvenes pueden necesitar que las cuiden las 24 horas, pero no tienen por qué hacerlo sus madres o padres. De hecho, es beneficioso para las criaturas ser capaces de vincularse con otras personas mayores además de sus madres o padres (a menudo, abuelas, abuelos, tías, tíos o amistades cercanas de la familia), y normalmente se benefician de entornos grupales como las guarderías o centros de día. Como dice Sandberg, «El manejo de la culpa puede ser tan importante para las madres como el manejo del tiempo».

¿Te parece bien la idea de criar a tus peques en una familia que no se corresponde con el modelo social de la diada romántica? ¿Crees que puedes hacer lo correcto por tus peques si terminas criándoles en un hogar donde hay una, tres o más personas responsables de la crianza, aunque sea algo diferente de lo que tú esperabas? ¿O sentirías que le habrías «fallado» a tus peques? Si vas a vivir en el miedo permanente cada vez que la persona con quien tienes una relación está con su otra relación, porque crees que, si no puedes mantener una diada romántica «principal» en cierto sentido estás perjudicando a tus criaturas, quizá entonces deberías valorar si es el mejor momento para ti para dar el salto al poliamor.

Las criaturas sin duda complican el manejo del tiempo. Las criaturas más jóvenes, especialmente, requieren un compromiso inmenso respecto al tiempo de quienes las crían. Es esencial ser realista sobre el tiempo del que dispones para dedicarlo a las relaciones románticas, incluyendo con quien compartes la crianza, y si ese tiempo es necesario para permitirte tratar bien a otra relación más, especialmente si la relación se vuelve más seria. (Y establecer una norma para que la relación no se pueda convertir en más seria probablemente causará problemas, como hemos comentado en los capítulos 10 y 11, sobre las reglas y las jerarquías.) Si a ti o a quien comparte la crianza contigo os da mucho miedo la pérdida de tiempo para vuestras criaturas que puede suponer tener otra relación, de nuevo, vale la pena valorar si el poliamor es una buena elección en vuestro caso en esta etapa de vuestra vida.

Una última cuestión a tener en cuenta es la situación de quienes acaban de tener criaturas. Muchas personas muy consideradas intentan espaciar sus nuevas relaciones, permitiendo que cada una se haga más segura y se afiance, intentando comprender el impacto que tendrán en sus vidas, antes de abrirse a una nueva. Un nuevo bebé es una nueva relación. Y dada la revolución emocional, los cambios vitales y la falta de sueño que implican tener un nuevo bebé, ese es un momento especialmente bueno para tener cautela a la hora de decidir si estamos disponibles para nuevas relaciones. De hecho, muchas relaciones afianzadas, tanto monógamas como poliamorosas, se terminan debido a la tensión ocasionada por el nacimiento de un bebé. Recuerda: independientemente de las razones en tu caso, si las circunstancias en tu vida no te permiten tratar bien a múltiples relaciones, entonces no es ético que las busques. Mucha gente dice que un nuevo bebé les hace muy duro o imposible tratar de manera comprensiva a sus nuevas relaciones. Si ese es tu caso, no es un buen momento para comenzar nuevas relaciones.

¿Qué pasa con el matrimonio?

Las relaciones poliamorosas pueden ser de convivencia o por separado, en el mismo lugar o a distancia, sexuales o no sexuales, compartiéndolo todo o autónomas, abiertas o cerradas, compartidas, como una red o completamente independientes.

Visto eso, alguna gente se pregunta «¿Por qué iba a querer casarse una persona poliamorosa?». Pero muchas personas son poliamorosas y están casadas, por razones de todo tipo.

Eve y Peter se casaron hace cuatro años, pero han tenido una relación desde hace más de 14. En el día de su boda, ya habían convivido poliamorosamente durante dos años. Sus otras dos relaciones (y sus relaciones respectivas) asistieron a la boda. En general, no son las amistades monógamas de Eve las sorprendidas por su boda; son sus amistades poliamorosas. «¿Por qué os casáis si no vais a compartir vuestra vida con una sola persona? ¿No es el matrimonio un remanente del privilegio de pareja o un planteamiento arcaico de las relaciones? ¿No es una cuestión de posesión?».

LA HISTORIA DE EVE

Cuando decidimos casarnos, Peter y yo habíamos tenido una relación durante nueve años. Mi relación con Ray había provocado una revaluación profunda de mi vida con Peter, y en ese proceso, nos dimos cuenta de que el futuro que queríamos construir era para toda la vida, y que queríamos permanecer de esa manera. Y ver al padre de Peter cuidando a mi suegra, discapacitada severamente tras un ictus reciente, nos hizo ser conscientes de la importancia de tener en tu vida personas profundamente comprometidas contigo, personas en las que sabes que siempre podrás confiar, sea para lo que sea.

Nos casamos un año más tarde. Estos fueron los votos que intercambiamos:

> *En presencia de la Luz y el amor de nuestras familias y amistades yo te tomo para ser mi amor, prometiendo ser tu pareja amorosa y fiel. Te pido que seas siempre tú misma. Prometo cuidarte y disfrutar de tu espíritu y personalidad, enfrentarnos a los retos de la vida con paciencia y*

humor, celebrar nuestras diferencias y alimentar nuestro crecimiento. Hago este compromiso con amor, para mantenerlo, vivirlo con esperanza y renovarlo eternamente.

Por lo que, si no tenemos una relación monógama y no tenemos relaciones sexuales, ¿qué significa para mí estar casada con Peter? Significa que he unido mi vida a la suya. No solo económicamente, aunque eso sea una gran parte de ello. Estamos creando un futuro económico conjunto, construido sobre un conjunto de recursos que compartimos a partes iguales. También sabemos que siempre estaremos ahí por el otro, y que nuestras vidas están unidas en trayectorias paralelas aunque no sean idénticas. Nos suceda lo que nos suceda, la otra persona también estará ahí a su lado. Cuidaremos de la otra persona si en algún momento ya no puede cuidarse. Al tomar nuestras decisiones, debemos tener a la otra persona en cuenta; incluso si no ponemos siempre sus necesidades por delante. Y cada cual tiene la responsabilidad de ayudarse mutuamente para alcanzar nuestro máximo potencial, llevar a la realidad nuestros sueños, mediante el apoyo e incluso algún pequeño empuje cuando haga falta. No compartimos nuestra vida, pero mi vida avanza en círculos que están unidos a los círculos de Peter, y los suyos a los míos. Y nos enfrentemos a lo que nos enfrentemos en la vida, tenemos a alguien con quien hacerle frente.

Muchas personas poliamorosas eligen casarse, aunque sus matrimonios carezcan de la promesa de exclusividad sexual que es un elemento distintivo de los matrimonios tradicionales. Lo hacen por las mismas razones que las personas monógamas: para construir su vida con alguien, para aumentar su patrimonio, para compartir la crianza, para envejecer junto a personas queridas. El poliamor ofrece mucha más flexibilidad para estructurar un matrimonio, para decidir qué elementos forman parte de él. Por ejemplo, no tiene por qué incluir sexo o criaturas, economías compartidas o ni siquiera la convivencia. Un matrimonio es un compromiso entre dos –o en el caso del poliamor, a veces más de dos– personas. Los compromisos que incluye dependen de esas personas.

LA HISTORIA DE FRANKLIN

Unos años después de mudarme a Portland, Vera y yo tuvimos una ceremonia de compromiso a la que asistieron 50 o 60 de nuestras amistades y familiares. Vera ya está legalmente casada a su marido, Charles, que asistió a la ceremonia. Durante nuestra ceremonia, intercambié anillos con Vera, para simbolizar la vida en común que queríamos construir.

Intercambié anillos con Amber cuando ella se mudó para asistir a la universidad. Los anillos fueron el símbolo del hecho de que nos habíamos comprometido mutuamente a ser nuestra familia, independientemente de lo lejos que estuviéramos y fuera cómo fuera nuestra relación. Así que ahora uso dos anillos de matrimonio.

Vera y yo queríamos una ceremonia formal de compromiso porque queríamos convivir durante un tiempo y queríamos el reconocimiento de la vida en común que estábamos construyendo. Llamamos a nuestra ceremonia «complicidad», porque era una promesa mutua para ser cómplices en nuestras vidas; para jugar, para planificar, para ayudarnos y para animarnos mutuamente en nuestros proyectos. (El nombre «complicidad» lo elegimos como un indicio divertido de que trabajamos en equipo para lograr turbios objetivos).

El reconocimiento por parte de nuestra comunidad es una razón importante de por qué elegimos tener una ceremonia de compromiso. Igual que en las relaciones tradicionales, quienes tenemos relaciones poliamorosas valoramos el reconocimiento de nuestras relaciones, y por muchas de las mismas razones.

Cuando estuve casado anteriormente, Celeste se identificaba como monógama; durante 18 años estuvimos en una relación monógama/poliamorosa: una relación entre una persona poliamorosa y una persona monógama. Una diferencia importante entre mi relación con Amber y Vera y mi matrimonio con Celeste es que formalizar mis relaciones con Amber y Vera no servía en absoluto para situar estas relaciones por encima de ninguna otra. Celeste había querido una ceremonia en la que sus necesidades siempre desbancaran las de otras personas, algo que al final contribuyó a que se terminase. Estoy abierto a las ceremonias de compromiso, posiblemente incluyendo el matrimonio legal, con otras relaciones, sin que esos compromisos impongan obstáculos o límites a cualquier otra relación que tenga o pueda tener.

Un matrimonio también es, a menudo, la celebración pública de un compromiso. Las personas que han estado en una relación durante mucho tiempo y se comprometen mutuamente de manera formal, a menudo quieren compartir la alegría por su compromiso y anunciarlo al mundo, lo que es otra estupenda razón por la que muchas personas poliamorosas eligen casarse.

#ALGUNAS PREGUNTAS QUE PUEDES HACERTE

Construir relaciones poliamorosas significa valorar cuidadosamente cómo definimos nuestros compromisos y expectativas, cómo pensamos sobre las relaciones y cómo pensamos sobre los caminos que deben tomar esas relaciones. Este tipo de relaciones también requieren que asumamos nuestros compromisos teniendo en cuenta dejar un espacio disponible para nuevas relaciones. Estas son algunas preguntas que pueden ser útiles:

- ¿Cuáles son mis compromisos actualmente? ¿Cuánto tiempo dejan para nuevas relaciones?
- ¿En qué momento pienso abrirme a tener nuevas relaciones?
- ¿Qué necesito de mis relaciones? ¿Cuán a menudo revalúo mis necesidades?
- ¿Cómo defino «compromiso»? ¿Dejan mis definiciones algún espacio para compromisos no tradicionales y relaciones con trayectorias no tradicionales?
- ¿Cómo dejo espacio para que nuevas personas puedan entrar en mi vida?

Si tienes criaturas, o estás valorando tenerlas, estas son algunas preguntas adicionales a tener en cuenta:

- Cuando pienso sobre estructuras familiares sanas para las criaturas, ¿qué características tienen todas ellas en común?
- ¿Cómo podemos, las personas adultas en mi vida y yo, contribuir a un entorno que sea seguro y enriquecedor para las criaturas?
- ¿Confío en mis relaciones y sus relaciones para que me apoyen en mis responsabilidades con mis criaturas y tengo confianza en mi capacidad para elegir personas comprensivas para tener una relación?

16

En el medio

*Cuando me preocupo menos
de los conflictos y los compromisos
y más de estar presente en la tarea que tengo entre manos,
mantengo el foco y me siento más feliz.*

Sheryl Sandberg

Cuando tienes más de una relación, en algún momento puedes enfrentarte a los retos únicos que se derivan de ser el vértice o pivote: la persona en medio, entre dos personas con quien tienes una relación. Las aguas en ese punto pueden ser turbulentas. Tus relaciones pueden tener necesidades contrapuestas, o querer lo mismo de ti al mismo tiempo, o terminar en conflicto entre ellas. Cuando sucede eso, puede ser complicado no sentir que están tirando de ti en direcciones opuestas.

Incluso cuando tus relaciones están románticamente involucradas en una relación íntima entre ellas, habrá veces en que tú estarás en medio. Quizá las dos querrán tener tu atención, pero de diferentes maneras o por diferentes razones. Quizá cada una tiene planes diferentes para el día y quieren que seas parte de ellos. Esto sucederá sin ninguna duda, como que la noche sigue al día. No es necesariamente algo malo, pero ayuda haberse preparado para ello.

Por supuesto, esta situación no es exclusiva del poliamor, como te puede decir cualquiera que tenga más de una criatura. Cuando dos (o más) personas con diferentes ideas y necesidades te piden que las cuides, apoyes y quieras, la vida puede ser un número de equilibrismo. La diferencia en el poliamor es que tú no eres quien manda. Estás relacionándote con personas adultas y libres, lo que significa que «¡Porque yo lo digo!» no es un argumento factible como último recurso. Se te pedirá tomar decisiones que sean éticas y responsables al mismo tiempo, y que respeten la autonomía de cada una de tus relaciones.

Los límites del vértice o pivote

Manejar bien tu papel como vértice comienza con unos buenos límites. Cuando tus relaciones tienen necesidades o deseos enfrentados, si no tienes unos buenos límites, puedes terminar siendo un premio por el que se lucha, en lugar de una persona independiente con la capacidad de tomar decisiones y con tus propias necesidades. Esto puede suceder incluso cuando todo el mundo está actuando de buena fe.

Cuando te enfrentas a la tensión entre tus relaciones, lo primero que debes hacer es preguntarte «¿Esto me incumbe a mí directamente?». Si no, el mejor consejo es que abandones el conflicto para que lo resuelvan tus relaciones por su cuenta. Si te incumbe, la siguiente pregunta es «¿Qué quiero *yo*?». Cuando las personas a quien quieres tienen diferentes ideas u opiniones, la cuestión de qué quieres *tú* se puede perder fácilmente en la lucha por complacer a otras personas. Además, si te concentras en intentar complacer a tus relaciones en lugar de responsabilizarte de tus decisiones es fácil que tus relaciones se centren en ellas como la razón por la que no estás haciendo lo que cada una quiere. Defender qué quieres *tú* cuando tiran de ti en direcciones opuestas es una herramienta muy poderosa para colaborar en la resolución del conflicto, al revés de lo que podrías imaginar.

Los límites respecto a la comunicación son otra parte importante del equilibro de tu papel como vértice. Hablamos de comunicación triangular en el capítulo 6 (páginas 160 a 164). Versión corta: es una trampa de la que es mejor mantenerse a distancia. Como pivote, la comunicación triangular puede ser tentadora en dos sentidos:

- Si tus relaciones no están contentas con tus decisiones, o sienten que sus necesidades no están siendo cubiertas, puede ser muy fácil para ti dirigir la culpa a una de tus relaciones. «No puedo verte esta noche porque Sophie no me dejaría», «Quiero ir al evento contigo, pero Owen está insistiendo en que vaya con él». No culpes a otras personas por tus decisiones; es tu decisión aceptar la demanda de Sophie o ir con Owen. Hablaremos más sobre esto en «¿Quién toma tus decisiones?».

- Si tus relaciones están en conflicto, también es fácil situarse en el rol de intentar ser quien medie, o «traduzca» lo que dice una pareja a la otra. Este es un terreno peligroso, porque si no resuelven el conflicto por su cuenta, no está resuelto en absoluto. Intentar mediar puede terminar haciendo que se distancien entre sí y que se erosione la confianza que tenían en ti.

Parte de marcar unos límites sólidos como vértice o pivote es hablar solo en tu nombre, no en el de tus relaciones. Si una de tus relaciones te pregunta qué piensa o siente la otra, qué quiere o por qué hizo algo, *resiste el impulso de contestar*. La mejor respuesta es «Creo que debes ir y preguntárselo tú personalmente».

¿Quién toma tus decisiones?

Hablamos tanto de comunicación y negociación en el poliamor que es fácil olvidar que en realidad el vértice o pivote tiene mucha responsabilidad a la hora de *tomar decisiones*. Y tienes que tomarlas. La negociación es importante, pero también es importante no perder de vista el *objetivo* de la negociación, que en último lugar es tomar una decisión. Una decisión que, idealmente, mantenga tus compromisos y respete las necesidades de todas las personas involucradas, pero es una decisión, de todos modos. Recopila información, sin duda. Debate, negocia, escucha y empatiza. Pero después toma una decisión.

LA HISTORIA DE EVE

En los primeros meses de la relación de Peter con Clio, ella y yo decidimos sobre muchos planes para Peter, para asegurarnos de que las dos podríamos visitarlo. De hecho, él a veces hacía bromas sobre cómo nosotras encontrábamos las soluciones por él. Pero eso cambió a los seis meses del comienzo de la relación, y ese cambio alteró no solo nuestra relación con Peter, sino mi enfoque respecto a las relaciones poliamorosas desde entonces.

Peter y yo habíamos ido a visitar a Clio por separado, pero era nuestra primera visita simultánea a su casa. La primera noche estábamos intentando decidir quién iba a dormir con quién. Peter quería que Clio y yo lo decidiéramos, pero ninguna de las dos quería tomar esa decisión por él. Peter nos preguntó a las dos –estábamos en habitaciones separadas– cómo queríamos organizarnos para dormir, y terminó yendo y viniendo pasando los mensajes entre nosotras. Tampoco nos decía qué quería *él.* Él terminó frustrado y, al final, durmió en el sofá mientras que Clio y yo dormimos en la cama de Clio.

No se nos ocurrió que había un error en nuestro proceso de toma de decisiones; todo el mundo estaba feliz con los resultados que había dado hasta entonces. Pero ese fin de semana nos dimos cuenta de que Peter no estaba tomando un rol activo. Estaba dejando que Clio y yo encontráramos una solución que debía encontrar él. El incidente del sofá fue la primera vez que nos tuvimos que enfrentar a tres con una situación en la que teníamos que tomar en equipo una decisión de-último-minuto.

A la mañana siguiente, hablamos en nuestras tres diadas por separado y luego reuniéndonos a tres. El resultado de todas esas conversaciones fue que Peter debía tomar un papel más proactivo al tomar nuestras decisiones en grupo. Peter se resistió al principio, aunque a día de hoy ni él ni yo recordamos por qué. Clio explicó el rol que nosotras queríamos que él tuviera, como una especie de procesador de datos central: Recogiendo información de nosotras dos, para interpretarla en el contexto de sus propias necesidades y deseos, y que tomara sus propias decisiones de acuerdo con sus prioridades para cuidar nuestras relaciones.

Nuestro proceso cambió después de eso. Peter se volvió mucho más independiente para hacer planes con Clio. En lugar de preguntarme a mí para tomar decisiones respecto a organizar las visitas o con quién dormir, me preguntaba sobre mis emociones o planes, y luego me hacía propuestas a las que yo respondía. Rápidamente, él se hizo totalmente independiente para manejar sus relaciones.

El escritor Ferrett Steinmetz ha llamado a esto «ping-pong poliamoroso»: el patrón de ida y vuelta entre tus relaciones, intentando complacer a todo el mundo pero rara vez tomando una decisión (o peor, tomando decisiones que solo duran hasta que hablas con la otra persona en la relación). Casi todo el mundo que ha sido un vértice o pivote ha practicado el ping-pong poliamoroso al menos una vez; es un patrón en el que es muy fácil caer. Pero si se vuelve crónico, os agotará a ti y a tus relaciones, y perjudicará la confianza de todo el mundo.

Transferir la responsabilidad de tus decisiones a tus otras relaciones («¡Sophie me obligó a hacerlo!») es cobarde. Si tus relaciones aceptan eso –y muchas lo harán– serás capaz de achacar su infelicidad a ellas mismas en lugar de a ti. De todos modos, esta estrategia es pésima para ti, por un par de razones. Primero, porque responsabilizarte de tus decisiones es una señal de integridad personal, lo que ayudará a generar confianza en la relación. Transferir esa responsabilidad no solo minará la confianza mutua entre tus relaciones, sino su confianza en ti. Segundo, porque incluso si tus relaciones nunca se hacen amigas, por tu bien es mejor que confíen mutuamente entre ellas y se sientan seguras para comunicarse entre sí. Desviar las tensiones de su relación contigo a cualquier roce que tengan entre ellas puede crear confusión y conflicto fácilmente.

Tus decisiones son siempre tuyas, independientemente de si te hacen a ti o a tus relaciones felices o infelices. Hazte responsable de ellas. Si usas frases como «Jill no me va a dar permiso» o «Karen me obligó» o incluso «Las normas dicen que tengo que hacerlo» estás transfiriendo tus responsabilidades.

Manejo del tiempo

Administrar tu tiempo es una de las cuestiones más complicadas de tener múltiples relaciones; para alguna gente es incluso más complicado que otros asuntos como los celos. Por eso es a menudo un tema de debate en los grupos de apoyo poliamorosos.

Como con otras muchas habilidades poliamorosas, el manejo eficaz del tiempo en realidad se reduce a la comunicación. Una buena comunicación sobre el tiempo incluye decir claramente qué compromisos puedes asumir respecto al tiempo, cuánto tiempo necesitas en cada relación (incluyendo cuánto tiempo necesita ser tiempo de la diada como opuesto a tiempo en grupo), cuánto tiempo necesitas para ti (especialmente si eres de carácter introvertido) y qué tiempo ya tienes comprometido. También incluye tener muy claro a qué te estás comprometiendo y con quién, lo que puede ser más difícil de lo que parece.

Por ejemplo, en dos ocasiones, Eve planificó unas vacaciones para irse con una de sus relaciones. En ambos casos, al principio de su relación (¡y una vez tiempo después!), la persona con quien tenía una relación le dijo que tenía planes con otras personas como parte del tiempo que habían planificado. En ambos casos, con quienes tenía esas relaciones trabajaban por su cuenta o estaban en la universidad y no comprendieron que «estoy planificando unas vacaciones» representa un compromiso serio para alguien con un trabajo asalariado. Sus relaciones habían considerado sus planes como provisionales. Por su parte, Franklin más de una vez ha invitado a alguna de sus relaciones a participar en sus planes con otras relaciones sin haberle preguntado a las segundas, para averiguar, demasiado tarde, que sus relaciones habían hecho planes pensando en pasar ese tiempo a solas con él.

Muchas personas poliamorosas establecen citas periódicas con alguna de sus relaciones. Para a quien le gusta planificar, esta es una buena herramienta para permitir que todo el mundo sepa qué esperar, aunque como en cualquier cosa, necesitas ser algo flexible. La vida no siempre está en orden, y si surge un conflicto, o una de tus relaciones se ha puesto enferma o ha tenido un accidente, es razonable que puedas reorganizar tus planes sin provocar demasiados problemas. Como con todo, usa tu sentido común: si una relación a larga distancia llega a tu ciudad para quedarse una semana cada seis meses, es razonable esperar que se cambie de fecha la noche para esa cita periódica. Sé consciente también de que puede ser necesario cambiar los planes de manera permanente para adaptarse a una nueva relación.

Las citas periódicas son una gran forma de cuidar una relación. Crean un entorno en que las personas involucradas pueden volver a ponerse en contacto con la parte romántica de la relación, sin distracciones como los recados, trabajar en casa y las criaturas. A veces el poliamor hace esto más fácil; cuando hay más de dos personas se hace más fácil llegar a un acuerdo en el que una persona se encargue de las pequeñas cosas de las que siempre hace falta encargarse, mientras que las otras dos pueden pasar un tiempo a solas. Mientras todo el mundo disponga de las mismas oportunidades, y todo el mundo se trate mutuamente con empatía y sin resentimiento, el tiempo planificado y concentrado con cada miembro de la relación ayuda a que las relaciones crezcan. (Es importante que esto no se convierta en un tema de «servicio de relación secundaria», como hablamos en el capítulo 11).

Google Calendar se ha hecho tremendamente popular entre personas poliamorosas para organizar su tiempo. A menudo se hacen bromas con que el poliamor no pudo despegar hasta que se inventó Google Calendar. Es tan popular porque, al contrario que las agendas en papel o similares, también es una herramienta para *comunicarse*: Los calendarios pueden compartirse con varias personas, con diferentes niveles de acceso y se puede ver simultáneamente los calendarios de varias personas. Puedes acceder a seis o siete calendarios a la vez para buscar posibilidades para citas, tiempo en grupo y demás. Google Calendar es tan potente que requiere negociar cuidadosamente antes de empezar a usarlo. No explicitar las expectativas existentes respecto al objetivo y el uso del calendario puede llevar a malentendidos y sentimientos heridos. En el capítulo 6 (páginas 156 y 157), Eve contaba una historia sobre cómo la falta de comunicación sobre las expectativas respecto al calendario ayudó a hundir la relación.

¿Cuáles son tus límites respecto a lo que tienes voluntad de compartir, o cómo quieres que tus relaciones interactúen con tu calendario? ¿Quieres que solo vean si estás libre o no, que solo tengan acceso de lectura o que puedan editarlo? Puedes planificar eventos privados, que pueden ser vistos solo por quienes tienen permiso para administrar tu calendario, por lo que, incluso si alguien tiene acceso para leer o editar, puedes mantener parte de tu vida privada. Cuando planificas eventos compartidos ¿prefieres que ese evento se añada directamente a tu calendario o que se te envíe una invitación que puedas aceptar o declinar?

Los calendarios compartidos también pueden suponer un par de problemas concretos para el poliamor. Si una persona está sintiendo que sus necesidades no están siendo cubiertas, pero ve en el calendario de la persona con quien tiene una relación el tiempo que está pasando con otras relaciones (o haciendo otras cosas), esto puede provocar celos. A alguna gente le resulta fácil llegar a sentir que ese tiempo sin eventos debe ser suyo; puede ser fácil olvidar que el tiempo a solas es igual de (o más) importante, y que no es un desprecio. También, si Joe tiene acceso para editar el calendario de Jane, y Jane confía en él para planificar actividades sin preguntar, Joe debe recordar que el tiempo que él planifica no le pertenece a él.

Cada persona tiene límites muy diferentes respecto a compartir calendarios y a qué significa compartirlos. Para algunas es un intercambio profundamente íntimo, mientras que para otras es solo una ventaja logística. Hablar sobre qué significa puede ayudar a evitar malentendidos y disgustos.

Suma-cero y relaciones inclusivas

Las personas nuevas en el poliamor a menudo temen que emprender ese camino signifique perder el control de su tiempo; cada minuto que consigue la otra relación de la persona con quien tienes una relación es un minuto que tú pierdes ¿no? Eso no es necesariamente cierto, si la otra relación de tu pareja y tú os lleváis bien. Cuando puedes pasar tiempo con tu pareja y con su otra relación, un minuto dado a esa persona no significa necesariamente un minuto que se te quita.

Los problemas para planificar el tiempo se pueden relajar o empeorar dependiendo de lo cómodo que os resulte pasar tiempo en grupo, y si puedes obtener algunas de las mismas cosas en el tiempo en grupo que en el tiempo de la diada. Es decir, ¿cuánto tiempo hace falta que sea de dos en dos y cuánto puede dedicarse a actividades compartidas? ¿Es tu tiempo una cuestión de suma-cero, repartido en porciones entre tus diferentes relaciones y compromisos, o eres capaz de adoptar un enfoque más inclusivo en el que partes de tus relaciones y tiempo sean compartidos?

No existe una respuesta correcta, aunque a menudo se oye a la gente discutir acaloradamente sobre un enfoque o el otro. Cada enfoque tiene sus ventajas y sus costes, y algunas personas son simplemente mejores con un enfoque o con el otro. Ten cuidado si terminas en relaciones en las que a sus miembros se les dan mejor modelos diferentes; los dos estilos no suelen encajar bien. En nuestro caso, afortunadamente, nos gusta pasar tiempo con todas nuestras relaciones reunidas. Tampoco sentimos como un engaño si alguien más se suma cuando estamos en pareja, si es alguien con quien nos llevamos bien. Cuando funciona, es una ventaja inmensa: hemos conocido personas increíbles a través de nuestras relaciones, personas que se han convertido en nuestras amistades independientemente de nuestra conexión teniendo una relación con la misma persona.

Pero si asumes que tu relación *tiene que* ser inclusiva, una de tus relaciones se puede encontrar pasando mucho tiempo en presencia de alguien que no le gusta demasiado. Cada persona necesita poder marcar límites sin sentirse culpable. Por mucho que podamos desear tener relaciones inclusivas, no está bien obligar a que lo sean. No está bien intentar avergonzar o amenazar a nuestras relaciones para que se caigan bien, incluso cuando, como hemos visto suceder, te enfades con ellas porque no se llevan bien. Si una relación importante está supeditada a otra puede introducir una tensión que no solo se trata de llevarse bien, sino de sentir que algo profundo en tu interior está siendo traicionado, una falta de consentimiento. Si tus relaciones están libres de coacciones, el tiempo por separado, o incluso completamente aparte, debe mantenerse como una posibilidad.

Por supuesto, las relaciones de suma-cero tienen sus consecuencias. La intimidad se verá dañada. Y puede que te lamentes por lo que pierdas cuando se marquen esos límites. Esas pérdidas pueden incluir a una o más de tus relaciones. Pero no es culpa de nadie. Es necesario que no haya una reacción negativa si, en cualquier momento, tus relaciones deciden marcar unos límites, contigo y entre ellas.

La tiranía del calendario

Con pocas excepciones, las personas poliamorosas son buenas administrando su tiempo; o aprenden a hacerlo por necesidad. Tan buenas, de hecho, que mucha gente tratamos nuestros calendarios como un Tetris, viendo cuántas cosas podemos comprimir en un día, semana o mes. Tenemos todo planificado al máximo. A menudo oirás de personas poliamorosas quejas como:

> «Me siento como si tuviera que pedir cita para estar con mi marido», «ojalá pudiera ser todo más espontáneo».

> «A veces solo me apetecería estar con Greg, pero tengo que mantener mi cita con Alice».

> «Estoy agotada. No tengo tiempo para mí misma».

Tendemos a tener muchos compromisos: no solo relaciones, sino trabajo, proyectos, vida social... Mucha gente a veces terminamos sintiéndonos como si estuviéramos dedicando todo nuestro tiempo a otras personas; a veces incluso como si hubiéramos perdido el control de nuestras vidas.

Cuando Eve (durante poco tiempo, un par de meses) tenía cuatro relaciones, tres de las cuales eran locales, se encontró a sí misma, a menudo, comprometida con cada una de ellas una noche a la semana, con compromisos de trabajo al menos dos noches y con reuniones sociales la séptima. Empezó a sentirse como un robot, yendo de un compromiso al siguiente como una zombi, con poco tiempo –esa sensación daba– para decidir nada por su cuenta y sin ningún tiempo para la espontaneidad o el autocuidado. Y se sintió indefensa frente a ello: amaba a sus relaciones, y cada una de ellas necesitaba y merecía su tiempo. Ella llegó a llamar a ese estado «la tiranía del calendario».

También hay ejemplos menos extremos. En el subidón de una nueva relación, es normal anhelar la presencia de esa nueva persona de manera casi constante. O cuando estás atravesando el duelo por una ruptura y tienes el corazón roto, quizá todo lo que quieres hacer es esconderte en tu habitación viendo *Doctor Who* y comiendo kilos de helado. Puede ser complicado encontrar un equilibrio entre tu deseo de estar con alguien y que tu calendario diga que debes estar en otro sitio. Pero parte de la integridad personal es estar presentes y cumplir nuestros compromisos. Cancelar citas con tus relaciones de toda la vida –o tus criaturas– para salir a correr con tu nuevo amor por un prado soleado no va a sumar puntos a tu cuenta de honestidad personal.

Por eso es importante que mantengas tus compromisos, y que estés ahí, no solo físicamente, sino en cuerpo y alma. Cuando estés con una de tus relaciones, trabaja en estar presente con ella. Va a notarlo si no lo estás, y si sucede a menudo, perjudicará tu relación con ella. Quizá estás pensando en otra persona, pero la persona con quien te has comprometido a pasar ese tiempo está frente a ti *en este mismo momento*. Es esencial practicar una *conciencia plena* –estar plenamente presente con cada uno de tus amores, y con una actitud abierta hacia la persona con quien estás en cada momento– y es una habilidad poliamorosa, avanzada pero fundamental, de la que no se habla a menudo. Requiere años para hacerlo bien. Pero nos hace mejores relaciones de alguien.

Y en medio de todo esto, no olvides que necesitas reservar un tiempo para ti. Evita cometer el error que Eve hizo planificando las 24 horas del día. Ahora ella bloquea tiempo en su calendario como «Tiempo para Eve» y todo el mundo con quien comparte su calendario lo puede ver. Conocemos alguna gente poliamorosa que olvida hacer eso. Reservar tiempo para ti puede ser crucial para mantener el equilibrio emocional requerido para las otras exigentes facetas de ser una persona poliamorosa.

¿Quién controla tu tiempo?

Una de las creencias por defecto que mucha gente arrastramos de la cultura monógama es que en las relaciones a largo plazo, especialmente con la relación con quien convives, nuestra pareja se convierte en «nuestra» por defecto. Y por lo tanto, cuando decide hacer algo social por su cuenta, se sale de la norma, y puede dar la sensación de que nos está quitando algo que legítimamente nos pertenece.

LA HISTORIA DE AUDREY

Desde el principio, Audrey y Joseph han planificado su tiempo en pareja teniendo en cuenta sus muchos compromisos previos. Joseph y su esposa, Jasmine, se reservaron tres noches y un día del fin de semana para estar en pareja. Joseph y Audrey tienen dos noches a la semana. Lo poco que resta del tiempo de Joseph no está adjudicado específicamente a nadie, y él considera que es su propio tiempo. Pero en realidad, con sus compromisos en el hogar y la familia, lo pasa normalmente en casa. Aunque ese tiempo no le «pertenece» a Jasmine, Jasmine lo ve como una *oportunidad* para estar con Joseph; por lo que, cuando Joseph pasa parte de su tiempo libre con Audrey, Jasmine siente que sale perdiendo.

A Jasmine siempre le ha preocupado lo «grande» que puede llegar a ser la relación con Audrey. ¿Permitirán que el tiempo de Audrey vaya «avanzando» lentamente y que finalmente su relación sea más importante? Esto no ha sucedido durante la década que ha durado la relación, pero Jasmine todavía quiere que Joseph acepte un límite, que él no está dispuesto a aplicar. Joseph está dispuesto a decir cuánto tiempo *pasará* él con Jasmine y que, el tiempo que sobre, él lo pasará en casa cumpliendo sus responsabilidades, pero no está dispuesto a aceptar un límite concreto sobre su relación con Audrey.

Joseph y Audrey están trabajando para respetar compromisos preexistentes, adjudicando un tiempo a esos compromisos en primer lugar, con la *consecuencia* de que eso limita el tiempo de su propia relación. Jasmine quiere *comenzar* a partir de un límite de tiempo y definir eso primero. Aunque el resultado final puede ser el mismo –el tiempo de Joseph y Audrey es limitado– Jasmine no tiene la seguridad que necesita, debido a la ausencia de un límite. Audrey describe el problema subyacente como una diferencia de ideas sobre a quién pertenece el tiempo de Joseph.

Comprende y acepta que cada persona es dueña de su tiempo. Una relación, incluso una elegida como «principal», no otorga la propiedad del tiempo de otra persona. Cuando alguien dedica tiempo a sus relaciones, es simplemente eso: un regalo. Aunque se pueden hacer promesas, y deben ser respetadas, los regalos de tiempo en ausencia de promesas no suponen un derecho a regalos similares en el futuro. Las personas pueden (y deben) expresar sus necesidades y deseos, y un vértice o pivote con experiencia los tendrá en cuenta cuando decida cómo reparte su tiempo.

Ese enfoque os puede beneficiar a tus relaciones y a ti de varias maneras. Primero, si partes de la premisa de que eres una persona adulta, autónoma y responsable para tomar tus propias decisiones respecto a qué dedicas tu tiempo, será menos probable que tus relaciones te vean como un recurso por el que luchar. Segundo, si partes de la idea de que tu tiempo es tuyo hasta que se lo das a otra persona, eso reduce (pero no elimina) la posibilidad de que una de tus relaciones vea el tiempo dado a otra persona como una pérdida personal. Pero, quizá lo más importante, cuando entiendes que el tiempo que pasas con una de tus relaciones es un *regalo* y no *algo a lo que se tiene derecho*, eso te ayudará a cultivar el sentimiento de gratitud por ello, y la gratitud es una poderosa protección frente a los celos y el miedo.

La equidad comienza con la empatía

«¡Eso no es justo!». Por debajo de cierta edad, oímos cómo algunas personas dicen esto todo el tiempo. Pasada esa edad, nuestra visión se amplía, y aprendemos que la justicia funciona mejor a escala global, no local. Si tú lavaste los platos ayer por la noche y esta noche es el turno de tu hermana, pero ella no lo va a hacer porque acaba de volver del dentista, puede parecer injusto contigo desde un punto de vista puramente egoísta… pero realmente, ¿cambiarías tu lugar por el de ella? Y si tú fueses a quien acaban de hacer una endodoncia ¿no agradecerías que pasaran por alto que tú no lavases los platos esta noche? A veces comprender al resto dicta que debe cambiarse un rígido calendario.

Cuando somos personas adultas, ya hemos averiguado gran parte de eso. Eso, o ya nos hemos rendido y hemos dejado de preocuparnos tanto sobre qué es «justo» a un nivel tan molecular. De todos modos, en las relaciones, y *especialmente*, en las relaciones poliamorosas, cuando las cosas no suceden de la manera que esperamos, nuestro yo con cinco años se nos acerca y nos susurra: «¡Eso no es justo!». Incluso cuando no estamos hablando de nuestras expectativas. Incluso cuando sabemos que nuestras expectativas son una tontería. ¡A veces incluso cuando lo que está sucediendo no es solo justo, sino también cuando es excelente! Cuando estás intentando equilibrar más de una relación, sin duda percibirás esa sensación. Las palabras pueden cambiar, pero el significado es, predeciblemente, siempre el mismo: «¡Eso no es justo!».

Cuando se trata con seres humanos, las cuestiones como «qué es justo», a veces, deben pasar a un segundo plano. Las personas cambian y las necesidades también, pero a menudo nuestras nociones sobre lo que es «justo» se mantienen estáticas, tan profundamente arraigadas que ni siquiera somos conscientes de ellas. La justicia importante en las relaciones no es del estilo «ojo por ojo». «¿Yo lavé los platos ayer por la noche, por lo que no es justo que tenga que hacerlo esta noche otra vez!». De hecho, a veces el enfoque del ojo por ojo para la justicia crea situaciones que son claramente *injustas*. En el capítulo 13 pudiste leer sobre la conocida de Franklin que le demandó a su marido que rompiera su relación con su novia y le dijo «Romperé mi relación con mi novia también, así será justo». Tres corazones rotos por el precio de uno es una definición peculiar de la palabra *justicia*, e ilustra un punto importante: *La simetría no es lo mismo que la justicia.*

El tipo de equidad que realmente cuenta es la que parte de la empatía. Lavar los platos dos días seguidos porque a tu hermana le acaban de hacer una endodoncia es actuar con consideración (en nuestro caso nos han hecho endodoncias y, créenos, lo último que quieres hacer cuando se desvanece el efecto de la anestesia es estar de pie). Por otro lado, decir «Abandonaré a mi relación de hace muchos años para que tú dejes a la tuya» no es considerado en absoluto. Que sea justo significa decir cosas como «Me doy cuenta de que mi inseguridad es cosa mía, por lo que no la usaré como un arma contra ti, ni esperaré que organices tu vida teniendo que evitarla constantemente. De todos modos, podría pedirte que habláramos del tema mientras me enfrento a ello».

Ese no es el tipo de equidad que nuestro yo interior de cinco años entiende; ese yo nuestro es mucho más probable que esté preocupado por si alguien está recibiendo algo que a él no le están dado, o si están recibiendo algo por un «precio menor» del que él tuvo que pagar en su momento. De todos modos, en última instancia, es probable que nuestro yo mental de cinco años no haga nuestras vidas mejores, independientemente de todo el jaleo que provoque.

Sobre monos y pepinos

Puede que ya hayas visto esto en YouTube o en TED: «El primatólogo Frans de Waal ha experimentado con las reacciones de primates ante la desigualdad situando a dos monos donde ambos puedan verse mutuamente y premiándolos por hacer pequeñas tareas, como entregar una piedra a su asistente de laboratorio. La recompensa es o un sabroso trozo de pepino o una aún más sabrosa uva. Cuando ambos monos reciben un trozo de pepino, no hay problema; completan alegremente la tarea docenas de veces. Pero si le das a uno un trozo de pepino y al otro una uva, ¡atención! El mono "peor pagado" pierde los papeles. Lanza el trozo de pepino a quien se lo da, golpea el suelo, agita la jaula». Como buen científico, De Waal ha repetido su experimento muchas veces con diferentes especies y otros cambios. Siempre da el mismo resultado.

Preferimos evitar el atolladero de la psicología evolutiva; nuestra intención con este ejemplo no es hablar de cómo nuestros sentimientos de justicia pueden estar arraigados profundamente en nuestro cerebro. Más bien, queremos hablar de cómo decidimos qué cosas son «pepinos» y cuáles son «uvas» en nuestras relaciones. A modo de ejemplo, pensemos en Ali, Tatiana y Alexis, tres personas a quienes hemos estereotipado solo un poco porque su patrón es tan común en el poliamor que prácticamente es un arquetipo. (De hecho, en nuestro caso estamos en una posición similar a la de Ali.) Ali vive con Tatiana y también tiene una relación con Alexis. Ali y Tatiana tienen dos criaturas muy jóvenes. Su relación incluye muchas tareas en casa, muchos cambios de pañales y discusiones sobre el dinero. Sus momentos de relax consisten en abrazarse viendo *Doctor Who* pero sin demasiado sexo y solo ocasionalmente salen alguna noche.

Ali y Alexis solo se ven un par de veces al mes, por lo que su tiempo en pareja es intenso. Normalmente pasan la mitad del tiempo teniendo sexo, y la otra mitad en conversaciones profundas o haciendo cosas emocionantes, todas concentrándose en prestarse atención mutuamente. De vez en cuando, una o dos veces al año, se van en pareja durante un fin de semana largo a un hostal.

La mayoría de la gente en la situación de Tatiana se sentiría que ella está recibiendo todos los pepinos y que Alexis está recibiendo todas las uvas. Las cosas que hacen Ali y Alexis son *divertidas*, ¿verdad? Son *citas*, algo que las relaciones de toda la vida tienden a olvidar o no tener tiempo para ellas. Y es muy importante para las relaciones que conviven tener tiempo para cuidar de su relación, y no dejar de valorarse. Pero también vale la pena valorar por qué pensamos que Tatiana está recibiendo los pepinos, y cómo, a Alexis, podrían parecerle uvas.

Ali y Alexis podrían tener una relación como si estuviesen de vacaciones; podrían divertirse más, y Ali y Tatiana más trabajo. Pero Ali y Tatiana comparten algunas cosas que se podría decir que son más valiosas, y a las que Alexis nunca tendrá acceso. Cosas como:

- Poder despertarse en pareja prácticamente cada mañana.

- Tener a la otra persona lo suficientemente cerca para tocarla, prácticamente todo el tiempo.

- Acurrucarse abrazándose una tarde de lluvia, dándose mimos bajo el edredón.

- Crear un lenguaje propio a partir de una historia de experiencias compartidas.

- Apoyarse mutuamente en los momentos duros al ir construyendo su vida en común.

- Poder planificar un futuro con esa relación.

- Trabajar en equipo para traer al mundo a dos pequeños seres humanos.

Después de todo, Ali y Tatiana eligieron la vida que tienen en común. Si hubieran querido, en su lugar, podrían haber tenido una relación que se pareciera a la de Ali y Alexis. No tuvieron que mudarse para convivir, unir sus cuentas bancarias o tener criaturas. *Eligieron* hacerlo. Valoraron las cosas que tenían en su lista. Cuando la gente habla de dar por hecho una relación, este tipo de cosas a menudo no se tienen en cuenta. Y todas esas cosas, en una relación, pueden ser realmente muy tiernas.

Si una de tus relaciones siente que está recibiendo todos los pepinos y que otra persona está recibiendo todas las uvas, recuerda que la persona con quien tienes una relación y tú elegisteis tener el tipo de relación que tenéis. Dedica un tiempo a darte cuenta y dar las gracias por las ventajas que se derivan de eso. Si tienes una relación con alguien con quien convives, esas ventajas podrían ser los pequeños detalles, las oportunidades de cuidaros mutuamente, los abrazos y comidas compartidas, vuestras pequeñas interacciones diarias, el futuro que estáis construyendo en común. Si vivís por separado y os veis menos frecuentemente, el beneficio puede ser el hecho de que la persona con quien tienes una relación te reserve tiempo en su plena y ajetreada vida para concentrarse exclusivamente en *ti*.

Esa es otra razón por la que la equidad no es lo mismo que la simetría. Tatiana y Alexis pueden envidiarse mutuamente por las cosas que la otra persona tiene con Ali. Puede que necesiten trabajar con Ali para reorganizar sus relaciones, de manera que cada cual reciba algo más parecido a lo que necesita. Pero es posible que como primates nos resulte complicado darnos cuenta del valor de lo que tenemos mientras nos estamos ocupando de mirar lo que otra persona está recibiendo. Los monos del experimento tiraban sus pepinos, pepinos que unos minutos antes estaban deseando tener. Y también es importante recordar, si estás en medio, que pocas relaciones pueden sobrevivir solo con pepinos o solo con uvas. La mayoría de las relaciones necesitan una mezcla de trabajo y diversión para crecer con fuerza a largo plazo.

Presentando a tus relaciones

Si tienes dos o más relaciones que no se conocen entre sí, antes o después será buena idea que se conozcan. *Cuándo* es, en gran medida, una cuestión de preferencias personales –tuyas y suyas– y algo de lo que hablamos largo y tendido en el capítulo 23. De todos modos, vale la pena mencionar un par de cosas, específicamente, al vértice o pivote.

A algunas personas les gusta que sus relaciones actuales conozcan enseguida a sus relaciones potenciales, antes de que ninguna relación comience a crecer; y mucha gente, del mismo modo, quiere conocer las relaciones que ya tiene alguien con quien están valorando iniciar una relación. Otras, a menudo, personas que valoran más la autonomía personal, prefieren esperar hasta que la relación haya comenzado a afianzarse, cuando hay cierta certeza de que la nueva persona va a ser importante en sus vidas, antes de emplear tiempo y energía en conocer a «la familia»; especialmente si la familia es grande o vive lejos.

Por supuesto, como vértice, no puedes (ni debes) *evitar* que tus relaciones se conozcan, incluso si sientes que aún es demasiado pronto para ti. Intentar disuadir a tus relaciones de que tengan contacto entre sí es una señal de alarma instantánea entre las personas poliamorosas de que algo poco honesto puede estar sucediendo, incluso si no es así, y sienta las bases para la falta de confianza. Si tus relaciones quieren conocerse, deja que lo hagan. Pero hay otro importante punto de cortesía a tener en cuenta.

Cuando dos personas monógamas tienen citas y su relación se convierte en algo serio, en algún punto llega el momento de conocer-a-la-familia. Llevar alguien a casa para conocer a su familia (padres, madres, o quien quiera que sea parte de tu unidad familiar) se considera típicamente como una declaración de intenciones: «Esta persona es importante para mí. Estoy valorando hacer a esta persona parte de mi familia».

No subestimes la importancia de un pequeño ritual como este al presentar nuevas relaciones al resto de tu red. Por supuesto, tus relaciones son mayores de edad y son capaces de llamar a otra persona adulta para tomar un café. Pero puede resultar un poco incómodo, un poco invasivo; y a menudo, humillante. Para Glen, llamar a Juan y decir «Hola, sé que Petra no nos ha presentado todavía, pero nos hemos estado viendo una temporada y creo que es un buen momento para que tú y yo nos conozcamos». Eso coloca a Glen en una situación de decir a una de las personas más importantes en la vida de Petra que Petra es importante para Glen… pero quizá Glen no es tan importante para Petra o habría organizado esto ella misma. Conocer a alguien que puede tener una importante influencia en tu felicidad futura en estas incómodas circunstancias puede ser profundamente desempoderante.

Por lo que es de buena educación que el pivote tome la iniciativa y pregunte al resto si les gustaría conocerse. Si una de tus relaciones expresa antes su interés en conocer a otra de ellas, sé tú quien lo haga posible, y deja claro que esa reunión también es importante *para ti*. La manera en que presentas a tu nueva relación a tu red puede marcar una enorme diferencia para que se sienta bienvenida.

Celos en medio

Manejar tus propios celos es complicado. Manejar los celos de la persona con quien tienes una relación respecto a otras relaciones, tampoco es fácil cuando estás entre ambas. Cuando tienes dos relaciones y una o ambas están sintiendo celos por tu tiempo y atención, fácilmente puedes sentir como si tirasen de ti en direcciones opuestas. Cuando una se siente amenazada por la otra, una situación de cooperación puede convertirse rápidamente en competitiva, y quien siente celos puede culparte por sus celos. Podría pedirte cosas que perjudiquen a la otra relación. Tu otra relación podría tener límites sobre qué cambios está dispuesta a hacer para adaptarse a la primera, y esos límites podrían ser perfectamente razonables. Y ahí estás tú, pobre, en medio del fuego cruzado.

Ese es un lugar terrible donde estar. Tu poder en esa situación es limitado; da igual lo que hagas, no puedes resolver los celos de otra persona. Puedes ser capaz de hacer las cosas más fáciles para que maneje sus celos, pero eso es todo. La buena noticia es que terminará pasando. Mientras todas las personas involucradas tengan el compromiso de trabajar para solucionar los problemas, los celos –por muy dolorosos e incurables que puedan parecer en el momento– son una emoción que se puede superar. Millones de personas poliamorosas, aunque aún luchen ocasionalmente contra pequeñas sensaciones de celos, han aprendido estrategias para manejarlos y son capaces de tener relaciones que están relativamente libres de ese lastre.

Aunque es la persona con quien tienes una relación quien debe hacer el trabajo pesado, hay algunas cosas que tú puedes hacer para que ese trabajo le sea más fácil. Lo primero es escuchar. Nadie *quiere* sentir celos. Nadie los disfruta. Esa persona no está haciendo esto para herirte, o por despecho. Por lo tanto, escúchala, con empatía, sin juzgarla ni avergonzarla por sentirlos. Deja espacio a que pueda sentir lo que está sintiendo. Recuerda que decir «No deberías sentir eso», probablemente, no cambie nada. Crear un espacio seguro para que pueda contarte abiertamente sus sentimientos contribuye considerablemente a encontrar una solución.

Tranquiliza a tus relaciones. Mucho. Habla de las cosas que valoras en ellas y las maneras en que la amas. (Y, de verdad, haz esto aunque tus parejas no estén en crisis. Nunca es mal momento para recordarles cuánto las valoras.) Cuando termines, reconfórtala algo más. Acepta que esté sintiendo lo que está sintiendo, incluso si te resulta molesto.

A veces puede que seas capaz de cambiar cosas en tu relación que permitan adaptarse al miembro de la relación que siente celos. Por ejemplo, podrías bajar el ritmo al que avanza una nueva relación para darle algo de tiempo a tu relación anterior para que se adapte. Una analogía que le gusta usar a Franklin para referirse al manejo de problemas en las relaciones es la de reparar una nevera estropeada. Si la nevera no funciona, podría ser una buena idea dejar de poner cosas dentro hasta que se repare. Hay un problema acechando en esto, de todos modos. El dolor del miembro que siente celos puede hacer que aceptéis cambios que perjudiquen a tus otras relaciones. Dañar una relación para intentar reparar otra normalmente termina con dos relaciones rotas. Otro peligro: si los cambios que hacéis tus otras relaciones y tú hacen que el miembro que sentía celos se sienta demasiado a gusto, a costa de hacer que todo el mundo esté más incómodo, puede que tenga escasa motivación para ocuparse de sus celos. Los cambios externos rara vez resuelven los celos; la solución casi siempre viene del interior. Recuerda, tú estás ahí para apoyar y defender a tus relaciones. Eso no funciona en una única dirección. Tienes el derecho, y la responsabilidad, de defender todas tus relaciones. No está bien dañar una relación o herir a alguien para intentar ayudar a otra.

Las únicas estrategias que hemos encontrado que funcionan a largo plazo son las que identifican y resuelven las inseguridades y miedos que se ocultan bajo los celos. Irónicamente, intentar hacer concesiones para adaptarse a los celos de uno de los miembros puede en realidad empeorar los celos. Por ejemplo, si la persona con quien tienes una relación tiene miedo al abandono, y demanda que nunca pases la noche en la casa de otra de tus relaciones, puede que lo que necesite para superar su miedo es ver que tú puedes pasar una noche fuera de casa y aun así volver con ella. Si cedes a la demanda y nunca pasas una noche con otra de tus relaciones, puede que nunca deje que se disipe ese miedo. No solo no tendrá nunca la oportunidad de ver que tú volverías, sino que le has mostrado que puede controlar tu conducta mientras siga aferrándose a ese miedo.

Ni la persona más perspicaz y consciente de sí misma puede hacer desaparecer de un día para otro sus inseguridades más profundamente enraizadas. En nuestra experiencia, ocuparse de los celos normalmente requiere semanas o meses, especialmente si es la primera experiencia de la persona con quien tienes una relación compartiendo su pareja. Si el proceso está tardando varios años, de todos modos, algo se ha atascado. O bien se ha adaptado a la situación actual y le está dando largas o necesita ayuda profesional para hacer el trabajo (o ambas cosas).

En la analogía de la nevera: una vez que has dejado de poner cosas dentro, no puedes colocarla en una esquina y olvidarte de ella. Tienes que repararla, para que puedas volver a usarla. La persona con quien tienes una relación y tú debéis ser capaces de ver y sentir que se está avanzando.

También debes tener voluntad de marcar límites, no solo con quien no está sintiendo celos, sino con quien los está sintiendo. Si no lo haces, puedes encontrarte jugando al ping-pong poliamoroso de nuevo (ver página 407): yendo y viniendo de una relación a la otra sin tomar ninguna decisión. Si, según tu valoración, algunos cambios de los que pide tu relación parecen razonables, dilo. Si no parecen razonables, dilo también. Si pide algo que podría dañar las otras relaciones, declina hacerlo. Puede que tengas que tomar una decisión que a alguien no le guste, pero eso es preferible a que te tiren de un lado a otro indefinidamente.

En resumidas cuentas, para la mayoría de la gente, lo mejor para manejar los celos de con quien tienen una relación es escucharla y quererla. Reconforta a tus relaciones, cuida y respeta vuestros compromisos, y déjales sentir todas sus emociones. Y recuerda que, mientras todo el mundo se comprometa a ocuparse de los problemas, no seguirá siendo así de complicado eternamente.

#ALGUNAS PREGUNTAS QUE PUEDES HACERTE

Si eres la persona vértice entre dos o más personas, ser capaz de marcar unos límites sólidos para ti y defender tus necesidades, al mismo tiempo que te comportas de manera considerada con tus relaciones, puede resultar complicado. Según vas adquiriendo esa capacidad para hacerlo, estas son algunas preguntas que puedes hacerte:

- Cuando mis relaciones tienen deseos contrapuestos, ¿cómo de bien expreso lo que necesito? ¿Me aseguro de que mis propios deseos no se pierden en el conflicto?

- ¿Me responsabilizo de mis decisiones, o espero que mis relaciones las tomen por mí?

- ¿Qué significa para mí que algo sea «justo»? ¿Cómo afecta eso a la manera en que tomo decisiones e interactúo con mis relaciones?

- ¿Qué valoro más de cada una de mis relaciones?

- ¿Prefiero pasar tiempo con mis relaciones por separado o juntas? ¿Cómo me siento respecto a eso? ¿Respeto a sus otros compromisos?

- ¿Qué límites marco respecto a mí en relación con cada una de mis relaciones?

- ¿Qué cambios hago si una de mis relaciones siente celos?

- ¿Mis cambios mejoran mis relaciones o crean más problemas?

- ¿Apoyo que mis relaciones interactúen entre ellas de formas que respeten su propia autonomía y su derecho a elegir su nivel de intimidad?

- ¿Cómo puedo apoyar a una de mis relaciones si siente celos o se siente ignorada?

- ¿Cómo manejo mis propios sentimientos de celos?

17

Abriendo una pareja

Si amas a una persona, dale libertad.
Si se va, la verdad es que nunca había sido tuya.
Si vuelve, muestra agradecimiento,
ternura y felicidad porque esté junto a ti,
y reconoce que puede irse en cualquier momento, así que,
simplemente, no seas imbécil ¿vale?

Edward Martin III

Muchas personas llegan al poliamor a partir de una pareja monógama afianzada. La monogamia es la forma por defecto de la mayoría de las relaciones, e incluso las personas para quienes el poliamor es lo que mejor les encaja, lo descubren tras haber comenzado con relaciones monógamas. Pero el camino desde la monogamia al poliamor tiene muchos peligros potenciales. No nos enseñan a manejarnos con múltiples relaciones, y si intentamos proteger demasiado una relación ya existente creada en la monogamia, podemos terminar haciendo daño a otras personas a nuestro alrededor. Ese es el recorrido que hicieron Eve y su marido Peter, y es probable que muchas parejas encuentren similitudes con sus propios recorridos.

LA HISTORIA DE EVE
Después de una relación monógama durante cuatro años, Peter y yo nos separamos. No éramos felices en esa relación, pero nos teníamos mucho cariño. Tras dormir por separado durante meses, comenzamos a reconciliarnos. La separación nos dio

la oportunidad de comenzar de nuevo en muchos sentidos, y de renegociar los términos de nuestra relación para tener una de otro tipo que nos conviniese más.

Una de las cosas que acordamos casi desde el principio fue que no queríamos monogamia. No puedo ni recordar quién lo dijo primero. Recuerdo haberle leído el capítulo dedicado al *swinging* del libro de Dan Savage, *Skipping Towards Gomorrah*[1], (que, irónicamente, había tomado prestado de mi madre), y que nos sirvió como un punto de partida para la conversación. Al principio, el *swinging* nos parecía atractivo: una manera segura, controlada, relativamente sencilla de tener variedad sexual sin que amenazase nuestra relación. Visitamos varios grupos *swingers*, fuimos a una fiesta *swinger* (y miramos pero no hicimos nada), y nos registramos en redes sociales como AdultFriendFinder.com. Pero ese mundo nos desanimó un poco.

Aproximadamente un año más tarde, estuve flirteando una noche, algo borracha, con un muy querido amigo mío desde hacía muchos años, lo que nos llevó a Peter y a mí a darle muchas vueltas a la posibilidad de permitir cosas aterradoras como desarrollar sentimientos e intimidad con otras personas fuera de la pareja. Me di cuenta de que me cuesta conectar sexualmente con personas con quienes no tengo una conexión emocional, por lo que una relación abierta que solo permitiera sexo sin compromiso para mí no era particularmente abierta. Peter –finalmente– aceptó que podíamos abrirnos a conexiones más íntimas. Se podría decir que eso significaba echar a rodar la bola de nieve desde donde estábamos hasta el poliamor absoluto.

Durante años leímos todo lo que pudimos (incluyendo la web de Franklin). Comencé a seguir e interactuar con otra gente en varios blogs sobre poliamor. Peter y yo tuvimos unas cuantas

---

1 Dutton, 2002.

citas con otras personas. Nos fuimos de la pequeña ciudad donde vivíamos y nos mudamos a una gran ciudad, donde comenzamos a asistir al grupo poliamoroso local. Finalmente, dos años enteros después de haber leído aquel libro de Dan Savage, una de las dos personas (yo) comenzó una nueva relación con alguien más, mi ahora ex-novio Ray.

Pasaron cuatro años entre nuestro acuerdo para abrir la relación y realmente hacerlo, pero durante esos cuatro años seguimos avanzando: nos pusimos en contacto con personas poliamorosas, leyendo y preparándonos. Incluso entonces, de todos modos, no puedo decir que ya tuviéramos la preparación necesaria. La realidad me recordaba un poco a cuando fui a estudiar a la India cuando tenía 20 años: nada me podría haber preparado de verdad para poner un pie en ese país. Comencé mi relación con Ray, y los meses siguientes estuvieron llenos de rápidos cambios y muchas horas de conversación. Mi relación con Peter casi no sobrevive a la transición. Toda la preparación ayudó, de todos modos. Esas primeras citas con otras personas nos habían dado la oportunidad de manejar pequeños pinchazos de celos. Al menos tuvimos cierta base teórica para estructurar nuestras relaciones y enfrentarnos a los problemas. Y, quizá lo más importante, tuvimos un sistema poliamoroso de apoyo al que podíamos volver con nuestras luchas, sin que su primera respuesta fuera echar la culpa de nuestros problemas al hecho de que nuestra relación fuera poliamorosa.

La gente que quiere transicionar en su relación desde la monogamia al poliamor tiende a preguntar muchas cosas como: «¿Cómo puedo proteger la relación que ya había construido? ¿Cómo puedo asegurarme de que mis compromisos ya existentes seguirán siendo cumplidos? ¿Qué hago si alguien siente celos? ¿Qué sucede si una nueva relación amenaza una ya existente? ¿Qué sucede si mi pareja conoce a alguien a quien quiere más? ¿Cómo puedo seguir sintiéndome especial? ¿Cómo puedo controlar lo que harán otras personas? (La respuesta a esa es fácil: "No puedes") ¿Cómo conozco personas poliamorosas para iniciar una relación? ¿Cómo le digo a mi pareja que quiero esto?».

La última pregunta necesitar ser tratada primero, así que empezaremos por ahí. (Las otras cuestiones son sobre lo que habla la mayor parte de este libro.)

Sacando el tema

No existe un momento «correcto» o una manera «correcta» de mencionar la idea del poliamor a tu pareja. Estás hablando de negociar un cambio en las estructuras más básicas de tu relación. Es poco probable que sea una conversación que dura cinco minutos mientras estás cortando verduras en la cocina. Probablemente, esa conversación no será parecida a «Oye, tú, quiero cambiar totalmente las bases de nuestra relación ¿qué te parece? ¿Me puedes pasar la sal?». La idea probablemente requiera un tiempo para que cale. Probablemente pasen semanas o meses –¡o más!– antes de que hayáis terminado de hablar del tema. Probablemente tanto tu pareja como tú necesitaréis algún tiempo para haceros a la idea del grado de cambio que supone.

Comienza por algo fácil. Pregúntale a tu pareja «He estado oyendo hablar sobre el poliamor. ¿Qué piensas sobre el tema?». Y entonces, *escucha la respuesta*. Esto es un diálogo, y los diálogos se producen en dos direcciones; la mitad de la conversación es *escuchar*. Si comienzas el diálogo con el objetivo de convencer a tu pareja de que haga lo que tú quieres, puede terminar sintiéndose presionada o coaccionada. Lee sobre el tema. Investiga. Si hay un grupo organizado en tu zona, valora la posibilidad de hablar con la gente que asiste; a muchas de ellas les habrá sucedido lo mismo que a ti. ¡No tienes que tener una relación poliamorosa para asistir a la reunión de un grupo poliamoroso! Lee libros sobre poliamor, en pareja si es posible.

Habla con tu pareja sobre cómo llegaste a esa idea. Lo que es más importante, cuéntale *por qué*. Háblale de qué cosas te interesan y que te atraen de ello. Habla de manera directa y honesta, pero también comprensiva. Si hay cosas que a tu pareja le dan miedo, escúchala. Habla sobre tus propios miedos. Y luego escucha un poco más. Si una relación poliamorosa va a ser sana y funcionar, debe funcionar para todo el mundo.

Eso significa que tu pareja no puede hacerlo solo por ti; tiene que funcionarle a ella también. Adentrarse en el poliamor cuando no es algo adecuado *para ti*, solo porque tu pareja quiere, significa que habrá tensión acumulada desde el primer momento, y en nuestra experiencia eso inevitablemente causa problemas más adelante.

Desgraciadamente, las nuevas personas con quienes tendrán una relación son las que se llevan la peor parte. Un miembro de la pareja puede sabotear muy fácilmente las nuevas relaciones de maneras increíblemente sutiles (incluso inconscientemente) si ese miembro es poliamoroso, pero con reservas. Este problema se amplifica si estás aceptando el deseo de tu pareja de ser poliamorosa porque tienes la sensación de que no soportarías vivir a solas o perder a tu pareja. Eso crea una situación en la que sientes que no tienes más elección que aceptar, y quien no puede elegir no puede dar un consentimiento auténtico.

Cuando empiezas a hablar de la idea del poliamor, recuerda que hay una probabilidad muy real de que tu pareja *nunca* acepte la idea de una relación no monógama. Algunas personas son más felices en la monogamia y eso también está bien. Si la persona con quien tienes una relación es monógama, eso no es un rechazo hacia ti, y no significa que tu pareja está poco evolucionada o sea una ignorante. Puede significar que tienes que tomar una decisión: ¿cómo es de importante el poliamor para ti? ¿Puedes ser feliz si tu pareja quiere que sigas en la monogamia de por vida? Si no, puede que te tengas que enfrentar el final de la relación.

Y aunque puede que no sea necesariamente obvio, una vez has tenido esta conversación, *tu relación ha cambiado.* Incluso si finalmente decides no seguir hablando de poliamor, solo el hecho de haber expresado tu interés en él significa que una parte de tu relación ahora es diferente. El solo hecho de que se haya planteado la cuestión es, para alguna gente, algo difícil de aceptar.

Si tu pareja acepta la idea del poliamor, es normal sentarse e intentar negociar acuerdos sobre cómo vais a abordarlo. ¡Cuidado! Piensa sobre los efectos que cualquier acuerdo que hagas tendrá en las personas con las que te relacionarás en el futuro. Piensa sobre las creencias en que se basan tus acuerdos. Puede ser fácil olvidar que cada cual tiene el derecho a construir su vida a la medida de sus necesidades. El poliamor no es un privilegio que te otorga la persona con quien tienes una relación. Si partes de la premisa de que en realidad no tienes ningún derecho a practicar el poliamor, que tu pareja te está haciendo un favor por permitirte que «te salgas con la tuya» para tener amantes, puedes terminar creyendo que debes aceptar cualquier condición que te imponga tu pareja, incluso si significa tratar mal a cualquier persona con quien comiences una relación.

Probando el poliamor

Desplazarse desde la monogamia al poliamor demanda nuevas habilidades y nuevas formas de pensar sobre las relaciones. Por lo que muchas parejas intentan entrar en él suavemente y de forma gradual, a menudo poniendo muchas normas que restringen las nuevas relaciones o intentan limitar su velocidad. Hablamos mucho en próximos capítulos sobre usar estructuras y límites para intentar controlar el miedo y la inseguridad. Pero antes de hacerlo, nos gustaría abordar una trampa muy común.

Si estás en una relación monógama y tu pareja te sugiere practicar el poliamor, o si no tienes ninguna relación y te estás planteando tener una con una persona poliamorosa, es tentador pensar, *Ya, sin duda, puedo probarlo: Si no funciona, podemos volver a tener una relación exclusiva.* Esto tiene sentido a primera vista, pero piensa qué sucedería si no tuvieses criaturas y tu pareja te dijera, «Cariño, me encantaría tener peques». ¿Dirías, «Claro, podemos probarlo, pero si no me gusta el resultado, podemos volver a no tener peques?».

Lo que tiene en común atreverse con el poliamor y tener una criatura es: supone involucrar a otras personas. Las personas que no estaban presentes al tomar esa decisión. Cuando tenemos una criatura, sabemos que la decisión no puede deshacerse; las necesidades de esa criatura siempre serán importantes, y debemos tenerlas en cuenta. Con el poliamor, tan pronto como otra persona está involucrada en la relación, el corazón de esa persona también se pone en juego. Los sentimientos de esa persona son importantes. El poliamor no es algo que puedes probar como si fuera ropa nueva. Si esperas poder abandonar a alguien y volver a la monogamia, estás diciendo que tienes el derecho a partirle el corazón a alguien o a demandar a tu pareja que le parta a alguien el corazón. Estás tratando a la gente como cosas.

A menudo oirás a las personas poliamorosas hablar de lo aterrador que es abrir una relación ya existente. No lo oyes tanto de las personas que están comenzando una relación con el miembro de una pareja consolidada, aunque sea igual de aterrador. Las parejas son capaces de crear todo tipo de reglas y estructuras para transferir el riesgo a sus nuevas relaciones, sin admitir que una persona que comienza una relación con uno o los dos miembros de la pareja ya está asumiendo mucho riesgo. Cuando nos enamoramos, todo el mundo somos vulnerables; todo el mundo pone sus corazones en las manos de otras personas, sabiendo que pueden terminar rotos. Demasiado a menudo, se le da mayor prioridad a la vulnerabilidad y el miedo dentro de una pareja preexistente, con poco o ningún reconocimiento de la vulnerabilidad y el miedo de la nueva persona que comienza una relación con esa pareja. Todo el mundo está en peligro en las trincheras, pero eso no hace que esté bien usar a alguien en ellas como tu escudo humano.

El poliamor, como la crianza, no es para todo el mundo. Y, como la crianza, no puedes predecir cuál va a ser su efecto en tu vida. No estamos diciendo que nunca puedas cerrar una relación después de haberla abierto, pero cuando se involucra a otras personas, es peligroso asumir que tus deseos siempre deben reemplazar a los suyos. Y si intentas volver a tu antigua relación monógama, te encontrarás que ha cambiado.

Conocemos a parejas que tienen acuerdos por los que toda decisión para renegociar su relación solo podrá tener lugar cuando ningún miembro de la pareja tenga otras relaciones. Mientras alguno de los dos tenga una relación con otra persona, la posibilidad de volver a la monogamia está descartada.

Buscando una triada cerrada

Una cadena de ideas muy, muy común entre parejas heterosexuales, normalmente cuando la mujer es bisexual y el hombre no lo es, es algo como: «Queremos abrir nuestra relación a nuevas personas. Pero si está abierta por completo ¿qué nos queda? Si no marcamos unos límites respecto a lo abierta que es, ¿qué nos previene de ir simplemente correteando por ahí teniendo aventuras? ¿Puedes tener realmente compromiso con eso?». Da menos miedo si mantenemos las cosas un poco más limitadas. ¿Y qué sucede si un miembro de la pareja encuentra una nueva pareja y el otro no? ¿Cómo podemos evitar sentir celos y que nos han dejado de lado?

«¡Ajá! ¡Quizá podemos tener citas a la vez! Si nos presentamos como un pack indivisible, nadie será capaz de meterse en medio. Necesitamos una mujer bisexual, por supuesto, y así puede tener sexo contigo y conmigo; y la idea de tener a otro hombre en el grupo es incómoda en todo caso. Esa mujer puede estar conmigo y contigo, así no se interpondrá o no hará que sintamos que se ha dejado a nadie de lado. Y construiremos una triada cerrada. Ella solo estará contigo y conmigo, y así no sentiremos la amenaza de otras relaciones que ella pudiera tener. De esa manera, será seguro y cómodo para ti y para mí».

Las parejas que buscan esta situación son tan comunes que representan un estereotipo entre las personas poliamorosas. Muy, muy pocas de esas parejas encuentran a esa tercera persona que han imaginado. (Franklin conoce a una pareja que ha estado buscando, sin éxito, esa mujer bisexual durante más de 40 años.) Esas parejas a menudo se unen a grupos poliamorosos, pero se frustran y enfadan porque rechazan sus requisitos. Muchas mujeres poliamorosas se identifican como bisexuales, y muchas están abiertas a la idea de un hombre y una mujer como parejas, pero las personas con experiencia casi siempre dicen «no» cuando se les aproxima una esperanzada pareja. La pareja normalmente ofrece un equilibrio desigual de poder, incluso cuando creen estar ofreciendo igualdad; después de todo, están poniendo las condiciones de la relación. (Un término para esto es «privilegio de pareja».)

Por lo que si eres esa pareja y esas son tus ideas, tienes que saber que has elegido un camino nada fácil y que probablemente nunca encontrarás a esa persona. Con razón, las mujeres dispuestas a aceptar ese tipo de relación son llamadas «unicornios», porque son tan escasas como los míticos caballos. Por muy razonable que esa idea suene desde la perspectiva de la pareja, es muy poco razonable desde la perspectiva de ella. Si fuerais ella, pensad cómo sería la oferta. Primero, la pareja dice que quiere que tengas una relación con ambas personas. Casi siempre, se esperará de ti que tengas sexo con ambas personas, y puede que también te digan que no puedes tener sexo con un miembro de la pareja si el otro no está presente (porque eso podría provocar celos o resentimiento). Y se esperará de ti que quieras a ambas personas «por igual».

Para empezar, se te pone en una situación en la que tienes poca capacidad de decisión. Tus relaciones ya tienen un guión previo. Pero, ay, el corazón humano rara vez sigue guiones prescritos. Es raro que a alguien le atraigan dos personas de la misma manera al mismo ritmo en el mismo momento; de hecho, nunca hemos visto algo así. Por lo que es probable que sientas más atracción y tengas más conexión con un miembro de la pareja que con el otro, y eso es probable que provoque tensiones. Muchas parejas, si tú expresas más atracción hacia una persona que hacia la otra, te expulsarán inmediatamente.

No todo el mundo en el poliamor es exhibicionista o le gusta el sexo en grupo. Pedirle a alguien solo tener sexo en grupo y solo con dos personas es probable que parezca controlador, incluso a quien *sí* le gusta el sexo en grupo. Todas las relaciones sanas necesitan reservarse cierto tiempo en pareja, de dos en dos.

Pero digamos que aceptas y comienzas una relación con ambas personas y, en algún momento, aparece un problema o surge una incompatibilidad con una de ellas. ¿Qué sucede en ese momento? La relación se vuelve coercitiva. Probablemente te dirán «*Ya sabías* que éramos un pack indivisible. Si dejas de tener sexo o ya no quieres tener una relación con cualquiera de las dos personas, las dos romperemos contigo». Eso te coloca en la posición nada envidiable de que te digan que tus únicas opciones son 1) seguir teniendo sexo o ser románticamente vulnerable con alguien con quien no quieres serlo, o 2) que te rompan el corazón.

Y respecto al requisito de polifidelidad, la mayoría llegamos al poliamor porque rechazamos la idea de que estar en una relación significa prohibirte estar con nadie más. Pero eso es lo que se está ofreciendo en este acuerdo. A las personas que se identifican como poliamorosas, generalmente no les excitará la idea de entrar en una relación restrictiva. Franklin ha conocido a varias personas que han tenido una relación con ambos miembros de una pareja bajo esas condiciones. Sin excepción, les hicieron mucho daño y dicen que no volverían a hacerlo.

No estamos diciendo que no existan las triadas con un acuerdo de polifidelidad. Todas las que hemos visto se han formado cuando un miembro de la pareja ha comenzado una relación con una nueva pareja y, tiempo más tarde, esa nueva pareja siente atracción hacia el otro miembro de la pareja. Se formaron orgánicamente, en lugar de seguir un guión.

La verdad es que la estructura nunca resuelve el problema de los celos (como comentamos en el capítulo 8). Construir una relación de polifidelidad puede parecer una manera de entrar suavemente en el poliamor, pero se parece un poco a entrar suavemente en el paracaidismo diciendo «No quiero saltar del avión, eso me da mucho miedo. Así que me subiré con cuidado al avión, me sentaré en un ala durante un rato para sentir cómo es y acostumbrarme a confiar en el paracaídas». No solo no funcionará esa manera de hacerlo, sino que te pondrá a ti, y al resto de paracaidistas, en peligro.

Si no confías en tu paracaídas, el paracaidismo probablemente no es para ti. Por «confiar en el paracaídas» queremos decir construir herramientas para la comunicación y el manejo de los celos, queremos decir confiar en la persona con quien tienes una relación y creer que quiere cuidar de ti incluso cuando otros miembros de la relación están implicados... ya antes de abrir la relación.

Pareja e identidad

Uno de los problemas que pueden surgir al abrir una relación al poliamor son las expectativas enfrentadas de la cultura monógama y la poliamorosa. Los matrimonios a menudo son descritos como la combinación de dos vidas en una. La sociedad espera que las diadas hagan casi todo en pareja. A un cónyuge se le llama a menudo «mi otra mitad». En casos extremos, esto se acerca a la codependencia: cada persona se vuelve tan dependiente de la otra que es incapaz de expresar sus necesidades como individuo o de tomar decisiones por separado.

Pero, cuando estás buscando una nueva relación, muy a menudo es quien eres como individuo lo que te da tu atractivo. Las parejas que se ven a sí mismas como una unidad es poco probable que parezcan atractivas como candidatas, ya que pueden dar impresión de que no hay espacio para nadie más. Si las dos personas se ven a sí mismas como una, ¿dónde está el espacio para tener relaciones individuales, diferentes con cada persona? La nueva relación, ¿va a incluir a ambos miembros de la pareja como individuos o requerirá que se trate con la pareja como una única entidad? Si es lo segundo, ¿qué sucede cuando surge un conflicto dentro de la pareja o entre tú y uno de los miembros?

Pero los intentos de reivindicar la individualidad pueden parecer amenazantes, especialmente en las parejas que han estado juntas durante mucho tiempo. Aunque dé miedo, reivindicar la individualidad no significa dañar la relación actual. Eran individuos cuando se conocieron y funcionó ¿verdad? Puedes seguir siendo un individuo mientras mantienes unos vínculos estrechos, íntimos con quien tienes una relación. Presentarte como una persona completa que está estrechamente conectada a otra y que se puede vincular de manera estrecha también con nuevas personas, en lugar de como mitad de una unidad, hace mucho más fácil encontrar nuevas relaciones y desarrollar nuevas relaciones. Y ayuda a prevenir la codependencia.

Cuándo no abrir la relación

Nunca hay un momento perfecto para empezar una nueva relación. La vida es liosa y complicada. Es raro que el tiovivo de nuestra vida diaria pare el tiempo suficiente para permitir que alguien se suba sin algo de revuelo. Dicho eso, en algunas ocasiones es menos oportuno que en otras. Esas ocasiones pueden incluir cuando nuestra relación actual no va bien o cuando tienes bebés.

Hay un dicho sarcástico en el ambiente poliamoroso: «¿Tu relación no funciona? ¡Añade más gente!». Esta expresión a menudo se usa para referirse a personas –a menudo, pero no siempre, a parejas monógamas– que buscan nuevas personas con quien tener una relación para resolver los problemas de su propia relación. Quizá se aburren o reprimen. Quizá la chispa sexual se ha ido. Quizá les está costando hablar de sus necesidades. Sea lo que sea, la solución (o eso creen) es abrirse a nuevas, excitantes relaciones, con la esperanza de ponerle turbo a lo que ya hay o arreglar lo que no funciona.

El poliamor no arreglará una relación que no funciona. No estamos diciendo que una relación necesite ser perfecta antes de que la abras al poliamor, pero el poliamor pondrá más presión en cualquier debilidad que ya exista. No es una solución para los problemas de una relación. El poliamor puede hacer fácil

444

para una persona huir del problema temporalmente retirándose junto a la novedad, pero el problema siempre va a volver, a menudo peor que antes. Y una vez tienes más relaciones, hay más personas a quienes herir.

Puede haber ciertas excepciones escasas. Por ejemplo, hemos conocido personas con gustos sexuales no convencionales, y que no eran compartidos por su pareja, que han comenzado relaciones con otras personas que compartían esos gustos. Y si, como Eve y Peter, la monogamia misma es el problema en vuestra relación (si sois compatibles pero os está causando problemas intentar encajar en el molde monógamo) entonces el poliamor os puede ayudar. En general, el poliamor funcionará mejor cuando todas y cada una de tus relaciones están en buen estado. Las personas no son un apaño, algo que pones alrededor de las cañerías que gotean de tu relación actual hasta que consigues alguien profesional que arregle el problema realmente.

Del *swinging* al poliamor

Alguna gente que ha oído hablar de poliamor lo confunde con el *swinging*, aunque en realidad no es lo mismo; al menos no el estereotipo sensacionalista, hollywoodiense del *swinging*, según el cual la gente organiza fiestas lujosas, bebe champán y tiene sexo con todo el mundo. Perdona que te digamos, pero esa no es la manera en que lo hace la gente que practica *swinging*; gran parte del *swinging* es un asunto privado, en el que un pequeño grupo de personas, a menudo amistades cercanas, se reúnen y tienen sexo. Las amistades personales a largo plazo pueden darse, y de hecho se dan, en este tipo de *swinging*.

Existe cierto solapamiento entre personas *swingers* y poliamorosas, y muchas personas llegan al poliamor desde el (mucho

445

más amplio) mundo del *swinging*. Después de todo, el sexo y la intimidad están estrechamente ligados, y en muchas ocasiones una persona en una relación *swinger* se ha encontrado a sí misma teniendo un vínculo con quien estaba teniendo sexo. A veces las cosas van en la otra dirección también: una persona puede ser poliamorosa y también disfrutar del sexo esporádico. La diferencia entre el *swinging* y el poliamor es sobre todo una cuestión de si se centra la atención en el sexo o en las relaciones, pero parte de la diferencia está simplemente en las diferentes culturas que se han desarrollado alrededor de cada una.

Franklin ha estado involucrado de manera periférica en varios grupos *swinger* en varias ciudades. Mucha gente *swinger*, pero no toda, con quien ha hablado se identifica como monógama. A menudo las personas *swingers* son matrimonios que se consideran emocionalmente fieles pero sexualmente no-fieles. Bastantes *swingers* actúan bajo la premisa de que tienen libertad para explorar el sexo fuera de su relación, al menos en situaciones controladas como las fiestas, pero el amor y la intimidad emocional no está permitida. Eso no describe a todo el mundo *swinger*, por supuesto. Pero es un asunto recurrente entre la mayoría de *swingers*. Hemos conocido *swingers* que han funcionado con esas condiciones durante años y de repente ¡boom! Se despiertan un día y descubren que alguien se ha enamorado y no saben qué hacer.

Si llegas al poliamor desde el *swinging*, es probable que la transición te resulte mucho más fácil si tu práctica *swinger* no incluía la idea de fidelidad emocional. Si partió de esa idea ¡te damos la bienvenida! Probablemente tendrás mucho en común con las personas en relaciones monógamas/poliamorosas (relaciones en las que una persona es poliamorosa y la otra es mo-

nógama). Algunos de los retos probablemente sean más sencillos. Probablemente ya has resuelto al menos parte de los celos
por las relaciones sexuales al que pueden enfrentarse quienes
tienen relaciones monógamas/poliamorosas, aunque en relaciones *swinger* manejan esos celos solo teniendo sexo con otras
personas cuando están en una relación, y eso puede no ser posible en una relación poliamorosa. Otros retos, como el duelo
y dejar atrás el deseo de monogamia emocional, serán probablemente similares, y se aplican las mismas estrategias para manejarlos. Y, de nuevo, recomendamos fervientemente encontrar
un grupo poliamoroso de apoyo donde poder hablar con otras
personas que ya hayan hecho vuestro mismo recorrido.

Poliamor tras un engaño

Franklin ha recibido docenas de emails de personas que busca-
ban un camino hacia el poliamor tras un engaño. A menudo,
cuando una persona ha engañado a su pareja, tras confesarlo
o después de que la hayan descubierto, querrá comenzar una
relación poliamorosa con la persona con quien estaba engañando. Alguna gente poliamorosa tiene un historial de engaños
en relaciones monógamas, a menudo porque encontraban la
monogamia asfixiante, pero no sabían que era posible la no
monogamia. Cuando conocen el poliamor, construyen relaciones poliamorosas.

Otras personas engañan a su pareja y luego evolucionan con
esa misma relación hacia el poliamor. Hemos hablado de personas que han hecho este recorrido desde el engaño al poliamor. Es posible, pero es un camino largo y duro, y el porcentaje
de éxito no es muy alto. Pasar de relaciones monógamas falli-
das a comenzar nuevas relaciones abiertamente poliamorosas

es mucho más fácil que intentar reconstruir una relación dañada por el engaño.

Eso se debe a que el engaño representa una profunda traición de la confianza. Es la confianza, más que el sexo, lo que supone un arduo camino hacia el poliamor. Las claves del poliamor ético, como hemos hablado, son el consentimiento y la comunicación. El engaño socava ambas cosas, y es prácticamente imposible intentar reconstruir una relación dañada por el engaño.

Hay muchas razones por las que alguien puede engañar. A algunas personas les gusta la emoción de lo prohibido, o el subidón que provoca hacer algo por lo que les pueden atrapar. Algunas personas engañan porque quieren experimentar algo pero no saben cómo pedirlo, o creen que no tienen derecho a ello. Algunas personas quieren experimentar la situación de tener varias parejas sexuales pero no quieren que su pareja haga lo mismo; lo que, como puedes imaginar, es especialmente problemático desde una perspectiva poliamorosa. Otras simplemente se enamoran pero no quieren perder a su pareja o su familia, y no saben que existe otra opción.

Las razones por las que una persona decide engañar son importantes cuando estamos buscando un camino desde el engaño a una no monogamia honesta. Y sí, hay una opción posible. Muchas personas a quienes atrapan engañando dicen «¡Fue un accidente!» como si hubieran resbalado y casualmente se hubieran caído en la cama de alguien. Engañar puede ser algo no planeado, pero «no planeado» no es lo que mismo que «accidental». Llamar accidente al engaño es una manera de evitar asumir la responsabilidad de haber tomado esa decisión. Encontrar el camino al poliamor comienza por admitir esa aventura e, igual de importante, admitir que fue una decisión voluntaria, no un accidente. También requiere asumir la responsabilidad por el engaño. Demasiado a menudo, quienes engañan transfieren la culpa. «Si mi pareja fuera eso-y-aquello, yo no necesitaría engañarle». El «eso-y-aquello» podría ser «más disponible sexualmente» o «más atrevida» o «menos reacia a hacer lo que yo quiero». En realidad, esa aventura es una decisión tomada por el miembro de la pareja que engaña, y ahí es donde está la responsabilidad.

Recuperar la confianza es complicado. De hecho, es tan complicado que, después de un engaño, recomendamos hablar con alguien que ofrezca profesionalmente asesoramiento o terapia con experiencia y a favor del poliamor (hablamos en el capítulo 25 sobre cómo encontrar a profesionales así). La ayuda profesional casi con toda seguridad será una parte importante de esa reconstrucción de la confianza necesaria para tener una relación poliamorosa ética.

Esa confianza nunca se va a recuperar a no ser que tengas la voluntad de contar la verdad sobre absolutamente todo. Sincérate 100%. Sin evasivas, sin callarte nada. El camino del engaño al poliamor no es fácil, y lo único que lo hace posible es un compromiso de honestidad absoluta. La transparencia franca y honesta es una habilidad aprendida, y dominarla requiere tiempo y esfuerzo. Una relación puede tener todo tipo de patrones que hagan complicada la honestidad. De nuevo, esto es algo en lo que puede ayudar el asesoramiento o la terapia profesionales.

En este caso, también es importante pensar sobre si el poliamor es realmente lo que tú quieres. Muchas personas que han hablado con Franklin y estaban intentando pasar del engaño al poliamor, inicialmente tuvieron esas aventuras porque les daba menos miedo tener una aventura que hablar abiertamente con sus parejas. La mitad de las veces, la parte aterradora de una no monogamia sincera es la idea de que su pareja también podría querer tener otra pareja. En otras palabras, engañaron porque quería tener amantes adicionales pero no querían que su pareja hiciera lo mismo.

A veces, cuando se encuentran atrapadas en esta situación, muchas personas tienen la tentación de decir «¡Podemos comenzar una relación de polifidelidad con la persona con quien te estaba engañando!». Esto puede parecer una solución que permite a quien estaba engañando seguir con su aventura, con el «añadido» de poder mirar cuando su cónyuge y su aventura tienen sexo, pero sin el miedo de que su cónyuge explore otras relaciones. Como puedes suponer, vemos esta fantasía con escepticismo. Para empezar, la persona que ya tiene la predisposición a engañar en una relación monógama también puede engañar en una relación de polifidelidad. Los mismos factores que llevaron a esa aventura pueden seguir estando presentes. Es más, es difícil empatizar con la idea de «tendremos una relación de polifidelidad en la que yo puedo mantener la relación con la persona con quien te engañaba pero tú no puedes estar con otra».

Encontrar el camino del engaño al poliamor requiere el consenso activo de todo el mundo, y construir de manera justa significa *no* comenzar desde la idea de que la persona a quien se ha engañado nunca tendrá otras relaciones en el futuro, incluso si ahora no se imaginan con una. Si estás intentando desplazarte del engaño al poliamor, prepárate para cuestionar *todo* en tu relación. También es razonable que la persona a quien se ha engañado necesite tiempo. Esperar que alguien a quien han engañado abrace el poliamor inmediatamente después de enterarse de una infidelidad es excesivamente optimista. Es muy improbable que una relación poliamorosa funcional se construya de un día para otro a partir de las cenizas de una aventura.

Incluso cuando una relación cambia realmente del engaño al poliamor, no siempre puedes quedarte con la persona con quien estabas engañando a tu pareja. A menudo todo esto no le va a gustar a esa tercera persona. Incluso si le parece bien, puede que la persona que ha sido engañada nunca esté a gusto con alguien que ya ha hecho caso omiso a sus necesidades y límites. Y cuando decimos que encontrar el camino requiere la participación activa de todas las personas involucradas, eso incluye a la tercera persona. Para que una relación se convierta en poliamorosa con los mismos personajes, esa persona va a necesitar sentirse incluida, empoderada y bienvenida. Sí, bienvenida. Como dijimos antes, eso no es fácil.

En la mayoría de estas situaciones, en terapia de pareja se recomienda que si se descubre que una persona tiene una aventura, corte todo contacto con la tercera persona. Obviamente, si el objetivo es crear una relación poliamorosa funcional, ese no es un buen consejo. Pero no puedes nadar y guardar la ropa. Las relaciones tienden a funcionar cuando todo el mundo se siente empoderado. Una relación poliamorosa no es probable que funcione bien si la tercera persona es tratada simultáneamente como pareja y como una molesta tercera persona. A pesar de lo incómodo que puede parecer, incluir a esa persona en la terapia de pareja podría ser una buena idea.

Durante la transición podría ser útil que cada persona valorase cómo quiere que sea la nueva relación, y que lo negocien. Después de una infidelidad, en el fondo estás creando una relación completamente nueva. Va a ser necesario tener la voluntad de comenzar desde unos principios básicos y construir algo que refleje las necesidades de todas las personas involucradas.

Por supuesto, no todos los engaños son iguales. Diferentes personas tienen diferentes ideas sobre dónde está la línea de qué es un «engaño». Para algunas, las charlas de cibersexo con personas desconocidas son un engaño; para otras eso solo es el inofensivo entretenimiento de su pareja. La cuestión es que hay diferentes niveles de engaño y diferencias de opinión sobre ello. En general, si estás haciendo algo que no le puedes contar a la persona con quien tienes una relación, probablemente la estás engañando.

Debido a todos los grados posibles de engaño, es más fácil recuperarse de unos que de otros. Si tu relación prohíbe besar a otras personas, probablemente será más fácil recuperarse de un beso que de un embarazo. En cualquier caso, hablar con tu pareja y confesarlo todo será casi con toda seguridad más fácil si lo haces cuánto antes.

#ALGUNAS PREGUNTAS QUE PUEDES HACERTE

Si estás pensando en cambiar de una relación monógama a una poliamorosa, no eres la única persona, pero debes prepararte para grandes cambios. Las cosas que ahora crees que son importantes es probable que no lo sean, y las cosas en las que no has pensado podrían ser las más importantes. Estas son algunas preguntas que pueden resultar útiles:

- ¿Qué ideas tengo respecto a cómo «deben» de ser mis relaciones? ¿En qué medida han influido los mitos culturales sobre la monogamia en esas ideas, y en qué medida son realmente mías?

- ¿Qué partes de mis relaciones son las más importantes? ¿Cómo puedo proteger esas cosas al mismo tiempo que sé que mis relaciones cambiarán con el tiempo?

- ¿Qué garantías quiero tener en mis relaciones? ¿Son realistas?

- ¿Cuánto tiempo tengo en este momento para dedicarlo a nuevas relaciones?

- Al mismo tiempo que busco nuevas relaciones, ¿qué garantías puedo ofrecer a mis relaciones de que reservaré tiempo para ellas, atenderé a sus necesidades y seré capaz de cambiar para adaptarme a esas nuevas relaciones?

- ¿De dónde obtengo mi sensación de seguridad en mis relaciones? ¿Qué voluntad tengo de hacer que mis relaciones se sientan seguras? ¿Tendrán esas cosas un coste para cualquier relación que pueda iniciar?

18

Relaciones entre personas monógamas y poliamorosas

Sin duda, el malentendido más ubicuo
respecto al amor es «el amor duele».
El amor nunca duele;
es querer que otras personas sean diferentes de cómo son,
y no recibir lo que queremos,
lo que encontramos tan doloroso.

Cristopher Wallis

Un pez y un pájaro pueden enamorarse, como dice el dicho... y del mismo modo pueden hacerlo una persona monógama y una poliamorosa. Sucede muy a menudo, en realidad. No es sorprendente, dado que las monógamas ampliamente sobrepasan en número a las poliamorosas. Pero sin duda pone a prueba el cuento de hadas de que «el amor todo lo puede» (*spoiler*: no lo puede). ¿Qué puedes hacer tú? ¿Está tu relación condenada al fracaso? ¿Podrá funcionar alguna vez una relación así? La buena noticia es que la relación monógama/poliamorosa es lo suficientemente común para haberse convertido prácticamente en un arquetipo en el poliamor, por lo que hay muchas personas dispuestas a compartir sus experiencias.

Es posible una buena relación monógama/poliamorosa. En nuestro caso, hemos visto ejemplos de relaciones exitosas y felices entre una persona monógama y una poliamorosa. Pero llegar a ese punto es duro. De hecho, es una de las estructuras poliamorosas más complicadas de manejar para promover y respetar la felicidad de todas las personas implicadas. Estas relaciones requieren paciencia, perseverancia y comprensión. Requieren una cuidadosa comunicación y una predisposición a hacer una introspección profunda. Las personas deben estar dispuestas a trabajar juntas, y la otra relación de la persona poliamorosa también debe estar dispuesta a mostrar sensibilidad y cariño hacia las necesidades de la persona poliamorosa.

Definiendo la monogamia

El concepto de monogamia es más complicado de lo que parece. Cuando una persona se llama a sí misma «monógama» está hablando de las expectativas que tiene. Algunas personas se consideran a sí mismas monógamas porque *ellas* quieren tener solo una pareja, pero les parece bien si su pareja tiene otras relaciones. Otras se identifican como monógamas porque quieren tener una relación en la que su única pareja también sea fiel en exclusiva con ellas. El concepto se complica más, porque cada persona tiene una idea diferente sobre en qué consiste la fidelidad. Hay personas *swingers* que se autoidentifican como monógamas; para ellas, el sexo sin un vínculo emocional no cuenta. Otras personas consideran que incluso una relación platónica, por internet, en la que esas personas nunca se conocieran, sería una profunda traición.

Como podrás imaginar, una relación poliamorosa con una persona monógama que dice «Solo quiero estar con ella, pero no pasa nada si tiene otras relaciones» es mucho más fácil que una relación poliamorosa en la que alguien dice «Quiero que solo seamos tú y yo». Las relaciones monógamas/poliamorosas también siguen una ruta diferente cuando la persona monógama se enamora de una persona poliamorosa que ya tiene otras relaciones y cuando una pareja comienza una relación para abrir más tarde la puerta al poliamor.

En nuestro caso, tenemos amplia experiencia en relaciones monógamas/poliamorosas de ambos tipos. Durante 18 años Franklin tuvo una relación monógama/poliamorosa con su ex esposa Celeste, que prefería claramente una relación con solo dos personas, y durante tres años, él tuvo una segunda relación con otra persona que también era monógama de esa manera. Hoy día él tiene una relación con una persona cuyo marido se autoidentifica como monógamo pero a quien le parece bien que su esposa tenga varias relaciones. La ex pareja de Eve, Ray, estaba casado con una mujer monógama. En nuestro caso, tenemos amistades cercanas que tienen relaciones monógamas/poliamorosas. Hemos aprendido mucho de esas experiencias.

Esperando a que la otra persona cambie

Las personas poliamorosas han oído esa historia un millón de veces: Iris y George han sido pareja durante dos años. Él es poliamoroso, ella es monógama. De hecho, Iris dice que la sola idea del poliamor la agota. Pero George cree que ella algún día «se dará cuenta» de sus ventajas. Iris cree que al final George «sentará la cabeza» y se hará monógamo. George ha dicho incluso que se casaría con Iris si no significase prometer exclusividad para toda la vida con ella. Se quieren mucho y están esperando pacientemente a que la otra persona cambie.

Tenemos una palabra en el ambiente poliamoroso para las personas monógamas como Iris que se emparejan, conscientemente, con una persona poliamorosa, esperando que cambien: *Cowgirls* (o *cowboys*). «Cabalgan» junto a un grupo poliamoroso para «echar el lazo y sacar a alguien del rebaño». No hay un nombre especial para la persona poliamorosa que espera cambiar a su pareja monógama, pero debería existir. Ambas personas se están tendiendo a sí mismas una trampa llena de dolor a largo plazo y sueños frustrados.

Las historias de *cowgirls/cowboys* normalmente suceden así: la persona monógama ha interiorizado la narrativa de la cultura monógama: que el poliamor es solo una fase, que cuando la otra persona encuentre a La Pareja Ideal (que, por supuesto, es ella misma), sentará la cabeza. La persona poliamorosa, mientras tanto, cree que la persona monógama se dejará convencer cuando se sienta segura, o comience a desear algo de variedad o vea otras relaciones poliamorosas que funcionan, o cuando vea la luz.

Cada persona *dice* aceptar la naturaleza de la otra. La persona monógama puede incluso aceptar una relación en teoría abierta; pero todavía no, no hasta que la relación sea estable y se sienta segura. Y la persona poliamorosa le concede ese tiempo. Y más tiempo. Y cada vez que hablan de abrir la relación, hay alguna razón para no hacerlo. Quizá es que hay factores estresantes externos, o algo malo de la persona con quien quiere tener una relación la persona poliamorosa. Y cuando ha pasado mucho tiempo, y ambas personas tienen un vínculo profundo, y la persona poliamorosa se enamora de una nueva persona… bueno, por supuesto esa persona es vista como una amenaza, porque la persona poliamorosa quiere cambiar una situación ya-afianzada-por-defecto-desde-hace-tiempo.

El problema es que ambas partes entraron, y continuaron, en la relación con la creencia de que al final se cambiarían mutuamente. Pero, para mucha gente, el poliamor y la monogamia no son cosas que simplemente cambias cuando quieres; son algo esencial. Mistress Matisse lo explica muy bien cuando, en su columna sobre *cowboys* y *cowgirls*, dice: «Hacer caso omiso de la definición que alguien hace de su propia sexualidad y verlo como algo que puedes hacer que cambie no es amor». Las relaciones monógamas/poliamorosas solo funcionan cuando cada persona abraza incondicionalmente quién es la otra, permitiéndoles amar de la manera que es más auténtica para ellas, sin juzgarlas. Las relaciones íntimas sólidas no surgen de desear que nuestros seres queridos sean otra persona. La intimidad se deriva de aceptar y amar a otras personas por lo que son.

El coste de las relaciones monógamas/poliamorosas

Todo es más fácil cuando ambas personas comienzan la relación entendiendo quién es la otra persona. Es más duro cuando ambas personas han planificado tener una relación monógama y una de ellas se da cuenta de su verdadera naturaleza o sus creencias poliamorosas. En ese caso, abandonar la monogamia es un paso que da más miedo. La persona monógama puede sentir una profunda pérdida: la relación no es como ella quería o como son otras relaciones. Puede tener la impresión de que la persona poliamorosa siempre consigue lo que quiere; otras parejas, otras relaciones íntimas. La persona monógama puede sentir que está recibiendo menos tiempo, atención y prioridad, y a veces eso es totalmente cierto.

Desde el punto de vista de la persona poliamorosa, la relación monógama/poliamorosa puede dar la sensación de ser restrictiva. La persona poliamorosa puede sentir que no se le permite seguir lo que desea su corazón. Se puede sentir controlada. Puede sentir que la persona con quien tiene una relación no la comprende o no la acepta realmente, y que está siendo forzada a vivir sin hacer realidad sus sueños.

No queremos dar la impresión de que todo son pegas. Como dijimos, conocemos a personas que tienen relaciones monógamas/poliamorosas felices y exitosas. Al mismo tiempo, no queremos suavizar los retos que podrías encontrarte si eliges este tipo de relación.

Retos para la persona monógama

La persona monógama que se embarca en una relación poliamorosa probablemente pasará algún tiempo de duelo por la pérdida de la relación que esperaba tener, y llegando a aceptar la idea del poliamor. Es un proceso. La persona poliamorosa debe tratar ese proceso con respeto y comprensión. Una pareja monógama puede ver el poliamor como un problema que hay que manejar, más que una fuente de alegrías para su amada pareja. Puede encontrar complicado admitir que el poliamor no es una falla o un error; es una manera diferente y positiva de ver las relaciones.

Muchas personas monógamas que hemos conocido intentan sentir seguridad limitando lo que puede hacer su pareja poliamorosa. Ese es un camino peligroso, como hemos dicho, en parte porque quienes normalmente sufren más son *las otras personas* que tienen una relación con la persona poliamorosa. Las estructuras monógamas no nos preparan para tratar con consideración a las *otras personas* con quien nuestra pareja tiene una relación. Pero aprender a extender nuestra empatía a las otras relaciones de la persona con quien tenemos una relación es una habilidad fundamental en las relaciones monógamas/poliamorosas.

Cuando se permite que una persona poliamorosa invite a otras personas a su corazón, pero no demasiado dentro, a menudo se crea una situación que hace infeliz a todo el mundo, y quien sufre más también es quien tiene menos poder para pedir cosas que le ayudarían a terminar con su sufrimiento. Esto es especialmente cierto si esas otras personas con quien se tiene una relación también son poliamorosas y quieren una relación que incluya ser parte de la familia.

LA HISTORIA DE FRANKLIN

Cuando comencé mi relación con Bella, no era el sexo lo que hacía que Celeste se sintiera más amenazada. Eran las cosas que normalmente representan a la familia, como el amor, la convivencia y hacer planes para el futuro.

Bella quería la libertad de amar y ser amada por mí, de participar en mi vida cotidiana e, incluso, si llegara el momento, poder convivir conmigo. Celeste sobre todo quería ser la única persona que desempeñase ese rol en mi vida. En mi deseo de hacer sentir cómoda y segura a Celeste, dejé claro a Bella que esas posibilidades estaban descartadas permanentemente, lo que nos provocó mucho dolor y socavó nuestra relación. Bella sintió, con razón, que yo la había invitado a entrar, pero sin *permitirle* entrar, ni darle ninguna vía por la que pedir lo que necesitaba.

Retos para la persona poliamorosa

En una relación monógama/poliamorosa, la persona poliamorosa puede ver las necesidades de su pareja monógama como obstáculos que evitar o como expectativas poco razonables con las que hay que tratar. Puede tener la sensación de que, si la persona monógama *se espabilase*, esas necesidades se quedarían en nada. La persona poliamorosa debe admitir que la monogamia no es una imposición, sino una forma válida, sana y razonable de gestionar las relaciones románticas. La persona monógama no está poco evolucionada, ni es inculta o egoísta. No hay nada malo en querer una pareja exclusiva. Comprender esos sentimientos y expectativas de la persona monógama es esencial.

Si eres la persona poliamorosa que tiene una relación con una monógama, tienes trabajo que hacer. ¿Qué compromisos puedes asumir, al mismo tiempo que manejas con integridad tus otras relaciones? ¿Cómo puedes marcar límites que creen un espacio seguro para la persona monógama con quien tienes una relación, pero no a costa de tus otras relaciones? Conseguir ese equilibrio requiere flexibilidad, adaptabilidad, autoconocimiento y comprensión.

Creencias y expectativas sociales

Todo el mundo llevamos un montón de creencias sociales, que pueden o no ser ciertas, a nuestras relaciones. En las relaciones poliamorosas, algunas de nuestras expectativas básicas sin duda no serán ciertas.

Las expectativas a menudo son invisibles a no ser que, específicamente, busquemos cuáles son. En las relaciones monógamas/poliamorosas esas expectativas pueden ser minas antipersona, a punto de explotar en cuanto se pisen. La comunicación es especialmente vital en las relaciones monógamas/poliamorosas, porque cuando no hablamos abiertamente de algo, las normas sociales por defecto son las que tienden a dominar.

Algunas de las creencias que Franklin ha experimentado de primera mano con las personas monógamas con quien tuvo una relación incluye ideas como «si me quieres de verdad, yo debo ser suficiente para ti» y «si no te soy suficiente, algo malo me pasa». Esto surgía sobre todo en las primeras fases de una nueva relación. A menudo la respuesta de Celeste ante un nuevo flirteo era preguntarle «¿Por qué no te resultan suficientes las relaciones que tienes?» o «¿Qué falta en tu vida para que necesites salir y buscar algo más?».

Esas son preguntas difíciles de contestar porque para una persona surgen de creencias que no tienen sentido. Las respuestas como «Incluso si tuviese relaciones con personas perfectas en todos los sentidos, seguiría estando abierto a nuevas conexiones» o «No falta nada en mi vida. Las relaciones no están para llenar espacios vacíos» nunca fueron satisfactorias para Celeste.

Una de las cargas más complicadas de superar puede ser evitar la creencia de que una persona es poliamorosa porque le falta algo. A veces el poliamor ofrece una oportunidad de satisfacer una necesidad no cubierta; hemos conocido personas que están interesadas en el BDSM pero tienen una pareja que no lo está, o tienen una relación con alguien asexual. Pero incluso en esas situaciones, el poliamor no es un reflejo de las deficiencias de la persona monógama; simplemente es admitir que hay una diferencia.

El poliamor puede incluso ser una ventaja para el miembro monógamo. Hemos conocido personas que se sienten culpables por no ser capaces de dar a sus relaciones algo. Franklin, por ejemplo, tiene un amigo que no está interesado en el bondage pero tiene una relación con alguien a quien le encanta. Cuando su pareja comenzó una relación con otra nueva persona que también era entusiasta del bondage, él al principio se sintió intimidado. ¿Le abandonaría? Después de que pasara el tiempo y eso no sucediera, no volvió a sentirse culpable por no ser capaz de darle a ella lo que quería.

La idea parece más fácil de comprender en las relaciones preexistentes que en las nuevas. Cuando Franklin estaba casado con Celeste, él empezó una relación con Elaine, que también se autoidentificaba como monógama[1]. Ella no se sintió amenazada por las dos relaciones que Franklin ya tenía. Como eran previas a la relación de Franklin con ella, parecía obvio que su existencia no fuese un reflejo del valor de ella. De todos modos, un año más tarde, cuando alguien expresó interés en Franklin, Elaine se sintió molesta y preguntó, «¿Por qué no soy suficiente? ¿Qué me falta para que necesites iniciar una nueva relación con otra persona?».

Cuando una persona monógama comienza una relación con una persona poliamorosa, las relaciones ya existentes son parte del paisaje. Simplemente estar a gusto con relaciones preexistentes no es necesariamente un buen indicador sobre el éxito que tendrá una persona monógama en una relación monógama/poliamorosa. Es mejor prepararse para hablar de ello.

Desde la perspectiva de una persona monógama, el poliamor puede parecer una licencia para comportarse indiscriminadamente. Puede ser difícil librarse de la idea de que el compromiso y la exclusividad son lo mismo. Eso puede llevar a pensar que una persona poliamorosa no puede o no quiere comprometerse, y por lo tanto que no es de fiar o es extremadamente promiscua.

---

1 Podrías poner en cuestión el sentido común de Franklin por iniciar dos relaciones monógamas/poliamorosas simultáneamente. Probablemente tendrías razón.

El poliamor tampoco se trata (necesariamente) de una necesidad de variedad sexual. Franklin tuvo una vez una discusión con una persona monógama que le preguntó «Si la persona con quien tengo una relación es poliamorosa, ¿se cubriría esa necesidad si interpreto diferentes personajes en la cama?». El poliamor puede parecer una necesidad de variedad sexual, pero se puede entender mejor en términos de apertura a profundas conexiones personales, algo no demasiado diferente de cómo muchas personas están abiertas a hacer nuevas amistades.

El reconocimiento social también es un gran tema en las relaciones monógamas/poliamorosas que hemos visto y de las que somos parte. Una persona monógama es una relación poliamorosa a menudo quiere tener el reconocimiento social que se deriva de tener una relación convencional, y a menudo es incómodo cuando hay señales públicas de que existe una relación con otras personas. Celeste no estaba cómoda con Franklin de la mano con otra persona en público, y no quería que su círculo social supiera que Franklin tenía otras relaciones. También se sentía amenazada cuando Bella, una de las relaciones de Franklin, quiso tener fotos con él. El reconocimiento social como pareja de Franklin era importante para ella y no era algo que quisiera compartir.

LA HISTORIA DE MILA

En el mundo perfecto de Mila, ella tendría una relación monógama con su pareja, Morgan. Cuando se enamoró de él, ella sabía que él era poliamoroso y que ya tenía una relación con Nina. Intelectualmente, el poliamor le parecía algo razonable, pero la realidad emocional era muy diferente. Asimilar e incluso disfrutar de su relación monógama/poliamorosa con Morgan no fue un camino fácil.

Una de las cosas que a Mila siempre le provocaba una reacción era las manifestaciones públicas de la relación de Morgan y Nina. Le dolió profundamente cuando Nina se hizo fotos familiares con Morgan y las publicó en Facebook. A Mila se le hacía difícil la relación *swinger* que Morgan y Nina tenían con otra pareja; no era el sexo lo que le preocupaba, sino el hecho de Morgan y Nina participaran como pareja. Y le dio pánico ver a Morgan realizar gestiones para presentar a Nina a su familia (en la misma semana de vacaciones, casualmente, cuando Mila les iba a ver).

Mila tuvo la tentación de restringir la relación de Morgan con Nina, particularmente las muestras públicas de «ser pareja». Pero en su lugar decidió superar esas emociones. En algunos casos, ella negoció límites temporales con Morgan y Nina, como restringir las demostraciones públicas de afecto cuando estuviesen a tres cenando con sus amistades, mientras ella superaba esas emociones.

Descubrió que su mayor miedo era ser percibida como una víctima o que la gente sintiera lástima por ella. Respecto a conocer a la familia de Morgan, Mila descubrió que le ayudaba estar presente cuando se conocieran, y planificar antes con Morgan y Nina cómo se presentarían como un frente común. Al hacerlo, le demostraba a la familia de Morgan que la situación se daba con su consentimiento y que tenía capacidad de acción en su relación con Morgan.

Poner restricciones en las demostraciones públicas de cariño con otras relaciones normalmente no funciona. En nuestra experiencia, provoca resentimiento; puede dar la sensación de que nos han forzado a aparentar. A veces esto es solo cuestión de dar a la gente tiempo y espacio para superarlo. A veces se puede solucionar mediante la inclusión. Franklin y Celeste manejaron la incomodidad de Celeste respecto a las fotos haciéndolas en grupo, y teniendo retratos de Franklin con Celeste, Franklin con Bella y otras con Franklin, Celeste y Bella (quien hizo las fotos manejó todo esto con mucho tacto).

LA HISTORIA DE MILA

Durante los primeros meses de la relación de Mila con Morgan, compartirlo le resultó duro. Nunca antes se había sentido insegura ni celosa. Hubo muchas lágrimas y arrebatos emocionales. A Mila le costaba marcar límites, encontrar lo importante en la relación con Morgan.

Morgan trabajó duro con Mila para crear confianza. Sin su integridad y paciencia, ella no está segura de haber sido capaz de superarlo. Él le dijo las cosas complicadas cuando hacía falta decirlas y nunca titubeó, incluso cuando hubiera sido más fácil no decirlas, dejarle creer que la relación era diferente de lo que realmente era. Él creó un espacio seguro para ella y le dio el tiempo necesario para procesar sus emociones. Él no trató de intervenir cuando ella estaba disgustada ni puso en su boca cosas que no había dicho. Le dejó espacio para poder «derrumbarse emocionalmente» y le reafirmó en que estaba bien que sintiera las emociones que sintiera. Ella comentó: «pude pasarlo mal, ser insegura. No me sentí presionada para encontrar la solución». Finalmente, la integridad de Morgan y las habilidades de comunicación fueron una parte importante de la motivación para sacar adelante la relación.

Crear confianza

A estas alturas, probablemente habrás notado que el tema de este libro es la confianza. Creemos que la confianza entre miembros de una relación es una parte esencial de las relaciones felices y estables. Un número sorprendentemente alto de los problemas poliamorosos en realidad son sobre la confianza.

Confiar en la predisposición entusiasta de la persona con quien tienes una relación para cuidar de ti, y esa persona demostrando que esa confianza está bien fundamentada, resuelve muchos problemas en las relaciones poliamorosas. Pero esto puede ser complicado en las relaciones monógamas/poliamorosas, porque es complicado confiar en alguien cuyas motivaciones no comprendes del todo. Cuando los motivos de alguien no tienen sentido para ti, encontrarás difícil predecir las decisiones que podrían tomar.

LA HISTORIA DE FRANKLIN

Durante el tiempo que estuve con Celeste y Elaine asistí a un congreso informático fuera de la ciudad durante una semana. Mientras estaba allí, Celeste y Elaine pasaron mucho tiempo hablando entre ellas, y en cierto modo se convencieron mutuamente de que yo estaba teniendo todo tipo de relaciones sexuales casuales, sin compromiso, con las bellas mujeres que ellas imaginaban que yo estaba conociendo en el congreso. La realidad era mucho más mundana: pasé todo el día en talleres sobre programación y administración de redes, y la mayoría de las noches en mi hotel veía reposiciones de *La ley y el Orden*. No tuve ni un solo encuentro sexual, mucho menos las docenas que ellas imaginaban que estaban llenando mis noches. No existía ninguna razón para creer que yo estaría buscando aventuras; nunca me ha gustado el sexo sin compromiso. Pero debido a que a ambas les costaba entender por qué yo no estaba satisfecho con las relaciones románticas convencionales, creyeron que no podían prever cómo me podría comportar, por lo que terminaron imaginando fantasías desbaratadas.

Cuando dos personas no conectan profundamente, es fácil que una pequeña semilla de duda florezca y se convierta en una pérdida de confianza en pleno desarrollo. Las relaciones monógamas/poliamorosas requieren un compromiso muy especial de confianza y comunicación. Ser capaz de tener esa fe en que la persona con quien tienes una relación está dedicada a cuidar tu relación, incluso si no entiendes sus motivaciones, se convierte en algo especialmente importante. Por otro lado, como persona poliamorosa, cuando surgen las oportunidades de crear confianza, realmente debes comportarte con integridad. Si le has hecho promesas a tu pareja monógama, cúmplelas. Incluso si no entiendes por qué lo quiere. Si crean problemas reales, no las rompas, renegócialas. Cultiva la confianza demostrando que te mereces esa confianza.

Finalmente, a la persona monógama, la confianza en ti –en tu autoeficacia– es tan importante como la confianza en tu pareja. Mila se encontró con que seguir adelante y superar esas primeras luchas le dieron la confianza de que podía superar futuras situaciones complicadas. Ella estaba aterrada al principio de su relación con Morgan cuando el poliamor era algo completamente desconocido. Ahora, ella confía en que si vuelven los malos momentos, ella puede superarlos y estar bien.

Estrategias para la persona monógama

Ser feliz en una relación monógama/poliamorosa significa encontrar la manera de que la relación te funcione. Por ejemplo, si hay algo que tú sabes que no puedes ofrecer a tu pareja, quizá te quita un peso de encima si tu pareja encuentra a alguien que se lo puede ofrecer. Si eres una persona introvertida y tu pareja es extrovertida, el poliamor te puede permitir pasar tiempo a solas haciendo las cosas que quieres hacer, mientras tu pareja está socializando con otra de sus relaciones. Si ves el poliamor como un problema a evitar es probable que seas menos feliz que si encuentras alguna manera en que sea beneficioso para ti también. Eso no significa necesariamente que tú debas tener varias relaciones simultáneas también; podría significar que el poliamor te dé la oportunidad de explorar otros intereses o aficiones (hablamos más sobre esto en las sección dedicada a estrategias, más adelante en este capítulo).

Tu pareja es poliamorosa porque es poliamorosa. *A ti no te pasa nada malo.* No importa quién eres, no importa qué podrías ser o hacer, la persona con quien tienes una relación seguirá siendo poliamorosa. Si tienes un bebé y más adelante decides tener otro probablemente no lo haces porque le pase algo malo al primero. Se trata de tener más amor e intimidad en tu vida. El poliamor es igual.

No tienes que aceptar todo esto de repente. Está bien si necesitas tiempo. El poliamor es un cambio radical y a veces necesita un tiempo para procesar el cambio. *Habrá* momentos en los que sientas inseguridad o celos. No pasa nada. No significa que estés haciendo las cosas mal. También está bien pedirle ayuda a tu pareja cuando suceda. No una ayuda como «no quiero que tengas otras relaciones nunca más» sino como «necesito que me des seguridad y apoyo en esto». No tiene nada de malo pedirle a tu pareja que se tome un tiempo para mostrarte qué valora de ti.

No tiene nada de malo ser una persona monógama. Si no quieres tener más amantes, no intentes forzarte a ello. Si quieres explorar cómo es, eso es una cosa, ¡pero no tienes que hacerlo porque estés con una persona poliamorosa! No tiene nada de malo ser quien eres. Y no tiene nada de malo que tu pareja sea poliamorosa. No es un problema moral. No se debe a que las personas poliamorosas no sean capaces de comprometerse. Es importante no olvidarse de eso. Sugerir que el poliamor es un problema o que tu pareja tiene un problema es improbable que mejore tu relación.

Las otras relaciones de tu pareja son seres humanos. A veces puede ser complicado no sentir resentimiento hacia ellas. Te puede resultar tentador pensar que no tienen derecho a estar ahí. Eso no es cierto. El poliamor es un modelo válido de relación, y las personas involucradas en una relación poliamorosa tienen derecho a estar ahí, igual que tú. Las otras relaciones de tu pareja no son tus contrincantes. No tienen que ser necesariamente tu familia, incluso ni parte de tus amistades, pero respetarlas y tratarlas con cariño por ser personas queridas por tu pareja, y que aportan valor a la vida de tu pareja, sin duda ayudará a que la relación funcione de forma fluida.

Como nos gusta decir a menudo, las personas no son intercambiables. Puede parecer que si tu pareja tiene otra pareja que es similar a ti, o que le gustan las mismas cosas que a ti, entonces ya no te va a necesitar nunca más. Pero recuerda, ella es no monógama y no piensa de esa manera. Te ama por ser quién eres.

Hacer algo contigo es una experiencia completamente diferente que hacer la misma cosa con otra persona. Y si tu pareja tiene otra relación con alguien muy diferente a ti, no es una forma encubierta de decirte que las cosas que son diferentes en ti no son buenas, maravillosas o valiosas, o que quiera que seas otra persona.

¡Acepta la realidad de que tu pareja *tiene* otras relaciones! Intentar aferrarse a las trampas de la monogamia, por ejemplo, mantener un «pacto de silencio», es probable que cause más problemas de los que resuelve. Cuándo no sabemos qué está pasando, nuestros miedos nos invaden. Puedes empezar a pensar que todas las otras relaciones de tu pareja son mucho más inteligentes, deslumbrantes y sofisticadas que tú, mientras te quedas en casa con el gato. Eso crea unas condiciones poderosas para alimentar el resentimiento.

Franklin llama «Enfoque Miami» a la manera de entender las relaciones monógamas/poliamorosas en las que se quiere negar la realidad. Imagina que quieres vivir en Miami, con playas soleadas y palmeras meciéndose. Pero te encuentras viviendo en Nueva York. Es improbable que consigas adaptarte a la vida de Nueva York si constantemente insistes en que estás viviendo en Miami. Si vistes pantalones cortos en diciembre y te niegas a admitir que hay nieve, probablemente veas cómo aumenta tu infelicidad. Serás más feliz si admites que la nieve va a ser parte de tu vida, y que Nueva York en realidad tiene mucho a su favor.

Otra estrategia que alguna gente usa es crear un nivel privilegiado en la relación que coloca las necesidades de la persona monógama por encima de las necesidades del resto de personas. Como discutimos antes en el capítulo 11, eso también tiende a crear problemas.

Si para ti lo habitual es la monogamia, cada vez que tu pareja toca a alguien de forma cariñosa, puedes sentir eso como un rechazo. Eso puede provocar que te distancies de tu pareja, lo que empeora la sensación. Es complicado abordar esas emociones de forma directa, porque cuando sientes que te rechazan, lo último que quieres es hacerte vulnerable contándole a tu pareja cómo te sientes. La única vía que hemos encontrado para evitar reafirmar un círculo vicioso de rechazo y ponerse a la defensiva es enfrentarse a ese sentimiento de frente. Cuando tu pareja es cariñosa con otra persona, entiende que eso no va contigo. No te calles y pide apoyo.

Estrategias para la persona poliamorosa

Le estás pidiendo a tu pareja que crea, frente a abrumadores mensajes de la sociedad que le dicen lo contrario, que no estás buscando a alguien que la reemplace; que la razón por la que te abres a otras relaciones no es porque te falte nada; que no estás pidiendo permiso para engañarle; y que no tienes un pie en la puerta a punto de abandonarla. Eso es mucho para manejarlo. Estás pidiendo a tu pareja que acepte que tener más amantes no es una vía para que vayas de una relación a la siguiente. Asegúrate de que eso sea cierto. Asegúrate de que te mereces esa confianza.

No podemos cambiar una vida entera de expectativas en un instante. Dale a tu pareja espacio y tiempo. Déjale espacio a tu pareja para experimentar sus emociones, para perder los papeles y para llegar al otro lado. Ten una actitud comprensiva. Como describimos antes en la sección sobre la confianza, un factor inmenso en la relación de Mila fue la capacidad de Morgan de darle su tiempo y espacio para procesarlo, sin culparla o esperar de ella demasiado, demasiado pronto.

Ser una persona poliamorosa no es una licencia para que hagas todo lo que quieras. Habrá ocasiones en las que tu pareja esté pasándolo mal y necesite tu ayuda. Apóyala. Ten la predisposición a sujetar su mano cuando las cosas sean duras. Ten la predisposición a hacer un poco de trabajo extra para hablar de lo que valoras en ella, por qué adoras tu relación con ella y por qué quiere estar con esa persona.

El manejo del tiempo es importante en cualquier relación poliamorosa, pero especialmente en una relación monógama/poliamorosa. Tu pareja puede no estar acostumbrada a pasar tiempo a solas. Sé transparente sobre tus planes e intenciones. Comunícate abiertamente sobre tu calendario. Trabaja con tu pareja para repartir el tiempo de una manera que os funcione tanto a ella como a ti.

Tu pareja puede que nunca haya querido explorar otras relaciones, y eso está bien. Evita partir de la idea de que el que tú seas una persona poliamorosa es justo si tu pareja tiene «derecho» a tener múltiples relaciones como tú. Si tu pareja no quiere tenerlas, la oportunidad de tenerlas no es una ventaja. No asumas que tu pareja se volverá poliamorosa de repente tan pronto como descubra lo maravilloso que es.

Estrategias para relaciones monógamas/poliamorosas

Muchas estrategias que funcionan con las relaciones monógamas/poliamorosas son las mismas que se usan en cualquier relación poliamorosa: comunicación, flexibilidad, la voluntad de enfrentarse a los problemas y todas las otras cosas de las que hemos hablado en este libro. En cualquier relación poliamorosa, algunas personas pueden haber salido con otra de sus relaciones mientras que otra persona está a solas en casa. Esto sucede a menudo. En una relación monógama/poliamorosa es probable que suceda mucho más a menudo. Debido a eso, a la persona monógama de la relación le beneficiará desarrollar una vida plena aparte de su pareja. Tener aficiones, actividades sociales y otros intereses puede ser realmente útil.

LA HISTORIA DE MILA

Durante sus primeros intentos para adaptarse a su relación monógama/poliamorosa con Morgan, Mila se acercó a sus amistades monógamas para que la apoyaran. Los consejos que le dieron no ayudaron. Culpaban a Morgan, le decían a Mila que ignorase los sentimientos de Morgan y Nina, le dijeron que se pusiera firme y se negara a que siguiera esa situación. Se encontró en la horrible tesitura de tener que defender a Morgan cuando estaba buscando apoyo.

Un punto de inflexión para Mila fue cuando contactó con la comunidad poliamorosa local. Encontró un pequeño grupo de debate que se reunía mensualmente y que cubrió sus necesidades de empatía y conocimiento compartido. Fue capaz de conseguir apoyo y consejos para su lucha de las personas con experiencia en relaciones poliamorosas, quienes no culpaban inmediatamente al poliamor de sus problemas con Morgan. Le ayudaron a contrarrestar sus pensamientos sobre algunos discursos de la cultura monógama con los que todavía tiene que luchar. Le ayudaron a reforzar su sensación de que Morgan y sus otras relaciones tenían buenas intenciones hacia ella y que eran personas en quien se podía confiar, a pesar de todo lo que le decían las normas sociales y sus amistades monógamas con buena intención.

La persona monógama necesita tener a personas –preferiblemente fuera de la relación– con quienes hablar y procesar sus emociones. Pero encontrar ese apoyo puede ser complicado. Idealmente tu confidente no señalará simplemente al poliamor y dirá «¿Ves? ¡Ahí está el problema!». Pero una persona cuyos antecedentes en las relaciones son completamente monógamos puede no tener amistades a favor del poliamor en quienes confiar. Recomendamos firmemente encontrar un grupo de debate poliamoroso en tu zona, si es posible. Una búsqueda en internet de «poliamor» en tu zona puede hacer que aparezcan muchos. La mayoría de los grupos tendrán varios miembros en relaciones monógamas/poliamorosas y tener personas como esas a quien acudir puede ser una valiosa fuente de apoyo.

Admite que habrá ocasiones, especialmente al principio, en las que tu relación va a ser incómoda. La felicidad no es meramente la ausencia de malestar; requiere que se haga un trabajo, enfrentarse a los miedos e inseguridades, y tener la predisposición para hablar y enfrentarse a cosas desagradables. El malestar no tiene nada de malo; crecemos cuando salimos de nuestra zona de confort, y tener éxito en una relación monógama/poliamorosa requiere crecimiento.

La transparencia es importante. El miembro poliamoroso de la relación puede dudar de si hablarle a la persona monógama de sus nuevos intereses por miedo a herirla. La persona monógama puede no querer hablar de miedos e inseguridades por miedo a molestar a la persona poliamorosa. Mal la una y mal la otra. Las relaciones viven o mueren dependiendo de la calidad de la comunicación en ellas. Es crucial que ambas personas hablen abiertamente, incluso cuando hablar abiertamente sea complicado.

Como dijimos en el capítulo 17, puede resultar tentador pensar «Bueno, puedo probar esto del poliamor, y si no funciona, podemos volver a la monogamia». Aproximarse al poliamor de esa manera es peligroso. Una cosa es hablar de volver a la monogamia cuando no hay más personas involucradas; otra muy diferente es deshacerse de otras relaciones para hacerlo. Tratar a otras personas como si fueran desechables no es ético. También dañará tu relación. Decirle a tu pareja «Vale, he cambiado de idea, líbrate de esa persona a quien amas» probablemente os hará daño a tu pareja y a ti.

Una idea tentadora, especialmente para las personas monógamas en una relación poliamorosa, es buscar la sensación de seguridad y comodidad en poder rechazar las otras relaciones de la persona poliamorosa, si le parecen demasiado amenazantes. Como hablamos en el capítulo 12, con esa idea a menudo sale el tiro por la culata.

Encontrando qué es lo más importante para ti

Las relaciones monógamas/poliamorosas requieren flexibilidad, negociación y voluntad de compromiso. También requieren de un buen conocimiento de nuestros límites personales, y las cosas en las que no podemos ofrecer un compromiso. Hablamos de las concesiones progresivas en el capítulo 10 (páginas 264-266). Las relaciones monógamas/poliamorosas son especialmente propensas a eso. Cuando las personas tienen ideas radicalmente distintas sobre cómo debería ser su relación ideal, les tentará comprometerse a cosas que, con el tiempo, se darán cuenta de que conceden más de lo que habrían querido. Cuando negocies en una relación monógama/poliamorosa, pregúntate, «¿Cuáles son las cosas esenciales que debo tener? ¿En qué punto mis necesidades ya no estarán cubiertas? ¿Cuáles son mis principios? ¿Qué debo tener para actuar con integridad?». No comprometas esas cosas. Si pierdes en la negociación tu integridad, tu ética o tu autonomía, ya no eres un miembro de la relación que esté participando plenamente en igualdad.

También debes ser consciente de los límites de la persona con quien tienes una relación, y no pedir (o esperar) que se comprometa más allá de esos límites. Habla con ella sobre qué necesita para tener una relación feliz, qué le funciona, y saber dónde esas necesidades se solapan con las tuyas. Ten cuidado de no comprometerte en nombre de otras personas. A veces, cuando estamos intentando encontrar la salida de un punto muerto, puede ser tentador comprometerse de maneras que afectan a otras personas, especialmente cuando esas personas aún son hipotéticas. Puede ser tentador reducir parte de la tensión negociando que pierdan parte de su autonomía, como aceptar limitaciones de su conducta. Cuando hacemos eso, estamos usando la autonomía de otras personas como moneda de cambio en la negociación.

En su lugar, concéntrate en cosas prácticas sobre las que tu pareja tenga control. Si necesitas más tiempo con ella, di «Necesito estar más tiempo contigo», en lugar de «no quiero que pases tanto tiempo con otras personas». Habla de cosas concretas que te están preocupando –horarios, tareas, responsabilidades, tiempo con tus criaturas, tiempo de ocio en pareja– y negocia esas cosas específicamente.

Tu relación es opcional

De forma abrumadora, el mensaje que recibimos socialmente sobre nuestras relaciones es que enamorarse significa mudarse para convivir, casarse, sentar la cabeza, comenzar una familia. Al relato de la «escalera mecánica de las relaciones» no le preocupa demasiado la noción de libre elección; puede parecer que, una vez que nos enamoramos, estamos en ese camino queramos o no. Puede ser sorprendentemente fácil olvidarse del hecho de que, en realidad, podemos tomar decisiones, aunque sean complicadas.

LA HISTORIA DE FRANKLIN

Cuando conocí a Celeste, ella sabía que yo nunca había estado en una relación monógama. No esperábamos tener una relación romántica, mucho menos casarnos. La relación que se desarrolló entre ella y yo nos pilló por sorpresa. A lo largo de nuestra relación, teníamos la idea de que enamorarse significaba que había un camino que se suponía que debíamos seguir, y nos comprometimos a seguirlo. Celeste decía cosas como «Estoy enamorada de ti, lo que quiere decir que no me puedo ir».

A causa de eso, terminamos con la sensación de que nunca habíamos dado nuestro consentimiento pleno a la relación. Celeste sentía que nunca había dado su consentimiento a que fuese una relación poliamorosa, aunque ella era consciente de que yo no era monógamo, porque tan pronto como nos enamoramos, tuvimos que seguir ese camino.

Yo me sentía igual. En ese momento, la palabra *poliamor* todavía no estaba en circulación, y yo nunca había conocido a nadie que quisiera lo mismo que yo. Sentía que estaba solo en mi deseo de no monogamia, por lo que en todas las relaciones que tuve, estaba siempre presente esa diferencia de objetivos y deseos, por lo que tenía que hacer que funcionase para Celeste. Si no funcionaba, tendría que empezar de nuevo con otra persona, tener las mismas discusiones, asumir los mismos compromisos.

Como creíamos que no teníamos elección, nos supeditamos a nuestras emociones. Creíamos que no era posible abandonar la relación, y no teníamos buenas herramientas para manejar nuestras diferencias respecto a qué queríamos. Como resultado de eso, Celeste sentía que el poliamor era algo que se le estaba imponiendo sin su consentimiento, y yo sentía que ella en realidad no me podía comprender.

En una relación monógama/poliamorosa es especialmente importante que las personas involucradas sientan que están aceptando la relación intencionadamente, porque cada cual ve en la otra persona alguien valioso que convierte la relación en una decisión positiva para ambas. Cuando creemos, por el contrario, que debemos mantener la relación cueste lo que cueste, se vuelve complicado dar nuestro consentimiento. Como dice Amber, una de las relaciones de Franklin, «Cuando comenzamos una relación romántica, tomamos una decisión. Con el tiempo, construimos una vida en común. Eso puede suponer compromisos legales, económicos y responsabilidades. Pero no es lo mismo construir una vida en común que la intimidad. El consentimiento se refiere a la intimidad, y en cada instante de cada día debemos sentir que podemos elegir la intimidad de la que formamos parte».

Y recuerda que no importa lo mucho que ames a tu pareja y ella a ti, no tienes ninguna obligación de tener una relación con ella. Puedes elegir. Si no funciona, si a alguien le está haciendo demasiado daño, no pasa nada si la dejas pasar. El cuento de hadas está equivocado: el amor no lo puede todo, todo el tiempo.

#ALGUNAS PREGUNTAS QUE PUEDES HACERTE

Las relaciones monógamas/poliamorosas suponen algunos retos únicos que necesitan de una negociación cuidadosa si se quiere que funcionen. Antes de embarcarte en una relación monógama/poliamorosa, estas son algunas cosas a tener en cuenta:

Si eres el miembro monógamo de la relación:

- ¿Por qué me identifico como persona monógama? ¿Es porque solo quiero tener una relación con una persona, porque quiero que mi pareja solo tenga una relación conmigo o por ambas razones?

- ¿Disfruto de mi tiempo a solas o sin mi pareja? ¿Tengo aficiones que disfruto a solas o con otras personas, y una vida social que no depende de mi pareja?

- ¿Soy capaz de enfrentarme a emociones incómodas como los celos, inseguridad y miedo respecto a la lealtad de la persona con quien tengo una relación, y de hacer el trabajo necesario para superarlos?

Si eres el miembro poliamoroso de la relación:

- ¿Soy capaz de darle tiempo y espacio a mi pareja monógama para que pueda procesar sus sentimientos respecto al poliamor?

- ¿Soy capaz de hacer concesiones en mi relación para ayudar a la persona monógama con quien tengo una relación a trabajar sobre sus emociones?

- ¿Tienen algún límite las concesiones que haré, en términos de qué cosas aceptaré o la duración en el tiempo del acuerdo?

Para ambos miembros de la relación:

- ¿Comprendo completamente la elección de mi pareja de ser monógama o poliamorosa, y soy capaz de aceptar que sea tal como es?

- ¿Soy capaz de construir una relación que respete no solo nuestra autonomía sino la de las otras personas con quién tenemos relación?

19

Sexo y ropa sucia

Los misterios del amor se escriben en el alma,
pero el cuerpo es el libro en que se leen.

John Donne

En la introducción dijimos que la primera pregunta que la gente suele hacer cuando oyen hablar de poliamor es «¿Quién lava la ropa sucia?». Ahí hemos sido malas personas. La primera pregunta que la gente hace normalmente es «¿Quién duerme con quién?». La pregunta sobre la ropa sucia habitualmente surge mucho después.

Las personas en relaciones poliamorosas probablemente no tengan tanto sexo como crees. El poliamor, con su énfasis en las relaciones románticas, no es una cuestión de sexo. Las personas poliamorosas no tienen necesariamente un gran apetito sexual, no les gusta necesariamente el sexo no convencional, no les gusta necesariamente el sexo en grupo y puede que no tengan interés en el sexo sin compromiso. Muchas personas poliamorosas tienen un punto de vista tradicional respecto al sexo. De hecho, como hemos mencionado, el poliamor a menudo es atractivo para las personas asexuales, puesto que permite tener relaciones cercanas, íntimas sin la presión (o la culpa) de ser la única válvula de escape de la persona con quien tenemos una relación.

Dicho eso, el sexo es parte de la mayoría de relaciones románticas. Y las relaciones poliamorosas suponen ciertas consideraciones especiales respecto al sexo. Por lo que es buena idea enterarse bien de los riesgos (y alegrías) físicos y emocionales que supone. En este capítulo abordamos otros temas aparte de la salud sexual y los riesgos de las infecciones de transmisión sexual (ITS), que se tratan en el capítulo siguiente.

Definiendo «sexo»

Antes de hablar de poliamor y sexo, tenemos que aclarar un pequeño detalle: ¿Qué es el sexo? Las relaciones heterosexuales tradicionales nos dan una definición muy limitada: sexo es un pene entrando en una vagina (resumido, sexo PEV). Otras actividades sexuales tienden a ser minimizadas, como sucedió con cierto presidente de EE. UU. que inició un debate nacional sobre si el sexo oral «cuenta» como sexo.

En las relaciones homosexuales la definición se puede hacer un poco más complicada, porque tiende a girar en torno a quién hace qué con los genitales de quién. Un porcentaje sorprendentemente alto de personas se llaman a sí mismas «vírgenes» incluso después de haber practicado sexo oral o anal, lo que tiene interesantes y desafortunadas consecuencias para la salud emocional y sexual.

En el poliamor, del mismo modo que no existe un único modelo de relación romántica, no hay un único modelo de relación sexual. Los miembros de una relación poliamorosa pueden no practicar nunca sexo de pene-en-vagina (si tienen cuerpos que permiten eso ¡no todo el mundo es heterosexual o cisgénero[1]!). Pueden tener la expectativa o no de que el sexo sin protección (por ejemplo, sin condón) llegue a ser en algún momento parte de su relación. Las relaciones poliamorosas pueden incluir una amplia variedad de actividades sexuales, sin incluir la cópula convencional en absoluto (o incluso cualquier tipo de contacto genital).

Definir sexo es algo más que jugar con las palabras. Es algo importante en los acuerdos que se negocian entre unas personas y otras. Afecta a los límites respecto a salud sexual. Influye en cosas de las que la gente puede querer que les avisen, y en cosas del pasado sexual de alguien que quizá deben ser contadas. En las negociaciones sobre límites sexuales, por lo tanto, todo el mundo debe estar de acuerdo sobre qué es «sexo».

LA HISTORIA DE FRANKLIN

Mientras estaba visitando a una de mis relaciones fuera de mi ciudad, conocí a Amelia, una encantadora joven. Ella y yo rápidamente entablamos una amistad. En un determinado momento durante mi visita, la persona que había ido a ver quiso pasar algo de tiempo con uno de sus novios, por lo que pasaron la noche en pareja. Amelia y yo compartimos cama esa noche, puesto que solo había otro dormitorio en la casa donde estábamos. Amelia y yo no éramos amantes, pero durante la tarde ella me preguntó (de una forma encantadora) si me importaría que se masturbase. No me importaba en absoluto, aunque no participé de ninguna manera. Nunca se me habría ocurrido (ni a mis relaciones) pensar en la noche que pasé con Amelia como sexo, o en ella de ninguna otra manera que una

---

1 Cisgénero se refiere a una persona cuya experiencia respecto a la identidad de género coincide con el género que le fue asignado al nacer.

persona con quien no había tenido nada sexual. Pero mucha gente consideraría la noche que pasé con Amelia como una actividad sexual, y que debería ser contada al resto de relaciones. Sin duda muchas personas monógamas considerarían eso como una ruptura de sus acuerdos respecto a la relación.

Esto no es algo que ocurra todos los días, pero muestra cómo la definición de sexo puede ser resbaladiza, y cómo las actividades que una persona no considera sexuales, otra podría hacerlo.

Hay un potencial inmenso de dolor y resentimiento cuando nuestras definiciones de «sexo» no coinciden. Los límites sexuales están entre los más personales e íntimos, con el potencial de hacer mucho daño si se traspasan. Diferentes tipos de actividad sexual también suponen diferentes niveles de riesgos físicos. Definiciones de «sexo» que no coinciden crean incertidumbre respecto al manejo del riesgo. Es mejor que sobreanalicemos cómo definimos el sexo que no analizarlo lo suficiente. Por lo que debemos hablar sobre sexo y actividades sexuales abiertamente con quienes tenemos una relación, sin miedo ni vergüenza. Desgraciadamente, a la mayoría no nos criaron con la costumbre de hacer eso, por lo que puede ser complicado. La ansiedad para hablar abiertamente de sexo palidece junto a la ansiedad de que transgredan tus límites sexuales, incluso sin querer.

Dos claves para tener conversaciones tranquilas sobre sexo es hablar de manera directa y hacer preguntas. Escucha y pregunta cómo definen sexo las personas con quienes tienes una relación. El lenguaje en clave y los eufemismos solo enturbian las cosas y provocan vergüenza. Estas son algunas preguntas para abrir el debate: ¿Consideras sexo besarse?, ¿y el sexo sin penetración? ¿Un masaje erótico? ¿Caricias con ropa o sin ropa? ¿Sexo oral? ¿Sexo anal? ¿Masturbación mutua? ¿Masturbación en la misma habitación? ¿*Sexting* o cibersexo? ¿Compartir fantasías sexuales? ¿Sexo telefónico? ¿Sobre qué tipo de actividades sexuales quieres que te cuenten? ¿En qué punto pasas a considerar que has tenido sexo con alguien? Si preguntas sobre el pasado sexual de una relación potencial, ¿tienes la misma idea que ella respecto a qué convierte a alguien en tu amante?

Sexo y vulnerabilidad

El riesgo en el sexo no siempre es físico. A menudo nos vinculamos emocionalmente y eso nos hace vulnerables antes amantes. Como personas que han explorado el cibersexo, podemos atestiguar que el contacto físico no es un requisito necesario para la vulnerabilidad emocional.

LA HISTORIA DE FRANKLIN

Para mí, el sexo siempre ha estado estrechamente vinculado a la intimidad emocional, aunque no fuese mi intención. Hace muchos años, estaba de viaje en el extranjero para visitar a una de mis relaciones. Ella y sus otras relaciones y las relaciones de sus relaciones y yo habíamos viajado a un remoto castillo en Francia, donde estuvimos durante aproximadamente una semana.

Mientras estuvimos allí, conocí a una mujer encantadora, miembro de una extensa red poliamorosa, relacionada con quien yo tenía una relación a través de una de sus parejas. Ella y yo conectamos rápidamente. Normalmente tengo cuidado respecto a la intimidad física con la gente, porque tiendo a vincularme a mis amantes lo planee o no. En este caso, tuve más contacto físico y más rápidamente de lo que normalmente hago. Más tarde tuvimos un desacuerdo respecto a algo que debería haber sido intrascendente. Ella dijo algunas cosas que no deberían haber llegado a herirme, pero lo hicieron, porque le había dejado entrar. Le había permitido ir demasiado lejos respecto a mis límites, porque habíamos tenido intimidad física y eso hizo que las cosas que dijo fueran más hirientes de lo que debían haber sido.

Algunas personas son capaces de involucrarse físicamente sin involucrar sus corazones. De todos modos, si serás capaz de hacer eso o no es difícil de predecir. Cuando dejamos que alguien se acerque físicamente, dejamos que atraviesen una de las capas de nuestros límites; Franklin ha conocido a personas, en su mayoría ex *swingers*, que creían que podían tener sexo sin ninguna intimidad emocional, y que se encontraron a sí mismas inesperadamente vinculándose con amantes casuales. Nadie es inmune a llegar a la vulnerabilidad emocional a través de la vulnerabilidad física.

Sexo y límites emocionales

Lo límites más comunes respecto al sexo suelen girar en torno al riesgo de ITS y hablaremos de eso en un momento. Pero las personas también tienen límites emocionales en torno al sexo a los que también debemos prestar atención. Si tienes una relación con alguien que tiene, o está valorando, tener más amantes, ¿quieres saber qué actividades sexuales podrían tener lugar o es algo que no te importa? ¿Cuándo quieres saber que alguien se ha convertido en una de las nuevas personas con quien suele tener sexo? Algunas personas prefieren saberlo cuanto antes. Para otras es suficiente saber que el sexo es una de las posibilidades que se barajan para una próxima cita.

¿Cómo quieres que te informen? ¿Quieres tener una conversación en persona con quien tienes una relación antes de que tenga sexo con nuevas personas o valdría un mensaje de texto diciendo «Ey, me lo estoy pasando genial, creo que podríamos terminar en la cama»? ¿Sería suficiente con que te lo dijeran al día siguiente? Va a ser necesario que comuniques esas preferencias de forma clara. Debido a que la gente tiene ideas muy diferentes sobre a qué se refieren con «sexo», los malentendidos se pueden producir con sorprendente facilidad.

LA HISTORIA DE AMY

Amy, una de las relaciones de Franklin, tuvo una relación poliamorosa que incluía el acuerdo de informar a su pareja en aquel momento, Stephan, antes de que ella tuviera sexo con nuevas personas. Ella y Stephan no llegaron a un acuerdo sobre qué quería decir eso, aunque eso no lo sabían. Amy tuvo una tercera cita con una de sus amistades de hacía tiempo. Una década antes, habían jugado con la idea de tener una relación y ahora estaban descubriendo que la química era más fuerte que nunca. De vuelta en casa, tuvieron algo de sexo pero sin penetración.

Stephan entendía que Amy había roto su acuerdo, aunque no había habido penetración. Para él, Amy había roto el acuerdo porque no le había avisado de que *era posible que hubiera sexo*, aunque Amy creía que *no había habido sexo*. Debido a ese incidente, Stephan decidió que no podía confiar en que Amy respetaría los acuerdos, por lo que le pidió a Amy que, de ahí en adelante, aceptara restricciones respecto a cuándo y cómo veía a otras personas. La relación se terminó a causa de ese conflicto.

Los buenos límites en el sexo también deben de marcarse siendo conscientes de que todo el mundo tiene derecho a la confidencialidad sobre detalles de su propia intimidad. No existe un límite preciso y claramente definido que separe el derecho de una persona a ser informada y el de otra a la privacidad, por lo que marcar estos límites requiere empatía y negociación. Sin duda, tienes derecho a saber las actividades sexuales de la persona con quien tienes una relación con otras personas en términos generales, pero al mismo tiempo, los detalles de actos íntimos son cosas que tu pareja y la persona con quien ella tiene una relación pueden esperar, razonablemente, mantener en secreto si deciden no compartirlos.

Puntos de vista respecto al sexo sin protección

En las relaciones poliamorosas, a menudo se tiene un grupo selecto de personas, o quizá una sola persona, con quién se tiene sexo sin protección, usando varias formas de protección con el resto. Para algunas personas, el sexo sin protección es una forma íntima de vincularse emocionalmente.

Algunas personas asumen que cierto tipo de relaciones, como el matrimonio, suponen cierto acuerdo tácito de que sus miembros prescindirán de condones y otras barreras. Pero las suposiciones tácitas nunca deben sustituir una negociación explícita. El poliamor significa reexaminar todas nuestras creencias sobre el sexo. Si un matrimonio quiere tener sexo sin protección, puede ser genial, pero no es necesariamente lo mejor para todo el mundo o en cualquier circunstancia. Otra creencia tácita es que quienes han decidido tener sexo sin protección, lo tendrán siempre así. Las personas poliamorosas incluso han creado (por supuesto) un término para denominar a la decisión de tener sexo sin protección: *Acuerdo o vínculo de fluidos*. La palabra «acuerdo» implica, para mucha gente, la expectativa de que será permanente.

No todas las personas poliamorosas usan el término *acuerdo de fluidos*; muchas prefieren simplemente hablar de protección o no, específicamente, para despojar a la idea de sexo sin protección de los matices emocionales que el término acuerdo de fluidos conlleva. Prefieren ver el sexo sin protección como una decisión sobre la prevención de riesgos y, como todos los acuerdos, algo que puede ser negociado si es necesario. Otras personas se implican mucho con los *acuerdos de fluidos* y lo consideran una parte importante de la intimidad.

LA HISTORIA DE EVE

Cuando comencé mi relación con Ray, tenía un acuerdo de fluidos con Peter. Ray y yo nos hicimos tests de ITS al comienzo de nuestra relación, y de nuevo, a los seis meses. Me habían puesto la vacuna del VPH hacía poco y Ray usaba condones como método anticonceptivo con su esposa. Por lo que, tras la segunda tanda de tests, Ray, Peter y yo nos sentamos y acordamos que Ray y yo tendríamos sexo sin protección. Acordamos que nos informaríamos mutuamente cuando tuviéramos sexo con una persona nueva, y que no tendríamos sexo sin protección con nadie fuera de nuestro trío sin discutirlo antes con las otras dos personas.

Aproximadamente, seis meses más tarde, Ray tuvo sexo sin protección con una de sus amistades en una fiesta. Me llamó al día siguiente y me lo contó. Le dije que tendríamos que usar protección durante tres meses hasta que se hiciera tests de nuevo, y deberíamos hablar entonces si queríamos volver a tener un vínculo de fluidos. Me sentí herida, porque valoraba la posibilidad de tener sexo sin protección con Ray, y tenía la sensación de que él lo había dejado de lado a la ligera. Pero lo vi como un asunto de prevención de riesgos en el que podíamos trabajar.

Peter, por otra parte –a quien se lo dije una semana después (antes de que hubiera tenido la oportunidad de tener sexo con él o con Ray)– consideraba la decisión de Ray como una profunda traición, especialmente porque Ray no se había preocupado de contárselo a Peter en persona. Peter tenía una opinión mucho más seria sobre la parte del «acuerdo» en un acuerdo de fluidos que Ray o eso fue lo que entendí. Pero más que eso, romper el acuerdo se convirtió en el detonante de un enfado que se había estado acumulando desde hacía tiempo por otras muchas razones diferentes.

Eve, Ray y Peter tuvieron ese problema porque el sexo sin protección significaba cosas diferentes para cada persona, con diferentes niveles de relevancia emocional, y porque no habían acordado un protocolo para manejar la información sobre qué podría suponer una vuelta al uso de protección.

Cuando estás valorando tener sexo sin protección con una de las personas con quien tienes una relación, debes dejar claro tu punto de vista y expectativas: si estás tomando una decisión respecto a la prevención de riesgos que está abierta a negociaciones posteriores, si el paso que estás dando tiene un significado emocional para ti, y si esperas que ese acuerdo sea temporal o permanente. Quizá lo más importante es acordar de antemano qué protocolos se seguirán cuando alguien cometa un error –porque se cometerán– o rompa un acuerdo.

Cuando el sexo sin protección tiene relevancia emocional

Un acuerdo común en el poliamor es que las personas que han decidido tener sexo sin protección establecen normas que prohíben tener sexo sin protección con otras personas. A veces eso es en realidad un intento de controlar la intimidad emocional. No estamos sugiriendo que siempre sea así, pero es algo a tener en cuenta cuando se discuten límites en el sexo. Una conversación sobre sexo seguro no debe convertirse en una manera encubierta de controlar su conexión emocional con terceras personas.

Un acuerdo, dentro de un grupo, de mantener una barrera con el mundo exterior, pero no entre las personas de ese grupo, se llama un «acuerdo de condones». Este acuerdo tiene mala fama entre personas poliamorosas, por la sensación de culpa, traición y drama general si una persona lo rompe. Tener tanto peso emocional flotando en el aire se convierte en un gran incentivo para que quien lo rompe no se lo diga al resto, contaminando la confianza y exponiendo potencialmente a todo el grupo a las ITS cuando creían estar a salvo.

En cambio, el enfoque que tomamos en nuestro caso es que cualquiera de nuestras relaciones es libre de tener el tipo de sexo que quiera con quien quiera, siempre que sean honestas sobre ello. Y así cada cual se responsabiliza de tomar sus propias precauciones. Comunicamos nuestros límites sobre sexo seguro a nuestras relaciones y las que valoran poder tener sexo sin protección respetan esos límites. Si alguna de nuestras relaciones decide no hacerlo, puede que decidamos usar protección con esa persona. Este acuerdo protege el derecho de todas las personas involucradas a tomar decisiones sobre sus propios cuerpos y el nivel de riesgo, y a responsabilizarse de su propia protección.

Esto parece perfectamente racional, pero el sexo rara vez es totalmente racional. Está bien tener sexo sin protección para conectar con una sensación de intimidad. Contemplar la posibilidad de tener acuerdos de fluidos a veces es signo de que la relación ha crecido hasta un punto en el que la intimidad se valora más que los riesgos que podrían estar asociados a la renuncia a la protección.

Puesto que el vínculo de fluidos es emocionalmente significativo, es útil hablar de una «estrategia de salida» con alguien con quien estás valorando tener sexo sin protección. ¿En qué circunstancias seguirás teniendo sexo sin protección y en qué circunstancias volverás a usarla? ¿Qué significa el sexo sin protección para la persona con quien tienes una relación y para ti, no solo en términos prácticos, como el nivel de prevención, sino emocionalmente? Si decides dejar de tener sexo sin protección, ¿qué significará eso para tu intimidad? ¿Qué medidas tienes intención de tomar para proteger el acuerdo de fluidos? A menudo puede dar la sensación de castigo si una de nuestras relaciones decide retomar el uso de protección. Saber las respuestas a estas preguntas de antemano puede ayudar a evitar provocar resentimiento si se opta por la estrategia de salida. No todo el mundo quiere o valora especialmente el sexo sin protección. Muchas personas, sobre todo quienes se identifican como personas polisolteras, prefieren mantener las prácticas de sexo seguro con todas sus relaciones. De esa manera, pueden protegerse a sí mismas sin depender de sus relaciones para que les informen de cualquier cambio en su situación sexual, y se sienten más libres para tomar sus propias decisiones sobre actividad sexual y sexo seguro.

Embarazo, el otro riesgo

Las conversaciones sobre sexo seguro suelen girar en torno a reducir el riesgo de infecciones de transmisión sexual (ITS), y es sorprendente cuántas personas poliamorosas no hablan sobre embarazos. Es un hecho natural reconocido que cuando hay sexo heterosexual, a veces termina en embarazo. A veces, incluso, cuando se usan medios anticonceptivos. Compensa hablar de riesgos de embarazo y posibles contingencias ¿Qué sucede si accidentalmente se produce un embarazo? ¿Quién y de quién? Valora todas las combinaciones posibles. ¿Cuáles son tus expectativas y contingencias respecto a embarazos y crianza?

En las relaciones monógamas cuando una persona le dice a otra «Cariño, creo que podría estar embarazada», eso normalmente es el comienzo de una conversación. En las relaciones poliamorosas, «Creo que podría estar embarazada» a veces conduce a la incredulidad, como si la biología básica no se aplicara al poliamor. Especialmente, por lo visto, en las relaciones jerárquicas con una relación secundaria. En lugar de tratarlo como una consecuencia estadísticamente posible tras introducir un pene en una vagina, a veces se trata un embarazo como si fuera una traición, o como haber roto un trato, o a veces incluso como si se hubiera hecho con mala intención. No lo hagas.

Habla antes de qué harás si hay un embarazo no planeado. Hay muchas opciones diferentes. ¿Abortarás? Hemos visto a personas en jerarquías principal/secundaria partir de la premisa de que si uno de los miembros de la relación principal tiene un embarazo, el otro miembro de la relación principal asumirá también la patria potestad y llevarán adelante toda la crianza de esa manera. Hemos visto relaciones poliamorosas de convivencia cuyos miembros han decidido que en el caso de un embarazo, todos los hombres desempeñarán tareas de crianza. En otras relaciones, la mujer se hará un test de paternidad para determinar quién es el padre biológico.

Algunos miembros de relaciones poliamorosas en las que no conviven hablan de criar a sus peques en casas separadas con una crianza compartida. Otros dicen que, en caso de embarazo, se mudarán para convivir. Ten cuidado, de todos modos; ¡en las relaciones principal/secundaria prescriptivas, ese acuerdo puede entrar en conflicto con las reglas que prohíben cohabitar con relaciones secundarias! Toda jerarquía prescriptiva necesita un trabajo previo en caso de que haya un embarazo no planeado.

El plan de contingencia es mejor que sea algo más sólido que «No permitiré que suceda». Porque si ciertos fluidos entran en contacto, siempre existe la posibilidad. Si usas dos métodos contraceptivos juntos, como un DIU (uno de los métodos más efectivos) y condones, el riesgo se convierte en minúsculo. Pero minúsculo no es cero. Una amiga de Franklin se quedó embarazada –¡de trillizos!– aunque estaba usando un DIU y su novio, condones. Sucede. «Te prometo que no» es algo tan realista como prometer que no va a llover el día de tu cumpleaños.

Algo sobre lo que es mejor no intentar legislar de antemano es si a cualquier persona con quien se tenga una relación en el futuro se le requerirá que aborte o no se le permitirá que aborte. No creemos en que a una mujer se le pueda forzar a llevar adelante o interrumpir un embarazo. También somos conscientes de que este es un tema con una fuerte carga emocional sobre el que mucha gente tiene posturas muy encontradas. Si no compartes nuestra opinión, habla con cualquiera de tus nuevas relaciones sobre tus expectativas *antes* de que A entre en B.

Da igual lo que hables, probablemente tendrás reacciones muy intensas si se produce un embarazo. Es normal. Los embarazos son un asunto importante y probablemente disruptivo para todo el mundo. Es mejor hablar de ello antes de que suceda. Date tiempo para procesar esas emociones, para seguir hablando sobre el tema. Por favor, no pospongas la conversación hasta que sea demasiado tarde. Para leer más sobre esto temas, cómo tener esas conversaciones y cómo prepararse para tener una familia poliamorosa con criaturas, consulta el libro de Jessica Burde *The Polyamory on Purpose. Guide to Poly and Pregnancy*, listado en el apartado de recursos.

Relaciones románticas no sexuales

Tendemos a asumir que el sexo parte de todas las relaciones románticas, pero algunas personas *asexuales* quieren tener relaciones íntimas sin sexo. Las personas *demisexuales* solo quieren tener un poco. También es común que el deseo sexual disminuya (o desaparezca) en las relaciones a largo plazo. Como con todos los elementos del poliamor, el sexo no debe darse por hecho: requiere que se llegue a un consenso. La cercanía emocional, el apoyo, el amor, el contacto y los abrazos pueden existir independientemente del sexo. Para muchas personas poliamorosas, el poliamor ofrece la posibilidad de tener relaciones románticas sin sentir la obligación de cubrir las necesidades sexuales de alguien con quien tiene una relación.

No tener ganas de sexo no significa ser una persona frígida, fría o distante. Las relaciones sin sexo pueden ser físicamente cariñosas y tiernas. Las relaciones románticas sin sexo no son «solo» de amistad. Pueden incluir y de hecho incluyen intimidad emocional, convivir, objetivos y sueños compartidos, y planes a largo plazo.

Cualquier monólogo cómico incluye chistes sobre matrimonios que no tienen sexo. No son terriblemente graciosos, pero sin duda arrancarán alguna sonrisa. La pérdida de entusiasmo en lo cotidiano le da tanto miedo a quien acaba de llegar al poliamor como a las veteranas. «¿Qué pasa si la persona con quien tengo una relación encuentra a otra persona más atractiva que yo? ¿Cómo puedo competir con el sexo frenético de una nueva relación?». La respuesta es, probablemente no puedes. Es lo normal, y no es por tu causa. Así que deja de preocuparte. La novedad de la nueva persona también desaparecerá.

De acuerdo con la U.S. National Health and Social Life Survey (Encuesta nacional sobre salud y vida social de los Estados Unidos), el 15% de los hombres y mujeres casadas dicen no haber tenido sexo o solo un par de veces el pasado año. Todo el mundo saldríamos ganando si abandonáramos la idea de que una relación «tiene que» incluir sexo, o que hay una cantidad de sexo correcta que «se debe» tener en una relación romántica y, en su lugar, permitir que las relaciones sean cómo son en realidad, sin presión ni expectativas.

Sexo compartido

No a todo el mundo le gusta el sexo en grupo, y no todas las relaciones poliamorosas lo incluyen. De hecho, dejando de lado la percepción popular (y algunas series de televisión), el sexo en grupo es más la excepción que la regla entre personas poliamorosas. Para quienes les atrae, de todos modos, puede ser muy divertido y crea mucha vinculación emocional, y la posibilidad de tener sexo en grupo con varias personas a quienes amas puede ser una de las grandes ventajas del poliamor.

Si nunca has tenido sexo en grupo, puede desencadenar respuestas inesperadas. Podrías pensar que puedes evitar tener celos controlando lo que la persona con quien tienes una relación puede hacer con otras personas, pero el sexo tiende a ser un asunto dinámico, lioso, complicado y no vas a ser capaz de dirigir todo el encuentro. De todos modos, puedes establecer unas directrices y límites de antemano. Por ejemplo, podrías querer usar protección (y definir qué significa eso) para todo o descartar ciertas actividades. Ese tipo de límites normalmente funcionan mejor cuando se mantienen como algo general (las comunes son cosas como «sin penetración» o «sin contacto genital entre hombres»), con la idea de que haya cierta conversación y negociación a lo largo del encuentro. Con eso en mente, asegúrate de que, en tu primera experiencia de sexo en grupo —o primera experiencia de alguien que acude con la persona con quien tiene una relación— su capacidad de juicio y de comunicación no resultan perjudicadas en exceso por el alcohol u otras sustancias.

Esto no debería hacer falta decirlo, pero todo el mundo debe poder aportar sobre lo que vaya a suceder. Meterse en una sesión de sexo en grupo pensando que todo gira en torno a ti, o quizá en torno a una pareja, en lugar de que sea una experiencia compartida para todo el mundo, es probable que termine mal. No lo hagas si sientes que te están acosando o presionando, y no acoses ni presiones a otras personas para que participen. Eso tampoco debería hacer falta decirlo.

Es normal que aparezcan emociones imprevistas. Cuando aparezcan, da un paso atrás, respira hondo, y recuerda que las emociones no tienen por qué tomar el control. Si sientes una emoción negativa inesperada, dilo de manera clara y calmada. Marca tus límites, sin tener una rabieta. Si algo no le está funcionando a otra persona, haz otra cosa diferente, incluso si era algo que a ti te gustaba mucho. ¡Recuerda, solo si juegas con educación podrás jugar otra vez!

Es mejor terminar sintiendo que te gustaría hacer más cosas que sentir que has ido demasiado lejos. Podrías descubrir que el sexo en grupo no es algo para ti. No pasa nada. Ser una persona poliamorosa no significa que te *tienen que* gustar los tríos o las orgías. Si te gustan, el poliamor te puede ofrecer la oportunidad de divertirte de muchas maneras. Para a quienes les gusta, el sexo en grupo es una experiencia gratificante, increíble, de profunda vinculación íntima. No es algo exclusivo de bisexuales o pansexuales, a no ser que todo el mundo lo quiera así. (Por ejemplo, Franklin es heterosexual; cuando tiene sexo en grupo donde hay otros hombres, no tiene contacto sexual con ellos.) Dos personas (o más) pueden concentrarse en una (o más) personas e irse turnando… y ¡ay, qué divertido ser quien está en medio!

Puede incluir la opción de ir cambiando el centro de la atención, con una persona alternando entre dos o más amantes. Es agradable, y ayuda a conectar, cuando la persona que está alternando entre amantes, mantiene el contacto de forma simultánea entre varias personas, aunque solo sea una mano apoyada en el hombro de una persona mientras centra su atención en otra. Como dijo alguien fan del sexo en grupo: «Hacer el amor en grupo puede llegar a ser algo increíble, devolviéndote diferentes emociones amplificadas que te inundan y van en todas direcciones de una forma compleja e impredecible. La oportunidad de aprender a navegar en esas olas y convertirlas en algo inmenso con quienes más quieres; no existe nada igual».

Expectativas en el sexo en grupo

Algunas personas intentan dirigir el sexo en grupo, creando normas por las que, si uno de los miembros de una pareja preexistente está con una nueva persona, no puede tener sexo con ella a no ser que el otro miembro de la pareja esté allí, sea mirando o participando. Esto a menudo se hace con la intención de evitar los celos respecto al sexo, manteniendo el acceso al sexo abierto a todo el mundo. Esto parece buena idea en teoría pero no funciona bien en la práctica, porque normalmente los celos no tienen su origen en el reparto de recursos; lo tienen en la inseguridad, baja autoestima y los sentimientos de poca valía o el miedo. Simplemente, tener acceso a amantes de tu pareja no hace que los celos desaparezcan. Y asumir que si a una persona le gusta otra, eso significa que debe estar disponible sexualmente para la pareja de esa otra persona, da una impresión asquerosa. Lo que en parte es la razón por la que a las parejas que tienen este enfoque les resulta tan complicado encontrar amantes.

LA HISTORIA DE BRUCE

Hace muchos años, Bruce y su esposa, Megan, decidieron probar el poliamor. Dado que no tenían experiencia, pensaron que tener citas en pareja sería una buena manera de evitar los celos. Después de buscar durante años, les tocó la lotería: conocieron a una atractiva y seductora mujer bisexual, Alicia, que aceptó tener citas con ambos miembros de la pareja simultáneamente.

La alegría no duró mucho tiempo. Aunque Bruce y Megan estaban teniendo sexo con Alice a la vez, los celos aún aparecían cuando daba la impresión de que ella estaba disfrutando más de la atención de uno de los miembros de la pareja que la de la otra, o si daba la impresión de que estaba prestando más atención a uno que al otro. Incluso los altibajos normales de la atención eran suficientes para provocar celos.

Al principio intentaron crear reglas que la limitaran aún más. Los problemas de celos empeoraron. Poco tiempo después se había hecho imposible que cualquiera prestara atención a otra persona sin que la tercera persona sintiera celos, aunque estuviesen las tres personas juntas. No hace falta decir que la relación no sobrevivió.

A algunas personas les gusta tener citas y/o sexo con una pareja. Esas personas son escasas, de todos modos, e incluso si una pareja encuentra a una, puede que les sorprenda encontrarse con sentimientos de celos y miedo. Como hemos dicho muchas veces, intentar regular la forma que puede adoptar una relación no reemplaza la necesidad de enfrentarse a cosas como la inseguridad y la baja autoestima, y manejar esas cuestiones beneficia cualquier relación, independientemente de la forma que tenga.

#ALGUNAS PREGUNTAS QUE PUEDES HACERTE

Cuando tienes sexo con varias personas, todo el mundo debe tener claro los límites y expectativas. Estas son algunas preguntas que te pueden ayudar en eso:

- ¿Cómo definiría «sexo»? ¿Qué actividades son sexo? ¿Cuáles no lo son?

- ¿Es el sexo una parte obligatoria en una relación conmigo? ¿Valoraría la posibilidad de tener una relación con alguien sin interés en el sexo o permanecer en una relación con alguien que pierde el interés en tener sexo conmigo?

- ¿El sexo sin protección tiene un significado emocional para mí?

- ¿Qué pienso sobre tener sexo sin protección con alguien que está teniendo sexo sin protección con otra persona?

- ¿Qué pienso del sexo en grupo y el sexo en público?

- ¿Qué pienso del sexo sin que sea parte de una relación romántica?

- ¿Qué sucede si yo o alguna de las personas con quien tengo una relación sufre un embarazo no planificado?

20

Salud sexual

Nos educan en el miedo y, podemos,
si queremos, educarnos fuera de él.

Karl A. Menninger

En nuestro caso, crecimos en los 80, cuando era imposible evitar las campañas públicas sobre los peligros del sexo y las infecciones potencialmente mortales como el SIDA. Esas campañas sin duda salvaron muchas vidas, pero también nos han provocado, como sociedad, que desconfiemos del sexo y lo veamos como algo peligroso. Acercarte a tus amantes te puede dar la sensación de estar acercándote a munición sin explotar de dudosa procedencia. Ser una persona poliamorosa supone manejarse con los riesgos de tener varias parejas sexuales. Ese riesgo no es tan grande como mucha gente cree, pero hace falta admitirlo, y las estrategias para reducir el riesgo son una parte importante del poliamor.

Riesgos de ITS en el poliamor

Las personas en relaciones monógamas a menudo le prestan poca atención al sexo seguro, en parte porque asocian las ITS con la promiscuidad. Al mezclar promiscuidad y riesgo, las personas monógamas se crean una falsa sensación de seguridad: si prefiero la monogamia, no hace falta que hable de sexo seguro ¿verdad? Solo son las personas no monógamas las que deben preocuparse ¿verdad?

La realidad es dramática y sorprendentemente diferente. Pocas personas en la sociedad occidental contemporánea son monógamas en el sentido estricto del término (es decir, que solo tengan una relación en toda su vida). Todavía menos, sabiéndolo o no, lo hacen con otra persona que es igual de estrictamente monógama. La monogamia en serie es mucho más común, en la que se tiene una relación monógama con la persona que está en ese momento; y dado lo comunes que son los engaños en las relaciones nominalmente monógamas, incluso la monogamia en serie a menudo no es lo que parece.

Varios estudios sugieren que un proceso habitual en las relaciones nominalmente monógamas incluye tener sexo antes de comprometerse con la monogamia, hacerse tests de infecciones de transmisión sexual (ITS) después de tener sexo, si se llegan a hacerse, y dejar de usar protección sin haberse hecho tests. Eso sugiere que las relaciones monógamas ofrecen menos protección para el sexo seguro de la que mucha gente cree.

Cuando tenemos en cuenta lo comunes que son las infidelidades en las relaciones supuestamente monógamas, la situación se vuelve aún más turbia. Un artículo del *Journal of Sexual Medicine* revela que el riesgo global de infección por ITS es mayor en las relaciones monógamas donde se dan infidelidades que en las relaciones abiertamente no monógamas. El estudio también encontró que es más probable que las personas en relaciones abiertamente no monógamas hablen sobre límites sexuales y sexo seguro, más probable que usen protección con sus relaciones y más probable que se hagan tests de ITS con más frecuencia que el resto de la población. Fruto de eso, el riesgo de ITS en las comunidades de personas abiertamente no monógamas es significativamente menor que lo que podríamos intuir (y el riesgo en las relaciones monógamas probablemente mayor).

La información de este libro es todo lo precisa que hemos podido. De todos modos, este es un área en la que hay nuevas investigaciones constantemente. La información que te encontrarás aquí es la que se manejaba en 2014, pero te animamos a que busques información para estar al día con los nuevos hallazgos. Nuestras numerosas fuentes de información están listadas en las notas de este capítulo.

Sexo seguro

El sexo seguro comienza contigo. Tú eres la persona con mayor responsabilidad sobre tu salud, lo que significa que siempre tienes derecho a tomar decisiones para protegerte. Aunque la monogamia no es una garantía de seguridad, el riesgo aumenta cuántos más miembros haya en la relación. Esto es cierto en cualquier forma de no monogamia, incluidos los engaños, el *swinging* y, sí, el poliamor. Cuando te subes a un coche, minimizas el riesgo poniéndote un cinturón de seguridad; cuando tenemos sexo, es sensato minimizar el riesgo también.

Cuando la mayoría pensamos en protección para tener sexo, tendemos a pensar en condones. Los condones masculinos son una excelente manera de protegerse de muchas ITS, incluidas las peores. También son un método de contracepción eficaz cuando se usan correctamente. Los nuevos materiales como el poliisopreno y el poliuretano ponen los condones a disposición de quienes tienen alergia al látex. Muchas personas poliamorosas usan los condones con algunas o todas sus relaciones para algunos o todo tipo de contactos sexuales. A menudo asociamos el riesgo de ITS con la penetración vaginal o anal, pero otros tipos de actividad, como el sexo oral, también pueden ser un factor de riesgo. Los condones femeninos son menos conocidos. Son más caros y a menudo más difíciles de encontrar que los condones masculinos, pero dan un grado de protección mayor durante la penetración vaginal y anal.

Algunas personas también usan dams dentales para el cunnilingus. Son láminas cuadradas de látex o silicona que se sitúan sobre los labios vaginales durante el sexo oral; son eficaces para prevenir las ITS al evitar el contacto directo entre la boca de una persona y los fluidos de la otra. El film impermeable de cocina también funciona y es mucho más barato y accesible. El film «transpirable» tiene agujeros microscópicos y no se puede usar para estos fines.

Algunas personas incluso van más lejos, usando barreras como los guantes para la estimulación manual durante el sexo. Las probabilidades de transmitir ITS peligrosas durante el sexo manual son muy bajas (aunque los guantes son buena idea cuando se tienen cortes sin cicatrizar o cutículas que tienden a sangrar) pero hay un pequeño riesgo de contagiar VPH (virus de papiloma humano) o VHS (virus del herpes simple) a través del contacto manual. Usar guantes de látex y tener cuidado de no tocarte tú después de haber tocado a la otra persona puede ayudar a reducir el riesgo considerablemente.

Algunas personas practican actividades sexuales sadomasoquistas. Aunque esas actividades no necesariamente coinciden con la definición convencional de «sexo», algunas formas de BDSM pueden transmitir ITS. Cualquier contacto con sangre u otros fluidos corporales puede propagar una infección. Las actividades como los cortes o los juegos con agujas representan un riesgo al exponernos a patógenos presentes en la sangre. Las personas que practican BDSM normalmente se aseguran de usar instrumentos estériles y desechables para este tipo de prácticas, y usan guantes con quienes no quieren intercambiar fluidos corporales.

Las vacunas son otra herramienta importante en la prevención de los riesgos de las ITS. Las vacunas contra la hepatitis A y B y contra las cepas de más riesgo son fáciles de conseguir, y la vacuna contra el herpes está siendo probada clínicamente. Creemos que las personas activas sexualmente deben, cuando sea indicado médicamente, hacer uso de esas vacunaciones. Hablar de tus vacunas, junto con los tests, la biografía sexual y los resultados son una parte importante de una conversación sobre sexo seguro. (Y ya que hablamos de ello, las vacunas contra la gripe son inmensamente útiles para prevenir que una desagradable gripe barra a lo largo de toda una red romántica.)

Un nuevo enfoque relativamente nuevo en la prevención del VIH entre personas con un alto riesgo (incluyendo hombres homosexuales y parejas heterosexuales en las que uno de sus miembros es VIH positivo) es el uso de medicación antirretroviral por personas no infectadas. Los estudios han mostrado que el uso de medicación antirretroviral como medida preventiva reduce significativamente la incidencia de transmisión de VIH, en un 75% o más. Este uso de antirretrovirales es relativamente nuevo. En el momento de escribir esto, se está estudiando una inyección trimestral de antirretrovirales como forma de prevención del VIH. Aunque no sea una vacuna, promete un descenso significativo en la propagación del VIH.

Las personas que tienen herpes, tanto tipo 1 como tipo 2, pueden usar antivirales comunes como Aciclovir para reducir los brotes y minimizar el riesgo de transmitir el virus.

Pero las mejores medidas de protección no son mecánicas ni médicas, sino conductuales. Comienzan con una actitud proactiva hacia la salud sexual. La transparencia sobre las prácticas sexuales y prevención de riesgos, y la capacidad de hablar de sexo sin miedo ni vergüenza son la base de una buena estrategia de prevención de los riesgos de las ITS. Tu actitud respecto a la salud sexual determina no solo las estrategias que usas para prevenir el riesgo, sino también cómo te comunicas con las personas con quienes te relacionas.

Transparencia

Las relaciones poliamorosas éticas requieren revelar información privada sobre tus relaciones actuales, porque sin ello, quien se va a relacionar contigo no puede dar un consentimiento informado. Cada persona requiere un nivel de transparencia diferente, lo que significa que parte de un manejo responsable de la información privada es hacer preguntas proactivamente sobre los límites, definiciones y necesidades que alguien tiene respecto a esa información.

El objetivo de esa revelación de datos personales no es solo dar información para poder tomar decisiones respecto a salud sexual y prevención de ITS, sino para dar una visión general de las obligaciones y compromisos románticos que puedes haber asumido y otros factores que podrían limitar el tiempo y energía emocional que puedes ofrecer. Cuando Franklin habla con una nueva relación potencial, habla de todas sus relaciones románticas, incluso de su relación no sexual con Amber.

La información completa del estado de ITS también requiere revelar todas las relaciones sexuales anteriores. Muchas personas dentro de la comunidad poliamorosa sienten que, simplemente, intercambiar los resultados de los análisis de ITS no es suficiente. Los resultados de los test son una foto fija, recogiendo el estado de ITS en un punto concreto en el tiempo; la historia sexual pasada puede dar una imagen más completa, mostrando patrones de conducta y niveles de tolerancia al riesgo. El factor más importante para el riesgo de VPH (del que hablamos más adelante en este capítulo), por ejemplo, es el número de parejas sexuales que alguien ha tenido el año anterior. Muchas personas poliamorosas querrán tener información sobre la biografía sexual de una relación potencial antes de tomar decisiones respecto a citas y/o relaciones sexuales.

Algunas personas sienten que ese nivel de revelación de datos personal es innecesario, especialmente quienes no practican sexo sin protección. De todos modos, confiar únicamente en la protección no es suficiente para todo el mundo, ya que no es 100% efectiva. Y algunos virus, como el herpes y el VPH, se pueden transmitir por contacto de la piel, por lo que la protección es menos efectiva para prevenir estos virus que para otras ITS. Dado que cada persona tiene una idea diferente respecto a cuáles son unos niveles aceptables de riesgo, debes tener la predisposición a hablar abiertamente sobre tu biografía sexual y tus límites (o, al menos, tener la voluntad de decir «creo que no somos compatibles» a alguien que requiere ese nivel de información).

Las personas que vienen de la monogamia, o que llegan al poliamor desde el *swinging*, pueden no estar acostumbradas a manejar este nivel de transparencia respecto a su biografía sexual y comportamiento personal. Dentro de la comunidad poliamorosa, a menudo (pero no para todo el mundo) se considera parte rutinaria de las negociaciones sobre límites sexuales.

Evaluación de riesgos

Es un hecho: evalúas pésimamente los riesgos de una forma objetiva. Lo mismo nos pasa en nuestro caso, y lo mismo le sucede a cualquier persona que conozcas. Nuestros cerebros valoran mal el peligro real frente al peligro percibido. Nos da miedo volar en avión pero nos metemos en un coche –que es una manera más peligrosa de viajar– sin dudarlo. Nuestra valoración emocional del riesgo está muy distorsionada respecto a posibilidades espectaculares pero poco probables, y tendemos a situaciones en las que tenemos sensación de control. Nuestros cerebros también son pésimos entendiendo la probabilidad, lo que nos lleva a decisiones irracionales. Por ejemplo, si vas en coche a 15 kilómetros para comprar un cupón de lotería, tienes muchas más probabilidades de morir en un accidente que de ganar la lotería. Además, la investigación ha demostrado que nuestra percepción del peligro es colectiva; depende más del grupo social concreto del que somos parte que del nivel real de peligro.

La incapacidad para valorar el riesgo se aplica tanto al sexo seguro como a cualquier otra cosa en nuestra vida. Tememos el SIDA pero no la hepatitis, aunque la hepatitis en más común y mata cada año a más personas en EE. UU. Añade a eso el estigma asociado a las ITS y no es sorprendente que una valoración realista del riesgo de las ITS sea algo complicado. Tendemos a tratar de manera muy diferente a alguien que ha tenido gonorrea que a alguien que ha tenido amigdalitis, aunque ambas son infecciones bacterianas que a veces son resistentes a los antibióticos, a veces peligrosas, pero generalmente curables.

Nuestra valoración emocional del riesgo hace probable que percibamos el peligro como mayor cuando no nos beneficiamos de él que cuando lo hacemos. Eso significa que es probable que sientas más miedo cuando la persona con quien tienes una relación tiene más amantes, que cuando eres tú quien tiene más amantes, aunque el perfil de riesgo de ITS de las personas con las que se relaciona tu pareja y con las que te relacionas tú sea el mismo, y aunque tengamos un grado más de separación respecto a las relaciones de nuestras relaciones.

Lo primero que debemos entender sobre las ITS es que, al igual que conducir un coche o subir una escalera de mano, no existen garantías de que el sexo será absolutamente seguro. Incluso si una persona previamente célibe comienza una relación totalmente monógama, eso no es una garantía. Muchas infecciones de transmisión nominalmente sexual, incluidos el herpes y el VPH, a menudo también tienen una transmisión no sexual. En los EE. UU., más personas contraen herpes 1 (a menudo manifestado como úlceras bucales) en contactos no sexuales que sexuales, normalmente en la infancia.

Dado que el sexo supone cierto nivel de peligro, la pregunta auténtica no es «¿Cómo podemos estar totalmente a salvo?» si no «¿Qué nivel de riesgo es aceptable?». La respuesta varía según la persona. El uso de protección, hacer tests regulares y tener diálogos honestos sobre la propia biografía sexual son una combinación efectiva para la prevención de las ITS. No garantizan una seguridad absoluta, pero la combinación de esas cosas probablemente reduzca el riesgo por debajo del de muchas cosas que hacemos todos los días, como usar el coche para ir al supermercado o usar una escalera de mano.

La estrategia que usamos en nuestro caso es hacernos tests de ITS regularmente, normalmente una vez al año y también cuando estamos valorando comenzar una nueva relación. Intercambiamos los resultados de los tests con las nuevas relaciones potenciales antes de cualquier actividad que pueda involucrar el intercambio de fluidos corporales. Eve, como otra mucha gente, tiene una hoja de cálculo donde anota sus tests e historial de vacunas, así como un año de historial sexual, en una carpeta de Google Drive, junto con los PDF de los resultados de los tests y los informes de vacunación. Como puede acceder a esos documentos desde su teléfono, se los puede mostrar a cualquier persona que pueda necesitar verlos, cada vez que se lo preguntan. También comparte esa carpeta con sus relaciones a largo plazo.

Tests de ITS

Otro hecho: verificar los resultados negativos de los tests es una protección muy eficaz contra las ITS más comunes. Esa es una de las razones por las que los tests son el método más habitual para prevenir las ITS entre personas poliamorosas. La mayoría de las personas poliamorosas realizan tests de manera regular, típicamente entre seis meses y cada año, dependiendo de la estabilidad de su red más cercana. Pedir copias de los resultados de las pruebas no produce habitualmente sorpresa entre personas poliamorosas. «Confía pero confírmalo» es una frase que oirás a menudo. Convertir la verificación en un procedimiento estándar protege a todo el mundo de la posibilidad de la falta de honestidad o el mal criterio debido a la ENR sin acusar directamente.

Los diferentes tests de ITS tienen distintos niveles de eficacia. En la tabla de las páginas 522-523 damos información sobre las ventanas de los tests en 2014, pero los tests de ITS son algo que se debe hablar con profesionales de la medicina, que pueden aportar detalles actualizados sobre los tipos de tests y su efectividad. ¡No temas hacer preguntas sobre los detalles de los tests que te entregan! Nuestra tabla incluye tipos de pruebas y ventanas de resultados para varias ITS. Creamos esa tabla reuniendo investigaciones sobre la prevalencia de varias ITS y el riesgo de transmisión de varios tipos de actividades sexuales. La información reunida aquí representa una visión general de la documentación disponible actualmente en Norteamérica. Por supuesto, los factores de riesgo y prevalencia pueden variar geográficamente y cambiar con el tiempo; esta tabla debe ser usada como punto de partida cuando se habla de salud sexual y al hacer tu propia investigación.

Un hecho desafortunado sobre la vida poliamorosa es que hay un pequeño número de personas poliamorosas que no se hacen tests de ITS ni usan ninguna prevención porque han caído víctimas de teorías de la conspiración y no creen que las enfermedades como el SIDA existan. Afortunadamente, esas personas son pocas, pero desgraciadamente, existen. Esta es otra razón por la que es importante hablar con una relación potencial sobre tests de ITS, salud sexual e historial sexual.

Vergüenza e ITS

Las ITS y las pruebas de ITS a menudo están rodeadas de estigmatización y vergüenza. Esto puede influir en las relaciones poliamorosas de muchas maneras. Algunas clínicas de salud sexual, especialmente en pequeñas ciudades, es sabido que han avergonzado a las personas (a las mujeres más a menudo que a los hombres, en las anécdotas que nos han llegado) que piden pruebas de ITS de manera regular. Muchas personas poliamorosas se hacen pruebas regularmente, aunque existe la percepción entre profesionales de la salud de que las pruebas son innecesarias en las relaciones estables. En nuestro caso creemos que es importante tener una actitud abierta sobre nuestras relaciones poliamorosas con quienes nos atienden en los centros de salud, pero al mismo tiempo, reconocemos que algunas personas en la comunidad médica prejuzgan y critican las relaciones no tradicionales.

Es útil recordar que tu profesional de la salud trabaja para ti. Siempre puedes despedirle y cambiar de profesional. Siempre que sea posible, si te estigmatizan o te avergüenzan tus profesionales de la salud, defiéndete. Diles que su conducta es inadecuada. Si es posible, valora la posibilidad de presentar una queja formal, de cambiar de profesional o ambas cosas. En el apartado de recursos de este libro incluimos información sobre cómo encontrar profesionales de la salud que están a favor de las relaciones poliamorosas.

Algunas personas se sienten demasiado avergonzadas y cohibidas para pedir pruebas de ITS. Algunas personas piensan que pedir ver el resultado de esos tests, o que se los pidan, es una muestra de falta de confianza. Pero cualquiera puede tener una ITS y no saberlo. Pedir pruebas no significa que no confíes en la persona con quien tienes una relación; significa que tienes en cuenta que los microbios no responden a los valores humanos de bueno o malo, o de confianza y desconfianza.

La gente considera las ITS como algo vergonzoso de una manera que no consideramos otras enfermedades. En parte, se debe a un condicionamiento social. La vergüenza en torno a las ITS, como el miedo a las ITS, puede ser parte de actitudes negativas hacia el sexo. Como resultado de eso, muchas personas que tienen ITS, especialmente herpes, son tratadas mal por otras personas, incluso si, como sucede a menudo, la infección no se transmitió sexualmente.

Desgraciadamente, esto es tan común entre las personas poliamorosas como entre las monógamas. Muchas personas reaccionan con horror ante la información de que alguien tiene algo leve como herpes. Hemos oído a mucha gente decir «¡Nunca valoraría como relación potencial a alguien con herpes!», aunque, irónicamente, quizá la mitad (o más) de las personas que dicen eso, en realidad, tienen herpes ellas mismas y no lo saben[1]. Muchas de esas personas son asintomáticas o tuvieron un brote, del que es fácil que no fueran conscientes, y nunca vuelven a tener un brote. Un amigo de Franklin, por ejemplo, quería iniciar una relación con una mujer que tenía VHS de tipo 1, pero su esposa se opuso. Al final, las tres personas decidieron hacerse pruebas de VHS a la vez, por las que la esposa descubrió que ella misma tenía herpes, y simplemente, nunca lo había sabido.

Una persona con ITS no es sucia ni promiscua. Ni tampoco supone necesariamente un peligro. Franklin ha tenido durante más de una década una relación con una persona con herpes hasta hoy en día y él se hace pruebas regularmente, pero nunca ha dado positivo.

Debido a que mucha gente le tenemos miedo a las ITS, y debido a que es legítimo y razonable proteger la propia salud sexual, el miedo a las ITS se ha convertido en una «puerta trasera» para controlar a nuestras relaciones por nuestro propio interés. Nos puede resultar complicado decir «No quiero que tengas sexo con Susan porque siento celos de ella», pero se puede encontrar más sencillo (¿más razonable?) decir «No quiero que tengas sexo con Susan porque me preocupan las ITS». Cuando haces eso, el miedo a las ITS se convierte en una excusa para otras preocupaciones que no se están abordando de forma honesta.

Semejante manipulación puede incluso no ser intencionada. Debido a las emociones que nos provocan las ITS, una persona

---

1 Aunque cerca del 60% de personas en Norteamérica tienen VHS-1 y VHS-2, entre el 80 y 90% no son conscientes de que lo tienen.

que no nos gusta nos puede provocar más miedo sobre las ITS que otra persona que nos gusta. Ese miedo puede influir sutilmente en la manera en que nos sentimos sobre las decisiones respecto al sexo de la persona con quien tenemos una relación y su valoración de los riesgos. Por supuesto, el riesgo de las ITS no afecta a todo el mundo de la misma manera. Incluso las ITS relativamente leves pueden ser más peligrosas para personas con sistemas inmunitarios comprometidos o personas gestantes. Pero lo mismo se aplica a otros riesgos. Una aproximación racional a los riesgos de las ITS debe incluir la idea de que la vergüenza en torno a las ITS no es razonable.

Hablando de coches, ¿no es curioso que aceptemos la posibilidad de sufrir mutilaciones o morir al ir en uno hasta la casa de la persona con quien tenemos una relación, pero que a menudo nos aterroricen las ITS que, en la mayoría de los casos, no son en absoluto potencialmente tan dañinas? Existen algunas ITS mortales, pero son escasas, especialmente en las redes poliamorosas. Generalmente son las que son muy fáciles de prevenir con condones, como muestra la tabla en las páginas 522-523. Las ITS comunes como el herpes (que estadísticamente afectarán al 60% de las personas leyendo este libro) son, para la mayoría, molestias en el peor de los casos, mucho menos serias que las posibles consecuencias de un accidente de tráfico. Nos arriesgaremos a una muerte macabra para visitar a la persona con quien tenemos una relación, pero tenemos demasiado miedo para expresar intimidad física con esa persona una vez que llegamos a nuestro destino. Esto no quiere decir que no nos preocupen las ITS. Simplemente creemos que las investigaciones y el manejo racional del riesgo son mejores que el miedo irracional.

Negociando la tolerancia al riesgo

Cuando se habla de los límites respecto al sexo seguro y tolerancia al riesgo, recuerda que no hay una única respuesta. El nivel de todo el mundo respecto a un riesgo asumible es diferente, y cada persona usa diferentes medidas para valorar el riesgo. Puede parecer un cálculo simple –mira los números, decide cuál es tu umbral, actúa en consecuencia– pero las decisiones humanas nunca son tan lógicas.

Todo el mundo debemos decidir el nivel de riesgo que pensamos aceptar en nuestra vida sexual. Esa decisión es una parte importante de actuar con autonomía. Cada cual es responsable de proteger su propia salud sexual y eso incluye tomar decisiones sobre qué riesgos aceptaremos. Parte de esa decisión será emocional, y es algo normal.

Del mismo modo que tienes el derecho a escoger tu propio nivel de riesgo aceptable, también lo tienen el resto de personas. Estigmatizar a otras personas por sus decisiones no está bien. Eso incluye estigmatizar no solo a quiénes toman decisiones más conservadoras que las tuyas, sino también las menos conservadoras. Hemos oído decir a algunas personas «No se puede confiar en tal-persona, porque hace cosas que creo que son peligrosas». Está bien decidir no involucrarse sexualmente con alguien cuyos niveles de riesgo aceptable son más altos que los nuestros, pero eso no convierte a esa persona en alguien en quien no se puede confiar, imprudente o ingenua. El grado de riesgo del que estamos hablando aquí es relativamente pequeño incluso para alguien que, comparativamente, tiene unos límites más relajados.

Infecciones de transmisión sexual: la letra pequeña

A continuación entraremos en los detalles sobre las que se consideran infecciones de transmisión sexual, las vías de transmisión, sus efectos y las opciones de tratamiento. La tabla de las dos páginas siguientes resume los datos, que se suman al resto de detalles que tratamos en el capítulo. La información que damos aquí es específica para el contexto norteamericano y asume que tienes acceso a un nivel básico de atención médica (por ejemplo, acceso a condones, tests y antibióticos).

Ten en cuenta que los datos que damos aquí representan valores medios en la población general, y que algunos grupos concretos tienen un riesgo mucho mayor que otros. Por ejemplo, en 2010 el centro para control y prevención de enfermedades de EE. UU. (*U.S. Centers for Disease Control and Prevention*) estimaba que en torno a «un 1'92% (1 de cada 52) de las personas hispanas/latinas se les diagnosticaría VIH en sus vidas, comparado con el riesgo potencial estimado para diagnosis de VIH de 0'59% (1 de 170) en personas blancas y 4'65% (1 de 22) en negras/afroamericanas». Y a nivel nacional, la mitad de los diagnósticos de VIH corresponden a hombres que tienen sexo con hombres.

El nivel de conocimiento sobre ITS está cambiando rápidamente, y parte de la información facilitada aquí es probable que se quede anticuada pronto. Por esta razón, debatimos sobre si incluir información detallada sobre ITS en este libro. Decidimos incluirla junto con esta advertencia, porque para muchas personas, el nivel de miedo sobrepasa con mucho sus posibilidades de acceso a los datos reales. Esperamos que la información que damos a continuación te ayude a comprender lo que hay por ahí y a tener una idea de cuál es el nivel de riesgo real.

Si tuviéramos que elegir una sola cosa que nos gustaría que recordaras de esta información es esta: las ITS son menos comunes y más ubicuas de lo que la mayoría de la gente imagina. Son menos comunes en el sentido de que las ITS que vienen a la mente cuando se habla de este tema, como el VIH, en realidad son mucho menos comunes y mucho más difíciles de contagiar de lo que se cree habitualmente. Y normalmente las infecciones leves que son una de las causas principales de estigma y vergüenza como el VHS (herpes), en realidad son tan comunes que la mitad de la población de Norteamérica o más está infectada de herpes oral o genital y no lo sabe. Y la ITS más común de todas, el VPH, es una de las que mucha gente no es consciente ni de que existe.

Tomada en su conjunto, esperamos que esta información, en lugar de crear miedo, te ayude a comprender que algunos riesgos de las ITS son inevitables y manejables. Con unas precauciones razonables, como las pruebas, transparencia, vacunas y el uso de protección, puedes protegerte muy bien de casi todo lo que te puede causar daños graves. Al mismo tiempo, con casi total seguridad, una ITS entrará en tu red poliamorosa en uno u otro momento. Puede ser una extremadamente común como el VHS, o puede ser una infección menos común pero igualmente extendida (y perfectamente curable) como la clamidia. Protégete de todas las maneras: sé inteligente y mantente a salvo. Pero ni pierdas los papeles cuando se trata de sexo, ni hay por qué estigmatizar y aislar a quien ha contraído una ITS.

INFECCIONES DE TRANSMISIÓN SEXUAL MÁS COMUNES (ITS)[1]

	Prevalencia en la población (%)	Personas que ignoran que la tienen (%)	¿Existe vacuna?
Clamidia	0'5 (0'3 en Canadá)	ND	No
Gonorrea	0'1 (0'03 en Canadá)	ND	No
Sífilis	0'005 (EE. UU. y Canadá)	ND	No
VIH	0'6 de personas adultas entre 15 y 49 (la mitad de los casos entre hombres que tienen sexo con hombres)	1 5 (25 en Canadá)	No
VHS-1	54-62	ND	No
VHS-2	16-22	80-94	No
VPH	27 de las mujeres entre 14 a 59 (infección activa) (10-33 en Canadá)	ND	Sí
Hepatitis A (infección aguda)	0'0004 (0'001 en Canadá)	ND	Sí
Hepatitis B (infección crónica)	0'03 (0,7-0,9 en Canadá)	ND	Sí

---

1   Todos los datos corresponden a los EE. UU., excepto si se indica lo contrario. La mayoría de los datos son de 2012, pero abarcan desde 2008 hasta 2012. ND significa que no había datos disponibles.

¿ES CURABLE?	TIPO(S) DE TEST(S)	PERÍODO VENTANA[1]
Sí	Hisopo, frotis o test de orina	2 a 3 semanas; a veces hasta 6 semanas
Sí	Ídem	7 días
Sí	Ídem	3 semanas a 3 meses
No, pero se puede tratar	Análisis de sangre o muestra oral (OraQuick rápido test de anticuerpos)	Desde 48 horas como poco a 3 meses
No, pero se puede tratar	Hisopo, frotis o análisis de sangre	Cuando aparecen úlceras; 12 a 16 semanas para los análisis de sangre
No, pero se puede tratar	Hisopo, frotis o análisis de sangre	Cuando aparecen úlceras; 12 a 16 semanas para los análisis de sangre
No, pero hay tratamientos para los problemas de salud que causa el VPH	Examen visual (para verrugas genitales). Tests de Papanicolau y tests de VPH En Canadá, se han aprobado tests de ADN para el VPH en mujeres.	Depende del test
Sí	Análisis de sangre	2 a 7 semanas
Sí	Análisis de sangre	4 semanas

1   Tiempo desde la infección al resultado positivo en las pruebas

Sospechosos habituales

Cuando la gente dice cosas como «me he hecho las pruebas» o «no tengo nada», normalmente se refiere a un conjunto concreto de ITS, lo que llamamos «sospechosos habituales»: VIH, clamidia, sífilis y gonorrea. Esas son las infecciones de las que la mayoría de clínicas de ITS harán pruebas cuando alguien acude para las pruebas rutinarias. Si dices «me han hecho pruebas de todo» es muy probable que no sea cierto: probablemente te han hecho pruebas de esas cuatro. No son las únicas ITS, y además hay algunas ITS de las que es raro que se hagan pruebas. Hablaremos de esas otras más adelante en este capítulo.

Clamidia. Es una infección de transmisión sexual muy común, con 1 de cada 200 personas diagnosticadas cada año en los EE. UU., donde afecta en torno a un millón de personas. Es causada por una bacteria que infecta las mucosas. Puesto que no necesita entrar en el torrente sanguíneo, se transmite fácilmente mediante la cópula, intercambio de juguetes eróticos o por otras formas de intercambio de fluidos. La clamidia también puede infectar el recto, la garganta o los ojos en el sexo anal u oral.

Como con la mayoría de ITS, la clamidia es asintomática en la mayoría de las personas infectadas, por lo que la única forma fiable de saber si la tienes es mediante pruebas, que se hacen tomando muestras de la uretra, en los penes, o del cérvix, en las vaginas. Las personas con síntomas pueden notar una secreción o quemazón al orinar. La clamidia puede permanecer sin ser detectada durante meses o años, y desde el útero puede evolucionar posteriormente a una enfermedad inflamatoria pélvica, lo que puede causar cicatrizaciones internas con efectos reproductivos que pueden llegar a la infertilidad.

La clamidia por lo general es fácilmente curable con antibióticos. Cuando a una persona se le diagnostica clamidia, es común tratar a todas sus parejas sexuales, sin que sea necesario hacer también pruebas de clamidia a esas personas.

Gonorrea. Otra infección bacteriana que ha estado causando problemas a los seres humanos desde la Edad Media, o posiblemente, desde tiempos bíblicos. En torno a una persona de cada 1.000 es diagnosticada cada año en los EE. UU. La gonorrea se transmite fácilmente durante el sexo vaginal y anal. También es posible contagiarse de gonorrea en la garganta durante el sexo oral. Los condones son altamente eficaces para prevenir su transmisión.

La gonorrea se diagnostica mediante cultivo de una muestra. Es curable con antibióticos, aunque se ha hecho resistente a muchos. En los últimos años, se han encontrado algunos casos que son resistentes a múltiples antibióticos, haciendo las infecciones de dichas cepas extremadamente complicadas de tratar. La mitad de las mujeres infectadas no tienen síntomas, pero quienes muestran síntomas tienen secreciones o dolor vaginal. La mayoría de los hombres infectados sienten dolor al orinar y secreciones inusuales. Si no se trata, la gonorrea puede causar enfermedad inflamatoria pélvica o propagarse por todo el cuerpo afectando a las articulaciones y el corazón.

Sífilis. Infección bacteriana fácilmente curable y poco frecuente, al menos en los países más desarrollados. Eso no siempre ha sido así; la sífilis es una de las más antiguas infecciones de transmisión sexual conocidas, y fue en su momento un azote mortal que afectó a muchas personas célebres. Los síntomas incluyen úlceras y sarpullidos, provocando, si no se trata, daños neurológicos y la muerte.

La sífilis se transmite a través del sexo oral, anal o vaginal y (rara vez) a través de besos cercanos a alguna lesión. Es altamente transmisible, por lo que si tienes sexo con alguien que la tiene, es muy probable que te contagies. Las barreras de látex ofrecen alguna protección contra la sífilis, pero son escasos los datos fiables. De todos modos, el riesgo que corres de encontrarte con la sífilis es muy bajo (al menos si vives en Norteamérica). Se diagnostica mediante un análisis de sangre, que normalmente –pero no siempre– se incluye como parte de las pruebas rutinarias de ITS.

VIH. El acrónimo VIH significa Virus de la Inmunodeficiencia Humana. Para muchas personas (especialmente si, como en nuestro caso, llegaste a la mayoría de edad en los años 80) es una de las ITS que provoca más miedo. También es una de las más improbables de encontrar, al menos si vives en Norteamérica y a menos que seas un hombre gay o bisexual. (Casi la mitad de todos los casos de VIH se dan en hombres que tienen sexo con hombres.) El VIH es un virus que ataca el sistema inmunitario humano; es la causa de la enfermedad conocida como SIDA, que significa Síndrome de Inmunodeficiencia Adquirida. El SIDA te puede matar, como pueden otras muchas infecciones comunes si tu sistema inmunitario se ve comprometido por el SIDA. No existe cura para el VIH o SIDA, pero hoy en día hay tratamientos altamente eficaces (para quienes pueden pagarlos) para mantener la enfermedad bajo control. Un diagnóstico de VIH era en su momento considerado una sentencia de muerte, pero ya no es así. Muchas personas con VIH hoy tienen una esperanza de vida normal con pocos o ningún síntoma (aunque bajo un duro régimen de medicación), y muchas han vivido durante años sin una carga vírica detectable.

El VIH se puede transmitir por los fluidos corporales incluyendo la sangre, el semen, los fluidos vaginales y la leche materna. Además del sexo, se puede transmitir mediante agujas hipodérmicas, transfusiones de sangre, embarazo o lactancia materna. El VIH entra en el cuerpo o bien directamente a través del riego sanguíneo (como con las agujas infectadas) o a través de las mucosas. El sexo anal es sustancialmente más peligroso para transmitir el VIH que el sexo vaginal, y ser el miembro receptivo es más peligroso que ser el miembro que penetra. El riesgo de transmisión mediante sexo oral, sea dándolo o recibiéndolo, es extremadamente baja. Los condones son altamente eficaces para prevenir la transmisión del VIH.

El VIH se detecta mediante análisis de sangre o una muestra oral. El test es más o menos la única manera de saber si lo tienes. La mayoría de la gente con VIH no tiene síntomas durante años antes de desarrollar el SIDA.

Hepatitis

Paradójicamente, la mayoría de la gente no piensa en las hepatitis como una ITS, aunque sea una de las más comunes; y de las más peligrosas. La palabra *hepatitis* se refiere en general a cualquier infección del hígado, pero normalmente se refiere a la hepatitis A, B o C, causadas por virus. La hepatitis A se transmite al consumir partículas fecales infectadas, como al ingerir alimentos contaminados o (rara vez) al practicar sexo oral. La hepatitis B se puede transmitir sexualmente, y ambas, hepatitis B y C, se pueden transmitir a través de la sangre. La hepatitis

C no es consideraba una ITS por lo general. Las tres cepas de hepatitis se diagnostican a través de análisis de sangre. Muchas clínicas de ITS hacen pruebas de hepatitis B de manera regular actualmente, pero muchas todavía no.

La mayoría de los casos de hepatitis A o B en los países más desarrollados (donde la gente tiene un acceso adecuado al descanso, nutrición y agua potable) se resuelven por sí mismos. Los tratamientos antivirales se usan a veces para la hepatitis B. En algunos casos, de todos modos (en torno al 5% de personas adultas infectadas), la hepatitis B se puede volver crónica, a menudo derivando en cirrosis e insuficiencia hepática.

Con mucho, la mejor protección contra la hepatitis es la vacunación. Existen vacunas seguras y eficaces para la hepatitis A y B, y están cubiertas por la mayoría de pólizas de seguros. Si en tu centro de salud no la tienen (o no tienes un centro de salud donde acudir), las clínicas de vacunación internacional –especializadas en medicina preventiva para quienes viajan al extranjero– son un lugar donde es fácil conseguirlas.

Ahora las infecciones más comunes pero menos graves:

VHS (herpes)

El VHS, o virus del herpes simple, es una de las dos infecciones de transmisión sexual más comunes. Hay distintas variantes, o cepas, de herpes. Las dos que normalmente asociamos con el nombre *herpes* son herpes 1 y herpes 2, que causan lesiones cutáneas que pueden aparecer en nuestra cara o en los ojos, cerca de los genitales o en otras partes del cuerpo. La varicela es causada por una cepa diferente del virus del herpes, llamado virus varicela-zoster o herpes 3, también causa la «culebrilla» del herpes zoster. La mononucleosis es una variante del herpes llamado virus de Epstein-Barr (VEB) o herpes 4. Hay otras variantes de herpes, incluido el citomegalovirus (herpes 5), un par de virus del herpes que causan una enfermedad infantil común llamada roseola (herpes 6 y 7), y una variante muy rara que solo se encuentra en personas inmunodeprimidas que lleva a un tipo de cáncer llamado sarcoma de Kaposi (herpes 8).

La mayoría de la gente cree que el herpes 1 provoca herpes labial y el herpes 2, herpes genital, pero esto no es exactamente así; cada cepa puede afectar cualquier parte del cuerpo. Son increíblemente comunes; de acuerdo a un estudio reciente, más de la mitad de personas adultas en Norteamérica tienen el VHS-1 y una de cada seis tiene VHS-2. La mayoría de la gente que tiene herpes no es consciente de ello; otro estudio mostraba que de las personas seropositivas por herpes en Norteamérica, menos del 20% eran conscientes de ello. Como mencionamos antes, eso significa que en torno a la mitad de personas en Norteamérica son portadoras de herpes pero creen que no.

Una de las razones por las que tan poca gente portadora de herpes lo sabe es que, en la mayoría de la gente, el herpes provoca solo un brote y luego se mantiene latente durante años o décadas. Muchas personas se contagian en su infancia. Los brotes, especialmente los de herpes genital, a menudo son tan suaves que no se reconocen como tales.

La vergüenza y estigmatización asociada al herpes es mucho peor que la infección misma. Esto es especialmente irónico teniendo en cuenta que, estadísticamente, muchas de las personas que proclaman a viva voz que nunca tendrían sexo con alguien con herpes, en realidad, tienen herpes y no lo saben.
Si nunca te has hecho pruebas específicas de herpes, no asumas

que no lo tienes, y no pierdas los papeles si alguien con quien tienes o podrías tener una relación te dice que lo tiene. No asumas que te has hecho pruebas de herpes porque te han hecho pruebas de ITS. La mayoría de las clínicas no hacen pruebas de herpes a no ser que se les pida específicamente, e incluso en muchas clínicas se niegan a hacerlo por lo común y leve que es, y lo grande que es el estigma asociado.

Se tiene la idea de que tener sexo con alguien que tiene herpes es una apuesta segura para contagiarse, pero no es cierto. No hay una forma infalible de garantizar la protección, pero las barreras de látex, la medicación antiviral, los suplementos de lisina e incluso la reducción del estrés pueden reducir el riesgo de transmisión.

El herpes es muy a menudo propagado por otras vías además de la sexual; cualquier contacto piel con piel, incluso un contacto indirecto, puede propagar el virus. Muchas personas contraen el VHS-1 en su infancia en contactos no sexuales con otras personas que lo tienen. Entre deportistas se puede propagar el VHS mediante el contacto de la piel; cualquier deportista que practica deportes de contacto puede desarrollar infecciones en la punta de los dedos, una infección cutánea causada por el VHS-1 o VHS-2.

En otras palabras, no puedes asumir que no tienes herpes (si no te has hecho pruebas), no puedes asumir que te contagiarás sin duda si lo tiene la persona con quien tienes una relación y no puedes asumir que no te contagiarás si nunca has tenido una relación con alguien que lo tuviera. El miedo es radicalmente desproporcionado al riesgo. Con una excepción: durante el parto, el herpes puede pasarse al bebé con efectos graves. Una madre gestante con un brote activo de herpes puede necesitar un parto por cesárea.

El herpes es más transmisible durante un brote activo que causa un herpes labial. Los brotes se pueden prevenir o controlar con antivirales como aciclovir. En el momento de escribir este libro, se están haciendo las primeras pruebas clínicas para una vacuna contra el herpes. De tener éxito, dicha vacuna podría estar en el mercado en la próxima década. Esto tiene el potencial de cambiar drásticamente el panorama de las infecciones por herpes. Hasta que esa vacuna esté disponible, la mejor defensa contra el herpes es el conocimiento. Creemos que muchas personas son innecesariamente estigmatizadas por tener herpes, y que todos los días todo el mundo nos dedicamos a actividades mucho más peligrosas que tener una relación con alguien con VHS.

VPH

El VPH, o virus del papiloma humano, es la ITS que es más probable que te encuentres. De hecho, más del 80% de la gente estará expuesta al VPH en algún momento de su vida, y entre el 10 y el 40% de la gente tiene una infección activa en este momento, con los valores más altos de infección en personas por debajo de los 25 años.

El VPH es un virus asociado al cáncer cervical y las verrugas genitales, y ahora se está relacionando también con el cáncer de garganta y de recto. En torno a 1 de cada 150 mujeres desarrollan cáncer cervical en sus vidas, y 1 de 435 morirán por esa causa. Aunque pueda sonar aterrador, es un riesgo significativamente más bajo que el de otros tipos de cáncer (como el cáncer de mama, que cuesta diez veces más vidas). Y el cáncer cervical y la enfermedad precursora son muy curables si se detectan a tiempo mediante pruebas regulares y test de Papanicolaou.

Contrariamente a lo que mucha gente cree, no hay un test fiable para el VPH; como puede infectar muchas áreas y la infección es localizada, son comunes los falsos negativos. Si eres una mujer y has tenido alguna prueba de Papanicolaou con resultados anormales, probablemente hayas estado expuesta al VPH. Te puedes infectar con VPH en el recto y en la garganta así como en otras partes del área genital aparte del cérvix. Los cuerpos de la mayoría de la gente se limpian de una infección de VPH cada uno o dos años; durante ese tiempo puede contagiar la infección, pero normalmente no después. Algunas infecciones, de todos modos, permanecen. Pueden causar cáncer e infectar a otras personas años después de la infección.

Muchas personas creen que, puesto que casi todo el mundo se ha visto o se verá expuesto al VPH en su vida, no tiene sentido protegerte. Eso no es cierto. Hay cientos de cepas de VPH, docenas de las cuales pueden provocar cáncer. Incluso si te has infectado ya con una cepa, todavía puedes infectarte de otra, y hay algunas evidencias de que la coinfección con más de una cepa aumenta el riesgo de cáncer, aunque todavía no hay consenso científico sobre este punto.

Las vacunas para el VPH están disponibles para proteger de las cepas más abundantes, que juntas son responsables del 70 % de los cánceres cervicales y del 90 al 95 % de los casos de verrugas genitales. Las barreras como los condones dan alguna protección contra el VPH, pero no se recomiendan como una estrategia fiable de reducción del riesgo. Pero entre barreras y vacunas puedes tener una protección bastante decente. Además, las barreras reducen desproporcionadamente las infecciones de VPH más peligrosas: las que son más probables que provoquen cáncer cervical. También puedes comprar ropa interior de látex en internet; vale la pena tenerla en cuenta para la protección (frente a VPH o VHS) en encuentros casuales. Y se recomienda hacerte pruebas de Papanicolaou con la periodicidad que te indican en tu centro de salud y asegúrate de que sepan que mantienes relaciones sexuales con varias personas.

Un gran número de profesionales de la medicina te dirán que la vacuna de VPH solo está disponible para mujeres por debajo de los 26 años de edad. No es cierto. Cualquiera, de cualquier género o edad, puede obtener la vacuna; de todos modos, probablemente, tendrás que pagar por ella. En el momento de escribir este libro, la vacuna costaba en torno a 150 dólares por dosis, y se requieren tres dosis durante un período de seis meses. Hay profesionales de la medicina que no son conscientes de que la vacuna se puede dar a personas por encima de 26 años; puede que debas informar al profesional de tu centro de salud. En los EE. UU., puedes obtener la vacuna fácilmente en *Planned Parenthood*; en Canadá, en las clínicas de medicina internacional también la dispensan sin problema.

El factor de riesgo número uno más controlable para el VPH es el número de parejas sexuales que tienes. Para reducir el riesgo de exposición al VPH como a otras ITS, algunas personas deciden limitar la cópula a pocas personas en su vida, mientras que tienen otras prácticas sexuales no penetrativas con el resto de relaciones. El riesgo de VPH es otra buena razón para entender los historiales sexuales de las personas con quién estás valorando tener sexo, incluso si pueden presentar los resultados de tests de los sospechosos habituales (que no incluye el VPH). Cuantas más parejas sexuales tiene –o ha tenido– alguien, más puedes querer limitar las actividades que haces con esa persona o solo tener sexo con protección.

Estaríamos mintiendo si dijéramos que no hay que tener miedo a nada, o que no existe una manera de reducir el riesgo a contraer VPH. Pero al mismo tiempo, vemos demasiados prejuicios y miedo ante las personas que han dicho que tienen VPH. La mayoría nos expondremos al virus, a pesar de todos nuestros esfuerzos, al menos una vez en nuestras vidas, y la mayoría no lo sabremos nunca. El VPH es ubicuo, y las personas que lo tienen no deben ser estigmatizadas.

Para dar cierta perspectiva, recuerda que la mayoría de las infecciones a las que te expones no son transmitidas sexualmente. Si no te lavas las manos cuando vuelves de espacios públicos, y usas un pañuelo en lugar de un dedo para limpiar tus ojos y nariz, tiene poco sentido tener pánico a las ITS. En Norteamérica tienes una probabilidad de 1 entre 30 de morir de una enfermedad infecciosa. Compara eso con los datos citados más arriba. Por supuesto, la muerte no es la única preocupación cuando pensamos en ITS: los efectos a largo plazo como la esterilidad también son posibles. Por lo que edúcate y valora los riesgos de la manera más racional posible: pero no vivas en miedo constante.

#ALGUNAS PREGUNTAS QUE PUEDES HACERTE

Todo sexo conlleva un riesgo. No hay manera de eliminar esos riesgos por completo, y es complicado para los seres humanos evaluar el riesgo de manera racional. Las preguntas a continuación están pensadas para ayudarte a minimizar los riesgos y determinar el nivel de riesgo con el que te encuentras a gusto.

- ¿Sé mi estado actual respecto a las ITS y el de todas mis relaciones? ¿Incluido VHS (confirmado con tests)?

- ¿Cómo me siento respecto a tener sexo, o que lo tenga la persona con quien tengo una relación, con alguien de quien no sé su estado de ITS? ¿Qué consideras «sexo seguro» en esas circunstancias?

- ¿Cómo me siento respecto a tener sexo, o que lo tenga alguien con quien tengo una relación, con una persona que tiene una ITS común como VHS? ¿A qué le llamo «sexo seguro» en esas circunstancias?

21

Rompecabezas poliamorosos

Se nos puede hacer daño y destrozarnos muy fácilmente,
y es bueno no olvidar que con la misma facilidad
podemos ser quienes hacen daño y destrozan.

Desmond Tutu

Nuestras experiencias en el poliamor nos han llevado a tener que enfrentarnos a dificultades, para algunas de las cuales aún no hemos encontrado la solución. Esos rompecabezas son el tema de este capítulo. Algunos de estos problemas no tienen una solución elegante. Otros parecen no tener ninguna solución en absoluto. Si te encuentras en alguno de ellos, el mejor consejo que podemos darte es que te concentres en comportarte de la manera más ética posible, en tratar con cariño a quienes te rodean y en intentar ser la mejor versión de ti que puedas. Sobre todo, usa el amor y la empatía como tus estrellas polares. Si descubres la solución a estos problemas ¡nos encantaría que nos las contaras!

Puede que te reconozcas en algunos de los ejemplos que damos. No pasa nada. Todo el mundo estamos intentando encontrar una solución en estos terrenos, y algunos de los callejones sin salida y atolladeros que nos encontramos a veces parecen una solución tentadora. Nuestro objetivo no es llamarte la atención, sino más bien avisarte de las trampas que se pueden abrir inesperadamente bajo tus pies.

Los derechos progresivos

En cualquier relación podemos llegar a acostumbrarnos tanto a una situación que progresivamente se convierte en algo a lo que se cree tener derecho. Cuando sucede en el poliamor, la disrupción y nuevos repartos que provoca una nueva relación pueden causar enfados y conflictos, si una relación ya afianzada siente que se le está quitando algo que es *suyo*. El derecho al tiempo de otra persona es uno de los tipos más obvios de derechos progresivos. Digamos que tienes dos relaciones, Linda y Richard. Richard siempre está ocupado, por lo que el año pasado solo has podido tener una cita al mes con él. Esto te deja más tiempo para estar con Linda, que está acostumbrada a verte tres o cuatro veces a la semana. En un determinado momento, la vida de Richard cambia, y pasa a tener más tiempo para ti. Por lo que ahora ves a Linda y a Richard dos veces a la semana.

Linda podría, como es natural, lamentar la pérdida de una relación con más conexión. Pero también se puede llegar a acostumbrar a lo que ella ve como la *promesa* de que tú siempre pasarás el mismo tiempo con ella. Por lo que si comienzas a compartir menos tiempo con Linda, su sensación de tristeza o soledad se puede mezclar con la de traición o indignación. Has roto una «promesa» que nunca habías hecho. Eso es un derecho progresivo.

Hemos escuchado esto con la frase «¡No está respetando mi relación!», incluso si la nueva pareja todavía recibe menos tiempo que las relaciones ya establecidas. A veces la gente descuida sus relaciones anteriores por las prisas y la intensidad de la nueva relación. Pero «descuidar» puede ser complicado de definir. Las nuevas relaciones *requerirán* que se les asignen recursos que se estaban asignando a otras actividades; sean otras relaciones, aficiones, trabajo o incluso el tiempo a solas. No solo el tiempo sino las actividades, el apoyo y el dinero pueden ser objeto de la creencia de que se tiene derecho a ellos. Comunica explícitamente las expectativas, en lugar de asumir que nada cambiará nunca. Como hablamos en «¿Quién controla tu tiempo?» en la página 285, es importante reconocer la autonomía de nuestras relaciones y recordar que su tiempo y recursos siempre son suyos para repartirlos como quieran.

Reconocer eso ayuda a despejar el camino para otra parte de la solución, que es la *gratitud*. Si crees que estás obteniendo algo como si tuvieras derecho a ello, es fácil darlo por hecho y no reconocer su valor. Recuerda que la persona con quien tienes una relación está actuando con total libertad, a partir del amor que siente por ti y de su deseo por estar contigo. Muestra tu gratitud por lo que te dan, pero entiende que no te *deben* eso mismo para siempre.

Reacciones en cadena

Cuando algo nos da miedo –perder a la persona con quien tenemos una relación, o que nos reemplacen, o no conseguir el ascenso en el trabajo que creemos merecer– podemos actuar a la defensiva, lo que puede provocar precisamente el desastre que estamos intentando evitar. Esas acciones pueden crear reacciones en cadena que a menudo son fatídicas para las relaciones.

Franklin creó una de esas profecías autocumplidas de destrucción en su relación con Ruby, descrito en el capítulo 8. Se sintió tan amenazado cuando ella comenzó su relación con Newton que empezó a actuar a la defensiva, criticándola y alejándose de ella, hasta que ella rompió con él. Él no corría peligro de ser reemplazado, pero el miedo a serlo le llevó a destruir la relación.

Cuando surgen los problemas, mírate atentamente. ¿Están tus acciones empeorando el problema? ¿Estás culpando a la persona con quien tienes una relación por algo que no ha hecho todavía, simplemente porque temes que podría hacerlo? ¿Estás, en realidad, empujándola a hacer lo que no quieres que haga? ¿Cuáles son vuestras expectativas? ¿Os las habéis comunicado de forma clara?

Otra versión de una destructiva reacción en cadena es lo que llamamos la «cadena mortífera». Normalmente empieza de forma sencilla, quizá con un compromiso que termina en un regateo en el que prescindes de algo que necesitas para ser feliz, o una serie de concesiones que se acaban convirtiendo en un derecho progresivo. O quizá has renunciado a cierto grado de autonomía física, como aceptar no relacionarte con un determinado tipo de persona o aceptar no tener cierto tipo de sexo con nuevas relaciones. Por lo que has aceptado algo y ahora no estás a gusto. Con el tiempo, tus sentimientos van derivando de «No me siento feliz habiendo tomado esa decisión» a «No soy feliz», a «Mi pareja me está pidiendo que sea infeliz», a «Tengo el derecho a que mi pareja también sea infeliz». Ahora estás jugando a la ley de Talión aplicada a la infelicidad, en la que cada cual considera que su propia felicidad está por encima de la de sus relaciones, descendiendo por la cadena mortífera hasta su amargo final.

Puedes evitar la cadena mortífera si tienes la voluntad de examinar en detalle tus prioridades, especialmente las relacionadas con tu felicidad. ¿Qué límites puedes marcar para proteger tus necesidades actuales? Si durante la negociación has renunciado a algo que resulta ser una parte esencial de tu felicidad, siempre tienes derecho a renegociarlo para recuperarlo.

El círculo de tiza caucasiano

El Círculo de Tiza Caucasiano es una obra de Bertolt Brecht, basada en la historia del Juicio de Salomón. Cuenta la historia de un niño cuya patria potestad está en disputa entre dos mujeres que dicen ser su madre. Para decidir a quién se otorga la custodia, el juez les pone una prueba: se dibuja un círculo de tiza en el suelo y el niño es puesto en el centro. Las dos mujeres están de pie a los lados del círculo y cada una sujeta un brazo del niño. El juez dice que quien arrastre al niño fuera del círculo, se lo queda. Si lo parten por la mitad, se quedan con la mitad.

Probablemente sabes cómo termina. Una de las mujeres se niega a tirar más. El juez la declara como la madre auténtica, porque ella es quien renunció a torturar al niño. En las relaciones poliamorosas, hay casos obvios en los que dos (o más) relaciones de una persona intentan alejar del resto a la persona en medio; a quien le preocupa menos el daño hecho a la persona en medio, es quien tira con más fuerza. Y hay muchos casos en que una de las relaciones dice: «Tienes que elegir entre la otra persona o yo». Pero la lucha es a menudo mucho más sutil que eso. Los conflictos sobre horarios u otros compromisos, o problemas de celos, o el deseo de limitar la otra relación o de crear una estructura de la relación que haga más complicadas otras relaciones, pueden crear una tensión crónica, en la que la persona en el vértice siente que tiran de ella en direcciones opuestas.

Aquí no hay un juez sabio, por supuesto, para decidir quién es la persona que se lo merece. Incluso siguiendo la metáfora del círculo de tiza –que el miembro de la relación que hace menos fuerza es el que más «se lo merece»– no siempre es la mejor decisión. Si una de las personas con quien tienes una relación te está demandando que elijas puede estar marcando límites de una forma correcta: «No puedo seguir en esta relación si continúas tu relación con Ellen». Si eres una de las personas que está «tirando» y ves que la persona con quien tienes una relación está sufriendo, puede parecer obvio que lo que hay que hacer es dejar de tirar; pero eso a menudo es más duro de lo que parece. Cuando ves a otra persona tirando desde el otro lado, puede parecer aterrador simplemente dejar de tirar; porque si lo haces, saldrá volando del círculo a los brazos de la otra persona ¿verdad?

Por supuesto, en las relaciones poliamorosas, la persona en el círculo no es el niño indefenso. Es una persona adulta con autonomía, capaz de tomar sus propias decisiones. Tener la suficiente confianza para dejar de tirar es confiar en que la persona con quien tienes una relación tomará la decisión de estar contigo y cuidar tu relación porque es lo que desea. Y para la persona que está dentro del círculo, la mejor estrategia es marcar sus límites de manera firme, clara, como «Necesito que dejes de tirar de mí», repitiéndolo todo lo a menudo que haga falta. Asume compromisos claros y específicos sobre el reparto del tiempo, atención y otros recursos, y cúmplelos (ver también «ping-pong poliamoroso» en la página 407).

Una estrategia posible para manejarlo se deriva de la historia original del juicio salomónico, una solución conocida como «partir al niño por la mitad». En el juicio de Salomón, la situación es similar: dos madres discuten la custodia de un niño. Salomón ordena que se corte el niño por la mitad, para entregarle a cada mujer una mitad. Una mujer dice «Si nunca va a ser para mí, tampoco lo va a ser para ti; córtalo». La otra mujer suplica a Salomón que salve la vida del niño, incluso si significa entregárselo a la otra mujer. Salomón, por supuesto, le da la custodia a la segunda mujer. En términos jurídicos, «partir al niño por la mitad» ha pasado a referirse a dividir las diferencias en las negociaciones. En la versión poliamorosa de la historia, «partir el niño por la mitad» puede ser una relación de suma cero (tratado en el capítulo 16).

Desajustes en el deseo sexual

Una de las ventajas del poliamor, de la que ya hemos hablado, es no depender de una persona para cubrir todas tus necesidades sexuales. En las relaciones monógamas, los desajustes en el deseo sexual son muy comunes y pueden volverse una enorme fuente de tensiones; en las relaciones poliamorosas, al menos existe la posibilidad de que una persona con una libido muy alta pueda tener múltiples amantes y que quien tiene una relación con ella pueda disfrutar de un poco de paz sin culpa alguna.

De todos modos, ¡el deseo sexual desigual también crea problemas en el poliamor! El deseo sexual no siempre es igual; a veces una persona se siente más atraída por otra en particular sin que sea recíproco. Esto puede crear tanta tensión en las relaciones poliamorosas como en las monógamas. Y no tiene una solución fácil. Todas las relaciones sexuales sanas son consensuadas; no nos parece razonable esperar que alguien tenga sexo más a menudo de lo que quiere. Los sentimientos de culpa o presión en torno al sexo provocan resentimiento, y el resentimiento tiende a deprimir el deseo sexual todavía más, creando un círculo vicioso.

El deseo sexual no es necesariamente algo que se pueda invocar con chasquear los dedos. Si la persona con quien tienes una relación te desea más de lo que tú la deseas, no significa que a nadie le pase nada malo ni tampoco a la relación. Sucede y punto. El autocuidado y el cuidado mutuo probablemente sean mucho mejor para vuestra relación que culpabilizar o sentirse culpable.

Algunos medidas positivas pueden ayudar a reavivar el deseo. Reservar tiempo para conectar con tu interior y con quien tienes una relación sin distracciones ni tensiones externas puede ayudar a crear el clima adecuado. Dedicar un tiempo a tocarse sin tener la expectativa de tener sexo u orgasmos también puede ayudar. Algunas relaciones son felices intimando con una de las personas masturbándose mientras la otra la abraza y toca. El libro de Laurie B. Mintz, *A Tired Woman's Guide to Passionate Sex*[1], según un estudio revisado por pares, ha ayudado a mejorar la conexión sexual en relaciones a largo plazo.

Pero a veces, lo único que se puede hacer respecto al deseo desigual es aceptarlo tal como es, y que una relación es más que el intercambio de satisfacción sexual.

---

1   Adams Media Corporation, 2009.

Subida de listón

Las relaciones que suben el listón son un tipo específico de relación disruptiva que supone un cambio radical o punto de inflexión (ver página 365), y puede que sean el monstruo más aterrador que se esconde bajo las camas poliamorosas. Nadie quiere hablar de ellas, pero muchas –si no todas– las reglas y estructuras impuestas en una nueva relación están diseñadas, al menos en parte, para protegerse de ellas. Pero suceden, duelen mucho y como todos los cambios radicales, no se pueden prever.

A las personas poliamorosas les gusta decir que una de las ventajas del poliamor es que no tienes que dejar una relación anterior cuando aparece una nueva. Eso es cierto, pero... a veces conocemos a una nueva persona que destaca las carencias de una relación anterior y nos enseña que realmente hay una mejor manera de vivir. O quizá tu relación anterior estaba bien, pero la nueva persona puede mostrarte cosas nuevas, hacerte más feliz, te ayuda a darte cuenta de que puedes tener algo que nunca pensaste que fuera posible, te ayuda a ver el mundo con otros ojos. Te pueden llevar a querer más, o te pueden ayudar a *ser* más. Después de eso, no es tan fácil volver a lo de siempre.

A veces una relación que sube el listón puede cambiar lo que queremos de todas nuestras relaciones, o lo que buscamos en una relación. A veces terminan mejorando nuestras otras relaciones, aunque a menudo no sin antes causar una buena cantidad de conflictos. A veces podemos decidir que nuestras otras relaciones se deben de terminar. Las subidas de listón nos muestran que lo que estábamos dando por hecho no era necesariamente cierto. Al hacer eso, nos muestran caminos que desconocíamos hacia la felicidad. De repente, las cosas que siempre habíamos aceptado, ya no parecen tan aceptables.

LA HISTORIA DE FRANKLIN

Mi relación con Amber subió el listón. Muchos de los compromisos que había dado por hechos como parte del poliamor –renunciando a la libertad de elegir a mis propias relaciones, siempre tener que mantener todas mis relaciones subordinadas a las de Celeste– se hicieron demasiado dolorosos para soportarlos con Amber. Pero más que eso, Amber me mostró que era posible un enfoque diferente: podía tener relaciones poliamorosas sin esos compromisos.

También he estado en el otro lado del proceso. Cuando empecé mi relación con Vera, ella había tenido otras tres relaciones. Dos de ellas cubrían parte, pero no todas, de sus necesidades en una relación. Cada una ofrecía algo que ella deseaba, pero con condiciones: una era jerárquica, con Vera como relación secundaria, y en la otra encajaban bien para el sexo pero no como relación. Su relación conmigo puso de relieve los problemas, alterando esas relaciones.

La subida de listón en el peor miedo de quienes tienen relaciones a largo plazo, porque nos muestran qué es posible. Nos muestran que no tenemos que vivir con compromisos que en su momento pensábamos que eran inevitables. Cuando la persona con quien tienes una relación comienza una nueva que parece increíble porque está a otro nivel, puede ser complicado no interiorizar sentimientos de vergüenza, ineptitud o fracaso. Pero hacer eso puede empeorar los problemas, porque cuando sentimos vergüenza o ineptitud, es más probable que ataquemos verbalmente o queramos controlar la relación. Los sentimientos de ineptitud pueden crear un clima hostil a la empatía y la comprensión.

Esta es una de esas ocasiones en la que la empatía empieza por nuestra propia casa. Nadie lo hace todo siempre bien. Nadie lo hace tan bien en sus relaciones que no tiene nada nuevo que aprender. Las buenas relaciones son un viaje, no un destino. Si alguien nos muestra una manera mejor de hacer las cosas, eso *está muy bien*. De hecho, es mejor que bien; ¡es maravilloso! Puede mejorar nuestras vidas.

Las relaciones que suben el listón no son exclusivas del poliamor. Cuando una persona en una relación monógama conoce a alguien que sube el listón, el resultado tiende a ser catastrófico. Las personas en relaciones monógamas a veces tienen tanto miedo a las relaciones que suben el listón, que no permiten que sus relaciones puedan tener ni amistades de otro sexo. Pero evitar que una de nuestras relaciones poliamorosas conozca a alguien que sube el listón es difícil o imposible. Cuando surge una relación que sube el listón, altera el panorama. A pesar de lo aterrador que puede parecer, creemos que son algo bueno. Idealmente, cuando nos sucede algo increíble, nos estimula para mejorar todas nuestras relaciones existentes, revisando cosas que no funcionaban y construyendo algo mejor en su lugar.

Si estás en una relación y conoces a alguien que sube el listón para ti, ten una actitud elegante y comprensiva. No compares a tus relaciones unas con otras. Decir «¿Por qué no puedes ser más como Jordan?» es corrosivo en una relación. No hagas un ranking. No culpes a nadie. En su lugar, di «Habíamos negociado este acuerdo, y ya no me funciona en este momento. Renegociemos. Construyamos algo más fuerte. Estas son algunas de mis ideas sobre cómo podemos hacerlo».

Si la persona con quien tienes una relación comienza una nueva con alguien que sube el listón, eso supondrá un reto para ti, para superar tus limitaciones y avanzar con valentía hacia una mejora personal. Una relación que sube el listón puede, a veces, ser una bendición inesperada: puede mostrarte cómo hacer tus otras relaciones mucho mejores. Pero no siempre. A veces una nueva relación revela defectos en una relación preexistente que no se pueden reparar. Cuando eso sucede, puede que no haya una manera fácil de manejarlo. La relación defectuosa podría terminarse.

Maltrato

Algunas relaciones son activamente destructivas con las personas que son parte de ellas, emocional o físicamente. Contrariamente al estereotipo, una relación de maltrato a menudo es complicada y no siempre obvia, especialmente para quienes están en ella. Cuando pensamos en relaciones poliamorosas problemáticas, tendemos a concentrar nuestros miedos en que una nueva persona en la relación sea destructiva pero, a menudo, es un miembro de una relación existente quien es el problema. Después de todo, una relación de larga duración ha tenido más tiempo para que surgieran y se consolidaran los patrones disfuncionales o tóxicos.

Cuando tienes una relación con alguien que está en una relación dañina con una tercera persona, puede ser complicado saber qué hacer. En nuestro caso, hemos tenido contacto con relaciones de maltrato en las que estaban personas con quienes teníamos una relación. En el caso de Franklin, una de sus relaciones comenzó una relación que se convirtió en maltrato. En el caso de Eve, ella inició una relación con alguien que ya estaba en una relación de maltrato. En ambos casos, nos sentimos inútiles para proteger a nuestras relaciones o intervenir en la dinámica de maltrato.

El maltrato a menudo se desarrolla lentamente, de forma insidiosa. Tiene sus riesgos poner tus esperanzas en que un día la persona con quien tienes una relación se despierte por la mañana y se dé cuenta de lo mala que es la situación. Es más peligroso todavía confiar en que la persona con quien tienes una relación va a abandonar la relación de maltrato. El maltrato es mucho más obvio para las personas fuera de la relación que para quienes están dentro de ella. Y las personas que saben que están en situaciones de maltrato a menudo se sienten incapaces de escapar.

Si sabes o sospechas que una de las personas con quien tienes una relación está en una situación de maltrato, puedes encontrarte que hay poco que puedas hacer directamente que no sea decirle lo que has visto, expresar tu preocupación y hacerle saber que estáis ahí para ayudarle si y cuando decida intentar abandonar la relación. No puedes rescatar a la persona con quien tienes una relación, e intentarlo por tu cuenta puede ser peligroso para tu propia salud mental. Al final, solo esa persona puede rescatarse a sí misma. Las líneas telefónicas de ayuda a personas en situación de maltrato pueden ofrecer consejos más detallados sobre cómo proceder; reciben muchas llamadas de familiares y amistades preocupadas.

Tener una relación íntima con alguien que está sufriendo una situación de maltrato –especialmente si temes por su seguridad física– puede causarte un trauma. Es importante marcar unos buenos límites para ti, cuidarte y evitar que la dinámica de maltrato te absorba, sea como víctima o como quien rescata. Valora hablar con profesionales de la salud mental; no para pensar cómo salvar a la persona con quien tienes una relación, sino por tu propio bien. En algunos casos, puede que necesites protegerte limitando en qué medida te involucras en la relación o retirándote de ella por completo.

Un área en la que las aguas se puede volver turbias es en las relaciones jerárquicas. Hablamos más de esas relaciones en el capítulo 11. Puede ser extremadamente complicado desentrañar cuáles son las señales de riesgo de maltrato en las jerarquías, porque las relaciones jerárquicas pueden imitar algunas de las estructuras en relaciones monógamas de maltrato.

Muchos miembros principales en relaciones de maltrato muestran «cortar el contacto de esa persona con cualquier otra fuente de apoyo» como una de las primeras señales de peligro. Otra señal clásica es que alguien tome las decisiones en lugar de la persona con quien tenemos la relación, y esperar que las obedezca sin cuestionarlas, requerir informar frecuentemente de qué está haciendo, compartir su información privada sin su consentimiento, desestimar o ignorar sus sentimientos, o restringir su acceso a otras personas en general. Esas son las maneras en las que en una relación de maltrato se controla, se aísla y se deja a la otra persona en la indefensión.

Cada una de esas señales de advertencia existe en las relaciones poliamorosas jerárquicas. En el poliamor, limitar los medios de apoyo de alguien con quien tenemos una relación puede manifestarse como restricciones en otras relaciones, especialmente reglas que prohíban a esa persona ver a otras cuando su pareja principal no esté presente. Alguien que intenta limitar el contacto de su pareja con otras personas no está necesariamente maltratando, pero eso sin duda hace el maltrato mucho más fácil.

Un elemento común en muchas relaciones jerárquicas es que no se contemple –o no se permita– que las relaciones «secundarias» den determinados tipos de apoyo a los miembros «principales» de la relación. Por ejemplo, si una persona está enferma, puede haber una norma por la que solo la relación principal de esa persona puede ser quien la cuide; las relaciones secundarias no pueden. Otras relaciones jerárquicas pueden poner restricciones en el tipo de apoyo emocional que pueden ofrecer, o pedir, las relaciones secundarias a las principales. Estas restricciones también son señales de una dinámica poco sana.

Muchas estructuras jerárquicas requieren que un miembro de la relación tenga sexo con ambos miembros de una pareja para poder seguir la relación con uno de ellos. Creemos que requerir que alguien tenga sexo contigo, y amenazar con restringir el acceso al apoyo (como, por ejemplo, una relación íntima con otra persona) si se niega a tener sexo, siempre es coercitivo y abusivo.

Implosiones relacionales

En algún momento es probable que te involucres con alguien que tiene otra relación que se está desmoronando. Esto te puede poner en una posición extremadamente complicada. Cuando la otra relación de la persona con quien tienes una relación se está desintegrando, tienes que mantener el equilibrio entre dar apoyo y que no te absorba la onda expansiva. Es fácil involucrarse emocionalmente cuando ves herida a la persona con quien tienes una relación. Eso hace fácil ponerte de su lado, viendo a la tercera persona solo a través de la lente de su dolor. Al mismo tiempo, también puedes convertirte fácilmente en el chivo expiatorio del resto de problemas de su otra relación.

No hay un camino fácil para atravesar este barrizal, al menos no lo hemos encontrado. Siendo lo duro que es ver herida a una persona a quien amas, a menudo puedes hacer poco más que ser el hombro donde llore y un espacio donde refugiarse si hace falta. Ese es uno de los inconvenientes del poliamor; es muy probable que, antes o después, alguien haga daño a alguien a quien amas, y no habrá mucho que puedas hacer.

Un consejo que te podemos dar: no subestimes lo que alguien puede aferrarse a la esperanza de una relación mucho después de que le parezca obvio a todo el mundo que está terminada. No importa lo mucho que la relación esté dañando a esa persona con quien tienes una relación, no asumas que al final lo verá y dejará esa otra relación. No asumas que, si te habla de dejar esa relación, signifique que la va a dejar. El corazón humano tiene una capacidad excepcional para seguir esperando. A veces eso nos resulta útil, pero a veces no. A menudo nos aferramos a las cosas durante mucho tiempo después de que hayan dejado de hacernos felices.

Por lo que, por tu parte, si la relación dañina o implosiva de la persona con quien tienes una relación también te está haciendo daño *a ti*, no te aferres a la esperanza de que va a dejar la otra relación. Hasta que se termine –y a veces hasta mucho después– es mejor que asumas que continuará. *Incluso si te dice que no lo hará.* Hemos visto a personas volver a relaciones tóxicas demasiadas veces, incluso después de haberse ido o haber prometido que se iban. Si tú sabes que no puedes estar en una relación con esa persona, si permanecer en esa relación dañina, entonces la mejor decisión podría ser que dejes esa relación *ahora*, antes de que tú, también, te involucres demasiado (o te dañe demasiado) como para ser capaz de irte.

A menudo encontrarás en la historia de esa persona con quien tienes una relación, y en la historia que cuenta su círculo social, que tú apareces como una mala persona, especialmente si has aparecido hace poco. Cuando una relación está en crisis, es fácil culpar a quien viene «de fuera». De nuevo, no hay un camino fácil en esto, pero te podemos dar una verdad importante para ayudarte a atravesarlo: no es tu culpa. Incluso si estás defendiendo tus necesidades y eso está incomodando a tu metamor, incluso si parte de las luchas en la otra relación son celos y miedo relacionado contigo: no es tu culpa. Mientras actúes con integridad y admitas el derecho de la persona con quien tienes una relación a tomar sus propias decisiones, sin controlarla ni manipularla, no eres responsable de la relación que ella tenga con sus otras relaciones. No es tu culpa simplemente porque hayas aportado algo valioso a la vida de alguien.

Salud mental y poliamor

Las cuestiones de salud mental complican todo tipo de relaciones. Cuando añades cosas como ansiedad, depresión o un trastorno bipolar, los retos de las relaciones poliamorosas se hacen mucho más duros, y en algunos casos, intratables. Una persona con un desorden psiquiátrico serio puede carecer de los medios emocionales, y a veces económicos, para cuidar de sí misma, lo que le puede causar a esa persona, o a quien tiene una relación con ella, la sensación de estar atrapada.

Desvelar totalmente tus cuestiones de salud mental es una parte importante de las relaciones éticas, porque retener información a alguien sobre cosas que le afectan merma el consentimiento informado. Si sufres alguna cuestión de salud mental que es probable que afecte a quienes te rodean, o si tienes una relación con alguien cuya salud mental afecta a tu capacidad para interactuar con otras personas (por ejemplo, si eres quien cuida a esa persona, o si tiene un historial de autolesiones o de lesionar a otras personas), tienes la obligación moral de desvelar esa información. Desgraciadamente, el estigma asociado a la salud mental puede desalentar a que se dé toda la información. Es nuestra responsabilidad tratar esa información con comprensión y empatía, y hacer que sea seguro que nos lo cuenten nuestras relaciones o potenciales relaciones.

Si tienes una relación con alguien con alguna cuestión relacionada con la salud mental, puede hacerse complicado tratar a las nuevas personas en la relación de forma ética y responsable. Las nuevas relaciones pueden ser detonantes especialmente delicados en personas con algunos tipos de desórdenes psiquiátricos. Por ejemplo, el desorden bipolar se asocia con mayores tasas de divorcio y alto consumo de sustancias adictivas, y unos niveles de ansiedad muy altos pueden hacer mucho más complicado manejar los celos o la ausencia de la persona con quien tiene una relación. Las personas que han sufrido maltrato o abandono pueden experimentar ansiedad incontrolada o miedo al abandono cuando sus relaciones se involucran con otras personas. Esto es especialmente cierto si los asuntos de salud mental no son tratados.

Si tienes una relación con alguien cuya pareja tiene problemas de salud mental, y se da una dinámica disfuncional entre ellas, a veces puede ser complicado evitar que esa dinámica te arrastre. Es importante tener clara la diferencia entre tener una relación con alguien y ser su terapeuta. Pocas personas están cualificadas para actuar como terapeutas. Incluso si tienen la formación, la terapia normalmente requiere de cierta distancia emocional, justo lo contrario de lo que necesitas para cuidar de las relaciones románticas.

Si tienes un asunto de salud mental que afecta a tu capacidad para mantener relaciones éticas, también es importante que, en la medida de lo posible, des los pasos necesarios para mitigar esos efectos. Eso puede significar acudir a terapia, buscar tratamiento y asegurarte de que haces ejercicio y duermes lo suficiente.

Un problema que puede surgir con la salud mental es la negativa a recibir un tratamiento, porque ese problema se ha convertido en una forma de manejar otros problemas de la relación. Por ejemplo, si tienes miedo de que la persona con quien tienes una relación pase tiempo con otra de sus relaciones, y sabes que tu salud mental requiere de su atención, puede ser fácil caer en un patrón en el que necesitas su apoyo cada vez que está a punto de irse a una cita.

Del mismo modo, el consejo habitual en el poliamor de «Solo comienza nuevas relaciones que mejoren las relaciones preexistentes» puede, en la práctica, terminar siendo usado como una forma de evitar tratar temas de salud mental. Si con esta medida se inician nuevas relaciones solo con quienes no tienen problema en participar en una dinámica relacional disfuncional o solo con quienes hacen posible que la persona con problemas de salud mental evite el tratamiento, diríamos que esa medida no está ayudando a nadie.

No existen unas directrices simples para las relaciones en las que hay cuestiones de salud mental, aunque marcar y comunicar unos límites claros es una herramienta fundamental. El mejor consejo que te podemos dar es que decidas qué nivel de implicación es apropiado para ti, y marcar tus límites de acuerdo a ello.

#ALGUNAS PREGUNTAS QUE PUEDES HACERTE

No todos los problemas tienen solución. Cuando surgen problemas sin respuesta, puede que no encuentres ninguna salida que no suponga un daño a alguien. Cuando sucede, lo mejor que puedes hacer es intentar ser la mejor, más cariñosa, valiente versión de ti. Estas preguntas pueden ser útiles cuando te encuentres antes inevitables puzles poliamorosos:

- Las decisiones que tomo, ¿me acercan o me alejan de la mejor versión de mí?

- Cuando me enfrento a un conflicto, ¿cómo hago para actuar con valentía?

- ¿Hay cosas que me son imprescindibles en una relación, y las comunico?

- ¿De qué forma cuido de mí? ¿Cómo cuido de las personas a mi alrededor?

- ¿Soy capaz de responder con flexibilidad a los cambios en mis relaciones?

- ¿Tengo problemas que hacen complicado a mis relaciones estar conmigo? ¿Cómo busco reducir esos problemas?

- ¿Dejo que los problemas en las relaciones a mi alrededor me afecten? ¿Cómo marco límites en torno a los problemas que no son mi responsabilidad?

22

Transiciones relacionales

*Ten el coraje de confiar en el amor una vez más
y siempre una vez más.*

Maya Angelou

Las personas somos organismos vivos, dinámicos; crecemos o morimos. (En realidad, mueres, punto; el crecimiento es opcional.) Cambiarás. Tu pareja cambiará. Tu relación cambiará. Eso es un hecho, algo que debemos aceptar de la mejor manera posible. Si tienes miedo al cambio, si te aferras demasiado a la forma que tiene tu relación ahora e insistes en que así debe ser para siempre, corres el peligro de romperla. Sí, a veces las relaciones cambian de formas que no queremos, y las personas en ellas evolucionan de formas que las alejan en lugar de acercarlas. Ese es el riesgo que aceptas cuando te involucras en este asunto turbio y complicado de las relaciones románticas.

Las cosas que valoras de tu relación puede que no existan en el futuro. Las cosas que quieres ahora, puede que no sean las que quieras en el futuro. Las cosas que ves en la persona con quien tienes una relación ahora, puede que ya no estén en el futuro. Y no pasa nada. Adopta una idea fluida de cómo será tu vida, mantente en contacto con tus cambiantes necesidades y las de tus relaciones, habla con ellas sobre esas cosas abiertamente y sin miedo, y podrás construir relaciones que crecen según tú vas creciendo. Si no, tus relaciones pueden volverse frágiles y romperse.

Por ejemplo, cuando la persona con quien tienes una relación inicia una nueva, probablemente recibirás menos tiempo y atención por su parte. Incluso en las relaciones de grupo más inclusivas, eso puede suceder. Toda relación probablemente necesite cierto tiempo en privado; da igual el solapamiento que exista, siempre existe la posibilidad de que pierdas algo de su tiempo y atención. ¿Es eso algo que eres capaz de aceptar? ¿Es tu relación lo suficientemente resiliente? ¿Tienes otras cosas en tu vida además de tus relaciones que la enriquecen y te hacen feliz, o toda tu felicidad depende de la atención que recibes de tus relaciones?

Dejar espacio para que se produzcan cambios, sin esperar controlar cómo se da ese cambio, es una habilidad clave que hemos visto en las personas que crean relaciones poliamorosas fuertes y resilientes. Di claramente cuáles son tus necesidades en una relación, ten la voluntad de defenderlas y acepta que las cosas van a cambiar. De esa manera, ya tendrás toda la preparación necesaria.

Revaluación de las relaciones

En las relaciones a largo plazo, normalmente llega un momento en el que las dos nuevas personas en las que se han convertido los miembros de una relación se miran mutuamente y dicen: «Cualesquiera que fueran nuestras creencias o deseos hace años, ¿la relación se adapta a las personas que somos ahora?». A veces la respuesta es que sí: esas dos nuevas personas todavía quieren estar juntas. Y entonces sigues adelante, quizá con más fuerza que antes.

Pero a veces la respuesta es no, ya ha dejado de tener sentido. Eso es normal, está bien, y aun así, siempre nos pilla por sorpresa cuando nos damos cuenta. Nos enfadamos, y tratamos las rupturas casi universalmente en nuestra sociedad como algo que no debieran suceder. De hecho, la gente ve ese momento como una traición. Piensa en la acusación «¡Si ya no sé ni quién eres!». Actuamos como si las personas a quienes amamos no deberían poder crecer y cambiar, o, si lo hacen, significa que nos quieren menos.

Puesto que la gente cambia constantemente, podemos incluso debatir si tiene sentido asumir compromisos a largo plazo, al menos de la manera en que la sociedad nos anima a tenerlos. Nos enseñan que el matrimonio debe significar que nuestra relación nunca cambiará, en lugar de significar que podemos ser familia para toda la vida pero que la forma que adopta una familia cambia. En lugar de «romper», que presupone que permanecerás en una relación hasta que algo te haga abandonarla, quizá deberíamos sentarnos una o dos veces al año y preguntarnos, «Vale, ¿y quiénes somos hoy día? ¿Cómo está funcionando esta relación? ¿Nos gusta cómo está evolucionando? ¿Debemos cambiar algo? ¿Nos seguimos gustando tanto como entonces? ¿Tiene sentido continuar?». Si pensamos en esto como una forma de renovar la relación de vez en cuando, entonces incluso si la respuesta a la última pregunta es «no», el resultado no tiene que ser necesariamente una «ruptura». Por usar el término más extendido en el ambiente poliamoroso, es una «transición».

Las expectativas son algo muy frágil. No solo cambian en las personas, sino que toda relación tiene sus altibajos. Las relaciones pueden subir y bajar y volver a subir de nuevo con la misma persona. Cuando admitimos eso, y dejamos espacio a los cambios para que sucedan, creamos relaciones que pueden resistir casi cualquier temporal.

La mejor manera de evaluar si una relación está bien, independientemente de la forma que tenga, es pensar sobre las cosas que deseas y necesitas en una relación, y evaluar si te está dando esas cosas. La forma de la relación no es lo importante; lo importante es si cubre tus necesidades. Otra buena técnica es preguntar a tus emociones. Cuando piensas en que se termine la relación, ¿cuál es tu primera respuesta? Si es una sensación de alivio, quizá es el momento de que la relación se termine.

Por supuesto, parte del cuento de hadas que está profundamente arraigado en la mayoría de la gente es que las relaciones solo son buenas si duran hasta que nos morimos. Eso es, si lo piensas, una curiosa manera de medir el éxito. Si somos capaces de encontrar la compañía mutua lo suficientemente agradable durante el tiempo suficiente, alguien se muere y entonces podemos declararla un éxito. Las relaciones a menudo se miden en términos de longevidad; si se terminan antes de la muerte de alguno de sus miembros, las llamamos «fracasos».

En su libro *The Commitment: Love, Sex, Marriage and My Family*[1], del columnista Dan Savage, describe el matrimonio infeliz de su abuela, que terminó con su suicidio. Él comentaba:

> *En el momento en que mi abuela murió, su matrimonio se convirtió en un éxito. La muerte separó a mi abuela y mi abuelo, no un divorcio, y la muerte es la única medida de los matrimonios exitosos. Cuando un matrimonio termina en divorcio, decimos que ha fracasado. El ma-*

---

1   Plume, 2006.

trimonio fue un fracaso. ¿Por qué? Porque ambas partes salieron vivas. Da igual si la separación es amigable, da igual si son más felices como ex, da igual si dos matrimonios felices reemplazan a un matrimonio infeliz. El matrimonio que termina en divorcio ha fracasado. Solo el matrimonio que termina con alguien en el tanatorio es un éxito.

La longevidad es una idea tentadora, porque puede dar la sensación de que una relación sin felicidad ni amor es preferible que quedarse a solas. En nuestro caso no creemos que cualquier relación, da igual lo infeliz que sea, es preferible a no tener una relación. Más bien, una de las creencias básicas en este libro es la idea de que solo las relaciones que enriquecen nuestras vidas son las únicas por las que vale la pena esforzarse.

Piensa en las medidas que usamos para decir que una relación es o no exitosa. ¿Cuánto dura? ¿Lo a menudo que tienen sexo? ¿La cantidad de criaturas que tienen? ¿Quizá la cantidad de dinero que ganan? Parece que cada vez que intentamos saber si la relación de alguien funciona o no, rara vez se nos ocurre preguntarle a las personas involucradas si *ellas* creen que funciona.

En nuestro caso, hemos tenido relaciones que se terminaron. Casi todo el mundo las tiene. No llamamos a esas relaciones «fracasos» porque contribuyeron a convertirnos en lo que somos hoy en día. Hemos recibido cosas de esas relaciones –felicidad, crecimiento personal, aprendizaje, amor, risas– que han enriquecido nuestras vidas. Somos mejores por haberlas tenido.

Proponemos una métrica diferente para valorar si una relación funciona. Las relaciones que nos hacen mejores son las que funcionan. Las que no, no lo son, independientemente de lo que duren. Una relación feliz de diez años que termina en amistad ha funcionado mejor que una relación de toda una vida llena de tristeza. Eso no significa que creamos que las buenas relaciones siempre sean felices, el 100% del tiempo, o que debemos largarnos en cuanto aparezca el primer conflicto o problema. Todas las relaciones tienen sus altibajos; no es razonable esperar algo diferente. En general, las buenas relaciones promueven la felicidad a largo plazo y el bienestar de las personas involucradas; cuando eso ya no es posible, y no hay un camino claro para hacerlo posible, puede que sea el momento de que esa relación se termine.

El final de las relaciones

Una premisa fundamental en las relaciones éticas es que todas las relaciones son consensuadas. Eso significa que las personas que son parte de ellas son libres de comenzar las relaciones sin coacción, y libres para terminar las relaciones que ya no cubren sus necesidades. Una relación ética es una en la que nadie siente la obligación de permanecer contra su voluntad.

La coacción puede ser muy sutil. La mayoría diríamos «Nunca coaccionaría a alguien para que siguiese conmigo contra su voluntad», pero no todas las formas de coacción requieren usar la violencia física. La coacción puede adoptar miles de formas diferentes. Una forma especialmente insidiosa es la idea de que todo el mundo en la relación poliamorosa debe tener una muy buena relación, o incluso tener una relación romántica o sexual, como todos los miembros de la relación. Esto es una idea a la que a menudo se le dan unos nombres que suenan maravillosamente (como «familia» o «inclusiva»), pero que tiene una trampa ética en sus cimientos. Digamos, por ejemplo, que eres parte de una tríada, una relación en la que tres personas tienen una relación sexual y romántica entre sí. ¿Qué sucede si una de esas relaciones comienza a deteriorarse o si una de esas personas ya no desea seguir su relación con una de las otras dos? A menudo existe un acuerdo implícito, o incluso explícito, de que si eso sucede, la otra relación se terminará también.

LA HISTORIA DE CHERISE

Cherise comenzó a explorar el poliamor cuando un matrimonio, Pam y David, la invitó a tener una relación a tres. El matrimonio también era nuevo en el poliamor, por lo que, después de muchas conversaciones, decidieron que querían encontrar una mujer soltera bisexual que aceptara tener una relación exclusiva con los dos miembros de la pareja. Esto, pensaban, sería una buena manera de evitar los problemas de celos, y de explorar el mundo del poliamor sin alejarse demasiado de su zona de confort.

La relación funcionó bien durante seis meses, aproximadamente. A partir de ahí las cosas entre Cherise y Pam siguieron desarrollándose, pero en la relación entre Cherise y David surgieron tensiones. Finalmente, Cherise decidió que no quería seguir teniendo relaciones sexuales con David.

Cuando sucedió eso, Pam y David se disgustaron mucho. Esa no era la manera en que habían imaginado que iban a suceder las cosas. La idea de que una de las dos personas tuviera citas con una tercera persona sin que el otro miembro de la pareja pudiera participar parecía muy amenazante. Por lo que Pam le planteó un ultimátum: «Si terminas tu relación con David, yo terminaré la mía contigo». Como Cherise tenía una relación exclusiva con la pareja, eso significó no solo perder una sino las dos relaciones, con todo el sufrimiento emocional que eso suponía.

Ella, de mala gana, siguió teniendo relaciones sexuales con Pam y David durante un par de meses. Aunque en realidad no quería tener intimidad con David, la incomodidad del sexo no deseado parecía menor que el dolor de ser abandonada por Pam. Finalmente, la relación se deterioró hasta el punto de que no pudo seguir en ella. Las cosas terminaron tan mal como se podía esperar. David y Pam culparon a Cherise del fracaso; después de todo, ¡si ella hubiera respetado el acuerdo inicial, nada malo habría ocurrido!

Los intentos de manipular un resultado casi siempre están densamente sembrados con las semillas de la coacción. Si una relación solo puede adoptar una única forma, se han sentado unas bases: «representa el papel que se te ha asignado o perderás mi cariño». Toda situación que dicta de antemano cómo se desarrollará una relación resta autonomía a las personas en ellas, y el desempoderamiento tiende a ser coercitivo.

Las expectativas de intimidad sexual o emocional con una persona como precio por la intimidad con otra son un ejemplo de este tipo de coacción, pero puede adoptar otras muchas formas. Si existe la expectativa, por ejemplo, de que tiene que haber una buena relación entre metamores, eso implica que, si no son capaces de tenerla, una o más relaciones se terminarán.

Y no es necesario ningún tipo de amenaza para que una relación sea coercitiva. A veces los sentimientos internos de culpa son suficientes. Si inicias una relación sabiendo los términos que aceptas, y luego se te hace duro aceptar esas condiciones, es fácil que te culpes: «¡Sabía en lo que me metía! ¡Yo lo acepté! ¡No puedo echar la culpa a nadie más que a mí! ¿Estoy rompiendo una relación ajena por no ser capaz de hacer que esto funcione? ¿Quizá solo me hace falta esforzarme para estar a gusto con la situación actual? Yo entré en esto siendo plenamente consciente, ¿verdad?».

No debería pasar nada si las relaciones se terminan. Tiene que poderse terminar una relación sin sentir que se nos va a quitar el apoyo de una patada o que nuestras otras relaciones van a dejar de querernos. Cuando no se puede terminar una relación, el consentimiento ya no está presente.

Rupturas poliamorosas

Hay un dicho entre las personas poliamorosas: «Las relaciones no se terminan, solo cambian». Es una idea admirable, y una de la que se podría beneficiar la sociedad. En las relaciones monógamas es muy común ver a las ex parejas como amenazas potenciales, y muchas personas no quieren mantener una relación de amistad con sus ex (o, más concretamente, no quieren que con quien tienen una relación, al mismo tiempo mantengan una relación de amistad con sus ex). En la comunidad poliamorosa, donde es más complicado evitar socializar con anteriores relaciones, hay un mayor énfasis puesto en las rupturas amigables que conservan las interacciones amistosas, o al menos, civilizadas.

Pero las relaciones sí se terminan. Incluso cuando continúa la amistad, el final de la relación romántica es duro. Es normal sentir dolor. En normal atravesar un duelo por la pérdida de una relación, y la pérdida de objetivos y sueños compartidos.

Según la psicología, las cinco fases del duelo (negación, ira, negociación, depresión y aceptación) se aplican tanto al duelo por una relación perdida como a una enfermedad terminal. Pasar el duelo de una pérdida requiere su tiempo, incluso cuando queremos conservar la amistad al final del proceso. Terminar las relaciones con dignidad y elegancia significa saber que se acerca la tormenta emocional y prepararse para superarla.

No existe una forma fácil de manejar el dolor experimentado cuando se termina una relación, al menos en nuestro caso no la hemos descubierto. La buena noticia es que ese dolor termina desapareciendo. Es natural proyectar nuestro estado emocional actual en el futuro, y cuando el dolor es nuestro estado emocional, puede ser complicado recordar que en algún momento sentimos algo diferente… pero el dolor desaparece. Algo que puede ayudar, al menos un poco, es pensar en ello como algo por lo que hay que pasar, como una película mala que estás deseando que se acabe, en lugar de ser parte de tu identidad. «A veces siento dolor» es muy diferente de «Soy una persona que ha sido herida». Cuando conviertes al dolor en parte de tu identidad, es más complicado superarlo sin culpar a nadie ni tener resentimiento. Pero las buenas relaciones requieren amar como si nunca te hubieran herido antes. Un corazón receloso es un corazón cerrado.

LA HISTORIA DE EVE

Cuando Peter me dijo que tenía la sensación de que se acercaba la ruptura con Clio, no respondí de la manera que yo esperaba. Había visto desde hacía tiempo que se estaban distanciando mutuamente, pero aun así, me encontré llorando. Lo que en el pasado había sentido como una familia se iba a romper, y la situación estaba totalmente fuera de mi control.

Hicieron falta un par de meses más hasta que se terminó su relación, y yo tuve que luchar durante ese tiempo con la confusión. Clio y yo habíamos forjado una amistad independiente de su relación con Peter; de todos modos, yo sabía que nuestra relación cambiaría cuando ella dejara de ser mi metamor; lo que no sabía era cómo. Sentí que no era justo precipitar una decisión para hacer la situación más fácil para mí: después de todo, no era mi relación.

La relación se terminó oficialmente cerca de lo que hubiera sido su cuarto aniversario. Yo estaba de viaje cuando finalmente tuvieron la conversación; Peter me envió un mensaje de que se había terminado. De nuevo para sorpresa mía, estuve llorando gran parte de la noche, mirando fotos antiguas en Facebook de Peter con Clio –y conmigo. Me reí de mí misma: estaba actuando como si yo fuera quien acababa de perder una relación. En cierto sentido, era así: aunque no era la mía, la relación de Peter y Clio era una importante parte de mi vida. Él había crecido y cambiado junto a ella, y yo también.

Las rupturas poliamorosas son a la vez más sencillas y más complicadas que las rupturas monógamas. Son más sencillas en el sentido de que tienes más de una relación, por lo que puedes tener más apoyo para superar esa pérdida. Es agradable tener personas que te comprendan y empaticen con tu dolor. De todos modos, eso no significa que el dolor desaparezca (lo creas o no, nos han preguntado, «si tienes dos novias y pierdes una, no es tan grave porque todavía te queda una, ¿no?». Que es similar a decir, «si tienes dos criaturas y una de ellas muere, no es tan grave porque todavía te queda una, ¿no?». Da igual el número de relaciones que tengas, las rupturas van a doler.)

Las rupturas poliamorosas plantean retos especiales porque las rupturas pueden afectar a más personas, y propagar dudas e incertidumbre a lo largo de todas tus relaciones. La ruptura de la otra relación de tu pareja también te puede afectar muy seriamente, incluso si no tienes una relación con la misma persona que tu pareja. Cuando dos personas comparten la relación con alguien en común, y una de las relaciones se termina, el dolor se multiplica considerablemente.

Pueden darse muchos curiosos efectos de arrastre cuando una relación poliamorosa se termina. Una situación común es la que surge cuando una relación principal, cercana, con quien se comparte un proyecto de vida se termina, digamos, por ejemplo, si se divorcia un matrimonio, o si se rompe una relación de convivencia. Las personas que están menos implicadas en ella se pueden sentir arrastradas a ocupar ese vacío, incluso si no es lo que desean, e incluso si el arrastre no es hecho de forma intencional por la persona que ha sufrido la ruptura. Eso le sucedió a Franklin cuando se terminó su matrimonio con Celeste. Su otra relación, Maryann, que siempre se había sentido menos inclinada hacia las relaciones domésticas demasiado involucradas, también se alejó; ella parecía sentir que la pérdida de él creaba un vacío que él podía querer rellenar subiendo de nivel su relación con ella.

Por el contrario, también puede haber una expectativa de que si una relación cercana, doméstica, se termina, las relaciones existentes ahora son elegibles para ser «promovidas» a un estatus más cercano e involucrado, incluso cuando esa no sea la forma natural que tomaría, o cuando la persona que ha experimentado la ruptura no lo desea.

Cuando se termina una relación, puede ayudar sentarse con las relaciones restantes y hablar de qué significa, si significa algo, para el resto de relaciones. En una relación jerárquica que solo admite la existencia de una relación principal, el final de esa relación puede provocar la creencia de que una de las relaciones secundarias será promovida para convertirse en principal, independientemente de si eso es cierto o no (¡y mucho menos si la configuración de la nueva relación sigue siendo jerárquica!). Cuando se terminan las relaciones que anteriormente ocupaban mucho tiempo y atención puede asumirse que ese tiempo ahora está disponible para el resto de relaciones. Hablar explícitamente de esas expectativas es fundamental.

Es común ver lo que llamamos «relaciones Schrödinger»: relaciones que casi están terminadas en la práctica, pero que han caído en un cómodo patrón de ausencia de intimidad o de contacto. Es fácil que las personas poliamorosas permitan que sus no-relaciones se mantengan durante mucho tiempo, porque cuando tienes varias relaciones, a menudo no existe un incentivo para terminar la relación y «superarla»; y puede parecer más fácil dejar que la relación se distancie en lugar de tener una conversación complicada. Esto puede ser bastante doloroso, si ambas personas no son conscientes de lo que está sucediendo, o no totalmente conscientes, por lo que un miembro piensa que la relación está en modo «encendido» y la otra considera que está en modo «apagado».

Otros miembros de la red de relaciones pueden sufrir también cuando dos personas que tienen una relación han roto sin hablar claramente entre sí, o con el resto de relaciones, sobre qué está sucediendo. Como mínimo, las relaciones entre metamores se pueden volver incómodas si no sabes si en realidad estás relacionándote con alguien que sigue siendo tu metamor o no. Y aunque parezca paradójico, muchas personas también necesitan pasar un duelo por las otras relaciones de la persona con quien tienen una relación. Dejar que una relación se desvanezca sin un cierre puede hacer ese proceso mucho más duro. Las conversaciones claras sobre las transiciones relacionales pueden ser algo importante para *todas las personas* afectadas.

Dicho esto, muchas personas polisolteras y anarquistas relacionales prefieren tener relaciones mucho más fluidas, poco definidas, que caen entre las categorías de amistad y relación romántica. Si este es tu caso, entonces la claridad y las conversaciones para «definir la relación» pueden ser mucho menos importantes para tus relaciones y para ti. De todos modos, es preferible que hayas tenido conversaciones previas con ellas sobre qué tipo de fluidez prefieres en tus relaciones y cuál le puede funcionar a tus otras relaciones.

Como en otros campos de las relaciones poliamorosas, puede resultar tentador, pero peligroso, elegir bando durante una ruptura. Es natural sentir enfado hacia una persona que percibes como causante del dolor de la persona con quien tienes una relación. También tiende a provocar más daños que beneficios. La comunidad poliamorosa es lo suficientemente pequeña para que en algún momento puedas llegar a ser una de las amistades, o incluso tengas una relación, con alguien que tiene una relación con la ex pareja de la persona con quien tienes una relación, o que conoce a alguien que la tiene. Pocas rupturas se dan entre una persona que lo hace todo mal mientras que la otra es absolutamente virtuosa de pensamiento y obra. Admite que las relaciones se terminan, que las razones para las rupturas normalmente son muy complicadas, y que no hay necesidad de que alguien haya sido mala persona.

Esto, por supuesto, no se aplica a los casos de maltrato, violencia, coacción o abuso. Algunas relaciones son auténticamente dañinas según los criterios que especificamos en las páginas 91-92, y creemos que es una buena idea terminar con ellas por completo.

En la era de las redes sociales, es increíblemente tentador buscar validación en ellas. Recomendamos mantener las rupturas fuera de las redes sociales, incluso si tu ex no sigue este consejo. Llevar una ruptura al escenario del mundo, especialmente cuando te estás enfrentando a la fase de la ira en el duelo, puede hacer que el tiro te salga por la culata. Recuerda, la comunidad poliamorosa es pequeña, y las personas a quienes conviertes en testigos de tus rupturas probablemente serán tu grupo de potenciales relaciones más adelante.

Las criaturas también son otro grupo especial a menudo afectado por las relaciones poliamorosas, puesto que muchas personas se ven creando relaciones muy cercanas con las criaturas de sus relaciones. Como mencionamos en el capítulo 15, es incluso común tener hogares donde se dan varias crianzas simultáneas. Cuando se provoca una ruptura entre la madre/padre de una criatura y otra persona no relacionada biológicamente con la criatura, ten en cuenta las consecuencias para las criaturas afectadas. Esas consecuencias son similares, por supuesto, a las que se provocan cuando se separan las familias ensambladas o reconstituidas. Incluso si entre las personas adultas no se quiere seguir manteniendo una relación de amistad, en caso de que una criatura tenga un vínculo con alguien que no es su familia directa, puede ser importante encontrar maneras que permitan que la relación continúe. Esto, a su vez, convierte en algo vital esforzarse por llegar a rupturas amigables. Si dos personas encuentran demasiado doloroso –es común, aunque sea durante un tiempo– mantener un contacto cercano, puede facilitarse si sus metamores ayudan a hacer posible la relación con la ex pareja.

Si hay algo alegre con lo que terminar este capítulo es esto: las expresiones poliamorosas de «transicionar» en una relación en lugar de simplemente «romper» son a menudo una descripción correcta, no un eufemismo. En la cultura monógama, la idea de terminar una relación romántica y que se convierta en «solo una amistad» a menudo es considerado una broma. En el mundo poliamoroso, esto es habitualmente completamente real. Es común para las personas poliamorosas mantener la amistad con sus ex durante mucho tiempo. Pero retomar el contacto puede llevar un tiempo; las rupturas son crudas y dolorosas, y a menudo es recomendable un período en que no haya contacto, posiblemente durante meses o años. Pero el tiempo suaviza las cosas, y suele ocurrir que las ex relaciones poliamorosas descubren que pueden construir una amistad duradera.

#ALGUNAS PREGUNTAS QUE PUEDES HACERTE

El mundo monógamo nos ofrece pocos modelos posibles de relación que transicionan hasta convertirse en amistades. En la comunidad poliamorosa, que puede ser bastante pequeña, mantener una relación de amistad con tus ex es un buen objetivo por el que esforzarse. Estas son algunas preguntas que te pueden ayudar a conseguirlo:

- ¿Cómo me aproximo al final de mis relaciones? ¿Qué quiero de mis ex parejas?

- Si una relación se termina, ¿qué significa eso para mis otras relaciones? ¿Intentaré convertir una de ellas en principal?

- Cuando se termina una relación, ¿qué puedo hacer para evitar elegir bando o que me arrastre el conflicto?

- ¿Qué límites marco alrededor de los problemas de las otras relaciones de mis relaciones?

- ¿Alguna vez he propagado el rencor en la comunidad poliamorosa o he enfrentado a personas entre sí al elegir un bando o por no haber respetado la confidencialidad?

Parte 5:

El ecosistema poliamoroso

23

Las otras relaciones de tus relaciones

Ninguna familia es normal.
La normalidad es una mentira inventada
por las agencias de publicidad
para hacernos sentir inferiores al resto.

Claire Lazebnik

Hasta aquí, nos hemos concentrado en tu interior –tú y tus emociones– y en tus propias relaciones. En la parte 5 miramos hacia afuera, a tus interacciones con quienes te rodean. El «ecosistema poliamoroso» incluye las otras relaciones de tus relaciones; el grupo de nuevas relaciones potenciales; tu familia, amistades y red social más amplia; y el resto del mundo.

Las relaciones románticas múltiples son tan antiguas como la especie humana, pero el poliamor actual es nuevo en muchos sentidos. Está basado en los valores actuales de igualdad de género y autonomía personal. Pone mucho énfasis en la introspección, en la comunicación honesta y en la empatía con otras personas. Pero quizá lo que lo diferencia más es la oportunidad que te da de conectar con las otras relaciones de tus relaciones. Las personas poliamorosas han inventado varios términos para ellas. El más común es metamores (del griego *meta*, que significa «encima» o «más allá» y del francés *amour*, «amante»). Algunas personas las llaman «PDP», «parejas de tus parejas» o «PRPR» «personas de referencia de tus personas de referencia». También podrías llamar a tu metamor tu coamante o, incluso, si sois parte de una familia, tu comarido o coesposa.

Lo cercana o distante que puede ser tu relación con tus metamores puede variar enormemente. Puede tener un vínculo muy profundo en un grupo que duerme junto en una gran cama, o puede ser alguien a quien nunca has conocido. Sea como sea, la palabra *poliamor* conlleva la connotación de buena voluntad y buenos deseos entre las personas involucradas; con la idea de que «estamos todo el mundo en el mismo barco» en mayor o menor grado. A menudo tus metamores se convierten en una de las mayores ventajas del poliamor.

Ese, al menos, es el ideal. Las buenas relaciones con tus metamores sin duda enriquecen tus relaciones poliamorosas, o al menos, las hacen más sencillas. Esas personas pueden ser una fuente importante de conocimiento, ayuda y apoyo. Y aun así, las cosas se ponen tensas cuando pretendemos determinar de antemano cómo deben de ser esas relaciones con metamores.

Ventajas para metamores

El verano antes de que escribiéramos este libro, Eve tuvo un serio accidente de bicicleta que la dejó hospitalizada durante varios días e incapacitada durante semanas. En ese momento, Peter estaba viviendo fuera de la ciudad, obteniendo experiencia laboral en un nuevo campo profesional, al mismo tiempo que cuidaba de su madre discapacitada. Por casualidad él estaba en la ciudad cuando ocurrió el accidente, y pasó el fin de semana en el hospital con Eve, saliendo periódicamente para llamar a sus otras relaciones y contarles las novedades. Dos días después del accidente, tuvo que volver a la ciudad en la que estaba trabajando. La amiga de Eve, Paloma, fue al hospital aquella tarde y le ayudó con la silla de ruedas para ir a un restaurante cercano a cenar sushi, y luego la llevó de vuelta al hospital y se quedó para cuidarla. Aquella noche, Franklin llegaba desde Portland. Llevó a Eve a su casa al día siguiente y la cuidó permanentemente durante otra semana. Durante esa crisis, todo el mundo colaboró cuando hizo falta y según sus posibilidades.

Este tipo de trabajo en equipo –o al menos la posibilidad de que se dé– es una de las cosas que hacen que el poliamor destaque entre otras formas de no monogamia. Cuando las relaciones entre metamores van bien, enriquecen la vida de todas las personas que son parte de una red romántica. Muchas personas, de hecho, ven las conexiones poliamorosas como la ventaja principal de poliamor. Tus metamores hacen felices a las otras personas con quienes tienes una relación, les ayudan a aprender y crecer de formas que quizá de otra forma no lo hubieran hecho. Aportan una fuente extra de apoyo y fuerza para nuestras relaciones, y a veces también para ti. Pueden ayudar a encontrar la solución de problemas que podrían no haberse solucionado si lo hubiéramos intentado por nuestra cuenta.

Otra palabra inventada por el poliamor es *compersión*. Se refiere al sentimiento de felicidad que experimentan muchas personas al ver a sus relaciones siendo felices con otra relación. Algunas personas usan las palabra *frubbly* para describir esa emoción (como nombre, *frubble*). Se experimenta de diferentes maneras según cada persona: para algunas es una sensación de radiante calidez, mientras que para otras puede ser algo parecido a la euforia de haberse enamorado. Y algunas personas no la experimentan en absoluto. Es normal sentir compersión, y es fantástico si es tu caso, pero también es normal no sentirla nunca. No sentirla no quiere decir que te pase algo malo, o que tus metamores no puedan aportar nada bueno a tu vida.

LA HISTORIA DE EVE

Viajo mucho y a veces las fechas de mis viajes entran en conflicto con fechas importantes para Peter. Hace un par de años, hubo una semana en la que él necesitaba apoyo y yo no podía estar con él. Al negociar nuestros calendarios, esa semana se convirtió en el centro de la discordia. La solución a la que llegamos, junto con Clio, era que Clio hiciera una visita más larga esa semana. En otra ocasión, hace unos cuantos años, Peter estaba en crisis y yo estaba fuera de la ciudad visitando a mi madre. Llamé a Gwen y me ofrecí a correr con los gastos para que ella tuviera una cita algo especial con Peter, para que él descansara un poco.

La capacidad para llegar a este tipo de acuerdos está entre las muchas razones por las que me encanta tener metamores. (En broma he dicho a veces que es como tener a alguien con quien siempre puedes contar para que dé de comer al gato.)

Recuerdo la primera vez que sentí compersión. Peter había ido a visitar a Clio, a los tres meses de haber iniciado la relación, y ella publicó una foto, en su blog, de ella con Peter. Él tenía una sonrisa increíblemente serena, feliz. Era la primera vez que le veía así de feliz desde hacía años. Sentí un subidón que era casi eufórico; me pilló totalmente por sorpresa. Había imaginado la compersión como una emoción cálida y feliz pero más cerebral, no una emoción visceral como el deseo, el amor o el odio, como lo fue para mí.

Durante casi cuatro años Peter tuvo otras dos relaciones, Clio y Gwen. Las tres nos llamábamos a nosotras mismas el «Equipo de Peter». Me encantaba la idea de que todas estuviéramos en el mismo equipo para apoyar a (y disfrutar de) esa persona increíble a la que todas amábamos.

En nuestro caso, nos encanta no ser las únicas personas que aman y apoyan a las personas con quienes tenemos una relación. Nos encanta que tengan a otras personas para alegrarles la vida, y sentimos una gratitud inmensa hacia ellas por las oportunidades que le han dado a quienes amamos para crecer y evolucionar. Nos encanta ver cómo se van desarrollando nuestras relaciones.

Cuando tus metamores se caen bien o incluso se aman mutuamente es algo maravilloso para todo el mundo. Hemos experimentado ese momento maravilloso de pasar tiempo con dos o más de nuestras relaciones –o una de las nuestras y otra de las suyas–, todo el mundo disfrutando mutuamente de su compañía. Ese puede ser un buen ideal al que aspirar e incluso por el que esforzarse, pero puede haber una trampa en ello: hemos visto a gente que ansiaba ese ideal, arruinando totalmente situaciones que de otra manera podrían haber sido bastante decentes. Si valoras más ese ideal que las necesidades reales y las personalidades de las personas involucradas estás rompiendo nuestro axioma número 1: *Las personas que son parte de una relación siempre son más importantes que la relación.*

Tipos de relación entre metamores

Como es lógico, las relaciones con metamores pueden ser de muchos tipos, pero tienden a caer en unas pocas categorías: compartimentadas, en red y polifamiliares.

Las *relaciones compartimentadas* se tratan como relaciones muy independientes. Tus metamores saben que hay otras relaciones, al menos en términos generales, pero no tienen ninguna relación en particular entre ellas más allá de tener una relación con la misma persona.

Eso no quiere decir que se les requiera que sean distantes. Algo bueno del poliamor es que te permite conocer a otras personas interesantes, por lo que incluso en relaciones bastante compartimentadas, a veces se forman sólidas amistades entre quienes integran parte de esa red. Pero que sucedan no quiere decir que sean obligatorias. Por supuesto, incluso en las relaciones compartimentadas, siempre es muy útil que todas las personas se traten de forma amable mutuamente, incluso si no son amigas entre sí.

En las *relaciones en red* tus metamores disfrutan de relacionarse entre sí y generalmente se llevan bien. Los miembros de una red pueden planificar salidas o actividades en grupo, o una persona puede invitar a parte o a todas sus relaciones a actividades sociales. Las personas que tienen una relación en común, con una persona en medio, buscan construir amistades mutuamente. Como es lógico, esto no siempre funciona como se espera. A veces, a pesar de las buenas intenciones, dos personas no se llevan bien. Las personas en relaciones en red tienden a *esforzarse* para crear una amistad. Las redes interconectadas de amistades que pasan tiempo en grupo a veces son llamadas «polículas», un juego de palabras con la palabra *molécula*.

Polifamilia es la palabra que alguna gente usa para una red en la que las personas se consideran mutuamente, o se espera que se consideren, «familia». Una polifamilia es un poco como el estereotipo de una familia italiana: si te casas con alguien, te estás casando con toda la familia. De todas las personas que tienen una relación con la misma persona se espera que tenga fuertes lazos entre sí.

Las polifamilias pueden darse de forma orgánica, cuando las personas con las que alguien tiene relaciones se caen bien mutuamente. O pueden ser muy prescriptivas, donde hay una expectativa explícita de que, tener una relación con alguien, significa ser parte de la familia; o en casos extremos, incluso puede existir la expectativa de que tenga una relación y sexo con las otras relaciones de esa persona. En el sentido prescriptivo, la polifamilia ideal puede parecer una manera de evitar problemas de celos, del reparto del tiempo o el miedo al abandono. Desgraciadamente, es complicado obligar a dos personas a que tengan una relación cercana simplemente porque les gusta la misma persona. Las polifamilias prescriptivas tienden a mantener ocultas situaciones coercitivas, sea porque hacen depender el acceso a una relación íntima crucial de si se tiene o no una determinada relación con otras personas, o porque hacen depender el acceso a la red de cuidados «familiar» de que se mantenga o no una determinada relación romántica. En casos extremos, se puede llegar a obligar diciendo «O tienes una relación íntima con esa persona o se te expulsará completamente de la familia».

En cierto modo, tus metamores *son* como la familia en la que te criaron: son personas que son parte de tu vida a quienes no elegiste. Y en ese sentido, a menudo es útil pensar en las polículas como si fueran auténticas familias. Puede que no todo el mundo se caiga bien, pero incluso en el peor de los casos, debes ser capaz de sentarte para cenar en familia, sonreír y conversar educadamente al menos un par de veces al año.

Conocer a tus metamores

Como dijimos en el capítulo 16, no hay una única estrategia válida sobre cuándo o cómo conocer (o incluso si deberías hacerlo) a las otras relaciones de tus relaciones. Pregúntale a una docena de personas poliamorosas sobre cómo conocer a tus metamores, y recibirás una docena de respuestas diferentes. Algunas personas compartimentan, sin demandar (o ni siquiera pedir) que sus metamores se conozcan. Otras personas tienen la norma de que no iniciarán una relación con alguien que no haya conocido antes a sus metamores. Algunas polifamilias requieren que la «familia» dé su aprobación a las relaciones potenciales antes de que comience la relación.

No hemos visto que ninguno de esos enfoques dé unos resultados claramente mejores que los otros; las necesidades y situaciones de cada persona son muy diferentes. (Por ejemplo, Franklin tiene relaciones en tres países diferentes de dos continentes. Si tuviera que presentar a cada relación potencial a sus relaciones preexistentes, el precio de los vuelos sería inasumible.) Dicho eso, algunos enfoques pueden provocar problemas. Cuando una persona *se niega* a conocer a algunas de las otras relaciones de su pareja, por ejemplo, puede indicar la existencia de un problema. A menudo una negativa así suele tener su origen en la inseguridad o el deseo de comportarse como si las otras personas no existieran. Y es complicado construir relaciones sólidas cuando las personas involucradas se niegan a ver cuál es la estructura de la relación.

Cuando una persona tiene múltiples relaciones con varias personas que no tienen relación entre sí, tiene cierta responsabilidad en facilitar que se conozcan, aunque no es responsabilidad únicamente de ella. Hemos hablado bastante de esa responsabilidad en el capítulo 16 (ver «Presentando a tus relaciones», página 424).

A menos que dos metamores ya se conozcan mutuamente porque, por ejemplo, sean parte del mismo grupo social (como es común en las pequeñas comunidades poliamorosas), es preferible que la persona vértice, quien está en medio, tome la iniciativa de presentar a sus relaciones entre sí. Esto es de buena educación y evita situaciones potencialmente incómodas, como hemos comentado. De todos modos, es sin duda también aceptable que alguien se presente por su cuenta a sus metamores (idealmente, con conocimiento de la persona en el vértice). Cualquiera de sus relaciones es libre de hacerlo, por supuesto, pero es especialmente agradable cuando la persona con quien ya se tiene una relación afianzada contacta con relaciones más recientes. La relación ya afianzada tiene una posición de más poder, y es un gesto de bienvenida hacia su metamor –que puede sentir cierta inquietud sobre si le aceptarán– que puede contribuir a que la nueva relación se sienta a gusto.

El manejo de las expectativas es fundamental para ayudar a que una relación con tus metamores tenga un buen arranque. No esperes que, porque os gusta la misma persona, vais a sentir algún tipo de vínculo instantáneo. No esperes intimidad inmediata, no esperes «entenderos» a la primera, y no esperes que se forme una «familia» instantáneamente. Le gustáis a la persona en medio de la relación porque sois *diferentes*, y esas diferencias pueden hacerte conectar o pueden hacerte sentir distante. Acepta lo que suceda. Cuando conozcas a una nueva persona, es mejor que la conozcas sin objetivos ni expectativas.

Metamores y consentimiento

Como esperamos que hayas interiorizado a estas alturas, las buenas relaciones son siempre consensuadas. Parte del consentimiento significa que las personas que son parte de la relación tienen un derecho fundamental a poder elegir el nivel de involucración e intimidad que quieren tener con *quién sea*, y a poder revocar su consentimiento para tener intimidad en cualquier momento.

Muchas personas en relaciones poliamorosas intentan resolver los problemas o minimizar los conflictos potenciales especificando de antemano qué papel tendrá una nueva relación respecto a las relaciones preexistentes. A veces eso significa requerir a cualquier nueva relación que «se sume» o «complemente» relaciones existentes (aunque a menudo no se especifica qué quiere decir «sumarse»). Otras personas requieren que sus metamores tengan cierto tipo de relación con ellas, a veces incluso hasta tener sexo.

Tenemos una postura escéptica respecto a esas condiciones. Como poco, tratan a la gente como máquinas de cubrir necesidades; en el peor de los casos, prescriben relaciones coercitivas que hacen demandas de intimidad nada razonables. Algunas personas dicen «siempre puede decirnos que no, por lo que nuestras peticiones no son coercitivas», pero no nos parece un argumento válido. Cuando alguien te demanda que tengas una relación íntima con ambas personas para permitirte tener una relación con una de ellas, se han puesto las bases para la coacción. Incluso si quieres tener ambas relaciones al principio, ¿qué sucede si cambias de idea? Requerir que *continúen* ambas como precio para mantener la relación que deseas, según va haciéndose más profunda y relevante, se convierte en un castigo si se revoca el consentimiento. Eso es coacción, con ciertos matices sectarios en el proceso.

Cuando intentamos usar una relación con una nueva persona como un calmante para aliviar nuestros propios miedos o nuestros celos, estamos, de hecho, usándolas. Tratar una relación como una herramienta para enfrentarte a tus propios miedos es una manera encubierta de tratar a las personas como cosas. Esperar que tus metamores siempre disfruten de su mutua compañía –o seleccionar a nuevas relaciones potenciales basándose en lo bien que encajan en una red determinada– puede también crear un veto burbuja, del que hablamos en el capítulo 12. Hemos visto situaciones en las que alguien que sentía como una amenaza que la persona con quien tenía una relación tuviese más amantes, siempre encontraba fallos en todas las personas que su pareja podía estar valorando. «Solo te estoy protegiendo. ¡No has conocido a alguien que llegue a mi nivel!» es un tipo de frases que hemos oído en la vida real. Más de una vez.

Cuando la gente tiende a asumir la buena voluntad por parte de las relaciones ya existentes, mientras que se trata a las personas nuevas como posibles amenazas, puede ser fácil pasar por alto el patrón y aceptar que las nuevas relaciones potenciales están haciendo algo mal. Esto puede convertirse en una justificación del veto selectivo (página 205): «¡Mi pareja siempre elige mal! ¡Tengo que revisar sus decisiones constantemente!».

Finalmente, si existen patrones disfuncionales como maltrato o codependencia, una nueva relación que suponga un cambio radical en esos patrones puede ser algo muy bueno, pero las ventajas puede que no se reconozcan hasta mucho después.

Es razonable tener unas expectativas de cierta educación, si no amistad, hacia tus metamores. Entendemos que en toda familia extensa no todo el mundo se lleva bien con todo el mundo. Ser capaz de llevarse bien con personas a quienes personalmente no elegiríamos es una importante habilidad en la vida, y lo es doblemente en el poliamor. No siempre es posible ver lo que la persona con quien tienes una relación ve en otra persona. A veces tienes que tener fe en lo que la otra persona ve como valioso en una tercera. Respetar su elección significa respetar sus decisiones.

No seas mala persona

Acercarte a las otras relaciones de la persona con quien tienes una relación puede parecer un campo emocional minado, donde un paso en falso puede provocar una explosión con consecuencias desafortunadas. Y las relaciones entre metamores pueden crear o romper una relación, por lo que es natural que mucha gente se acerque a ellas con inquietud.

Recuerda que, si estás en una relación con alguien que comienza una nueva relación, tienes mucho poder. Es probable que tú seas más intimidante de lo que la nueva relación lo es para ti. Donde tú ves la energía de la nueva relación y la excitación de un romance incipiente, su otra relación ve una historia compartida de la que no puede ser parte. Una nueva relación es un momento de intensa vulnerabilidad para ti y para tu reciente metamor. Trata esa vulnerabilidad con cariño y empatía. La interacción forzada de cualquier tipo, sea para ser familia o para mantenerse a distancia, sigue siendo forzada.

Partir de tratar como una persona a otras relaciones de con quien tienes una relación, en lugar de como una página en blanco donde reflejar tus miedos, significa no ser mala persona. «Mala persona» es un término con muchas connotaciones, pero las relaciones románticas te dan muchas oportunidades para ser una persona invasiva y entrometida. Te animamos a que no te aproveches de esas oportunidades. Esta es una lista parcial de las cosas que probablemente se vean como de mala persona o intrusivas (todas las cuales hemos visto o experimentado):

- Espiar a la persona con quien tienes una relación o sus interacciones con tus metamores, como leer sus correos electrónicos, vigilar sus redes sociales, leer sus mensajes de texto o escuchar sus llamadas de teléfono.

- Escuchar a escondidas sobre otros aspectos de las otras relaciones de la persona con quien tienes una relación, como dónde ha estado o vigilar sus actividades.

- Llamar, enviar mensajes de texto o mostrarse dependiente de otro modo cuando la persona con quien tienes una relación está en una cita. En ocasiones hay emergencias, y a mucha gente le gusta acordar previamente determinados momentos para comprobar que todo va bien. Pero aparte de eso, el hábito de contactar constantemente a tu pareja cuando está con otra persona se puede volver invasivo rápidamente.

- Compartir demasiadas cosas personales o hacer preguntas íntimas inapropiadas a tus metamores. «Apropiadas» es un término relativo, y los límites respecto a la vida privada varían según cada persona. Aun así, es de buena educación prestar atención y dejar en paz a tu metamor si le estás comenzando a poner en una situación incómoda.

- Copiar a tu metamor de cualquier forma que no sea bienvenida o consensuada, como vestirse o maquillarse de forma similar, usar perfumes similares, hacer regalos parecidos o hacer actividades similares (si lo estás haciendo *porque* es lo que tu metamor hizo, no porque es algo que también te gusta).

- Aparecer, sin que te hayan invitado, en lugares en los que sabes que la persona con quien tienes una relación está con tu metamor.

- Esperar que te incluyan en todas sus actividades, especialmente en las íntimas.

- Desvelar detalles íntimos de tu relación con la persona en el vértice sin haber acordado si eso es bienvenido. Como dijimos previamente sobre esto, todo el mundo tiene derecho a marcar límites respecto a su vida privada.

Como en cualquier otro aspecto de las relaciones poliamorosas, el impulso de enfrentarte a lo desconocido intentando controlar el resultado es probable que tenga menos éxito que si permites que las relaciones entre las otras relaciones de tus relaciones y tú tomen su propio camino. Las personas, como los animales, reaccionan mal cuando las acorralan. Intentar dirigir cómo debe evolucionar la relación con una nueva persona es una de las maneras de hacer que alguien sienta que le han acorralado. La flexibilidad en las relaciones de metamores, como en todo lo relacionado con el poliamor, es la mejor manera de abordarlo.

En la práctica, eso significa ver a la otra relación de la persona con quien tienes una relación como una persona, no como una proyección de tus propios miedos y esperanzas. La mejor postura es la misma que tomarías con las amistades de tus amistades: tener una actitud abierta y de bienvenida, buscar intereses comunes, hacer preguntas. Tómate tu tiempo para conocerlas, pero evitando un comportamiento avasallador o invasivo. Crea un espacio cálido y acogedor para ellas, pero no las fuerces a que entren en él.

Metamores que triangulan e «interfieren»

No llevarte bien con tus metamores –o no tener unas expectativas excesivas sobre lo excelentemente bien que *debéis* llevaros– es uno de los obstáculos principales en las relaciones con metamores. La otra es la triangulación: culpar a tus metamores del comportamiento de la persona con quien tienes una relación y hacerles responsables de tu insatisfacción en tus propias relaciones. No importa lo maravillosa que sea la persona con quien tienes una relación, lo feliz que te hace o lo mucho que te has enamorado, en algún momento hará algo que no te guste. Si es algo relacionado con otra de sus relaciones –como dedicar tiempo a otra relación, por ejemplo, cuando te gustaría que te lo estuviera dedicando a ti– puede parecerte extremadamente tentador culpar, equivocadamente, a su otra relación.

¿Por qué es un error? Primero, porque es más fácil enfadarse con alguien con quien no tienes una relación. Es menos doloroso ver una situación desagradable como consecuencia de la conducta de una tercera persona que verlo como un problema de tu propia relación. Es más fácil sentarse y desahogarse hablando mal de una tercera persona que arriesgarte a vulnerabilizarte en una conversación honesta sobre tus necesidades no cubiertas con una de tus relaciones.

También es fácil, especialmente en conflictos sobre repartos, ver el problema como un conflicto entre metamores, situación en la que la persona en el vértice desaparece, aunque sea ella quien tiene que decidir cómo se hacen esos repartos de recursos. Si a Greg se le está haciendo complicado tener tiempo suficiente para Connor y Paul es fácil que la conversación termine siendo sobre Connor y Paul, da igual quién la plantee. La pregunta «¿Qué quiere Greg?», sorprendentemente, surge mucho menos a menudo de lo que podrías pensar. La persona en el vértice toma sus propias decisiones, y ese es el asunto sobre el que debe girar la conversación. Se habla de esto en detalle en los capítulos 6 («Comunicación triangular», página 99) y 16 («¿Quién toma tus decisiones?», página 278).

LA HISTORIA DE EVE

Franklin y yo tenemos una relación a distancia. Cada cual vive con otra persona y tenemos una vida social muy activa. Entre visitas, intentamos mantener la conexión usando Skype a menudo, llamándonos por teléfono y acordando «citas para trabajar» en las que nos conectamos a Skype y hacemos nuestro trabajo (o trabajamos en este libro) en silencio y leyéndonos cosas mutuamente por teléfono.

Durante los primeros seis meses de nuestra relación, tuve acceso al calendario Google de Franklin. Descubrí que el dolor que me provocaba tener acceso al calendario era mayor que el pequeño beneficio que obteníamos al hacer más fácil coordinar nuestras agendas, especialmente porque siempre acordábamos nuestras visitas negociando. Cuando tuve acceso a su calendario, pude ver todo lo que hacía cuando *no* estaba conmigo, incluidos los eventos sociales a las que yo no podía asistir, las citas y los viajes de camping con quien convivía que en conjunto exceden *todo* el tiempo que él y yo pasamos en pareja, y quizá, todavía más importante, qué cosas decidía hacer cuando no estaba disponible para estar conmigo.

Al final le pedí a Franklin que dejara de darme acceso a su calendario. Encontré mucho más fácil sentirme satisfecha con nuestra relación si me concentraba en qué se me estaba dando, en lugar de lo que no. Sin tener acceso a la información sobre su vida diaria, era capaz de sentir gratitud por el tiempo que Franklin me dedicaba y apreciar las cosas que *sí* hacemos en pareja, y así, centrar mi atención solo en mi propia vida el resto del tiempo.

Si te centras en la relación en la que *no* estás, es fácil interesarte por lo que tu metamor está recibiendo y que tú no, en lugar de qué quieres y qué necesitas. En el capítulo 16 hablábamos de los monos que eran felices recibiendo pepinos hasta que veían a otro mono recibiendo uvas. Los seres humanos no somos muy diferentes. Es mucho más útil, para crear relaciones sanas y satisfactorias, concentrarnos en *qué queremos*, qué nos hace crecer.

¿Pero qué sucede si mi metamor exige demasiado? ¿Qué sucede si sus demandas no solo buscan conseguir que se cubran sus necesidades, sino absorber el tiempo y energía que la persona con quien tengo una relación comparte conmigo? ¿Qué sucede si –hemos oído esto un millón de veces– intenta *interferir* en nuestra relación? Está claro que con quien tengo una relación debe actuar, ¿no? ¿Debe enfrentarse a mi metamor por su comportamiento destructivo? ¿Que ella vete a mi metamor, si tiene esa capacidad? En una palabra, no. En su lugar, debes hacer lo mismo de siempre: trabajar para hacer que tu relación sea lo mejor posible, defender tus propias necesidades, marcar límites sobre cómo necesitas que te traten, y dejar que con quien tienes una relación arregle sus asuntos con tu metamor. Sobre todo, *confía* en que tomará las decisiones que te respetan y te cuidan. Si no quiere hacer eso, no puedes obligarle.

Hemos oído a gente decir «Tal-persona rompió mi relación con mi ex», pero en realidad, eso no es lo que sucedió. Tu ex rompió contigo por su propia voluntad, porque decidió hacerlo. Nadie puede romper una relación a no ser que alguien en esa relación lo acepte.

Cuando hay conflictos entre tus metamores

Como podrás imaginar, en las relaciones poliamorosas hay muchas configuraciones en las que puede surgir el deseo de elegir bando: ya hemos hablado de elegir entre dos relaciones cuanto tú eres el vértice, y elegir uno de los bandos en las rupturas. Pero si practicas el poliamor durante el tiempo suficiente, en algún momento es probable que tengas a dos o más metamores que tienen una persona en común y que no se llevan bien. Esto probablemente le dolerá a la persona que tienes en común con otras personas. Cuando pasa eso, puede ser complicado no querer intervenir.

Cuando la gente que nos importa está enredada en un conflicto es tentador intentar mediar. Quizá pensemos que podemos aportar una visión diferente, o que tenemos la distancia suficiente para poder ayudar a todas las personas a ver el punto de vista de todo el mundo. Si tienes unas relaciones muy sólidas con todas las personas involucradas y tienes mucha habilidad negociando –y eres capaz de tener tus emociones bajo control– puede que decidas meterte en esas aguas para intentar traer la paz a tu polícula, y podrías aportar algo bueno.

De todos modos, quizá tú no medias de manera objetiva; quizá crees que alguien tiene la razón y que otra persona se ha equivocado. En realidad, quizá una persona está siendo realmente poco razonable, incluso terca o manipuladora. Quizá la persona en el vértice es incapaz de verlo. ¿Debes compartir tus opiniones con quien tienes una relación? ¿Quizá debes hacer que tu metamor poco razonable lo comprenda? ¿Debes apoyar a tu metamor, a quien han perjudicado, eligiendo uno de los bandos?

No te vamos a decir que no lo hagas, pero te diremos: «Pisa con cuidado en ese terreno». Nuestro amigo Edward Martin comparaba a las personas con las barras de combustible y las barras de control de un reactor nuclear. Las barras de control absorben neutrones; esas barras absorben los neutrones perdidos para prevenir que alcancen a otras barras de combustible. Son atenuadoras: calman las cosas cuando empiezan a ir mal. Las barras de combustible, por el contrario, son donde tienen lugar las reacciones en cadena. Son amplificadoras: cuando las cosas van mal, las barras de combustible multiplican el problema. Cuando elige nuevas personas para incluirlas en su vida, a Edward le gusta buscar atenuadores en lugar de amplificadores. Cuando se enfrentan a un conflicto, los amplificadores intensifican la situación, con demandas, rabietas, ultimátums y falta de sueño tras sesiones para discutirlo durante toda la noche. Los atenuadores tienden a ser flexibles, con mucha inteligencia emocional y buenas habilidades para resolver conflictos.

Tomar partido en un conflicto entre metamores –o entre tu metamor y la persona con quien tienes una relación– amplifica, más que atenúa, el problema. Tu dedicación a la situación aumenta el enfrentamiento (que ya puede ser bastante alto), y tu metamor, a quien te estás oponiendo, es probable que todavía se atrinchere más y actúe más a la defensiva, reduciendo las probabilidades de llegar a una resolución favorable. Si te vas a involucrar es útil pensar sobre cómo puedes actuar para ser atenuante.

Cuando parte de tu red está enredada en un conflicto que no te involucra directamente, probablemente lo más útil que puedes hacer es escuchar. Ya hemos hablado de las escucha activa en el capítulo 7; aquí resulta útil. Ofrece empatía, sin analizar, solucionar o culpar. Muchas personas se quedan enredadas en los conflictos porque necesitan con desesperación sentir que las escuchan. Puedes colaborar escuchándolas. Pero hay algo que puede provocar problemas inesperados. Si estás ayudando a tus metamores (o relaciones) mediante la escucha activa, puede parecerte tentador comenzar a llevar mensajes de la una a la otra. Después de todo, no se están escuchando mutuamente, ¿verdad? ¿Quizá solo necesitan alguien como intérprete entre ellas? Nope. No. Nada de nada. No lo hagas. Si empiezas a participar llevando mensajes entre ellas, es probable que la distancia se *incremente* en lugar de reducirse. Si comienzan a confiar en ti como miembro interlocutor, se les volverá más y más complicado comunicarse entre ellas.

Lo que *puedes* hacer es animarlas a que hablen entre ellas directamente. Si una de ellas te pide tu opinión sobre lo que piensa o siente la otra, resiste el deseo a contestar, y en su lugar, sugiere que le pregunten a la otra persona directamente. Si su conflicto se soluciona, será porque *ellas*, no tú, lo resolverán.

Metamores como un precio que hay que pagar

En un mundo ideal, las personas poliamorosas podríamos saber con seguridad que todas nuestras relaciones están entusiasmadas las unas con las otras y disfrutan pasando tiempo juntas. En un mundo semejante, hay duendes retozando con unicornios bajo los árboles que florecen con algodón de azúcar. El hecho es que, a veces, la gente simplemente no se gusta mutuamente. El columnista Dan Savage dijo una vez que todas las relaciones tienen un «precio que hay que pagar» para ser parte de ellas. No existe la persona perfecta para tener una relación. Toda persona tiene alguna peculiaridad, costumbre o rasgo que se convierte en odioso una vez nos relacionamos con ella. Puede ser algo tan simple como dejar los calcetines sucios sobre la mesa. Sea lo que sea, siempre hay una molestia, o tres, que necesitamos superar si queremos estar con alguien mucho tiempo.

En el mundo poliamoroso, a veces la otra relación de una persona puede ser ese precio. Ocasionalmente alguien a quien amamos ama a alguien a quien no amamos en absoluto. Es el precio que hay que pagar por estar con esa persona. En nuestro caso, hemos tenido la experiencia de amar a personas cuyas relaciones nos importaban bastante menos. Las mejores normas generales que podemos ofrecer son comportarse lo mejor que podamos, como personas adultas razonables que se relacionan con personas que no les gustan especialmente; entender que esas personas aportan algo valioso a las vidas de quienes nos importan; y buscar la manera de ofrecer apoyo y comprensión a las personas amadas por las personas con quien tenemos una relación.

Las personas poliamorosas tienden a actuar como si las relaciones poliamorosas fueran libres. Es decir, nos involucramos en las relaciones con quienes tenemos una relación, pero no pensamos demasiado a menudo sobre la dedicación necesaria para mantener una amistad con sus otras relaciones. De hecho, esas relaciones pueden requerir un esfuerzo considerable para construirlas y mantenerlas, especialmente con personas que tienden a ser introvertidas. La expectativa de tener una relación cercana, o incluso de ser familia entre metamores, es una expectativa tácita de que se tendrá la voluntad de invertir una cantidad importante de tiempo y energía emocional en ellas, solo para estar juntas. Independientemente de lo maravillosas personas que podemos pensar que somos, estamos pidiendo mucho.

En las redes poliamorosas abiertas, la expectativa de que cada persona se involucre hasta cierto punto con cada metamor, y lo mismo con *sus respectivos* metamores, y así sucesivamente, rápidamente se convierte en algo poco realista. *El número de Dunbar*, el número de relaciones personales significativas que una persona es capaz de mantener a la vez, se suele considerar en torno a 150. En nuestro caso, nuestra propia red romántica ha llegado ocasionalmente a más de 80 personas, que es la mitad del número de Dunbar. Tratar seriamente que toda nuestra red llegase a ser una «polifamilia» requeriría que descuidáramos otras importantes relaciones en nuestra vidas (familias de origen, familiares, colegas de trabajo, amistades, vecindario), para poder mantener la conexión con nuestra red. Para una persona introvertida, especialmente, incluso el número de metamores en primer grado que una persona puede tener podría superar su número total de amistades cercanas, de toda su vida.

ALGUNAS PREGUNTAS QUE PUEDES HACERTE

Los problemas entre metamores pueden ser tan corrosivos como los problemas entre los miembros de una relación poliamorosa, por lo que requieren una reflexión cuidadosa. Estas son algunas preguntas que puedes hacerte sobre tus expectativas respecto a tus metamores:

- ¿Cuáles son mis expectativas respecto a mis metamores?

- ¿Tengo que conocer a mis metamores? ¿Espero tener relaciones cercanas con mis metamores?

- ¿Mis expectativas permiten que mis metamores tengan expectativas diferentes?

- ¿Cómo comunico mis expectativas?

- ¿Cómo y cuándo quiero conocer a mis metamores?

- ¿Permito que la persona con quien tengo una relación dirija su otra relación con otra persona, sin elegir un bando cuando hay conflictos y sin estar retransmitiendo mensajes de la una a la otra?

- ¿Qué voy a hacer si no me llevo bien con mi metamor? ¿Qué haré si una de mis relaciones no se lleva bien con otra de mis relaciones?

24

Encontrar nuevas relaciones

*Cada amistad representa un mundo en nuestro interior,
un mundo que posiblemente no nace
hasta que esa amistad llega,
y es solo en ese encuentro
que un nuevo mundo puede surgir.*

Anaïs Nin

Tener citas en el mundo poliamoroso es muy parecido a tenerlas en el mundo monógamo, con algunas excepciones. Para quienes no tienen una relación o son personas polisolteras no hay muchas diferencias, excepto que, pueden tener citas abiertamente con más de una persona a la vez y deben contárselo a sus otras relaciones. Sin embargo, para quienes tienen una relación cerrada, como un matrimonio, las citas poliamorosas probablemente van a requerir cierta planificación extra o algunas limitaciones logísticas. Puede que tengas que adaptarte al calendario de la persona con quien tienes una relación o, si convives con una de tus relaciones y no vives en una casa grande, podrías encontrar complicado invitar a alguien a pasar la noche en tu casa. De todos modos, ninguno de estos problemas es exclusivo del poliamor: madres solteras y padres solteros se encuentran retos similares para sus citas.

Aun así, «¿cómo encuentro nuevas personas con quienes tener una relación?» es una de las preguntas que más oímos sobre el poliamor. Y la verdad es que hay ciertos problemas únicos: encontrar relaciones poliamorosas, encontrar personas que sean compatibles contigo y tu tipo de relaciones poliamorosas, y desvelar que tienes relaciones poliamorosas son cosas sobre las que pensamos todo el mundo.

No es una cuestión del destino

El cuento de hadas sobre el amor dice muchas cosas sobre encontrar una relación romántica, pero la mayoría de esa información no es muy útil para las personas poliamorosas. Gran parte de ese cuento tiene que ver con el destino y la suerte, con miradas que se cruzan en salones llenos de gente. Creemos que la suerte juega un rol muy pequeño a la hora de encontrar personas con quien tener una relación. Tu éxito o fracaso para tener buenas relaciones románticas dependen de muchos factores que están bajo tu control. Cuando no hemos tenido suerte encontrando personas con quienes tener una relación, siempre nos ha resultado útil mirarnos, ver qué estamos haciendo, qué estamos ofreciendo y qué estamos pidiendo.

Algunas cosas hacen de forma sistemática más complicado o más fácil conectar con relaciones potenciales. Te ofrecemos estas reglas generales:

- *Intenta no convertir cada evento social en una ocasión para buscar a alguien con quien tener una relación.* Cuanto más lo intentes, más sensación de desesperación vas a transmitir, y más personas te evitarán; excepto quienes encuentran atractiva a la gente que parece desesperada, y normalmente no son el tipo de personas con quien es sano construir una relación.

- *Si puedes, sal del armario.* No puedes decir «Es muy complicado encontrar personas poliamorosas» si estás en el armario y nadie sabe que lo eres. Aunque algunas personas tienen importantes obstáculos para abrirse, como problemas potenciales en el trabajo o disputas sobre la custodia de una criatura en los tribunales, estar en el armario ralentizará que encuentres personas poliamorosas. Hablaremos sobre salir del armario en el siguiente capítulo.

- *Relájate.* Si tratas el hecho de ser poliamoroso/a como un secreto vergonzoso, la gente se comportará como si fuera un secreto vergonzoso. Si lo tratas de forma franca e informal, las respuestas serán más parecidas a «Oh, tengo un amigo/a que también es poliamoroso/a, ¿le conoces? Quizá deba presentaros».

- *Contacta con otras personas poliamorosas.* Acude a grupos y eventos poliamorosos.

- *No tengas miedo de expandir tus horizontes sociales.* Si no conoces a personas poliamorosas en tu entorno, crea un nuevo grupo. Reúnete con otras personas poliamorosas aunque no quieras tener una relación con ellas. Sé parte del colectivo. Dedica un tiempo a conocer a las personas antes de empezar a valorarlas como citas potenciales.

¿Debes tener relaciones solo con personas poliamorosas?

Si decides solo tener relaciones con personas que ya son poliamorosas, como hacemos en nuestro caso, se resuelven un montón de problemas inmediatamente. De todos modos, a muchas personas les gusta tener la oportunidad de conectar con personas que no tengan que estar necesariamente acostumbradas al poliamor.

Cada opción tiene sus ventajas y desventajas. Elegir relaciones que ya son poliamorosas reduce las posibilidades de que, en algún momento futuro, quieran una relación monógama. También significa que tienen más probabilidades de haber desarrollado habilidades para manejarse en las relaciones poliamorosas. De hecho, conocemos a gente que no comienza una relación con nadie que no tenga al menos dos relaciones, argumentando que tener relaciones con personas con varias relaciones te permite ver de antemano cómo se manejan relacionándose con varias personas simultáneamente.

Por otro lado, tomar esa decisión reduce mucho el número de personas potenciales con quien tener una relación. La comunidad poliamorosa en la mayoría de los lugares es relativamente pequeña. Lo que significa que si tienes una mala ruptura al final de la relación, todo el mundo lo sabrá. De nuevo, eso quizá no sea algo malo. Donde todo el mundo escucha los cotilleos, hay un incentivo para tratar bien a la gente y para llegar a rupturas civilizadas.

Si decides comenzar una relación con alguien que acaba de llegar al poliamor, prepárate para tener largas conversaciones y muchas negociaciones. Puede ser útil que leáis en pareja webs, libros y otros recursos sobre poliamor. Hablad de qué significa el poliamor para cada cual, y cómo encajan vuestras visiones del mismo. Intentar «convertir» a una persona al poliamor siempre es un poco problemático. Algunas personas se lanzan al poliamor con naturalidad en cuanto lo descubren. Otras se encuentran que, no importa lo mucho que lo intenten, nunca consiguen ser felices en él. Comenzar una relación con una persona que no está segura pero sí dispuesta a «probar» puede significar tener unas dolorosas renegociaciones más adelante, y posiblemente tener que elegir entre el final de la relación o el final de tus sueños.

Cómo hablarle a una relación potencial sobre poliamor

Llega el momento en el que tienes una cita, quizá con alguien que conociste por internet o en una fiesta (fuera del ambiente poliamoroso). Las cosas tienen buena pinta, sientes que hay química… así que, ¿en qué momento hablar del poliamor?

LA HISTORIA DE EVE

Fue un año antes de que comenzara mi primera relación poliamorosa con Ray. Peter y yo habíamos abierto nuestra relación oficialmente tres años antes, pero solo habíamos tenido unas pocas citas mediocres con personas que conocimos por internet, y unos pocos intentos incómodos y nefastos de despertar el interés de algunas personas de nuestro círculo social.

Conocí a Hug en un concierto de una cantante folk que, por casualidad, era poliamorosa. Ingenuamente asumí que Hugh conocía y estaba familiarizado con el poliamor. Nos caímos bien inmediatamente, flirteando durante todo el concierto, y cuando se terminó, intercambiamos nuestros números de teléfono. Unos pocos días después, salimos a cenar y a una conferencia sobre política (ya sabes, la típica primera cita izquierdista-intelectual).

Sabía que debía hablar sobre el poliamor –y Peter– con Hugh, pero no tenía ni idea de cómo hacerlo. Por lo que busqué la manera de introducir el tema en la conversación. Hugh comenzó a hablar de su participación en sindicatos. *¡Ajá, este es mi momento! ¡Peter está en un sindicato también!* De repente, todas las palabras salieron juntas: «Oh, qué bien, mi marido está en un sindicato y está realmente involucrado en él y, por cierto, tenemos una relación poliamorosa y oh, ¿no sabes lo que es el poliamor?».

Una mirada de sorpresa y de sensación de traición cruzó brevemente la cara de Hugh –pero pensé para mí misma, *por supuesto, en realidad nunca le he dicho que no estuviera casada ¿verdad?* En su favor debo decir que se recuperó rápidamente y con elegancia. Fuimos a la conferencia y nos despedimos educadamente. No hubo una segunda cita.

Pregúntale a la gente de la comunidad poliamorosa cuándo mencionar el poliamor y muchas te dirán «Antes de la primera cita», aunque unas pocas personas se resistirán. «No hasta que sepas con seguridad que quieres tener una relación con esa persona».

Definitivamente estamos en el bando de «Antes de la primera cita; sino, antes». Puede ser que evites mencionar el tema por miedo a «asustar» a una relación potencial. De todos modos, esto nos parece una lógica equivocada. Si a alguien no le parece bien el poliamor, querrás saberlo cuanto antes para no malgastar el tiempo de nadie.

Retrasar esa conversación durante demasiado tiempo hará que las personas incompatibles se sientan como si les hubieras lanzado un cebo para cambiar de idea más tarde; les negaste totalmente la oportunidad de dar su consentimiento informado a la hora de tener una cita contigo. Nuestra norma es la franqueza sin concesiones: si estamos en una cita con alguien, esa persona *ya* es muy consciente de que nuestra relación es poliamorosa.

La sinceridad es mucho más fácil cuando partes del modelo de la abundancia para las relaciones. Retrasar hablar sobre poliamor revela un modelo de escasez: la idea de que las oportunidades para tener una relación son tan escasas que se debe perseguir cada oportunidad, incluso las equivocadas. Cuando se trata de mencionar el poliamor, hacerlo de forma simple y directa es a menudo lo mejor, especialmente si ya tienes una relación. Ocultarlo o hablar con rodeos sobre la persona con quien tienes una relación o cónyuge no va a impresionar a tu cita, al menos no de una forma positiva.

Tratar el poliamor como una mala noticia que hay que dar de la manera más amable posible no es un enfoque muy afortunado. Para saber cómo responder a una situación desconocida, la gente suele imitar la forma en la que algo se les presenta. Si tratas el poliamor como si fuera una enfermedad desafortunada o un secreto que se debe ocultar, así será cómo lo verán. Si lo tratas como una valiente filosofía de la que sientes orgullo al compartirla con el mundo, puede que les impresiones por lo increíble y vanguardista que eres.

Empieza de una forma sencilla: «Soy una persona poliamorosa». Explícale lo que eso significa para ti. «Creo en las relaciones abiertas con el conocimiento y acuerdo de todas las personas implicadas, y con múltiples interconexiones si todo encaja entre quienes están en la relación». Haz preguntas como «¿Contemplas la posibilidad de una relación poliamorosa?», o (si tu relación potencial es poliamorosa) «¿Qué tipo de relación poliamorosa practicas? ¿Qué tipo te interesa más?». Acercarte a una nueva relación potencial con honestidad significa hacerlo de forma transparente sobre tus expectativas respecto a la relación.

¿Dónde está la gente poliamorosa?

Si quieres comprar pan, te será más fácil encontrarlo en una panadería que en una tienda de bricolaje. Si estás buscando personas poliamorosas, es más probable que las encuentres entre personas abiertamente poliamorosas que entre personas que prefieren las relaciones tradicionales. Una búsqueda rápida en internet puede mostrarte grupos poliamorosos vivas donde vivas. Busca grupos en tu zona en Polyamory Group Registr, de Modern Poly (polygroups.com), en Meetup.com y en Facebook.

Si no hay grupos para conocerse en persona en tu zona, podrás encontrar muchas comunidades poliamorosas en las principales redes sociales, y hay foros y webs de citas para personas poliamorosas.

Muchísimos miembros de la comunidad poliamorosa están en la web gratuita de citas OkCupid.com. Allí, contestando a cientos de preguntas personales y marcando las relacionadas con el poliamor como «obligatorias», podrás concentrarte en personas similares a ti, como lo hará el que añadas «poliamor» a tu perfil como uno de tus intereses. En el momento de escribir este libro, se está probando una nueva red social poliamorosa llamada K-Tango; da la impresión de ser una web a la que vale la pena echar una ojeada. En nuestro caso, nos conocimos a través de Twitter: Eve estaba siguiendo a Franklin, que twitteó una conferencia sobre astronomía. Eve, que por casualidad estaba en Portland por un congreso, asistió –y el resto es… bueno, este libro.

Es mucho más complicado encontrar personas poliamorosas si ocultas que lo eres. Imagínate en una fiesta en la que hay diez personas poliamorosas, y ninguna de ellas lo admite en público. Las diez pueden acabar pensando: «Me pregunto, ¿dónde podría encontrar personas poliamorosas? ¡Desde luego, aquí no!». Hemos conocido a mucha gente en un solo congreso o en una empresa que venían sigilosamente a confesarnos que eran poliamorosas, pero no querían que nadie más lo supiese. Por supuesto, como el poliamor es un término paraguas tan amplio para tantos tipos diferentes de relaciones, alguien que dice «¡Soy poliamoroso/a!» puede querer decir algo diferente de lo que tú piensas. Haz que hablen sobre qué quieren decir.

La importancia de la elección de con quién tener una relación

La idea de que no elegimos nuestras relaciones está sorprendentemente extendida. Compatibilidad, ideas similares, relaciones mutuamente negociadas; ninguna de esas cosas parece importar frente al Amor Verdadero, dice el cuento de hadas. Cuando nos enamoramos, eso nos obliga a comenzar una relación. Y una vez que estamos en ella, el amor es el combustible que la hace funcionar. Mientras siga habiendo amor, seremos felices. Muchas personas adultas creen en eso.

LA HISTORIA DE FRANKLIN

Hace unos años, estaba hablando sobre modelos alternativos de relación en un congreso. Uno de mis compañeros del panel, un escritor, se estaba quejando de que nunca había sido capaz de encontrar una pareja que entendiese sus hábitos de escritura; sus parejas tendían a quejarse cuando él tenía una idea en la mitad de la noche y se levantaba para escribir, o cuando se encerraba en su oficina a la hora de la cena porque había tenido un arrebato de inspiración y estaba demasiado absorbido como para parar e irse a comer.

Le sugerí que la solución a su problema era elegir personas que de entrada entendieran su manera de trabajar y a las que les pareciera bien. El hombre se mostró bastante sorprendido con mi respuesta. «¡No eliges a tus parejas!», insistió. «Las relaciones simplemente suceden. No entrevistas a tus amantes como buscas a alguien para contratar en tu empresa».

Si, como en el caso del panelista compañero de Franklin, aceptamos la idea de que no elegimos a nuestras relaciones, tenderemos a encontrarnos en relaciones por defecto, no por decisión propia. Puede que terminemos, como el escritor del panel, con personas que no son muy compatibles, porque no aplicamos unos buenos criterios de selección de la persona con quien tener una relación. No se nos ocurre hacer preguntas que nos podrían decir lo compatibles que somos o no.

Tenemos la posibilidad de elegir en nuestras relaciones románticas. Puedes evitarte una enorme cantidad de problemas en las relaciones poniendo en práctica una serie de habilidades para seleccionar una buena relación– y sí, seleccionar con quién te relacionas es algo que se aprende. Parte de ello es admitir las decisiones que tomas, y parte de admitirlo está en admitir que aunque no siempre tengamos control sobre nuestras emociones, sí tenemos control sobre con qué personas tenemos una relación. El amor, por sí mismo, no es una garantía suficiente de que será una buena relación. Las buenas relaciones crecen gracias a una atención cuidadosa a la relación, pero comienzan con una buena selección. (O como se dice en jardinería: «La planta correcta, en el lugar correcto».)

Una parte de las habilidades para elegir con quién tener una relación es conocer nuestras líneas rojas: qué convertiría a alguien en una pésima elección para nuestra relación. La incompatibilidad sexual es una de las razones para romper la relación, la adicción a drogas o alcohol es otra. También lo es un historial de violencia contra relaciones anteriores. Pero muchas otras son más sutiles, como por ejemplo, en el caso del escritor del congreso, la falta de respeto hacia unos hábitos de trabajo que son realmente importantes para ti.

Cuando se selecciona a alguien con quién tener una relación, hay un extraño limbo en el que puedes terminar: una persona no nos muestra ninguna señal que nos haría romper esa relación, pero tampoco nos entusiasma. Si hacemos elecciones basándonos es si alguien cruza o no nuestras líneas rojas, podemos seguir adelante en una relación sin valorar si esa persona tiene o no las cualidades que *deseamos* en alguien con quien tendríamos una relación.

Una buena práctica al elegir con quién tener esa relación es el «100% sí o no». Esta política, formulada por primera vez por Mark Manson, se basa en la idea de que no tiene sentido invertir tiempo o energía romántica en alguien por quien no sientes entusiasmo, o que no muestra entusiasmo por ti. Si la idea de tener una relación con alguien no te provoca un entusiasta «Joder, sí», entonces la respuesta es no. La ambivalencia tiene pocas opciones en las relaciones románticas.

El enfoque que recomendamos se basa más en hacernos interiormente preguntas sobre qué tiene que ofrecer esa persona, en lugar de pensar si esa persona tiene rasgos desagradables. A Franklin le gusta usar preguntas como estas:

- ¿Tiene esa persona algún tipo de atractiva sabiduría?

- ¿Ha hecho algo que muestre que es probable que, cuando se encuentre con una decisión complicada, va a tomar el camino más valiente?

- ¿Ha hecho algo que me muestra que, cuando se enfrente a un miedo personal o una inseguridad, se dedicará a manejarlo con elegancia e invertir en el esfuerzo de confrontarlo, entenderlo y crecer más allá de ello?

- ¿Muestra curiosidad intelectual, rigor y deseo de crecer?

- ¿Ha manejado las relaciones anteriores con dignidad y comprensión, incluyendo las relaciones que han fracasado?

- ¿Da la impresión de tener un compromiso continuo para entenderse a sí misma?

- ¿Valora la autonomía personal?

- ¿Se aproxima a las cosas con energía y entusiasmo? ¿Se compromete con el mundo?

- ¿Demuestra ser una persona íntegra?

- ¿Es una persona abierta, honesta, entusiasta y exploradora en el sexo?

- ¿Se comunica de forma honesta, incluso cuando es incómodo hacerlo?

En el capítulo anterior hablamos sobre amplificadores frente a atenuadores: personas cuya respuesta al estrés tiende a empeorar las cosas frente a las personas que tienden a hacer que las cosas mejoren. Esta idea también se aplica a la selección de con quienes tener una relación. Cuando estés valorando tener una relación con alguien, pregúntate: «¿Tiene esta persona un historia de dejar su círculo social mejor o peor de lo que lo encontró?».

Un factor que puede ser muy relevante es cómo tus relaciones potenciales hablan sobre sus ex. ¿Son monstruos? ¿Es cada historia sobre su ex un cuento de calamidades, en la que su ex es el Lobo Feroz? Eso podría significar que, si te involucras románticamente, tendrás el papel protagonista en sus futuras historias de terror. Por el contrario, cuando alguien generalmente tiene una relación amistosa con sus relaciones anteriores quiere decir mucho.

Observa las relaciones actuales de tu relación potencial. ¿Parecen turbulentas o tranquilas en general? ¿Te gusta cómo trata esta persona a sus relaciones actuales? ¿Habla de ellas de forma positiva y respetuosa? Si es así, probablemente vaya a hacer lo mismo contigo.

Citas poliamorosas y criaturas

Las citas poliamorosas con criaturas incluidas son similares en muchas cosas a las citas monógamas de personas solteras o divorciadas con una crianza monoparental. En el capítulo 13 contábamos la historia de Clara y Elijah, una pareja poliamorosa con dos pequeñas criaturas. Muchas de las estrategias que empleaban son algunas de las buenas prácticas para tener citas cuando se tienen criaturas. Clara eligió a Ramón para tener una relación, alguien que ya era padre, y entre todo el grupo pensaron estrategias de planificación del tiempo adaptadas a las necesidades de las criaturas. Eso algo que no toda persona con quien se tiene una relación está dispuesta a hacer.

Podrías buscar tener una relación con personas a quienes les gusta estar con criaturas, aunque no todo el mundo considera eso una condición indispensable. Sin duda, puede ser más fácil para quienes se encargan de la crianza que sus relaciones también disfruten de la crianza. Como mínimo, por lo menos quieres sentir que tus criaturas están *seguras* con tus relaciones alrededor.

Como con tus metamores, llegará un momento en que querrás que tus relaciones conozcan a tus peques. La mayoría de madres y padres con quienes hemos hablado prefieren no presentar sus nuevas relaciones a sus peques hasta que la relación se ha afianzado. Eso tiene dos objetivos: asegurarte de que tú estás a gusto y confías en tu nueva relación, y evitar que tus criaturas se encariñen con alguien con quien no tienes la seguridad de seguir teniendo una relación. Por supuesto, el momento oportuno para presentar tu nueva relación a tu peque probablemente requiera el acuerdo de todas las personas encargadas de la crianza.

Alguna gente considera que tener criaturas da buenas razones para el veto previo, como hablamos en el capítulo 12. Nuestra respuesta es: un poco, sí. Sin duda, cuando dos (o más) personas encargadas de la crianza comparten custodia y cuidados de una criatura, particularmente si es de muy corta edad, *todas* deben estar de acuerdo sobre a quién se autoriza a entrar en contacto con esa criatura. De todos modos, eso no significa, necesariamente, que todas deban tener un derecho a veto sobre las nuevas relaciones. Podría significar que ciertas personas con quien se tiene una relación no conocerán a las criaturas o no vendrán a casa. Eso, por supuesto, limitará una relación de muchas maneras, pero las decisiones sobre cómo se pondrán en juego esas limitaciones se pueden dejar a la decisión de las personas en la relación.

Para terminar, recuerda que tu relación con tu peque es una relación, y una que requiere muchos cuidados. Y debes cuidar esa relación cuando estás sufriendo los arrebatos de pasión de una nueva relación. Del mismo modo que tus relaciones pueden sentir inseguridad y miedo, también pueden sentirlo tus peques. También necesitan que se les asegure que siguen siendo especiales, que se les sigue queriendo, que siguen siendo irremplazables. Puede ser muy útil, como dijo Clara, reservar un tiempo de calidad a solas con tus peques de la misma manera que reservas «citas especiales» con tus relaciones. Momentos a solas en los que les prestas una atención plena y en los que hacen algo divertido contigo, de forma que puedan ver que sigues teniendo un compromiso con ellas.

Éxito desigual

Es común ver relaciones poliamorosas en las que un miembro de la relación tiene mucho más éxito encontrando nuevas relaciones que el otro. Eso puede crear resentimiento, culpa y ansiedad en todo su entorno. Algunas personas muy sociables buscan citas para las personas más introvertidas con quienes tienen una relación. Eso rara vez funciona. Puede ser un poco incómodo que alguien se te acerque y te diga, «Hola, ¿te gustaría tener una cita con mi novio?» o «¿No te apetecería salir con mi esposa?».

En realidad, somos responsables de nuestras propias experiencias en las citas. No es tu responsabilidad proveer con nuevas citas a la persona con quien tienes una relación. Según la gente, hay quien encuentra más fácil o más difícil conocer a nuevas personas, pero si eres quien encuentra más fácilmente nuevas relaciones, no estás haciendo nada malo. Si a la persona con quien tienes una relación le cuesta más, no es tu culpa. Al menos que te dediques profesionalmente a la búsqueda de citas, tu capacidad para encontrar relaciones para otra persona es limitada (y tu responsabilidad por ello, inexistente).

¿Qué estrategias funcionan cuando un miembro de la relación consigue citas más fácilmente que el otro? Una persona introvertida podría necesitar práctica para salir un poco de su zona de confort; podría proponerle a la parte extrovertida que la pusiera en situaciones nuevas. Según la persona, cada cual tiene más éxito en determinados entornos sociales. Alguien a quien no le resulta fácil conocer a nueva personas, podría tener más éxito en situaciones «cerradas» –como, entre sus amistades y gente conocida– que en las situaciones «abiertas», como fiestas o bares. Algunas personas prefieren buscar en internet; una búsqueda en internet puede ofrecer guías sobre cómo utilizar OkCupid para tener éxito buscando personas poliamorosas. Como hemos dicho, las redes sociales específicas para citas entre personas poliamorosas están surgiendo constantemente.

Hacer networking social a través de nuestras relaciones puede ser otra forma eficaz de conocer nuevas personas, siempre que no cargues con tus expectativas a la persona con quien tienes una relación o dejes que sea tu pareja quien dirija todo. La pareja de Peter, Gwen, es alguien a quien Eve conoció en OkCupid. Tuvieron una cita a cuatro con Gwen y la pareja de ella con quien convivía, Finn, y aunque no hubo química entre Eve y Finn, sí la hubo entre Gwen y Peter. Y Clio conoció a Eve por internet seis meses antes de que empezara su relación con Peter; su amistad con Eve fue un factor clave para que aceptase la petición de Peter de ir a su ciudad a visitarla.

Aprendizaje gatuno

Un «aprendizaje gatuno» es como llamamos a una situación en la que generalizamos pésimamente a partir de nuestra propia experiencia o aprendemos una lección que va en nuestra contra.

LA HISTORIA DE FRANKLIN

Durante muchos años, mi madre tuvo una gata blanca peluda muy obstinada. No es que fuera incapaz de aprender. Todo lo contrario. Era una gata muy inteligente; pero simplemente tendía a aprender la lección equivocada. Por ejemplo, cuando mi madre abría la puerta del refrigerador, la gata, dándose cuenta de que el refrigerador era la fuente de todos los bienes, intentaba colarse dentro a toda velocidad.

Mi madre intentaba enseñarle que no hiciera eso cerrando la puerta en sus narices. La gata aprendió rápidamente la lección, pero no la de «No debo intentar meterme en el refrigerador» sino «debo lanzarme en cuanto pueda , antes de que me cierren la puerta en las narices».

Un tipo de «aprendizaje gatuno» que hemos visto muchas veces es el relacionado con las estrategias para encontrar nuevas relaciones potenciales. Las personas a quienes les da miedo el poliamor a menudo intentan prevenir los peligros que ven poniendo limitaciones muy rígidas a las nuevas relaciones. Pero las personas con experiencia en el poliamor tienden a evitar las relaciones restrictivas. Por lo que las personas que se meten en ese tipo de relaciones tienden a ser personas como poca experiencia en el poliamor y escasas habilidades. Cuando surgen los problemas, y la relación se termina, las personas que pusieron esas limitaciones pueden decidir que no eran *suficientemente* restrictivas, e intentan limitar las nuevas relaciones todavía más. Por lo que, en una variante de la profecía autocumplida del fracaso en cadena, las personas con experiencia en el poliamor las evitan todavía más, lo que incrementa las probabilidades de que solo encuentren a personas con una experiencia limitada en el poliamor, lo que aumenta las probabilidades de que surjan más problemas.

Si requieres que tus relaciones adopten una forma determinada, encontrar a alguien que encaje en esa forma concreta es especialmente complicado, como describimos en el capítulo 17. Buscar *buenas* personas, en lugar de buscar quienes encajen en un papel predeterminado, te deja la puerta abierta a conectar aunque esa relación adopte una forma que no esperabas. Si realmente solo buscas una única forma específica de poliamor, entonces te puede resultar útil pensar en términos de qué estás ofreciendo y *qué esperas tú*. Cuanto más esperas, más valioso debería ser lo que ofreces. ¿Lo aceptarías *tú*, si alguien como tú te lo ofreciera en este momento?

Aceptar las normas

El consentimiento para tener una relación debe ser informado. Es complicado, cuando sientes las mariposas en el estómago, hacer un ponderado análisis sobre la oportunidad de tener una relación que se te está presentando. Puede ser complicado, si tu nueva relación siente mariposas en *su* estómago, que sea totalmente honesta sobre las cosas que podrían echarte atrás; como problemas en su otra relación que pueden afectar a la tuya o limitaciones de las que puede que no te hayas dado cuenta.

Cada vez que comienzas una relación con una persona que ya tiene una relación previa, existen una serie de responsabilidades, expectativas y compromisos que se ponen en juego. Infórmate de cuáles son. No entres a ciegas en una relación.

Habla directamente con la persona con quien tienes una relación sobre qué efectos pueden tener en ti las otras relaciones. ¿Qué limitaciones de tiempo te van a afectar? ¿Está dentro o fuera del armario la persona con quien estás? ¿Se te permitirá hablar con terceras personas sobre tu relación? ¿Se esperará de ti que te comportes como una relación secundaria? ¿Hay acuerdos con derecho a veto? ¿Qué expectativas, si las hay, se tienen respecto a tus metamores? ¿Se te permitirá –o se contempla– que les conozcas? ¿Tu nueva relación espera tener derecho a opinar –o a veto– sobre otras relaciones que puedas querer comenzar en el futuro? ¿Hay otras condiciones que se te apliquen?

Franklin prefiere comenzar nuevas relaciones solo con personas que al menos tengan otra relación, y preferiblemente, dos. Una muy buena manera de ver qué puede pasar en el futuro es ver cómo nuestra nueva relación interactúa con relaciones anteriores. ¿Cómo son esas relaciones? ¿Qué expectativas tiene tu nueva relación sobre ellas? ¿Qué limitaciones pone a esas relaciones? Cada relación es única, por supuesto, pero aun así los patrones pueden ser reveladores. Si la persona con quien tienes una relación es cariñosa, comprensiva y considerada con las otras relaciones, probablemente será cariñosa, comprensiva y considerada contigo. Si parece controladora o exigente con las otras relaciones, puedes esperar que te suceda lo mismo.

A pesar de lo complicado que es tener en cuenta estas cosas en medio del vertiginoso subidón de una nueva relación, es mejor averiguarlas al comienzo, en lugar de hacerlo cuando te has involucrado emocionalmente de forma mucho más profunda.

Una advertencia sobre pareja-centrismo

Cuando dos personas solo se tienen a ellas mutuamente como única relación, caen de forma natural en un patrón por el que comparten todo, dedicando todo su tiempo y recursos a la relación. Por lo que cuando alguien decide abrir su corazón y su vida a una nueva persona, el otro miembro de la pareja siente que está perdiendo algo –tiempo, atención, energía– y a menudo así es.

Imagina que has plantado un roble en tu jardín y has cuidado de ese árbol durante años de forma exclusiva. El árbol se hace grande y fuerte, extendiendo sus ramas sobre todo el jardín, dando sombra a todo lo que hay en él. Te encanta ese árbol y la sombra que da, has pasado muchos largos días de verano bajo él, mirando sus ramas.

Un día te encuentras una pequeña planta. Te intriga. No sabes qué va a crecer a partir de esa pequeña planta, pero tienes curiosidad por saberlo. Quieres plantarla en tu jardín... pero no te queda ningún espacio donde dé el sol. Tu amado roble cubre con su sombra todo el jardín. No quieres dañar tu roble, solo plantar la nueva planta en algún espacio con sol, pensando, «Quizá sea un bonito helecho, algo a lo que le gusta la sombra». A veces es así, y la nueva relación plantada bajo la antigua relación crece bien de forma natural en la sombra. Pero cuando eso sucede, es por puro azar.

La mayoría de las relaciones románticas no se mantienen pequeñas y discretas de forma natural. Al final, habrá un conflicto: o bien la nueva relación se marchitará, o bien la relación anterior debe recortarse un poco para permitir que pase algo de luz y que la nueva pueda crecer. Muchas parejas pasan por ese proceso, y muchas sobreviven pasando a ser una relación más fuerte después de ello. Pero puede ser algo doloroso, especialmente para la relación que está siendo «podada». A menudo la nueva persona en la relación termina llevándose la peor parte, cargando con la vergüenza y la culpa como la persona invasora, como «la otra». Por esa razón, muchas personas experimentadas en el poliamor se acercan con cuidado a las parejas de larga duración.

Muchas personas con una relación de pareja muy profunda sin duda están dispuestas también a compartir una profunda intimidad con terceras personas, a mantener su autonomía sobre sus propias decisiones en las relaciones y a hacer amablemente un hueco en sus vidas para respetar tanto sus compromisos anteriores como los nuevos. ¿Te identificas con esas personas? Si esto es nuevo para ti, tómate tu tiempo para conocer a la pareja y observar si tienen unas identidades fuertes e independientes por separado o si parecen estar completamente entrelazadas en todo. Estas son algunas señales en las que fijarse:

- ¿Aparecen siempre en pareja en los eventos, o asisten a veces por separado?

- Si se invita a uno de los miembros de la pareja, ¿aparecen siempre los dos?

- Cuando están en pareja en los eventos, ¿socializan por separado o siempre lo hacen en pareja?

- ¿Aparecen siempre en pareja en sus fotos en redes sociales, o aparecen con otras amistades y miembros de la familia?

- ¿Tienen amistades cercanas de forma independiente o todas sus amistades son comunes?

- Si están en el armario como relación poliamorosa, ¿lo están por un peligro real al que se enfrenta uno de los miembros de la relación (por ejemplo, por la disputa de una custodia o porque se dedica a la educación) o porque no quieren perder el estatus y privilegios propios de una pareja?

- ¿Pueden organizar su propio tiempo o siempre necesitan comprobarlo antes con su pareja?

La comunidad poliamorosa, desgraciadamente, está llena de personas que han sido terriblemente heridas por parejas con muy buenas intenciones pero con poca experiencia. Como dijo Paloma, una amiga de Eve, «No critico a las parejas, critico su mala conducta». Y a menudo la gente usa ser parte de una pareja como una excusa de su mala conducta. Como hemos hablado, sobre todo ten cuidado si te involucras con el miembro de una pareja que no te permite opinar sobre cómo será tu relación con ella. Esto puede llevar a todo tipo de jugarretas. Una situación común es que cuando cambia la relación de pareja –algo que ocurrirá casi con total seguridad– puedes encontrarte con que te abandonan bruscamente… a menudo, acompañado de una buena dosis de culpabilización por los cambios que se hayan dado en la relación de la pareja.

No debería hacer falta que dijéramos esto, pero no tienes por qué entrar en una relación como secundaria si no es lo que quieres. Y si quieres, no tienes por qué aceptar simplemente lo que te ofrezcan. Sigues teniendo derecho a defender tus necesidades, tanto al comienzo como más adelante cuando las cosas vayan cambiando.

#ALGUNAS PREGUNTAS QUE PUEDES HACERTE

Cuando te interesa una nueva persona, tener en cuenta estas preguntas te puede ayudar a decidir si es una buena decisión tener una relación con ella:

- ¿Me entusiasma la idea de estar con esta persona? ¿Es un «¡Por supuesto que sí!»?

- ¿Tiene esta persona unas ideas similares a las mías respecto a las relaciones?

- ¿Entiendo y acepto todas las normas que se aplicarán a mi relación?

- ¿Se me ha pedido que deje de hacer algo para poder estar en esta relación? Si es así, ¿siento que compensa lo que recibo a cambio del precio que estoy pagando por ello?

- ¿Está dispuesta esta persona a aportarme en una relación lo que yo creo que quiero? (En términos de tiempo, intimidad emocional y libertad para que la relación pueda desarrollarse y crecer.)

- ¿Hay alguna cosa de esta persona que estoy deseando que cambie?

- ¿Me ayuda esta persona a que yo sea lo mejor posible?

Hacer las siguientes preguntas sobre una nueva relación potencial te puede ayudar a valorar si ambos valores y enfoques encajarán bien en la relación:

- ¿Qué piensas sobre el poliamor? ¿Tienes experiencia en relaciones poliamorosas, y qué opinión tienes sobre ellas?

- ¿Cuáles son tus objetivos en una relación poliamorosa?

- ¿Qué limitaciones, si existe alguna, tú (o tus relaciones) pones a tus otras relaciones?

- ¿Se espera que yo tenga un tipo particular de relación con sus otras relaciones?

- ¿Qué significa el poliamor para ti?

- ¿Tienes alguna expectativa sobre el papel que se espera que yo tenga en tu vida?

25

El resto del mundo

Nuestras historias pueden ser singulares,
pero nuestro destino es compartido.
Barack Obama

Cuando Franklin comenzó a vivir de forma no monógama, no existía algo similar a una «comunidad poliamorosa». Desde entonces, el panorama ha cambiado radicalmente. Los grupos poliamorosos organizados siguen siendo algo relativamente reciente: solo un puñado procede de los años 90, y la mayoría surgió después del cambio de siglo. Cuando Eve y Peter abrieron su relación, fueron capaces de encontrar grupos poliamorosos y personas que lo practicaban, aunque tuvieron que mudarse a una gran ciudad para hacerlo. Hoy en día, existen grupos poliamorosos de debate, de apoyo y para socializar por toda Norteamérica y Europa occidental, y están empezando a surgir en todas partes. Prácticamente cada ciudad en los Estados Unidos tiene uno. Internet está llena de ellos; es complicado encontrar redes sociales donde no haya un foro grande y activo sobre el tema. Las webs de citas poliamorosas están apareciendo tan rápidamente que es complicado seguir la pista de todas ellas.

Tener una red social que comprende quién eres es importante a varios niveles. Simplemente por saber que no estamos a solas, que hay otras personas en nuestra misma situación, es tremendamente empoderante. Franklin recibe muchos emails de personas expresando lo mucho que les reafirma no verse como las únicas personas que quieren vivir una vida feliz teniendo múltiples relaciones simultáneamente. Una red de apoyo también ayuda a poner los pies en la tierra. Nadie es capaz de hacer esto a solas. Cuando podemos hablar con alguien sobre los problemas que nos encontramos, escuchar sus historias y aprender de lo que han aprendido, nos da herramientas y empodera para construir mejor nuestras propias relaciones. Tener una comunidad de iguales que no reproduzca los patrones monógamos –que los problemas en el poliamor se deben a que no han encontrado a su Pareja Ideal todavía, que las relaciones poliamorosas no son «de verdad» y similares– nos libera y ayuda a encontrar soluciones que funcionan.

Es complicado sobrestimar lo importante que es eso. La mayoría tenemos ideas profundamente interiorizadas sobre lo que es correcto en las relaciones. El poliamor nos obliga a arrancar de raíz y desprendernos de muchos de esos mensajes. Eso se hace mucho más complicado si la gente a la que recurrimos como apoyo refuerza esas ideas cuando confiamos en ellas. «Bueno, ¿y qué esperabas?», «Eso es lo que te mereces por engañar a tu pareja», «¿Por qué le dejas que te haga eso?», «Debes de tener una autoestima muy baja», «Te está usando solo para tener sexo». Da igual lo valiente o resiliente que te sientas al comenzar en este mundo del poliamor, créenos, este tipo de cosas te van a agotar; y cuando tus relaciones están pasando por un momento complicado y necesitas apoyo emocional, la falta de empatía puede ser totalmente devastadora.

Un ejemplo común es lo que sucede cuando una pareja decide ser poliamorosa, y se rompe. Si los miembros de una pareja están conectados, principalmente, a la cultura monógama, la historia más popular va a ser la narrativa habitual del engaño. Eso será cierto por partida doble si parece que una persona ha dejado a su pareja por una tercera persona. Puede ser muy fácil para el miembro de la relación a quien «han dejado tirado» obtener el apoyo de la comunidad para criticar a su ex y su nueva pareja. La estigmatización que esto puede suponer puede ser extremadamente destructiva si todavía queda el más mínimo rastro de esos patrones monógamos en tus propios procesos internos de autoevaluación. Hemos visto cómo sucedía esto muchas, muchas veces.

Necesitas tener amistades poliamorosas. Créenos. Una red social poliamorosa también es importante por lo que hablamos en el capítulo 4: autoeficacia (página 61). Recuerda que la autoeficacia es la creencia de que eres capaz de hacer algo, aunque nunca lo hayas hecho antes. Eso es terriblemente complicado si no tienes personas que han tenido éxito en lo que tú estás intentando y que te sirvan como modelo.

Es común que las personas en relaciones monógamas se vuelvan mutuamente su principal o incluso única estructura social de apoyo. Muchas parejas monógamas hacen prácticamente todo, incluso cuando socializan, en pareja. Pueden compartir amistades, pasar la mayor parte de su tiempo de ocio en pareja, incluso tener las mismas aficiones. No tiene nada de malo, pero el poliamor crea una complicación potencial en esto. Si la persona con quien tienes una relación está en una cita con otra de sus relaciones, puede que te sientas sin rumbo, sin ninguna actividad que suelas hacer por tu cuenta. No hay demasiado apoyo social para el miembro solo de una relación.

Construir una red social de amistades poliamorosas y con una visión positiva del poliamor puede ser algo muy beneficioso. Desarrollar aficiones e intereses por tu cuenta, círculos sociales donde no esperas estar siempre con quien tienes una relación, y actividades que puedes hacer por tu cuenta te beneficiarán, no solo cuando la persona con quien tienes una relación esté en una cita con otra persona, sino para hacerte más feliz y resiliente.

Encontrar tu comunidad

¿Dónde está la gente poliamorosa? La respuesta breve es «en todas partes». Hemos encontrado personas poliamorosas prácticamente en cualquier sitio que te puedas imaginar, incluyendo restaurantes de comida rápida. El número y tamaño de las comunidades organizadas da una pista sobre el número de personas interesadas. Hemos hablado con personas poliamorosas de Ghana, Sudáfrica, Noruega, Suecia, Alemania, Ucrania y prácticamente de todas partes. Por cada persona que es parte de un grupo de debate poliamoroso, hay muchas más que son poliamorosas sin ser parte de una comunidad.

La manera más fácil de encontrar personas poliamorosas es mostrar abiertamente que tú lo eres. Cuanto más lo muestras, más fácil se hace. Cuando tratas el poliamor como algo normal y relajado, creas un espacio seguro para que otras personas puedan abrirse para hablar de este tema contigo.

LA HISTORIA DE FRANKLIN

Hace años estaba en una imprenta esperando para reunirme con alguien y tratar sobre algo que íbamos a imprimir. Era un lunes por la mañana, y la recepcionista me preguntó «¿Has hecho algo interesante este fin de semana?».

«Sí», le contesté, «Mi novia y yo fuimos a ver *The Happening* el sábado. Después nos fuimos a cenar con su otro novio y su otra novia. Lo pasamos muy bien, pero la película fue bastante mediocre. No te la recomiendo».

«¡Oh, eres poliamoroso!», contestó, «¡Yo también! Aparte de mis novios, no conozco a mucha más gente poliamorosa».

La de Franklin solo es una de las muchas, muchas experiencias similares que hemos tenido como personas poliamorosas. Cuando acabas de empezar en el poliamor, encontrar otras personas poliamorosas te parece algo imposible. Crear un espacio seguro para que otras personas puedan hablar abiertamente requiere valentía, pero a menudo la recompensa vale más la pena que los riesgos. Para encontrar grupos de debate y apoyo relacionados con el poliamor, Google, las redes sociales, Meetup.com y polygroups.com son tus aliados. Busca «poliamor» y el nombre de la ciudad más cercana, y mira a ver qué aparece.

Hay mucho solapamiento entre las comunidades poliamorosas y las de sexualidad no convencional o *kink*. El mundo del BDSM organizado es más antiguo y está más afianzado que la comunidad poliamorosa, por lo que en las ciudades donde no hay presencia poliamorosa, a menudo sí hay reuniones de personas dentro de la comunidad de sexualidades no convencionales. Incluso si no te interesan tanto esos temas, puedes encontrar personas poliamorosas en las reuniones BDSM (*munches*), que son eventos sociales en los que se reúnen en espacios públicos relajados para charlar y socializar las personas dentro de comunidades de sexualidad no convencional. No hace falta que te guste el sexo no convencional para atender una *munch*. Si la sexualidad no convencional no es lo tuyo, no tengas miedo; una vez hayas conectado con unas cuantas personas poliamorosas, te será mucho más fácil encontrar más.

Si no consigues encontrar una comunidad poliamorosa donde tú vives ¡crea una! Puede ser tan sencillo como proponer una reunión en una web como Meetup.com o Facebook. Decide día, hora y lugar (muchas reuniones sociales poliamorosas se celebran en restaurantes o cafés), y comprométete a estar allí cada mes. Puede que solo aparezcan una o dos personas, o quizá nadie las primeras veces, pero es normal. La perseverancia tiene su recompensa. Al grupo de debate de mujeres con el que colaboraba Eve solo acudían dos o tres personas antes de que arrancara; hoy día se completa el aforo a las pocas horas de haber sido anunciado.

Si prefieres concentrarte en el debate, con temas y moderación, busca comunidades poliamorosas en internet (las redes sociales son muy buenas para eso) y da a conocer tus planes. Decide cuándo y dónde, quizá en tu casa si te apetece (es más tranquilo y acogedor que un restaurante). Crea una web o una página en redes sociales si puedes, e inscríbete en polygroups.com. De nuevo, puede que no acudan demasiadas personas al principio, pero estas cosas tienden a ganar velocidad con el tiempo. Si te interesa más crear una red social, organiza proyecciones o salidas en grupo a eventos como películas o espectáculos.

Comunidades poliamorosas y LGTBQ

La intersección del poliamor con las comunidades lésbica, gay, bisexual, trans y queer ha sido compleja y a veces turbulenta. Antes de que el movimiento poliamoroso se pusiera en marcha a finales de los años 80 y principios de los 90, muchas comunidades de gais y lesbianas ya habían establecido sus propias normas sociales respecto a la no monogamia. Por ejemplo, *Ética Promiscua (The Ethical Slut)* se escribió para una comunidad queer y de sexualidad no convencional, y solo menciona brevemente el poliamor en su primera edición. Las pioneras de gran parte del pensamiento poliamoroso fueron mujeres queer como Janet Hardy, Dossie Easton y Tristan Taormino.

Aunque en las comunidades poliamorosas y sus grupos de debate tienden a ser muy tolerantes con personas LGBTQ, la mayoría de la gente tiende a proceder del ambiente cisgénero y en su mayoría heteronormativo, y esos grupos pueden seguir teniendo pequeños problemas con la homofobia y la transfobia. Las personas heterosexuales cisgénero puede que no se identifiquen con asuntos vividos diariamente por gais, lesbianas y transexuales. Por lo que no es una sorpresa que quienes se identifican como queers, gais, lesbianas o trans no siempre estén a gusto en las comunidades poliamorosas. Las mujeres bisexuales, por otra parte, abundan en los grupos poliamorosos, mientras que los hombres bisexuales tienden a ser escasos, no estar o ser invisibles. En algunas zonas tantas mujeres se identifican como bisexuales en las comunidades poliamorosas que la gente tiende a asumir que es la norma.

Desgraciadamente, las comunidades de gais y lesbianas no siempre han aceptado bien la bisexualidad. (Amber, una de las relaciones de Franklin, solía identificarse como lesbiana y sentía que no podía mostrar su atracción hacia los hombres sin que se le marginara.) La aparición de la comunidad poliamorosa le ofreció un espacio para personas identificadas como bisexuales, y más tarde trans, donde ser aceptadas por personas interesadas en la no monogamia. Esto puede explicar en parte por qué los grupos poliamorosos actuales a menudo tienen un alto porcentaje de mujeres bisexuales y personas trans.

Algunas personas identificadas como gais, lesbianas o queers expresan su preocupación sobre lo políticamente problemático que puede ser el poliamor. El miedo es que el poliamor dañe el esfuerzo del activismo gay, lésbico y trans de mostrar las relaciones homosexuales como no amenazantes o que el poliamor pueda dar la razón a los estereotipos de que quienes no son heterosexuales, sobre todo los gais, son personas sexualmente promiscuas. Debido a que los miembros de minorías sexuales ya están sujetos a la reprobación social, existe una presión sobre las personas en relaciones con personas del mismo sexo para ser una «ciudadanía modelo» promoviendo ideas de relación que socialmente sean lo más aceptables posibles.

Otros problemas de los que se acusa al poliamor incluyen la idea de que propaga las ITS; que la comunidad LGBTQ necesita personas que muestren relaciones monógamas exitosas a largo plazo; que el poliamor daña los esfuerzos hacia la obtención del matrimonio igualitario; y que en el contexto de las subculturas gay y lésbica distrae la atención sobre la lucha por los derechos civiles de la comunidad homosexual. Incluso entre activistas del poliamor se expresa la idea de que gais y lesbianas deben concentrar su atención primero en asuntos como derechos civiles básicos, en lugar de emplear su tiempo y esfuerzo en promocionar la aceptación del poliamor.

Tampoco ayuda que los retratos de relaciones poliamorosas en los medios de comunicación tiendan a centrarse en personas heterosexuales cisgénero. Eso significa que las personas o grupos LGBTQ pueden ver el poliamor como algo que hace la gente heterosexual, o como algo que refuerza los roles de género convencionales y las desigualdades de poder.

Algunas lesbianas poliamorosas encuentran especialmente complicado salir del armario en sus comunidades, porque las parejas de lesbianas han luchado tan duramente para obtener reconocimiento social que ahora se muestran recelosas ante cualquier cosa que parezca socavar ese reconocimiento. El pequeño tamaño de esas comunidades puede hacer complicado para algunos gais y algunas lesbianas tener la misma libertad de elección y expectativas de confidencialidad que disfrutan personas heterosexuales cisgénero. («¡Puede saberlo todo el mundo excepto mi equipo!» es algo que hemos oído más de una vez –¡de verdad!– en puntos opuestos de Norteamérica.) También hemos oído a personas trans a quienes les han dicho que el poliamor las «deslegitima» al impedir que encuentren una intimidad «real». Franklin ha oído a alguna gente decir que el poliamor es algo que buscan las personas trans cuando no consiguen encontrar relaciones «reales» por sí mismas.

La resistencia al poliamor y la bisexualidad se da en todas partes, aunque solía ser más común antes. El que parece ser el grupo de debate en persona sobre poliamor más antiguo que sigue celebrándose fue fundado en 1997 por una triada lesbiana que se encontró con hostilidad hacia el poliamor por parte de gais y lesbianas. Y esa resistencia se sigue reduciendo. Desde el año 2000, el panorama parece haber cambiado mucho, con una amplia aceptación, y muchas marchas del orgullo que incluyen regularmente grupos poliamorosos. Los grupos de debate están surgiendo por todas partes también para personas LGBTQ poliamorosas; se te ocurra lo que se te ocurra, seguro que ya hay un grupo en Facebook para ellas.

El resultado de todo esto es que tu experiencia va a ser diferente dependiendo de la letra con la que te identificas, de dónde vives y de las comunidades concretas a las que tienes acceso. Es muy probable, de todos modos, que te encuentres con más ignorancia que hostilidad, y que tengas que dedicar un tiempo a educar a las personas poliamorosas heterosexuales/cisgénero con quienes conectes y a las comunidades LGBTQ de las que seas parte.

El armario poliamoroso

Cómo salir de armario, si salir o no, y con quién, es un tema de debate central en todo la comunidad poliamorosa. Muchas personas consideran que salir del armario no es posible en su caso. Decidir si hacerlo es algo que debe abordar, en algún momento, todo el mundo en las relaciones poliamorosas. Es una decisión personal. No hay una solución «correcta». Entre gais y lesbianas, todo el mundo tiene el derecho a decidir cuánto y en qué medida vivir su vida abiertamente.

Estar fuera del armario tiene muchas ventajas. Dejas de vivir con el miedo a que alguien lo cuente públicamente. Estar fuera hace mucho más fácil encontrar personas con quien tener una relación, puedes identificar mucho más fácilmente quien está contra ti, y quienes te apoyan te pueden encontrar.

Sin duda, estar fuera tiene un precio. El poliamor no es un estatus protegido; las personas poliamorosas pueden perder su casa, o su trabajo, si sufren la hostilidad de quien les alquila o les contrata. Si te has divorciado y no tienes una buena relación con tu ex, la custodia de tus criaturas puede estar en juego: Franklin ha visto por lo menos a una persona perder la custodia de sus criaturas por estar relacionada con el poliamor, aunque más tarde la recuperase. En el ejército de los EE. UU., el artículo 134, párrafo 62 del *Uniform Code of Military Justice* prohíbe el adulterio si esa conducta perjudica «el buen orden y disciplina» o si «es de una naturaleza que suponga una deshonra para las Fuerzas Armadas». En la práctica, ser objeto de persecución depende de si hay alguien que va a por ti. Las acusaciones son cosa rara, pero en teoría los miembros de las Fuerzas Armadas en relaciones adúlteras pueden ser objeto de medidas disciplinarias, dados de baja sin honores o incluso enviados a prisión, independientemente de si su acuerdo es consensuado. Aunque no hemos encontrado ningún caso de acusación militar por poliamor, entre militares se cita a menudo el miedo a un juicio como la razón para no salir del armario.

Incluso sin razones específicas para preocuparse, como custodia de menores, vivienda, empleo o servicio militar, mucha gente decide no salir del armario porque no quiere que sus amistades o familiares lo sepan. Pero permanecer en el armario también tiene sus costes. Y esos costes pueden no recaer de forma equitativa sobre todas las personas que tienen relación con la persona en el armario. A menudo ya es parte de una relación socialmente reconocida de algún tipo, como el matrimonio. Una pareja en una relación reconocida puede reclamar los beneficios de la validación y aprobación social, mientras que muchos de los inconvenientes de estar en el armario recaen sobre sus otras relaciones, que puede que se resientan bajo la demanda de discreción.

Por ejemplo, cuando una pareja está en el armario, es muy probable que cualquier tercera o cuarta persona tenga que evitar participar en todas sus actividades sociales, desde las vacaciones en familia a los picnics de la empresa. Si acuden a esos eventos, a la relación probablemente se le restará importancia o no será reconocida en absoluto. En casos extremos, el miembro no reconocido de la relación puede ser incluso presentado como contratado por la pareja, como niñera o asistente personal.

Una persona en el armario puede no tener una red de apoyo a la que acudir en los momentos difíciles. Los problemas de la relación pueden por lo tanto permanecer ocultos, pudriéndose en silencio. También puede ser complicado sentir seguridad en una relación cuando la persona con quien tienes una relación siempre dice «No, lo nuestro solo es una amistad», o incluso «Trabaja para nuestra familia». Esto es probable que haga que el miembro «secreto» de la relación se sienta como una fuente de problemas, que se le está forzando a comprometer su integridad o ambos.

Por esa razón, si estás construyendo una relación con alguien que está en el armario, especialmente si ya tiene una relación socialmente aceptada, es importante hablar sobre ello. ¿Qué sale ganando permaneciendo en el armario, y con qué coste para ti? ¿No pasa nada si tu relación no es nunca reconocida como lo que realmente es? ¿Qué sucede si hay una revelación accidental? ¿Tiene alguna ventaja para ti no salir del armario? ¿Cómo es de importante para ti poder hablar libremente sobre tu relación? ¿Sería una dificultad para ti que nunca se te pudiera ver en público con la persona con quien tienes una relación? ¿En qué condiciones, si hay alguna, podrían revisarse esas limitaciones? ¿Se ha valorado el coste de salir del armario frente al coste de permanecer en el armario?

Los riesgos de estar fuera del armario

Cuando hablamos con personas que están en el armario, la preocupación más común sobre la que oímos es el temor a la desaprobación por parte de su familia o sus amistades más cercanas, miedo a que se les vea como gente «rara» o «extraña» (o peor, como víctima), miedo a que les excluyan de su grupo social o religioso, y el miedo al efecto que estar fuera del armario puede tener en sus criaturas (por ejemplo, muchas personas poliamorosas dicen que otras familias no permitirán que sus criaturas jueguen con las de personas abiertamente poliamorosas).

Todas esas cosas pueden suceder. Algunas personas poliamorosas han sido rechazadas por sus familias, han perdido el contacto con las amistades de sus criaturas (o incluso sus propias criaturas), se les ha dicho que no son bienvenidas en el grupo de la iglesia porque son poliamorosas. A veces esa reacción se basa en la idea de que el poliamor es inherentemente inmoral; que es poco más que una infidelidad consentida. Algunas personas incluso encuentran el poliamor más criticable que los engaños, que al menos es algo que la sociedad mayoritaria comprende. A veces la reacción se debe a emociones que afectan de forma muy personal. Hemos hablado con muchas personas que, al contárselo a sus amistades monógamas, les han dicho como resumen: «Eres un peligro para nuestra relación. No quiero que te acerques a mi pareja». Eve incluso perdió varios amigos cercanos cuando salió del armario como poliamorosa. Como mujer casada, ella no había sido vista como una amenaza.

LA HISTORIA DE FRANKLIN

Hace muchos años, cuando comencé mi relación con Maryann, mi nueva relación provocó un conflicto entre mi socio en aquel momento y su novia. Su novia consideraba que Maryann era del «tipo» de persona que le gustan a su pareja, por lo que cuando ella y yo comenzamos la relación, su novia estaba convencida de que él seguiría mi ejemplo y también querría tener una relación poliamorosa.

Discutieron durante casi una semana, a pesar del hecho de que mi socio nunca había expresado ningún interés en el poliamor en general, o en Maryann en particular.

Llamamos a esta respuesta en concreto el «miedo a la posibilidad poliamorosa», un término acuñado por la Dra. Elisabeth Sheff. A veces se expresa como el miedo a que las personas poliamorosas estén siempre «a la caza». En el fondo, es el miedo a que el poliamor *represente una alternativa atractiva, para* tu pareja, y quizá para ti. Todo lo que puedes hacer cuando te enfrentas a una reacción semejante es explicar que no tienes interés en personas que están en relaciones monógamas. De todos modos, no esperes que funcione siempre. A veces tienes que aceptar que perderás algunas amistades.

LA HISTORIA DE EVE

Mi primera salida del armario es una perfecta historia de terror sobre qué no hacer. Peter y yo habíamos tomado la decisión de tener una relación poliamorosa un año antes, pero no teníamos ni idea sobre cómo hablar del tema, o con quién, o cómo conocer gente. A mí me encantaba mi amigo Justin, que estaba casado con una conocida mía, Jeanne. Decidimos que sería una buena idea salir del armario con Justin y Jeanne, y que Peter hablase con Justin de nuestra relación abierta y mi interés en él.

La conversación fue bien, pero Justin dijo que Jeanne nunca aceptaría tener una relación abierta, y Peter y yo consideramos el asunto cerrado. Excepto porque, unas semanas más tarde, Justin le contó a Jeanne la conversación que habíamos tenido. Al día siguiente Jeanne me envió dos de los emails más airados y corrosivos que he recibido nunca, ni antes ni después. Ella había decidido que toda mi relación con ella había sido una estratagema para quedarme con Justin, que había estado poniendo en práctica un plan maestro a largo plazo para manipularla o incluso quizá para hacerlo a sus espaldas. Ella me acusó de haber hecho un intento desesperado de cumplir mi fantasía y me dijo «Te aviso de que mantengas tus ojos y tu mente lejos de mi marido». Le pedí a ella poder hablar cara a cara, pero se negó.

Esa experiencia fue la primera vez que me di cuenta de lo lejos que Peter y yo estábamos de la sociedad mayoritaria: según el guión tradicional, yo estaba claramente equivocada y Jeanne tenía toda la razón para odiarme y tenerme miedo. Hasta entonces, pensaba que podía haber subestimado a mis amistades por no contárselo, pero con esto, empecé a dudar de mí misma; y de ellas.

Eve y Peter perdieron muchas amistades además de Justin y Jeanne, incluso después de aprender la lección (bastante obvia ahora) de que es mejor averiguar sobre los sentimientos de la gente hacia el poliamor antes de revelar tu interés en él. Este tipo de rechazo nunca se volvió a producir de forma tan dramática, pero muchas personas se fueron distanciando gradualmente, dejaron de devolver las llamadas, cambiaban de tema cuando mencionábamos a nuestras otras relaciones. Normalmente no parecían ser los prejuicios los que provocaban el distanciamiento, sino la incomodidad; el sentimiento de que de alguna forma ya no son las mismas personas, que sus amistades no tenían ya relación con ellos. Y dicho con toda justicia, la experiencia fue tan escalofriante que puede que se hayan alejado de otras amistades en la pequeña comunidad en la que vivían –que abandonaron poco después, para mudarse a una ciudad más grande– puramente por autodefensa.

Salir del armario poliamoroso

Salir del armario tiene muchas ventajas en lo personal. Te libera de lo que para mucha gente es una sensación constante de tensión y terror sobre qué podría suceder si alguien dice algo equivocado o revela la información equivocada. Es más fácil ser fiel a tus ideas cuando no tienes nada que ocultar sobre quién eres (la propia autenticidad). Es más fácil actuar de forma íntegra cuando eres fiel a tus ideas (eres tú, tal cómo eres). No esperar que tus relaciones estén en el armario y tener la predisposición a reconocer a las relaciones de tus relaciones ayuda a construir relaciones fuertes y seguras.

LA HISTORIA DE EVE

Durante los cuatro años en que Peter y yo exploramos la idea de abrir nuestra relación, sin saber cómo sería, no le contamos nada a ninguna de nuestras amistades ni familiares. Incluso cuando compramos una casa con otra familia, tampoco les dijimos nada. Lo veíamos como una parte de nuestra vida sexual privada, algo que no era asunto de nadie más.

Todo eso cambió cuando me enamoré de Ray.

Ray se convirtió muy rápidamente en una importante parte de mi vida, pero una que no podía mencionar. Me censuraba a mí misma cuando hablaba con mis amistades, y me daba cuenta de que yo no estaba a gusto. Y enamorarme de Ray estaba cambiando todo: quién era yo, qué quería, cómo sería mi matrimonio desde ese momento. Si mis amistades querían saber sobre mí, debían saber sobre Ray.

Así que hice una lista de las personas más importantes en mi vida. Y una a una, café tras café, fui saliendo del armario con cada una de ellas. En su mayor parte, mis amistades estuvieran a la altura de la confianza que tenía en ellas. Aunque algunas se quedaron por el camino o dieron marcha atrás, la mayoría no solo me apoyaron en mis decisiones sino que hicieron todo lo posible para aprender y comprenderme, para hacerme preguntas y no hacer suposiciones. Han estado predispuestas a pasar tiempo con mis otras relaciones y con las otras relaciones de mis relaciones.

Luego llegué al último nombre de mi lista: mi madre. Siempre había pensado que mi madre consideraba mi relación con Peter como una especie de ideal romántico personal. Cuando nos separamos, cuatro años después de comenzar la relación, no se lo contamos; nos daba demasiado miedo el dolor por la decepción que le provocaría. Por lo que fue aterrador contarle que teníamos una relación poliamorosa, que no éramos ese ideal romántico y que nunca lo seríamos.

Peter y yo fuimos hasta casa de mi madre para cenar y acordamos que se lo contaríamos entonces. Camino de su casa, comencé a entrar en pánico. Peter sujetó mi mano y me preguntó si prefería con lo contase él; le dije que sí.

Eso puede sonar cobarde, pero resultó ser importante. No es solo porque Peter es bueno comunicando. Escuchar a Peter explicando con sus propias palabras mi relación con Ray le permitió a mi madre ver que iba en el mismo barco que él, alguien que participaba plenamente en nuestra decisión de tener una relación poliamorosa, y que apoyaba mi relación con Ray. Si ella no lo hubiese oído de Peter, fácilmente podría haber imaginado que yo simplemente le estaba engañando y que estaba intentando darle un enfoque positivo a todo, o que me estaba aprovechando de Peter.

Así que ya te has preparado para salir del armario. ¿Cómo vas a hacerlo? Cada persona tiene un enfoque preferido diferente. Dicho eso, algunas formas de hacerlo dan mejores resultados que otras. Probablemente no quieras sentarte a la mesa en Acción de Gracias o Navidades y decir: «Mamá, papá, quiero que sepáis que estoy teniendo sexo con un grupo de gente. ¿Me pasas la salsa de arándanos?». Las vacaciones pueden ser estresantes en el mejor de los casos, con todo el mundo deseando que el tío Bill no repita el incidente del año pasado con la lámpara y la tostadora. Además, salir del armario supone confesar algo profundamente personal sobre ti, y eso normalmente funciona mejor cuando es parte de una conversación en privado.

Una forma mejor de hacerlo podría ser «Conoces a mi amigo Marcel ¿verdad? ¿Ese con quién paso tanto tiempo? Marcel y yo tenemos una relación afectiva. No pasa nada malo entre Ambrose y yo. Nuestra relación es excelente, y agradezco su apoyo mientras exploro mi relación con Marcel. Somos muy felices. Te quiero, y para mí es importante poder ser contigo tal como soy». Concéntrate en lo positivo, sin pedir disculpas ni hablar con evasivas. Estás aquí para compartir quién eres, no para pedir perdón por ser quien eres. Habla sobre el poliamor como una parte de tu vida que te hace feliz. Sobre todo, recuerda que las personas con quien estás hablando son las personas con quienes ser tal como eres.

Sin duda ayuda que tus relaciones estén también allí, o al menos tu pareja socialmente reconocida, como en el caso de Eve y Peter. Eso muestra, de una forma que no puede ser ignorada, que tus relaciones realmente quieren hacerlo y están de acuerdo con ello. De otra manera, quienes te escuchen podrían dar por hecho que no les estás contando la verdad, o que te estás engañando. Dales tiempo para procesar lo que estás oyendo. Las personas a quienes quieres quieren lo mejor para ti, incluso si piensan que lo mejor para ti se deriva de unas rígidas expectativas sociales. Si alguien reacciona negativamente, puedes tener la tentación de responder a la defensiva. Intenta no hacerlo. Sé amable y cordial. Di «Me gustaría seguir hablando sobre esto contigo, si te apetece». Ten la predisposición, si la otra persona está interesada, para compartir qué es lo que te hace feliz en tus relaciones. ¡Y luego prepárate para darles algo de tiempo! A tus amistades y familiares les puede costar un tiempo llegar a comprender que esto no es una infidelidad por la que vas a abandonar a tu sufrida pareja ni que estés aprovechándote de una larga lista de amantes.

Ser una persona poliamorosa todavía no se entiende tan bien como, por ejemplo, ser gay o bisexual. Por lo que es probable que las personas con quienes sales del armario tengan muchas preguntas sobre en qué consiste. Puedes explicar lo básico: es una forma de relación romántica en la que tienes más de una relación romántica al mismo tiempo con el conocimiento y consentimiento de todas las personas involucradas. No es una forma de engaño, sea consentido o no. El asunto central del poliamor es que es diferente del *swinging*, que tiende a concentrarse más en el sexo recreativo que en las relaciones románticas. No es lo mismo que la poligamia, que es la práctica de tener varias esposas. No consiste en tener un harén, puesto que el poliamor tiende a dar libertad a todas las personas involucradas para tener más de una relación simultáneamente. No significa que tu relación actual, si la tienes, esté en peligro.

Es recomendable comenzar a contárselo a las personas que es más probable que te den su apoyo. A veces, si tienes un miembro de tu familia que sabes que va a representar un problema, es más útil salir del armario antes con amistades y familiares más tolerantes, porque pueden ser tu apoyo cuando hables con el resto. Incluso si tratan de apoyarte, algunas personas pueden ser hirientes sin mala intención cuando oyen hablar del poliamor por primera vez. Si alguien dice, «Oh, pensaba que Olivia y tú erais felices», eso no significa necesariamente que estén tratando de romper tu relación. Simplemente puede indicar que creen que el poliamor significa que tu relación con tu pareja no es satisfactoria. Un sencillo y optimista «¡Oh, lo somos! ¡Nos encanta nuestra relación!» es una buena manera de abordar esa respuesta. De nuevo, concéntrate en lo positivo. No dejes que la otra persona te haga daño.

Salir del armario no tiene que suponer una profunda y seria conversación. A veces la manera más fácil de hacerlo es mencionarlo de forma natural en una conversación:

—¿Qué hiciste ayer por la noche?
—Mi novio y yo nos fuimos a bailar con su esposa y su novia. ¡Lo pasamos muy bien! Hay un nuevo lugar en el centro de la ciudad que está muy bien, aunque la música era mediocre.

Contesta las preguntas que surjan, pero no te sientas en la obligación de compartir más información de la que parece interesada en oír la persona que está hablando contigo.

La gente deduce cómo debe responder a algo a partir de la forma en que se les presenta. Si tratas la salida del armario como algo honesto e informal, la gente tenderá a reaccionar como ante algo que no es demasiado importante. Si actúas como si fuera algo vergonzoso, la gente pensará que lo es. La ansiedad de salir del armario hace más complicado actuar de forma casual, por lo que cuánto más te preocupes por la manera en que alguien va a responder, más probable se hace que recibas una respuesta negativa, lo que incrementa tu nivel de ansiedad sobre salir del armario, lo que hace aún más probable que respondan mal... y así sucesivamente.

Recuerda que salir del armario es un proceso, no algo que te sucede en un instante. Podrías decidir salir del armario con algunas personas antes y poco a poco ir expandiendo el círculo.

Las mujeres que salen del armario como poliamorosas a veces se enfrentan a una mayor presión social que los hombres, debido al doble rasero por el que los hombres que tienen varias relaciones son «sementales» mientras que las mujeres con varias relaciones son «putones». Ese doble rasero puede suponer unas críticas mucho más duras contra las mujeres. Puede parecer tentador responder a las acusaciones de promiscuidad diciendo «No, no lo soy, puedo ser muy selectiva», o «Nuestra relación es de polifidelidad», porque termina reforzando el doble rasero. Es una forma tácita de decir, «Sí, la promiscuidad es mala, pero yo no soy así».

No sabemos de ningún discurso de 30 segundos que contrarreste eficazmente esa actitud social tan arraigada. El mejor consejo que podemos ofrecer es enfrentarse a ello con autoconfianza. Mantén la calma, responde tranquilamente que el valor de una mujer no depende de su vida sexual o de su oposición al sexo, y sobre todo, evitar interiorizar ese tipo de críticas.

Salir del armario y proyectos de crianza

Una pregunta que se hace prácticamente cualquier persona poliamorosa con criaturas es cuándo y cómo explicarle las cosas a sus peques, y hasta qué punto se llega con esa información. La mejor recomendación que conocemos, y que nos han repetido durante años decenas de personas con criaturas, es tratarlo de forma abierta, dentro de los límites apropiados para cada edad. Puede que todo lo que lleguen a necesitar saber tus criaturas sea que contestes de forma honesta a sus preguntas cuando surjan; puede que nunca haga falta sentarse para tener una conversación seria sobre tu modo de vida (aunque algunas criaturas puede que algún día quieran tenerla). Las casas poliamorosas más sanas que conocemos son en las que sus padres y madres hablan abiertamente sobre sus parejas.

Intentar ocultar a tus peques las relaciones que tienes probablemente no funcione, y puede llevar a que sientan que tus relaciones son en cierto sentido algo sucio o vergonzoso. Al mismo tiempo, rara vez hace falta desvelar *todo* sobre tu vida sexual a tus peques, excepto –quizá– cuando llegue el momento de hablar sobre sexo seguro para que lo apliquen en sus propias vidas. «¿Sabías que el novio de mamá tiene otras dos novias? Bueno, así es como hacemos que sea seguro». Y mientras tanto, bueno... tu peque de tres años de edad probablemente no necesita saber que tu buen amigo Brian es algo más que un amigo que quiere mucho a su padre. Con seis años es probable que perciba que Brian es bastante especial para papá, y con ocho años, probablemente sepa que Brian es el novio de papá.

La situación es un poco diferente si tienes criaturas más mayores y decides abrir tu relación. No se habrán criado con la costumbre de tener a otras relaciones alrededor. Por lo que probablemente necesites tener La Conversación. Probablemente encontrarás más fácil salir del armario con ellas cuando tengas realmente una nueva relación, o al menos, cuando haya alguien en el horizonte. De nuevo, no es necesario que cuentes más de lo que sea apropiado para la edad de tus peques. Cuando son más jóvenes puede ser suficiente que sepan que alguien pasa a ser más importante; cuando son más mayores, se les debe decir que son personas con quienes tenemos una relación. Se puede decidir hablarles de la palabra *poliamor* o no.

Tus criaturas necesitarán muchos de los apoyos que se les da al resto: que el hecho de que tengas una relación poliamorosa no significa que su madre/padre y tú ya no se quieren. Que eso no significa que vayas a tener una larga lista de personas desconocidas desfilando por tu casa. Que tienes un compromiso para cuidar de su seguridad y su felicidad, y que quieres saber sobre cualquier inquietud que tengan sobre cualquiera de tus relaciones.

Cuando Vera, una de las relaciones de Franklin, salió del armario con su hija Angelica, que tenía seis años, Angelica pidió tener derecho a veto sobre las relaciones de Vera. Vera se negó, pero dijo que siempre podría contarle todo lo que le preocupase, que tenía derecho a conocer a las relaciones de Vera y que, si ella quería, tenía derecho a seguir viendo a las relaciones de Vera incluso una vez que Vera ya no tuviera relación con ellas.

Prepárate para la posibilidad de que tus peques, especialmente si están en la pubertad o adolescencia, rechacen el poliamor por completo. Pueden necesitar años para entenderlo y aceptarlo. De hecho, el poliamor se puede convertir en el foco de su rebeldía adolescente. Pueden soltarte críticas tóxicas, como sucede a cualquiera que tenga adolescentes: simplemente les acabas de dar una diana especial. El hecho de que todo esto sea previsible –y a fin de cuentas, no es por tu culpa– no significa que no te vaya a herir. Ten fe en que, cuando crezcan, es probable que lleguen a estar de acuerdo con tu forma de vida.

Las criaturas también complican salir del armario. Dependiendo de dónde vivas, tus criaturas y tú podéis experimentar estigmatización, e incluso amenazas legales. Particularmente, en algunas zonas conservadoras de Estados Unidos, el poliamor puede ser y es efectivamente usado como un arma en las luchas por la custodia de menores. (En la mayor parte de Canadá, donde el poliamor ha sido reconocido legalmente por los tribunales, la evidencia de que exista poliamor puede ser complicada de admitir en casos relativos a la custodia o protección de menores.) El profesorado y otras familias pueden tener una reacción contraria a tu modo de vida y hacérselo pagar a tus criaturas. Todas estas son cosas a tener en cuenta al valorar si estar fuera del armario o no.

Muchas familias poliamorosas están fuera del armario para mucha gente y a menudo descubren –a veces tras un período de ajuste– que es muy sencillo. (Pero eso depende mucho del lugar donde se dé.) Incluso si vives en una comunidad bastante tolerante, te puedes encontrar que tus criaturas se sienten incómodas por no tener una familia «normal». Es una buena idea pensar sobre cómo equilibrar tu necesidad de estar fuera del armario frente a las necesidades de tus criaturas o su deseo de confidencialidad, especialmente según se vayan haciendo mayores.

Salir del armario con terapeutas y profesionales de la salud

Creemos que es muy importante la franqueza sobre el poliamor con ciertas personas. Como dice la madre de Franklin, «Nunca le mientas a tu médica/o ni a tu abogada/o. No te pueden ayudar si no saben la verdad». La mayoría de profesionales de la salud asumirán, si no se les dice lo contrario, que sus pacientes son heterosexuales, cisgénero y que tienen relaciones monógamas. Ser una persona poliamorosa no supone el riesgo de ITS que algunas personas se imaginan, pero aumenta tu nivel de riesgo. Por ejemplo, hay casos de profesionales de la salud reticentes a hacer pruebas de ITS a pacientes que se han casado o están en relaciones a largo plazo, porque asumen que esas pruebas son innecesarias.

Con terapeutas o asesoramiento, estar fuera del armario es todavía más importante. Poder hablar libremente con tu terapeuta es esencial para una terapia efectiva. Es más, si tu terapeuta te juzga o pretende señalar al poliamor como la causa de cualquier problema que puedas tener, es un mal terapeuta. Es bueno que lo sepas, para poder cambiar de terapeuta.

Salir del armario con profesionales de la salud significa, como para todo el mundo, superar tu miedo a los prejuicios o las críticas. Pero recuerda que tu profesional de la salud y tu terapeuta son personas que trabajan para ti. Les estás pagando para que te den un servicio profesional. La ética profesional requiere que se comporten de forma apropiada, independientemente de sus creencias personales sobre las relaciones.

Si no sales del armario con otras personas, puede preocuparte que tu profesional de la salud pueda contárselo a tus familiares, tus superiores en el trabajo u otras personas. En la mayoría de los casos eso es contrario a la ética profesional, puede ser un delito y te puede permitir presentar una demanda. La confidencialidad es una parte importante del sistema de salud pública; sin ella, no se puede esperar que la gente cuente detalles importantes. De todos modos, hay casos de profesionales de la salud y, un poco más a menudo, de terapeutas, que se comportan de forma poco ética, por lo que el riesgo si les comentas sobre tu tipo de relación no es cero.

Franklin tiene una explicación que da a cada profesional de la salud con quien trata, que es algo así: «Si vamos a trabajar en equipo, estas son algunas de las cosas que debe saber sobre mí. La primera es que soy poliamoroso. Tengo varias parejas sexuales, con el conocimiento de todas las personas involucradas. Conozco los riesgos de las ITS y me preocupo de hablar con todas mis relaciones sobre nuestros límites respecto al sexo seguro. Tomamos medidas de protección cuando es necesario. También participo en actividades BDSM consensuadas con algunas de mis relaciones. Eso significa que puede haber ocasiones en que haya marcas en mi cuerpo. Eso no significa que esté en una situación de maltrato. Si tiene cualquier pregunta o inquietud, por favor, pregúnteme y me encantará hablar sobre ello. Si esto supone algún problema para usted, le ruego me lo comunique, puesto que no creo que encajemos».

Hay folletos y recursos en internet para terapeutas y demás profesionales explicando qué necesitan saber sobre las relaciones poliamorosas. Si te preocupa que tu terapeuta pueda no saber cómo hablar contigo sobre tu vida romántica, echa una ojeada a los enlaces al final del libro. Es buena idea pedir a otras personas poliamorosas referencias sobre profesionales de la salud y demás profesionales. Encontrar profesionales con conocimientos sobre poliamor te puede ahorrar muchas tensiones, y tú no tienes que ser quien dé formación a profesionales a quienes estás pagando. Si no consigues esas referencias, puedes buscar en internet profesionales con conocimientos del tema, aunque es más probable que los encuentres si viven en una ciudad grande de Norteamérica o cerca de una. Los directorios de profesionales con una perspectiva LGBTQ o de sexualidad no convencional también pueden ser útiles, puesto que estas personas tienden a saber sobre poliamor o al menos no tener una actitud negativa ante el sexo.

Surge un problema al trabajar con profesionales de la salud que son parte de una comunidad alternativa: os podéis terminar encontrando en alguna actividad social. Manejar esto requiere unos límites impecables e integridad por parte de tus terapeutas y profesionales de la salud. Hemos visto casos en que se ha manejado muy mal, con consecuencias muy serias. La persona con quien trabajas normalmente debe ser parte de algún tipo de colegio o asociación profesional, que cuenta con un código deontológico. Esos códigos normalmente desalientan el contacto fuera de la relación profesional.

Permitiendo que te quieran tus seres queridos

Aceptar que eres una persona poliamorosa puede ser un gran paso para las personas que te rodean. Pueden sentir que no te conocen tan bien como creían, o que eres una persona diferente de la que pensaban que eras. Con el tiempo, la mayoría terminará viendo que sigues siendo la misma persona a quien siempre han querido. La verdad es que la mayoría de la gente –aunque sin duda no toda– cambiará un poco su punto de vista para acoger a alguien a quien quieren, en lugar de mantenerse permanentemente separada de una amistad cercana o de miembros de su familia. Aceptar que eres una persona poliamorosa puede forzarles a enfrentarse a sus propios fantasmas. Y eso puede requerir un tiempo.

LA HISTORIA DE EVE

Mi madre necesitó un tiempo para aceptar mi relación poliamorosa. Le di libros, que leyó. Tuvo algunos momentos en los que pensó «¿En qué me equivoqué?». Al principio se resistía a conocer a Ray, aunque finalmente lo hizo. Eso ayudó: fue capaz de verlo como una persona real, y nuestra relación como algo auténtico, y de ver cuánto nos cuidábamos mutuamente. Aproximadamente un mes más tarde mi madre me envió este email, que me pidió que compartiera con Peter y Ray:

Mis queridos Even, Peter y Ray,

Comencé a leer los libros sobre poliamor que me prestaste, empezando por el libro de Wendy-O Matik, porque me parecía que sería fácil y rápido de leer, y resultó toda una epifanía encontrarme leyendo las mismas cosas que pensaba, en las que creía y olvidé hace décadas.

Hace años, antes de conocerles, comprendí en qué consistía el amor, amar y que te amen. Lo creía y lo predicaba, y cuando tuve la oportunidad de hacerlo realmente ¿qué hice? ¡La jodí! Y con eso quiero decir, no solo fracasé a la hora de hacerlo funcionar sin ni siquiera comenzar a poner en práctica lo que había estado predicando intensa y vehementemente a cualquier persona con la paciencia suficiente para escucharme, sino que hice todo el daño posible a todas las personas posibles (incluyendo, pero por desgracia no solamente, a mí misma) y salí sintiéndome ofendida y moralmente superior sobre ese tema.

Así que se podría pensar que, cuando me dijiste que el poliamor era lo adecuado para ti, reaccioné con ansiedad y a la defensiva porque yo misma había tenido una experiencia tan terrible, pero no sería cierto. Reaccioné así porque tuve la sensación de que algo realmente feo estaba amenazando bajo la superficie de mi integridad, con la que, quisiera o no, estaba a punto de tener que enfrentarme.

Supongo que el objetivo de sacar ahora a la luz todos estos trapos sucios es que ahora me den la libertad de amarles y también a otras amistades y amantes que serán parte de nuestras vidas, de respetar las decisiones que han tomado y estar orgullosa de su valor, independencia y capacidad de amar de formas para las cuales encontrarán poco apoyo y mucho desaliento. De todos modos, eso es lo que les deseo.

Apoyo absolutamente la manera en que han decidido vivir sus vidas y estoy encantada de que mi hija tenga a dos hombres tan maravillosos en su vida.

Mucho, mucho amor

Mamá

Cuando nos hacemos vulnerables a otras personas, hacemos algo más que mostrarles cuánto valoramos su amistad. Les mostramos que confiamos en ellas y que tenemos la voluntad de que nos puedan ver cómo somos. Elegimos dejarles que nos muestren lo mejor que tienen. Esa es quizá la razón más importante para salir del armario con nuestros seres más queridos.

#ALGUNAS PREGUNTAS QUE PUEDES HACERTE

Es importante valorar si, socialmente, cuentas con una red de apoyo apropiada cuando comienzas a tener relaciones poliamorosas. También es importante valorar cuidadosamente por qué eliges seguir en el armario o salir de él, y los efectos que esa decisión tendrá en ti y las personas que te rodean. Estas son algunas cosas que tener en cuenta:

- ¿Tengo acceso a una red de apoyo que tenga una visión positiva y con conocimientos sobre el poliamor?

- ¿Tengo la sensación de tener amistades con quienes puedo hablar sobre mis problemas en las relaciones que no consideren que el poliamor es el problema?

- ¿Con qué personas en mi vida me resulta importante poder hablar sobre mis relaciones? ¿A qué personas considero que es importante presentar a mis relaciones?

- Si pienso en no salir del armario, ¿cómo me siento ocultando las relaciones que son importantes para mí a las personas que me rodean?

- ¿A qué riesgos me enfrento –incluyendo los personales, profesionales o físicos– haciendo públicas mis relaciones poliamorosas? ¿Me puedo permitir correr esos riesgos?

- Si me estoy planteando permanecer en el armario, ¿es porque me enfrento a problemas serios y reales o lo que me preocupa son las molestias o perder estatus?

- ¿A qué otras personas afecta mi decisión de salir del armario? ¿Comprendo los efectos que mi decisión tendrá sobre ellas?

Unas últimas palabras:
ama más, sé admirable

Él la amaba, por supuesto, pero mejor que eso,
la eligió, un día tras otro.
Elección: Esa era la clave.

Sherman Alexie

Entre todo el lío de marcar límites y llegar a acuerdos, de organizarse el tiempo y procesar las emociones, de llegar a un equilibrio entre necesidades y deseos frente a la vida real, es fácil perder el hilo de por qué estamos haciendo todo esto. ¿Por qué eres una persona poliamorosa? Es más, ¿por qué tenemos relaciones?

Es importante, y útil, volver a menudo a la raíz del poliamor: el amor. Tenemos relaciones porque, como seres humanos, estamos programados para amar. Y si el amor no está en el centro de nuestras relaciones, y como un principio en el que basar todo lo que hacemos en esas relaciones, el resto de principios –a pesar de lo indispensables que son– no nos van a llevar a ninguna parte. El amor es un buen filtro de los valores. Sin él, cualquier estructura que creemos estará vacía, y en definitiva, sin vida.

Para un número sorprendentemente alto de problemas, la solución de hecho es *amar más*. El principio de amar más resuelve muchos de los dilemas que se plantean en las relaciones. Escucha. Cuida a las personas con quien tienes una relación. Cuídate *tú*. Confía en esas personas. Sé alguien en quien se puede confiar. Respeta las emociones de otras personas y las tuyas propias. Busca la felicidad de todas las personas involucradas.

Cuando investigábamos para este libro, y recolectábamos historias personales, nos chocó lo a menudo que las personas que eran capaces de superar situaciones poliamorosas que habrían destrozado a otras, lo conseguían *siendo admirables*. Se esforzaban, se cuidaban mutuamente, no se rendían, reflexionaban sobre sus abrumadoras emociones. Marcaban unos límites razonables. Respetaban la autonomía de sus amantes incluso cuando tenían miedo a perder lo que más les importaba. Se enfrentaban a sus miedos más profundos por su bien y el de sus personas más queridas. Ser admirable es una habilidad tan valiosa para ser cultivada que la ofrecemos aquí, junto con amar más, como la idea principal de este libro. Cuando te enfrentes a una situación complicada, haberte prometido ser increíble te llevará a ti y a tus relaciones muy, muy lejos.

Al final, la receta para unas buenas relaciones podría ser esta:

> *Sé flexible. Ten empatía. Las reglas nunca curarán la inseguridad. La integridad es importante. Nunca intentes dictar cómo debe ser una relación. El amor es infinito. La compatibilidad es importante. No debes sacrificar tu felicidad por la de otra persona. Hazte responsable de tus propios problemas. Admítelo cuando la jodiste bien. Perdona a otras personas cuando la jodan. No busques personas para que encajen en los huecos libres que quedan en tu vida; en su lugar, haz huecos para esas personas en tu vida. Si necesitas una relación que*

te complete, búscate un perro. Es prácticamente imposible ser una persona cariñosa o comprensiva si todo lo que sientes es miedo a la pérdida. Confía en que tus relaciones quieren estar contigo, y que si tienen que elegir algo que les apetezca, elegirán cuidarte y apoyarte. La mayoría de los problemas de las relaciones se pueden evitar eligiendo bien a las personas con quienes tenemos una relación. Nadie te puede dar seguridad o autoestima; tienes que trabajártelas tú.

Y, si no recuerdas nada más de este libro, recuerda esto: Ama más y sé admirable.

Glosario

Encontrarás un glosario más completo en inglés sobre términos relacionados con el poliamor y otras formas de relaciones abiertas en: morethantwo.com.

ACUERDO O VÍNCULO DE FLUIDOS 1. Prácticas que suponen el intercambio de fluidos corporales, como el sexo sin protección. 2. Conjunto de límites, acuerdos o reglas entre dos o más personas que tienen sexo sin protección diseñados para proteger el estatus de vinculación por fluidos.

ANARQUÍA RELACIONAL (AR): Filosofía o práctica por la que las personas son vistas como libres de establecer las relaciones que elijan, se valora la espontaneidad y la libertad, no se entra en las relaciones a partir de un sentimiento de deber u obligación, y cualquier elección en las relaciones se considera permisible. En la anarquía relacional a menudo no se hace una clara distinción entre «pareja» y «no pareja».

ANCLA: Persona con quien tenemos una conexión cercana, a largo plazo, con compromiso. Quizá alguien con quien se convive y con responsabilidades económicas compartidas; una relación que puede incluir la expectativa de dedicar una cantidad de tiempo significativa.

ASEXUALIDAD: Ausencia de interés sexual por otras personas, o ausencia de interés por prácticas sexuales. Una persona que no siente atracción sexual hacia otras se puede identificar como asexual.

BISEXUAL: Se usa para describir a una persona que siente atracción sexual hacia o es sexualmente activa con personas de ambos sexos, aunque no necesariamente en la misma proporción.

CISGÉNERO: Una persona que se identifica con el género que se le asignó al nacer.

COMPERSIÓN: Sentimiento de felicidad experimentado cuando la persona con quien tienes una relación disfruta de otra relación romántica o sexual.

COWBOY, COWGIRL: Persona monógama que establece relaciones con una persona poliamorosa con la esperanza y la intención de separarla de sus otras relaciones y llevarla a una relación monógama.

DEMISEXUAL: Se usa para describir a una persona que es en gran medida asexual pero que puede desarrollar atracción sexual tras haberse establecido una conexión emocional estable.

DESENCADENANTE (TRIGGER): Un pensamiento, acción, visión o evento que desencadena una emoción normalmente vinculada a un trauma pasado y que no está relacionado con la situación desencadenante actual.

DIADA: La relación entre dos personas, independientemente de las conexiones que cada persona tenga con otras personas.

ENERGÍA DE LA NUEVA RELACIÓN (ENR). Sensación de entusiasmo y enamoramiento común al comienzo de una relación romántica, que normalmente dura unos pocos meses pero que puede llegar a durar varios años.

ENGAÑO: En una relación, cualquier actividad que rompe las reglas o acuerdos de esa relación.

ESCALERA MECÁNICA DE LAS RELACIONES. El conjunto de expectativas sociales por defecto respecto al camino «normal» que siguen las relaciones, normalmente desde las citas a convivir hasta, posteriormente, casarse y tener criaturas.

FRUBBLE, FRUBBLY (Reino Unido): Ver compersión.

HETERONORMATIVO: Creencias y roles sociales asumidos (*presumed*) que promueven la idea de las relaciones heterosexuales como la norma y que equiparan sexo biológico, identidad de género y roles de género.

JERARQUÍA, RELACIÓN JERÁRQUICA: Un acuerdo por el que una relación se ve sujeta al control o establecimiento de reglas para sus participantes por parte de otra relación. Normalmente incluye derecho a veto; a menudo también pueden incluir restricciones de las actividades, el compromiso, la implicación, el tiempo o las emociones.

MATRIMONIO GRUPAL: Ver Matrimonio grupal cerrado, polifidelidad.

MATRIMONIO GRUPAL CERRADO: Una relación de polifidelidad en la que todos sus miembros se consideran a sí mismos casados.

METAMOR: La otra relación de la persona con quien tenemos una relación.

MOLÉCULA: Usado para describir un grupo o subgrupo de relaciones poliamorosas, como una triada, uve o *quad* o una *red romántica* completa. Ver también polícula.

MONOGAMIA: El estado o práctica de tener una sola relación sexual o romántica al mismo tiempo.

MONÓGAMA/POLIAMOROSA: Relación entre una persona que se identifica como poliamorosa y otra que se identifica como monógama.

PACTO DEL CONDÓN: Un acuerdo dentro de un grupo que usa protección para tener sexo con personas fuera del grupo, pero no con los miembros del grupo.

PACTO DE SILENCIO (*Don't ask, don't tell*; DADT): Estructura de relación en la que a alguien con una relación de pareja se le permite tener otras relaciones sexuales o románticas con la condición de que su pareja no sepa nada sobre esas otras relaciones y no conozca a ninguna de esas personas.

PAREJA, RELACIÓN DE VIDA: Persona con quien se tiene una relación, normalmente sexual y/o romántica, con quien se tiene la intención de mantener una relación a largo plazo y con un alto grado de implicación y compromiso.

PAREJA ABIERTA: Toda relación cuyas estructuras o acuerdos permiten que una o ambas personas puedan tener otras relaciones sexuales, románticas o ambas. El término «pareja abierta» es un término paraguas para todas las relaciones que no son emocional o sexualmente monógamas, y puede incluir actividades como el poliamor o el *swinging*.

PERSONA DE REFERENCIA DE NUESTRA PERSONA DE REFERENCIA (PRPR): 1. La otra relación de la persona con quien tenemos una relación. 2. La pareja de una persona cuando esa persona tiene más de una pareja. Ej: *Bob es mi marido, y Joe es mi otra persona de referencia.*

PIVOTE: Persona en el vértice, «en el medio», con dos o más relaciones.

POLI-: Algo que es poliamoroso o sobre poliamor: una polirrelación, polisoltería, policañas, polibirras, polidrama...

POLIANDRIA: Una mujer con múltiples maridos, el tipo menos común de poligamia.

POLÍCULA: Una red romántica, o un grupo específico de relaciones dentro de una red romántica, cuyos miembros tienen una vinculación estrecha. También usado para describir el dibujo o visualización de una red romántica, ya que dichos dibujos a menudo se parecen a las ilustraciones de moléculas usadas en química orgánica.

POLIFAMILIA: 1. Grupo de personas poliamorosas que conviven y se identifican como parte de la misma familia. 2. Un grupo poliamoroso cuyos miembros se consideran mutuamente familiares, independientemente de si comparten casa o no.

POLIFIDELIDAD: Grupo de personas involucradas romántica o sexualmente entre ellas, pero cuyos acuerdos no permiten buscar otras personas adicionales con quienes tener una relación, al menos no sin la autorización y consentimiento del resto del grupo.

POLIGAMIA: Tener múltiples cónyuges al mismo tiempo, independientemente del género de sus cónyuges. La poliginia –un hombre con varias mujeres– es la forma más común de poligamia en las sociedades que lo permiten. Por esa razón, mucha gente confunde las dos.

POLISATURACIÓN: Describe el estado de una persona poliamorosa que actualmente no está abierta a nuevas relaciones, debido al número de relaciones que ya tiene en la actualidad, o por las limitaciones de tiempo que podrían hacer complicadas las nuevas relaciones.

POLÍTICA DE UN PENE (PUP): Acuerdo por el que un hombre puede tener varias relaciones simultáneas con mujeres, cada una de las cuales puede tener sexo con otras mujeres pero no pueden tener otras relaciones con hombres.

PRINCIPAL/SECUNDARIA: Una estructura de relación jerárquica en la que los miembros que están en una posición más alta se denominan «primarios» y al resto de relaciones se les denomina «secundarias». A veces se usa para describir estructuras relacionales no jerárquicas en las que unos miembros no tienen el mismo nivel que otros respecto a la interconexión, intensidad emocional o responsabilidades práctica o económicas compartidas. (Desaconsejamos el segundo uso del término, porque cada vez es menos común usarlo entre personas poliamorosas.)

PRIVILEGIO DE PAREJA: Estructuras sociales o creencias personales que consciente o inconscientemente sitúan a una pareja en el lugar más importante de una relación jerárquica o se le otorga ventajas especiales.

QUAD: Un acuerdo poliamoroso entre cuatro personas, cada una de las cuales puede estar o no involucrada sexual o emocionalmente con el resto de miembros. Este acuerdo a menudo comienza con dos parejas. Los *quads* también pueden ser parte de una *red romántica* más grande.

RED ABIERTA: Una estructura de relación en la que las personas involucradas son libres de añadir nuevas relaciones cuando quieren.

RED ÍNTIMA: Ver Red romántica.

RED ROMÁNTICA: La suma total de las relaciones de una persona, las relaciones de sus relaciones y así sucesivamente. Normalmente usado para describir una red abierta. Normalmente incluye moléculas más pequeñas como uves, triadas o *quads*.

RELACIÓN ABIERTA: 1. Cualquier relación que no es sexualmente monógama. 2. Una relación que permite vínculos sexuales con personas «fuera» de la relación, pero no permite otras relaciones amorosas o románticas.

RELACIÓN CERRADA: Toda relación romántica, como una relación monógama convencional o relación de polifidelidad, que excluye específicamente la posibilidad de conexiones sexuales o románticas con otras personas.

RELACIÓN EXCLUSIVA: Ver Relación cerrada.

SECUNDARIA: ver Principal/Secundaria.

SWINGING: La práctica de tener múltiples parejas sexuales fuera de una relación romántica preexistente, a menudo llevada a cabo por parejas como una actividad organizada, y con la idea de que el asunto central de esas relaciones es principalmente sexual más que romántica o emocionalmente íntima.

TRIADA: Un acuerdo poliamoroso en el que tres personas están involucradas las unas con las otras. Ocasionalmente se aplica a las uves. Las triadas también pueden ser de *redes románticas* mayores.

UNICORNIO: Mujer imaginaria que está dispuesta a involucrarse con ambos miembros de una pareja preexistente, a no tener más relaciones que con los miembros de la pareja, a no tener relaciones sexuales con un miembro de la pareja a menos que el otro miembro también esté presente, y normalmente, a mudarse para convivir con la pareja.

UVE: Acuerdo poliamoroso que incluye a tres personas, en la que una persona está romántica o sexualmente involucrada en dos relaciones, pero que entre sí no tienen ninguna relación romántica o sexual. Las uves también pueden ser parte de una red romántica mayor.

VETO, DERECHO A VETO: Acuerdo relacional, más común en relaciones prescriptivas de principal/secundaria, que le da a una persona el derecho a terminar las relaciones adicionales de otras personas o, en algunos casos, a no dar su permiso para realizar actividades específicas.

WIBBLE, WIBBLY (Reino Unido): Sensación de inseguridad, que a menudo aparece de forma temporal o fugaz, cuando vemos a la persona con quien tenemos una relación comportándose de forma cariñosa con otra persona. A veces se usa para describir leves sensaciones de celos.

Recursos

Existen muchos recursos sobre poliamor, así como sobre las habilidades que son útiles para crear felices relaciones poliamorosas, como la comunicación y cultivar una sana autoestima. En la siguiente lista, hemos intentado reunir lo más destacado de cada categoría.

RELACIONES

The Dance of Intimacy: A Woman's Guide to Courageous Acts of Change in Key Relationships, Harriet Lerner (Harper Perennial, 1989). Un clásico, enfocado en las mujeres pero útil para todo el mundo, para marcar unos límites claros y la propia asertividad al mismo tiempo que se va construyendo la intimidad de la relación. Harriet Lerner también escribe en un excelente blog (aunque enfocado a la monogamia) en la web de *Psychology Today*. Existe traducción al castellano: *La mujer y la intimidad,* ediciones Urano, 1991.

Daring Greatly: How the Courage to Be Vulnerable Transforms the Way We Live, Love, Parent, and Lead, Brené Brown (Penguin, 2012). Sobre demostrar valentía en todas nuestras relaciones y en nuestras vidas atreviéndonos a ser nuestro yo más auténtico. Existe traducción al castellano: *Frágil: el poder de ser vulnerable,* ediciones Urano, 2013.

Chantaje Emocional: Cuando la gente se vale del miedo, la obligación y la culpa para manipularte, Susan Forward y Donna Frazier (Grijalbo, 2013). Referente básico para reconocer y enfrentarse a la manipulación emocional y el chantaje en las relaciones románticas.

CRECIMIENTO PERSONAL

Los dones de la imperfección. Líbrate de quien crees que deberías ser y abraza a quien realmente eres, Brené Brown (autora), Blanca González Villegas (traductora), Nora Steinbrun (traductora) Editorial Gaia, 2017. Un pequeño pero transformador libro, basado en evidencias sobre cómo enfrentarse a las inseguridades, creyendo en nuestra propia valía y viviendo lo que Brown llama unas vidas «auténticas». Brown también escribe un blog en *brenebrown.com*

La ciencia de la felicidad: Un método probado para conseguir el bienestar, Sonja Lyubomirsky (autora), Alejandra Devoto Carnicero (traductora), (Urano, 2008). Otro libro basado en investigaciones sobre los factores que influyen en la felicidad personal y que podemos controlar.

The Dance of Connection: How to Talk to Someone When You're Mad, Hurt, Scared, Frustrated, Insulted, Betrayed, or Desperate, Harriet Lerner (HarperCollins, 2009). Excelentes técnicas para la comunicación sobre asuntos cruciales en cualquier tipo de relación y en situaciones con una fuerte carga emocional. Existe traducción al castellano: *La danza de la ira,* editorial Gaia, 2016.

Comunicación no violenta. Un lenguaje de vida, Marshall Rosenberg y Arun Gandhi (Editorial Acanto, 2017). Una guía para una comunicación clara y empática para aprender las bases de una auténtica comunicación sin amenazas.

The Joy of Conflict Resolution: Transforming Victims, Villains and Heroes in the Workplace and at Home, Gary Harper (New

Society Publishers, 2009, disponible directamente en newsociety. com). Sobre el «triángulo dramático» en los conflictos y cómo encontrar una salida a partir de la curiosidad y la empatía.

Messages: The Communication Skills Book, Matthew McKay, Martha Davis y Patrick Fanning (New Harbinger Publications, 2009). Guía que contiene ejercicios prácticos para mejorar las habilidades de comunicación personal en el ámbito personal y profesional.

SEXO

La mejor información y más actualizada sobre infecciones de transmisión sexual se puede encontrar en las webs de los Centros para el Control y Prevención de Enfermedades, en EE. UU., cdc.gov, y Planificación familiar (plannedparenthood.org).

Ética Promiscua (The Ethical Slut: A Practical Guide to Polyamory, Open Relationships and Other Adventures), Dossie Easton y Janet W. Hardy (autoras), Miguel Vagalume (traductor). Editorial Melusina, 2013. El libro fundamental sobre la no monogamia, publicado por primera vez, en inglés, en 1997.

A Tired Woman's Guide to Passionate Sex: Reclaim Your Desire and Reignite Your Relationship, Laurie B. Mintz (Adams Media, 2009). Un libro dirigido a mujeres heterosexuales con el objetivo de recuperar con éxito el deseo en las relaciones a largo plazo, confirmado por investigaciones bajo revisión experta.

POLIAMOR

Redefining Our Relationships: Guidelines for Responsible Open Relationships, Wendy-O Matik (Defiant Times Press, 2002). Un pequeño manifiesto a favor del abandono de la escalera mecánica de las relaciones para diseñar relaciones no monógamas éticas.

The Polyamorists Next Door: Inside Multiple-Partner Relationships and Families, Elisabeth Sheff (Rowman & Littlefield Publishers, 2013). Una visión en profundidad de familias poliamorosas basada en una década de investigaciones.

The Polyamory on Purpose Guide to Poly and Pregnancy, Jessica Burde (CreateSpace, 2013). Una guía completa para el embarazo en relaciones poliamorosas, cubriendo temas como el embarazo planificado, no planificado, custodia y cuidado de criaturas.

BLOGS Y WEBS

More Than Two. morethantwo.com. La propia web de Franklin, gestionada desde 1997, con abundante información sobre cómo manejar relaciones poliamorosas. Eve y él también escriben un blog en morethantwo.com/blog.

Solopoly. solopoly.net. Un blog excelente desde la perspectiva de la polisoltería, cubriendo desde la política a cuestiones prácticas de la poliindependencia.

The Polyamorous Misanthrope, polyamorousmisanthrope.com. Blog actualizado desde hace años que es una mina de consejos poliamorosas extremadamente prácticos, todos escritos con una buena dosis de humor.

The Radical Poly Agenda, radicalpoly.wordpress.com. Un blog que trata sobre las implicaciones políticas e ideológicas del poliamor desde un punto de vista feminista y anarquista.

Sex Geek, sexgeek.wordpress.com. Blog de Andrea Zanin sobre poliamor, visión positiva del sexo y sexo no convencional. Consejos poliamorosos que van más allá del modelo centrado en la pareja heterosexual casi monógama.

Polyamory in the News, polyinthemedia.blogspot.ca. Web que repasa la cobertura mundial sobre poliamor en los medios de comunicación y que contiene un listado exhaustivo de eventos poliamorosos en el mundo, grupos poliamorosos y libros sobre poliamor.

Polyamory Weekly, polyweekly.com. Podcast semanal, accesible a través de Cunning Minx, de temática poliamorosa con una buena dosis de empatía y humor.

MEMORIAS

Open: Love, Sex and Life in an Open Marriage, Jenny Block (Seal Press, 2009). Memorias de una poliamorosa conservadora que cuenta la exploración de Block más allá de su relación monógama.

The Husband Swap: A True Story of Unconventional Love, Louisa Leontiades (second edition, Thorntree Press, 2015). Las crudas y honestas memorias de la entrada de Leontides en el poliamor cuando ella y su marido crearon un *quad* intercambiándose con otra pareja. Es fácil que se sientan identificadas muchas parejas que están en las primeras fases de la apertura de su relación.

The Game Changer: A Memoir of Disruptive Love, Franklin Veaux (Thorntree Press, 2015). Memorias de Franklin, con las historias completas de sus relaciones con Celeste, Ruby, Bella y Amber, y cómo su planteamiento jerárquico cambió para convertirse en uno que respetase la agencia de las personas con quienes tiene una relación.